Hiltrud Häntzschel

Marieluise Fleißer

Eine Biographie

Mit zahlreichen Abbildungen

Insel Verlag

© Insel Verlag Frankfurt am Main und Leipzig 2007
Alle Rechte vorbehalten, insbesondere das der Übersetzung,
des öffentlichen Vortrags sowie der Übertragung
durch Rundfunk und Fernsehen, auch einzelner Teile.
Kein Teil des Werkes darf in irgendeiner Form
(durch Fotografie, Mikrofilm oder andere Verfahren)
ohne schriftliche Genehmigung des Verlages
reproduziert oder unter Verwendung elektronischer Systeme
verarbeitet, vervielfältigt oder verbreitet werden.
Satz: Hümmer GmbH, Waldbüttelbrunn
Druck: Memminger MedienCentrum AG
Printed in Germany
Erste Auflage 2007
ISBN 978-3-458-17324-3

1 2 3 4 5 6 – 12 11 10 09 08 07

Inhalt

Anhang

Liebe Luis,
Lu, kleines Kind,
liebe ML,
mein Herzkätzchen,
liebes Küken,
liebe fleißerin

Biographie schreiben – Leben erzählen

Zu Marieluise Fleißers 70. Geburtstag im November 1971 forderte der Dramatiker Franz Xaver Kroetz in der *Süddeutschen Zeitung*: »Der Suhrkamp Verlag sollte endlich auch eine Gesamtausgabe der Fleißerschen Werke herausbringen.« Es gab damals nicht nur keine Gesamtausgabe, das literarische Früh- und Hauptwerk der Schriftstellerin Marieluise Fleißer war so gut wie verschollen, ungelesen, unüberprüfbar. Ein Jahr zuvor erst hatte »das Wunder« begonnen, das Wunder ihrer Wiederentdeckung, Wiedererkennung, begleitet vom großen späten Ruhm.

Zweimal in ihrem Leben hatte sie wirklich Erfolg. Der erste, 1929 mit der Berliner Aufführung der *Pioniere in Ingolstadt*, war so glanzvoll wie umstritten und brach – in Verbindung mit persönlichen Umständen – ihre Karriere ab. Der zweite am Ende ihres Lebens kam zu spät, aus Ruhm wurde Nachruhm, aus Nachruhm Legende. Dazwischen liegen Jahrzehnte eines unglücklichen, engen, einzig an Mangel, Entbehrungen, Enttäuschungen reichen Lebens: materieller Mangel, nackter Hunger und völlige Mittellosigkeit, Mangel an Liebe, an erfüllter Sexualität, Mangel an intellektuellen Kontakten, an Austausch mit Ebenbürtigen, Mangel an öffentlicher Anerkennung ihres Schreibens, an Erfolg. Wären da nicht ihre »Fluchtwege im Kopf«,[1] ihre einzigartige dichterische Könnerschaft, es lohnte kaum, von ihr zu erzählen.

Heute ist Marieluise Fleißer auf sonderbare Weise unbekannt und prominent zugleich: Es gibt Marieluise-Fleißer-Straßen und eine Briefmarke, ein ICE fährt unter ihrem Namen. Ihre Lebensgeschichte – oder was davon in die Legenden einging, das Brecht-Erlebnis vor allem – hat sich verselbständigt, wieder in Literatur verwandelt. In Elaine Feinsteins Roman *Loving Brecht* (London 1993) tritt zwar keine Fleißer-Figur auf, aber im Kern erzählt er die Fleißer-Brecht-Episode, so wie sie durch die Rezeption von Fleißers Erzählung *Avantgarde* zur Legende geworden ist. Fleißers Übersetzerin ins Englische, Tinch Minter, diente dieser Stoff als Vorlage zu einem Theaterstück: *Growing herself some Armour.* Johann Kresniks und Uschi Ottens choreographisches Theater *Brecht* (1998) schwelgt im Leiden der Geliebten und Mitarbeiterinnen durch den sexbesessenen Frauenhasser Brecht; Marieluise Fleißer spielt darin eine zentrale Rolle, und ihre Sprache hat den Ton vorgegeben. Die Theaterstücke *Atzenköfls Töchter* von Kerstin Hensel und *Marieluise* von Kerstin Specht (an den Münchner Kammerspielen aufgeführt unter dem Titel *Die Rückseite der Rechnungen*) waren Ingolstädter Auftragsarbeiten zum 100. Geburtstag der Dichterin 2001, beider Thema ist mehr oder weniger die Lebenserzählung Marieluise Fleißers. Sie ist eine Literatin, die zu Literatur geworden ist. In einer Zeit, da uns Dichter-Heroen und ihre Biographien suspekt sind und absichtsvoll unterlaufen werden, ein ungewöhnlicher Fall.

Jene 1971 von Kroetz geforderte Gesamtausgabe erschien bereits ein Jahr später und stellte einen gewaltigen Kraftakt dar. In einer konzertierten Aktion von Autorin, Herausgeber und Verleger entstand eine dreibändige, ausführlich kommentierte Ausgabe. Kaum ein Text blieb unbearbeitet, sozusagen in letzter Minute wurden neue Fassungen erstellt, neue Titel gefunden; zahlreiche Texte wurden aus dem Gesamtœuvre ausgeschieden, Anmerkungen unterstützen und steuern die Lektüre, ein Essay des Herausgebers über *Leben und Schreiben der Marieluise Fleißer aus Ingolstadt* im ersten Band führt in die Lektüre ein und weist dieser die Richtung: »Da bei der Fleißer alles von Biographie ausgeht, da Biographie sich direkt in Literatur umsetzt, schlägt auch die Literatur bei ihr wieder in Biographie zurück.«[2] 1973 stellte der Herausgeber der Gesamtausgabe einen hilfreichen Materialienband zur Seite, der die frühen Theaterkritiken, Rezensionen und Würdigungen wieder zugänglich machte. Darin ist am Ende ein Text abgedruckt mit der Überschrift *Notizen* und dem voranstehenden Herausgeberkommentar: »Die folgende *Biographie* ist eine ›Autobiographie‹.« Im IV., dem Ergänzungsband der Gesamtausgabe von 1989, erhielt dieser Text dann den vom Herausgeber formulierten Titel *Meine Biographie* und damit endgültig die Autorität einer authentischen Autobiographie. In Wahrheit ist es ein in der distanzierenden dritten Person abgefaßter kalendarischer Lebensabriß, changierend zwischen Fakten und Fiktionen. In einem Gespräch mit der Dichterin formuliert der Herausgeber programmatisch: »Ihr Lesebuch ist ihr Leben, ihr Leben ihr Auskunftsbuch.«[3] Fast alle biographischen Aussagen über Fleißer folgen seither Satz für Satz diesen Notizen. Selbst außerordentlich sensible, reflektierte Leserinnen und Schriftstellerinnen wie Christa Wolf oder Elfriede Jelinek verlieren bei der Lektüre die Grenze von Leben und Literatur aus den Augen, übersehen im Sog der Leidensgeschichten, daß diese Selbstaussagen ihrerseits Literatur sind, fiktive Lebenserzählung, und im Kontext ihrer Entstehung in den letzten Lebensjahren der Autorin gelesen werden müssen.

Es ist nicht mehr die Heldenrolle, die fasziniert, sondern die Opferrolle: »Las wieder, wie zum erstenmal, Marie-Luise Fleißers *Avantgarde*«, notiert Christa Wolf am 23. August 1980 in ihr die Entstehung der *Kassandra*-Erzählung begleitendes Tagebuch, »Trauer über das Schicksal dieser Frau, das mir unmenschlich, unglaubhaft, unmöglich vorkam. Ausgebeutet von allen, mißhandelt wie ein Tier. Die Männergesellschaft im Rohzustand, vom kommunistischen Dichter bis zum herzzerreißend kleinbürgerlichen Tabakhändler und zum Nazi-Hauswart, trifft sie unvermittelt.«[4] Und Elfriede Jelinek kennt nur einen Schuldigen an Fleißers Lebenskatastrophe: »Brecht, der sie zerstört hat als Dramatikerin.«[5] Das Schicksal dieser Frau, wir werden es sehen, ist wahrlich leidvoll, aber es ist niemals gleichzusetzen mit dem ihrer Figuren, mögen der Erzählrahmen, der Ort, die Personen darin noch so verwandt mit denen der Autorin sein.

Es ist an der Zeit, dem Sog zu widerstehen und solche Bilder aus der Distanz zu überprüfen. Inzwischen ist so viel biographisches und publizistisches Material neu aufgefunden worden, daß ein Porträt Marieluise Fleißers deutlichere Konturen erhalten kann. Freilich: Viel größer als die in den 90er Jahren des 20. Jahrhunderts neu entdeckten Korrespondenzen sind die Lükken, die Leerstellen im biographischen Material. Man muß sich darüber im klaren sein: Für die Zeit von der Kindheit bis zum ersten Höhepunkt ihrer Laufbahn und ihrer tiefen Zäsur 1929 ist bislang in öffentlich zugänglichen Nachlässen ein einziger privater Brief von Marieluise Fleißer bekannt, 1926 an den Vater aus Berlin, und auch er berichtet ausschließlich von Beruflichem. Von einem Tagebuch ganz zu schweigen. Kein einziger Brief an einen jener Männer, zu denen sie in dieser Zeit in enger Verbindung stand, ist erhalten, keiner an Alexander Weicker, keiner an Lion Feuchtwanger, keiner an Bert Brecht, an Hannes Küpper, an Bodo Uhse, auch keiner an Bepp Haindl. Das ist kein singuläres Phänomen, vielmehr typisch für den männlichen Umgang mit Korrespondenzen in Paarbeziehungen, ob es sich um Martin Heideggers Umgang mit den Briefen Hannah Arendts, Hans Werner Henzes mit denen seiner Freundin Ingeborg Bachmann oder Brechts mit denen Bi Banholzers oder Marianne Zoffs handelt. Für die Biographin fehlt die Stimme der Frau ganz und gar. Wenige persönliche Bemerkungen, meist solche der Entschuldigung, der Verzagtheit, der Angst, finden sich in geschäftlichen Briefen, in denen Marieluise Fleißer sich um Abdruckmöglichkeiten für ihre Arbeiten bemüht, an Efraim Frisch, an Herbert Ihering, an Alfred Kerr. Alles, was wir über die junge Marieluise Fleißer wissen, stammt aus Bildern, die sich andere von ihr gemacht haben – und aus ihrer eigenen spät erzählten Geschichte.

Die Opferrolle allein kann es nicht sein, die diese ungewöhnlich eigensinnige Schriftstellerin in der Literaturgeschichte des 20. Jahrhunderts einnimmt. Ich möchte Marieluise Fleißer als Handelnde ausfindig machen, nicht nur als eine (zumeist schlecht) Behandelte. Ich möchte ihre eigenen Handlungsräume, ihre Handlungsmöglichkeiten sichtbar machen, die Lebensbedingungen, unter denen sie geschrieben, die literarische Szene, in der sie agiert hat, möchte dem Echo, das ihr Werk ausgelöst hat, nachgehen.

Max Frischs so oft zitierter Satz gilt für eine Schreibkünstlerin vom Range Marieluise Fleißers auf besondere Weise: »Jeder Mensch erfindet sich früher oder später eine Geschichte, die er für sein Leben hält [...] oder eine ganze Reihe von Geschichten.«[6] Die Kunst der Poesie ist es, die die Trennungslinie zwischen Leben und Lebenserfindung verschwinden läßt. Sie freizulegen ist Aufgabe der Biographin. Deshalb müssen über allen Bemühungen um eine gerechte Annäherung an Marieluise Fleißer die Fragen stehen: Welches Bild, welche Bilder hat sie von sich selbst entworfen? Und welches sind die Faktoren, die Ereignisse, welches sind die Bedingungen in ihrem Leben, die gerade diese Lebenserzählung nötig machten?

Nicht, daß man mit Hilfe der Darstellung dieses Lebensweges ihre Dichtung so viel besser verstehen oder sie gar erklären könnte. Der biographische Hintergrund ist zum Verständnis kaum erforderlich. Erforderlich ist vielmehr das Gegenteil, das Abtragen der autobiographischen Übermalung durch die Rezeption. Die Kenntnis der Lebensumstände kann Aufschluß geben über die Phasen des Nichtschreibens, über Mißlingen und Scheitern und über die Gründe möglicher Lebenslaufverschiebungen.

Marieluise Fleißer war eine Schriftstellerin nicht nur *im*, sondern *des* zwanzigsten Jahrhunderts, geprägt von seiner materiellen Instabilität, betroffen von seinen Kriegen, von seinen politischen Polarisierungen und ideologischen Turbulenzen. Sie war weder eine politisch Denkende noch politisch Handelnde. Aber die politischen wie die geistigen Koordinaten des Jahrhunderts ließen keinen Raum für ein politikabstinentes Leben. Den Nachgeborenen wird nicht selten vorgeworfen, daß sie es sich zu leicht damit machen, damalige Entscheidungen und Verhaltensweisen zu mißbilligen. Die Absicht, solchen Vorwurf zu vermeiden, darf dennoch nicht dazu führen, sie zu übersehen.

Selbstverständlich kann auch dieses Buch nichts anderes sein als der Rekonstruktionsversuch einer Lebensgeschichte neben möglichen anderen. Man hätte auch anders erzählen können. Ich habe mich für das Muster entschieden, so eng wie möglich der Chronologie zu folgen. Nur durch die präzise Rekonstruktion der Chronologie werden die Widersprüche zwischen den historischen Tatsachen und der Literarisierung sichtbar.

I. Kinderzeit

Keine Lebenszeit ist im Rückblick so sehr von späten Erinnerungen, von fremden Wahrnehmungen, von Zugetragenem überwuchert wie die Kinderjahre. Zugleich bedarf es eines langen Stücks gelebten Lebens, um recht zu begreifen, was die Kindheit mitgegeben hat an Glück, Geborgenheit und Selbstvertrauen oder an Ängsten, Verlorensein und Selbstzweifeln.

Das Gerüst der Fakten ist den Kirchenbüchern, standesamtlichen Urkunden, Schuleinträgen, Familienbüchern, Fotografien zu entnehmen. Glückliche Fügung, wenn Beobachtungen von anderen, Tagebücher von Eltern oder Briefe mit Schilderungen ihrer Kinder überliefert sind. Solche Dokumente gibt es im Falle der kleinen Luis – soweit ich sehe – nicht. Marieluise Fleißer ist Schriftstellerin geworden. Ihre Erinnerungen an die Kindheit sind – obgleich biographisch – Literatur, in unterschiedlichen Lebenssituationen niedergeschrieben, zur Veröffentlichung bestimmt Und natürlich sind Kindheitserfahrungen, Beobachtungen, Gefühle, Befindlichkeiten in fiktionale Texte eingegangen, zu Erzählmaterial mutiert, bei Fleißer in besonders starkem Maße. Wir wissen über ihre Kindheit wenig – und viel zugleich.

Das wenige: Der Familienstammbaum der Fleißers weist auf Bodenständigkeit hin seit Generationen, zwischen Oberpfalz und oberbayerischem Donauraum. Seit dem Urgroßvater Peter Fleißer geben die Männer der Familie den Beruf an den Sohn weiter: Zeugschmied, Geschmeidemacher, Eisenwarenhändler. Alle diese Männer haben mehrmals geheiratet, ihre Ehefrauen in Wochenbetten verloren. Die Großeltern Fleißer haben von vier Kindern nur eines, Franz Xaver Heinrich, durchgebracht, Marieluise Fleißers Vater. In den sechziger Jahren des 19. Jahrhunderts hatten sich die Fleißers in Ingolstadt niedergelassen, haben es zu Haus, Geschäft, einigem Wohlstand und bürgerlichem Ansehen gebracht. Franz Xaver Heinrich und seine Frau

Ingolstadt, Kupferstraße 18: Werkstatt und Wohnung
der Fleißers um 1910, ganz rechts Luis

Der Vater Heinrich Fleißer um 1919

Anna Maria, geborene Schmidt, hatten zwei Jahre vor ihrer Tochter Louise Marie (Marieluise) als erste Kinder Zwillinge bekommen: Anna Theresa und Heinrich. Der Junge starb mit knapp zwei Jahren an Rachitis. Im hohen Alter wurde die Anekdote, die sich um den Schmerz der Mutter rankte, wie viele andere aus der Kinderzeit, für Marieluise Fleißer zur persönlichen Lebensdeutung: »Die Mutter kann sich vor Schmerz über seinen Tod nicht fassen. Der Vater tröstet sie: ›Sei still, ich mache Dir wieder einen Buben.‹ Das wird dann die Fleißer.«[7] Dazu kamen noch zwei Schwestern und ein Bruder, und aus der zweiten Ehe des Vaters eine 22 Jahre jüngere Stiefschwester.

Eine Kindheit in der wilhelminischen Zeit, eine Jugend im Krieg, Erwachsenwerden im katastrophalen Umbruch der Nachkriegszeit.

Ingolstadt, die Heimatstadt: in Ingolstadt geboren – in Ingolstadt gestorben, von gut fünf Jahren in München und vier Jahren in Berlin abgesehen, das ganze Leben, 64 Jahre, in Ingolstadt verbracht. Ingolstadt steht als fragwürdiges Markenzeichen über Marieluise Fleißers Werk.

Wären ihr Leben und ihr Schreiben anders verlaufen, wenn sie nicht in Ingolstadt mit seinen um 1900 gut 20 000 Einwohnern, sondern vielleicht im etwa gleich großen Landshut oder im halb so großen Memmingen aufgewachsen wäre? Ist Ingolstadt anders? Ingolstadt ist immer mehr. Es ist katholischer als andere – nicht alle – bayerischen Städte, gegenreformatorischer, jesuitischer; es ist wohlhabender zu Zeiten Kaiser Wilhelms II., denn es ist Garnisonsstadt mit allem Drum und Dran, und die Rüstungsindustrie floriert; es ist militärischer, militaristischer, martialischer, gerüstet, befestigt, bewehrt – und stolz darauf. Vor dem Ersten Weltkrieg war fast jeder fünfte Einwohner Soldat (von ca. 25 000 Einwohnern sind 5000 Soldaten). Der Absturz in die Katastrophe nach der Niederlage 1918 ist um so tiefer; der Versailler Vertrag entmilitarisiert Deutschland und also auch Ingolstadt, hinterläßt eine daniederliegende Industrie, Scharen von arbeitslosen Ingolstädtern und Gastarbeitern und eine tief gekränkte kollektive Ingolstädter Seele, ein zerstörtes Selbstverständnis. Marieluise Fleißer hat all dies erlebt, es hat sich ihr wie einem Seismographen in den feinsten Erschütterungen eingeschrieben. Dieses ›Ingolstädter Gefühl‹ prägt ihre Theaterstücke und speist ihre Erzählungen. Die Ingolstädter Sprache formt sie.

Die Familie, Vaters Werkstadt, die Kupferstraße, die Nachbarskinder, die Großeltern mütterlicherseits, die Feste, das alles scheint in ungetrübter Geborgenheit erlebt worden zu sein. So hat Marieluise Fleißer davon erzählt, zum Beispiel in der Weihnachtsnummer der *Vossischen Zeitung* 1929: *Als Kind zu Weihnachten*. Diese Erzählung erscheint wenig abgewandelt im *Berliner Börsen-Courier* zum selben Anlaß ein Jahr später und wieder zu Weihnachten 1932 in der *Deutschen Zeitung*: *Als wir noch auf das Christkind warteten*, und noch einmal umgeschrieben und erweitert 1950 in der *Süddeutschen Zeitung*: *Kinderland*. Bestätigt und ergänzt werden diese Schilderungen glücklicher Kindertage von einem ganz besonderen Dokument. Das älteste Fleißer-Kind, Anny, ging in den zwanziger Jahren als Nonne der Kongregation der Schwestern vom Heiligen Kreuz, als Sr. Fidelis, in die Mission nach Südwestafrika. Ende der vierziger Jahre erkrankte sie an Lungenkrebs. In ihren letzten Lebenstagen überkommen sie Visionen ihrer Kindheit, sie bringt sie unter Mühen, immer wieder unterbrochen vom Nichtmehrkönnen, in einem acht Seiten langen Brief an ihre Schwester Luise zu Papier. Leuchtend lebendig erstehen ihr die Bilder vom Weihnachtsglück, von Ostern, von Fronleichnam, von den festlich geschmückten Schwestern, von den Farben und Gerüchen der heimatlichen Landschaft. Es sind verklärende Visionen einer in ihr Himmelreich eingehenden Gläubigen, doch voller realer Details.

Der Vater: Über ihn hat die Fleißer-Biographik das Urteil gesprochen, bevor er überhaupt ein Gesicht bekommen konnte, und damit das Vater-Tochter-Verhältnis ein für allemal festgeschrieben: jenes Verdikt über seine Reaktion nach der Tochter größtem Triumph 1929 auf der Berliner Bühne: »Der Vater erteilt ihr Hausverbot.«[8] Die unschuldig vom Vater verstoßene Tochter: ein Bild, das bald zum Inbegriff ihrer Opferrolle wird. Von diesem erst im Alter von Fleißer verhängten Urteil gedrängt, suchte die Forschung den verbietenden Vater seit Kindertagen, suchte das von Anfang an von Reglements, von Verboten umstellte Kind. Die zeitgenössischen Dokumente legen nahe, dieses Urteil zu überprüfen.

1950, als ihre Komödie *Der starke Stamm* in den Münchner Kammerspielen aufgeführt wird, schreibt Marieluise Fleißer für das Programmheft ein wenig über die Familiengeschichte, denn aus ihr hat sie das Stück gespeist, vor allem für die Figur des Bitterwolf hat sie ihren Vater beobachtet. Vier Jahre zuvor, 1946, war er gestorben, möglicherweise hat das trauernde Gedenken an ihn hier mitgeschrieben:

»Mein Vater Heinrich war [...] eine beschauliche Natur – im Gegensatz zum handelnden Großvater –, nannte sich einen Philosophen, wurde übrigens als junger Mensch von der Zivilisation erfaßt und schwärmte für Salome und Oskar Wilde.« Sie schildert seine attraktive sportliche Gestalt, sein Faible für die neuesten technischen Errungenschaften, Fahrräder, die Eisenbahn, seine Vergnügungsfahrten nach München. »Er war nacheinander mit zwei Frauen verheiratet und hat mit jeder von ihnen wunderbar gelebt, ein reiches Leben, wie die Menschen, die ihn kannten, noch heute von ihm sagen. Alle seine Kinder hingen mit starker Bindung an ihm wie an einer zentralen Sonne. Je älter er wurde, desto mehr Geschmack fand er an seiner Werkstatt, weil die Arbeit am Amboß ihn gesund erhielt, wie er sagte.«[9] Dieser Vater wird uns bei Durchsicht von Fleißers Nachlaß vertraut, sechs ausführliche, väterlich liebende, besorgte, mahnende Briefe von ihm an seine schwierige Tochter in ihrer Berliner Zeit sind erhalten.

Ein einziges Mal leuchtet in Fleißers Werk das Bild der Mutter auf, bei der Erinnerung an Weihnachten: »[...] die Mutter war es, von der die Wärme und das Wunder strömten, die mit den Engeln auf du und du stand; niemand konnte Stille Nacht singen wie sie mit zarter, etwas zerscherbter Stimme, in der Glaube, Liebe und Hoffnung zitterten. Die gute Mutter, sie sparte ein Jahr lang dafür, es war ihr Fest, und als Mutter nicht mehr lebte, war es kein Weihnachten mehr.«[10] Dann erlischt das Bild und hat in ihren Texten, auch in ihrem Nachlaß, außer dem Schmerz über ihren plötzlichen Grippetod als 44jährige, 1918, der Fleißers Kindheit jäh beendete, keine Spuren hinterlassen. Es fällt auf, daß es in Marieluise Fleißers literarischem Werk nicht eine einzige liebevolle Mutter gibt, dafür mehrere schon verstorbene oder äußerst unsympathische.

Das Mädchen Luise, geboren am 23. November 1901 (in den amtlichen Urkunden ist der 22. November angegeben), besucht ab Herbst 1907 die Volksschule, die sogenannte deutsche Werktagsschule. Der Schulweg ist kurz: Die Volksschule und die Höhere Töchterschule des Klosters Gnadenthal liegen wie das elterliche Wohn- und Geschäftshaus in der Kupferstraße. Der Lebensraum des Kindes ist überschaubar. Luise ist in beiden Jahren Klassenbeste, bringt Musterzeugnisse nach Hause.[11] Daran schließt sich der Besuch der privaten Höheren Töchterschule an, und in fast allen fünf Jahren bis zum Abschluß 1914 ist sie die Erste ihrer Klasse, gescheit, fleißig, strebsam, ordentlich, zeigt auffällige Begabung bei den Schulfesten, Singspielen, Theateraufführungen. Im letzten Ingolstädter Schuljahr spielt sie die Hauptrolle im Weihnachtsspiel. Die *Ingolstädter Zeitung* lobt Luise Fleißers »hingebungsvolles, aus tiefster Seele geschöpftes Spiel«.[12]
     Zur Dichterbiographie gehört spätestens seit Goethes *Dichtung und Wahrheit* der Mythos vom kindlichen Erleben einer imaginären Welt durch das Theater. Marieluise Fleißer erzählt den ihren in einer Auftragsarbeit zur Wiedereröffnung des Ingolstädter Stadttheaters 1966 für den *Donau-Kurier: Der Venusberg*. Erinnerungen an das einst prunkvolle, verzaubernde und längst zerstörte Theatergebäude, an den den Atem verschlagenden Augenblick, wenn das Licht ausging, die Töne einsetzten,

der Vorhang sich hob vor der Traumkulisse: »Theater als Rausch. [...] Ich pumpte mich voll mit einem Kunstgenuß, auch wo er fragwürdig war, vergleichen konnte ich nicht. Heirate mich, Leonhard! Ich schlang es hinunter. Und wie wankte der böse Bruder herein im letzten Akt, wie starb die Mutter geisterhaft.« Da hatte sie Hebbels *Maria Magdalena* aufgewühlt, »mein jungfräulicher Magen schluckte alles«.[13]

Solche Wunder gab es bald nur noch in den Ferien. 1914 wurde Marieluise Fleißer Schülerin des Realgymnasiums am Institut der Englischen Fräulein in Regensburg und Zögling des klösterlichen Internats. Das Jahr des Kriegsbeginns. Nur ganz wenige Andeutungen von Einquartierungen in der Schule erinnern an die Allgegenwart des Krieges. Eine frühe Erzählung *1914 im Blick eines Kindes* blieb unveröffentlicht und muß als verschollen gelten.

Warum Regensburg, warum wurde Luise aus der Geschwisterschar herausgerissen und ins Internat gegeben? Die katholische Kirche und insbesondere die Kongregation der Englischen Fräulein waren seit dem 17. Jahrhundert führend in der Mädchenbildung, einem Feld, für das sich der bayerische Staat noch 1904 für nicht zuständig erklärte. Ein Ministerialbeamter über die Zumutung, höhere Mädchenschulen durch den Staat finanziell zu unterstützen: »Der männliche Teil der Bevölkerung muß zuerst erwerbsfähig gemacht werden. [...] Seine Heranbildung verursacht erhöhte Kosten. [...] Das eigene Interesse des Staates ist beteiligt, insoferne er tausende von besser geschulten Beamten und Dienern nötig hat.«[14] Das Regensburger Institut richtete als erste Mädchenschule überhaupt in Bayern mit dem Schuljahr 1910/11 Gymnasialkurse ein, die zur Hochschulreife führten. Dabei hatte Bayern doch schon 1903 die Zulassung zur vollen Immatrikulation für Frauen an den Universitäten beschlossen! Möglichkeiten, die Reifeprüfung abzulegen, gab es dagegen nur ganz vereinzelt an Knabengymnasien, seit 1911 dann in einigen größeren Städten auch an Mädchengymnasien. In Ingolstadt gab es diese Möglichkeit nicht. Dieser Um-

Luis als Page verkleidet, um 1907

Marieluise Fleißer vor dem Realgymnasium der Englischen Fräulein
in Regensburg, 1918

stand wird in der Fleißer-Biographik gerne zu den Verboten gezählt, die Fleißers Leben von Anfang an behindert hätten. Es ist wie mit dem Glas, das man halb voll oder halb leer sehen kann: Sie durfte in Ingolstadt nicht Abitur machen – oder: Sie bekam unter ganz wenigen gleichaltrigen Mädchen die Chance, trotz hoher Kosten für die Eltern ein Gymnasium zu besuchen und sich für ein Hochschulstudium zu qualifizieren. Vater Fleißer war offensichtlich ein fortschrittlicher Mann, erkannte die Begabung der Tochter und scheute weder die Ausgabe noch die Abwesenheit der Tochter von der Familie, um ihr alle Ausbildungsmöglichkeiten zu eröffnen. Keine ihrer vier Schwestern genoß ein solches Privileg.

Marieluise Fleißer verdankte diesem Privileg eine glänzende Schulbildung, Fremdsprachenkenntnisse wie naturwissenschaftliches Grundlagenwissen, sie verdankte ihm eine Erweiterung und Vertiefung ihrer Lektüre weit über den schon beachtlichen Bestand des elterlichen Bücherschranks hinaus. All dies freilich mußte sie teuer bezahlen: mit einem rigiden Alltagsreglement, ja mit einschneidender Beschränkung der Freiheit, etwa Briefzensur, mit ständiger Beaufsichtigung, mit einem Korsett katholisch-moralischer Anweisungen, mit der Umleitung sexueller Gefühle in den Gefühlsstrom bigotter Schwärmerei. Marieluise Fleißer hat 1931 in ihrem Roman *Mehlreisende Frieda Geier* das Regensburger Internatsmilieu zum Schauplatz gewählt, hat die pubertären Mädchenschwärmereien von Friedas Schwester Linchen und ihren Schulfreundinnen in ihren bizarren Abwegigkeiten und Verzückungen ausgemalt, sie hat sich mit den absonderlichen Gestalten der Erzieherinnen an ihren Lehrerinnen und ihrer Schulzeit schadlos gehalten. In den biographischen Notaten zu dieser Zeit steht – pars pro toto – die Anekdote von der verbotenen Kleistlektüre für das Klima der Schulzeit, nicht irgendeiner, sondern die Lektüre der *Marquise von O....*, die die rigide unterdrückte sexuelle Neugier der pubertierenden Zöglinge erst recht beflügelte. In ihrem letzten Lebensjahr, 1973, hat Marieluise Fleißer die Erinnerung an die Mädchenzeit literarisiert für eine Sendereihe des Westdeutschen Rundfunks über die ersten Schreibversuche von Schriftstellern mit dem Titel *Wie ich anfing*. Da steigt die Zeit im Kloster wieder in ihr auf und macht ihr die Verbiegungen bewußt, die ihrer Seele durch die rigide Erziehung zugefügt wurden. Sie bringt in diesem Erinnerungstext *Das erste Stück* (von den Herausgebern der Gesamtausgabe unter dem Titel *Ich ahnte den Sprengstoff nicht* veröffentlicht) zur Sprache, wie dieser Überdruck der religiösen Zwänge sich in ihren ersten Schreibarbeiten, im ersten Stück und in den frühen Erzählungen Luft machte: »Es war der äußere Zwang, an dem ich mich im Kloster am meisten stieß, den inneren Zwang habe ich vermeintlich von mir weggeschoben, mir die Fluchtwege gesucht im Kopf. Und doch war er um mich herum wie Atemluft, man schnaufte ihn ein, und schnaufen mußte der Mensch, er kann sich darüber nicht wundern. So brachen plötzlich und im Nachhinein die religiösen Zwänge aus mir heraus, von denen ich vollgesogen war, ohne daß ich es wußte.«[15] Wir wissen heute, in welch eigenwillige, ungeschützte, »unbarmherzige Idyllen«[16] sich diese Zwänge unter ihrer Begabung verwandelten.

Diese Rückschau ist freilich einseitig. Daß die Regensburger Zeit nicht nur das Gefängnis war, das sie im Alter erinnert, daß sie ihr auch Wesentliches zu verdanken hat, zeigt eine Bemerkung an ihren Verlobten Draws-Tychsen, dem sie 1934 aus Ingolstadt nach Berlin schreibt, daß sie »einen kleinen Wandertrieb« verspürt und »gerne ein paar Tage in Regensburg verbringen [möchte], der Stadt meiner Erinnerungen vom zwölften bis zum neunzehnten Lebensjahr. Auch an meinen früheren Deutschlehrer, den eine Klassengenossin von mir geheiratet hat, muß ich jetzt oft denken. Dieser war es, der vielleicht ohne es zu ahnen, den Mut in mir freigemacht hat den Gedanken eines Broterwerbs auszuschließen und den Sprung in die Kunst zu wagen.«[17]

Dem Sprung in die Kunst geht der Sprung nach draußen, an die Universität, voraus. Der Vater hilft seiner gescheiten Tochter springen, er läßt seine Älteste nach dem Abitur im Sommer 1920 ziehen, obgleich er nach dem plötzlichen Tod seiner jungen Frau mit Luises vier Geschwistern (neben der älteren Anni drei Schulkindern zwischen 11 und 17 Jahren) Hilfe im Haus dringend nötig hätte. Das nötigt uns diesem aufgeschlossenen Vater gegenüber Respekt ab.

Entwurf von Marieluise Fleißer für eine Einladungspostkarte
zum Abiturfest 1920

II. In München (1920-1925)

Am 15. Oktober 1920 meldet sich Luise Maria Fleißer in der
bayerischen Haupt- und Residenzstadt polizeilich an. Der Schritt
in die Freiheit ist vorerst allerdings nur ein halber. Das Institutsfräulein aus Regensburg bezieht ein Zimmer im Elisabethheim
in der Hans-Sachs-Straße 16, einer Pension für Studentinnen
und Beamtinnen, die dem Institut der Englischen Fräulein in
Nymphenburg untersteht.

In Deutschland herrscht Hunger, wichtige Grundnahrungs-
mittel sind noch immer rationiert. Zwei Drittel der Schulkinder
leiden an extremer Unterernährung. Am 28. November 1920 berichtet die *Frankfurter Zeitung*, daß rund vier Fünftel der Bevölkerung in Deutschland verelendet seien.

In den Kammerlichtspielen laufen gerade *Der Schwarm der
höheren Töchter. Lustspiel in 3 Akten* und Ludwig Ganghofers
Der Ochsenkrieg, angepriesen als »der unstreitig bestverfilmte
Roman unseres kürzlich verstorbenen Heimatdichters«. In den
Münchner Neuesten Nachrichten kann man seit Wochen Lud-
wig Thomas Roman *Der Jagerloisl* in Fortsetzungen verfolgen.

Am Montag nach ihrer Ankunft macht sich die angehende
Studentin auf den Weg zur Universität und schreibt sich als
Aloysia Fleißer in der Philosophischen Fakultät I, also in den
Geisteswissenschaften, ein. Ein Philologiestudium aufzunehmen
war für eine junge Frau um 1920 längst nichts Spektakuläres
mehr. In Bayern ging es fortschrittlicher zu als anderswo. »Es geht
ein geistiger Fortschritt vom Süden aus«, überschrieb die *Frankfurter Zeitung* 1903 ihren Artikel zur Öffnung der Universitäten für Frauen in Bayern (bisher war Baden das einzige Land
des Deutschen Reiches gewesen, in dem Frauen studieren durf-
ten). In Preußen ließ diese Entscheidung noch bis 1908 auf sich
warten. Von den 9212 Studierenden an der Münchner Universität waren 900 Frauen. Die Mehrzahl von ihnen kam freilich
nicht aus Bayern. Statistisch gesehen hatte ein katholisches Mäd-

Paßfoto auf Marieluise Fleißers Immatrikulationskarte
der Ludwig-Maximilians-Universität, 1920

chen aus dem bayerischen Hinterland immer noch die schlechtesten Chancen für ein Hochschulstudium in Deutschland, in einer norddeutschen Hansestadt waren sie fünfmal größer: Auf 100 000 Frauen kamen im Jahr 1917 in Bayern 8,9 Studentinnen, in Preußen 21,3 und in einer norddeutschen Großstadt wie Lübeck 50.[18]

403 der in München immatrikulierten Frauen studierten an der Philosophischen Fakultät I, in der medizinischen Fakultät waren es 382. Aloysia Fleißer präzisiert ihr Studienvorhaben auf der Immatrikulationskarte in Klammern: »(Dramat.)« Diese Bezeichnung existierte offiziell nicht, sie wollte damit wohl ihre persönliche Studienausrichtung andeuten. Im Wintersemester 1909/10 hatte der Literaturwissenschaftler Artur Kutscher zwar begonnen, theaterwissenschaftliche Vorlesungen und Übungen abzuhalten. So selbständig freilich, wie Kutscher in seiner Autobiographie berichtet, war das Fach in München keineswegs, es blieb bis in die sechziger Jahre ein Nebenfach der Deutschen Philologie. Im Münchner Sonderheft der *Theaterwissenschaftlichen Blätter* von 1925 stellt Eduard Gudenrath die Situation in München dar: »Die Universität München konnte sich bis heute noch nicht entschließen, ein eigenes theaterwissenschaftliches Institut einzurichten, wie es jetzt bereits in mancher anderen deutschen Universität besteht.«[19] (Damit wird auf die Institute in Berlin, Frankfurt, Kiel und Köln hingewiesen.)

Mit Marieluise Fleißers Studienausrichtung und ihrer Fächerwahl waren Staatsexamen und höheres Lehrfach ausgeschlossen. Der Vater, so heißt es in den späten *Notizen* zu ihrem Werdegang, »wollte eine Mittelschullehrerin aus ihr machen, das wollte sie wieder nicht«.[20] Ob der Vater von vornherein von ihrer Studienrichtung wußte, ist nicht bekannt, sie jedenfalls will von Anfang an nicht Lehrerin werden, sie will sich kundig machen in Sachen Theater und Bühne. Das Paßfoto auf ihrer Immatrikulationskarte zeigt ein neugieriges, nach Erleben hungriges Gesicht, bei weitem nicht so brav wie die Porträts aus den späteren zwanziger Jahren.

Die Münchner Universität, die einzige Großstadtuniversität, die bis zum Ersten Weltkrieg Frauen regulär immatrikulierte, hatte in den ersten Jahrzehnten des 20. Jahrhunderts für Studierende geisteswissenschaftlicher Fächer eine hohe Anziehungskraft weit über Bayern hinaus: Heinrich Wölfflins Name leuchtete in der Kunstgeschichte, Karl Vossler galt als führender Romanist seiner Zeit, Geschichtswissenschaft und vor allem Philosophie genossen einen hohen Ruf, in der Deutschen Philologie wurde durch Carl von Kraus, den Lessingspezialisten Franz Muncker, durch Fritz Strich und den unkonventionellen und von den Kollegen mit einigem Argwohn beobachteten Artur Kutscher eine breite Methodenpalette angeboten. (Daß Kutscher sich allerdings so intensiv mit noch lebenden Autoren beschäftigte und über einen Bänkelsänger und Bürgerschreck vom Schlage eines Frank Wedekind eine Monographie vorlegte, ging den Universitätskollegen denn doch zu weit.[21])

Marieluise Fleißers Belegblatt für das erste Semester sieht man den Eifer der Anfängerin an, es dokumentiert einen übervollen, wohl kaum zu bewältigenden Stundenplan: 21 Wochenstunden (+ eine Übung ohne Stundenangabe).[22] Als erstes belegt sie eine fachfremde Veranstaltung eines Privatdozenten der Medizin (Dr. Georg Hohmann) »für Hörer aller Fakultäten«: »Die körperliche Erziehung des wachsenden Menschen (mit Lichtbildern)«, dann »Die Weltanschauung der Romantik« des nichtplanmäßigen a. o. Professors Christian Janentzky, Franz Munckers Vorlesung »Geschichte der deutschen Literatur zur Zeit ihrer höchsten Blüte (seit 1780)« und Carl von Kraus' Kolleg »Geschichte der mittelhochdeutschen Literatur von der Blütezeit bis zum 15. Jahrhundert«. Das Studium bei Artur Kutscher beginnt sie mit einer Vorlesung zu den Grundsätzen und einer Übung zur praktischen Theaterkritik. »Dabei wählten wir meist Aufführungen«, erläutert Kutscher in seiner Autobiographie, »über die noch kein Urteil vorlag. Wir gingen oft gemeinsam ins Theater, und die Studenten hatten ihre Kritik entweder in Form eines Telegramms oder eines Zeitungsberichts von vorgeschriebener Länge gleich nach Schluß der Vorstellung zu schreiben und an mich adressiert vor Mitternacht in den Briefkasten zu werfen.«[23] Ferner setzt Marieluise Fleißer die Beschäftigung mit der französischen Sprache aus ihrer Gymnasialzeit fort und schreibt sich bei Jules Simon, Lektor für Französisch, für Übersetzungs- und Interpretationsübungen ein. Und natürlich läßt sie sich den großen Heinrich Wölfflin nicht entgehen und hört seine Vorlesung: »Über den Charakter der deutschen Kunst«. Was sie nicht belegt – obwohl man das nach ihrer späteren Aussage (»Sie belegt hauptsächlich bei Artur Kutscher Theaterwissenschaft und bei Strich«[24]) vermutet hätte –, ist die Vorlesung des außerordentlichen Professors Fritz Strich, für den so viele schwärmen: »Geschichte des deutschen Dramas von Heinrich von Kleist bis zur Gegenwart«. Eine ehemalige Studentin, auch eine Kutscher-Schülerin, erinnert sich: »Das Auditorium war überfüllt, wenn Fritz Strich las. Ich fand für gewöhnlich nur noch an der Tür, auf der Treppe, die in den Saal hinabführte, einen Platz. An seinen ausholenden, weitschwingenden Satzperioden schien sich der elegante Mann zu berauschen. Sicher ist, daß sich seine Zuhörer daran berauschten. [...] Besonders stark bewegte uns die Vorlesung über Kleist.«[25]

Auch im folgenden Sommersemester sitzt Marieluise Fleißer nicht unter den »berauschten« Hörern dieses Lehrers. Ihr Stundenplan ist nun merklich zusammengeschrumpft, auf zehn Wochenstunden: Neben einer Übung in Sprechtechnik und einer weiteren Interpretationsübung im Französischen belegt sie zwei Veranstaltungen bei Artur Kutscher (»Allgemeine Theatergeschichte seit Shakespeare« und »Das deutsche Drama unserer Zeit«) und eine vierstündige Vorlesung von Professor Muncker zur »Geschichte der deutschen Literatur im Zeitalter der klassischen Kunst und der Romantik«. An literatur- oder theaterwissenschaftlichen Seminaren, die regelmäßige Mitarbeit und schriftliche Leistungen erfordern, scheint sie nicht teilgenommen zu haben.

Sehr bedauerlich für die Biographin ist der Umstand, daß die Belegblätter für die folgenden fünf Semester im Krieg verlorengegangen sind.

Alles, was sich da im Münchner Universitätsarchiv über ihr Studium ausgraben läßt, sagt das irgend etwas aus über die Studentin Aloysia Fleißer, über ihre Beschäftigungen, ihre Lebensumstände, ihre ›Bildung‹ hin zu einer Schriftstellerin von auffälliger Könnerschaft, die sie in wenigen Jahren sein wird? Ihr bislang archivierter Nachlaß gibt keine Auskünfte über ihr Studium. (Ein längeres Exzerpt von Fritz Strichs 1922 erschienener Studie *Deutsche Klassik und Romantik* ist vermutlich später entstanden. Es ist mit der Maschine geschrieben, die sie damals noch nicht besaß.) Läßt sich aus diesem Umstand irgendein Schluß ziehen? Ist er bloßer Zufall? Sind etwaige Unterlagen, Mitschriften, Bücher aus der Studienzeit, Notizbücher und was man von anderen so an Spuren findet, im Krieg verlorengegangen? War ihr das Studium fürs spätere Schreiben so unwichtig, daß ihr nichts aufhebenswert erschien? Hat sie sich überhaupt auf das akademische Leben, wichtiger noch, auf die Literatur als wissenschaftlichen Gegenstand eingelassen? Blättert man im Verzeichnis der Studierenden jener Semester, finden sich klangvolle Namen späterer Literaten, Literaturwissenschaftlerinnen, Historiker, Schriftstellerinnen, Dichter von Rang: Eugen Bert Brecht zum Beispiel und Bernard von Brentano, Richard Friedenthal und Alice Gerstel, Wolfgang Hallgarten, Käte Hamburger und Edmund von Horváth.

Mit Richard Friedenthal wird Marieluise Fleißer eine wichtige, wenn auch durch die NS-Zeit schwer belastete Freundschaft verbinden, Bernard von Brentano wird 1928 zum Brecht-Kreis stoßen, Ödön von Horváth wird ihr Konkurrent auf der Bühne der späten Weimarer Republik, Alice Rühle-Gerstel wird bei Fritz Strich promovieren, sie wird zur führenden Theoretikerin der Frauenfrage werden und sie wird 1933 Fleißers *Andorranische Abenteuer* rezensieren. Brecht hatte wie Fleißer im Wintersemester 1920/21 die Vorlesung über die »Geschichte der deutschen Literatur seit 1780« bei Franz Muncker belegt. Belegt – ob er sie auch gehört hat, ist allerdings zu bezweifeln. Die spätere Bekanntschaft mit Brecht wird menschlich wie künstlerisch zur folgenreichsten für ihr Leben werden. Von Begegnungen mit diesen Kommilitonen, von Vorlesungen, von ihren Arbeiten und Lektüren in den vier Jahren ihres Studiums ist keine Äußerung von ihr selbst überliefert. Zeitgenössische Berichte von anderen, die ihr begegnet wären, die den Blick auf die Studentin gerichtet hätten, sind nicht bekannt. Das Studium in München bleibt ein blinder Fleck in ihrer Biographie.

Mit einer Ausnahme: Ziemlich bald nach Beginn des Semesters muß ihr Alexander Weicker alias »Jappes« über den Weg gelaufen sein, ein Kommilitone aus Luxemburg, Jahrgang 1893, Student der Ingenieur-, dann der Staatswissenschaften (beide Studien ohne Abschluß), Dichter, Abenteurer, eine Spielernatur: »Jappes stand im Lichthof der Universität und lauschte dem murmelnden Geräusch, das sich an dem hohen Kuppelgewölbe brach. Eilige Studenten zogen vorüber, knipsten die Asche wichtig von der Zigarette, verrieten durch Haltung, daß sie eine gute Kinderstube absolviert hatten. Man sieht jedem Menschen die Kinderstube an, dachte Jappes, und ich schmeichle mir, daß ich im Freien aufgewachsen bin. [...]

Die Weibsen sind an der Universität in der Minderheit. Jappes sah zwei Arten, die einen mit Kavalier, die anderen, die noch keinen hatten. Etliche gingen sinnend vorüber und schleppten sich müde an ruppigen Büchermappen. Jappes sagte: Das sind die fleißigen Arbeitsbienen, denen vielleicht nur der literarische Stachel fehlt. Andere klapperten mit Holzsandalen vorbei, hatten sonnengebräunte Gesichter: Töchter der Rucksackkultur. Jappes sah, daß die meisten blond waren und ihm schien, als wären sie noch nicht schlüssig in der Wahl zwischen Kavalier oder Studium. Selbst unter den Büchertragenden gab es noch solche, die Jappes Zweifel einflößten: Ob die Büchertaschen nicht gar Attrappen seien? O ja – duftige Bürgertöchter hingen lässig am Arm ihrer ehe- und pensionssicheren (in spe!) Kavaliere«… und so plaudern sie fort in luftigen Assoziationen, Alexander Weicker und sein Alter ego, der Held Jappes in seinem Roman *Fetzen*.[26]

Weicker war vor Weihnachten 1920 aus Nymphenburg in die Siegfriedstr. 8 nach Schwabing übersiedelt. Und die Studentin Luis hat nach dem Ende des Wintersemesters ein eigenes Zimmer der katholischen Mädchenpension vorgezogen und wohnt seit Ende Februar 1921 ebenfalls in Schwabing, in der Ainmillerstraße 7, fünf Minuten von Jappes entfernt.

Dieser forsche Poet Alexander Weicker ist der erste, von dem sich die Klosterschülerin aus Ingolstadt faszinieren läßt, mit dem sie den Mut hat, das, was schicklich sein soll für ein junges Mädchen, hinter sich zu lassen. Er eröffnet die Reihe auffällig exzentrischer, starker, gewaltsamer, gewalttätiger und – ihrer späteren Beschreibung zufolge – zugleich ungewöhnlich zärtlicher Männer, auf die sie sich kühn und lustvoll einläßt. Die Spielart von Sexualität, in der Lust und Gewalt untrennbar sind – wie wir es aus ihrem Werk kennen –, die hat sie möglicherweise bei Weicker zum ersten Mal erlebt, mit großer Wucht, und offensichtlich hat ihr Körper sich erkannt gefühlt.

Mit Alexander Weicker ist sie in der Tat an einen Vulkan geraten. In seinen Briefen an sie erscheint er wild und faszinierend, einfühlsam auf sie eingehend, dazwischen in vitalen Eruptionen explodierend, von keinerlei Rücksichten auf die elementarsten Konventionen gebremst, ein großzügiger Verschwender und Verzichter mit ungebrochen guter Laune, ein chaotischer Freigeist, der Ansprüche nur an sich stellt, sie befriedigt durch einen hemmungslosen Größenwahn und die eigene Person dann aber auch wieder überhaupt nicht ernst nimmt.

Über diese Liebesbeziehung gibt es nur wenige Gewißheiten, sie changiert – je nach literarischer Beleuchtung und zeitlichem Abstand – in vielen Farben. Die Gewichte sind eindeutig: Mit dem nicht zu erschütternden Selbstbewußtsein des Genies belehrt er seine »kleine Lu«, sein »kleines Kind«, seine »kleine gute Schwester« mit dem »kleinen Mädchenherzen«, wie

Alexander Weicker in seiner Pariser Zeit

man zu leben, zu schreiben und satt zu werden hat. Diese niedlichen Verkleinerungen kennen wir aus seinen späteren Briefen aus Paris.

Die Faszination, die dieser Mann, ihr »Apache«, der »Wechselbalg«, auf das soeben der Klosterschule entkommene Mädchen ausübte, leuchtet wieder auf in einem Erinnerungstext, an dem sich Fleißer 1966 für einen Band Erzählungen wund schrieb, ohne mit der Literarisierung der Erinnerung befriedigend zu Rande zu kommen. Es sind, wie häufig, Bruchstücke, darunter aber so verwegene Beschreibungen wie diese: »Die Nacht machte ihn erst lebendig, er streifte viel im Freien herum, mit spöttischem Kratzfuß grüßte er die Laternen. Stockdunkel konnte es sein und naß, er lief den Nymphenburger Kanal hinunter und umarmte die triefenden Bäume. Auf die Stufen am Schloß legte er seine jungen Geliebten und schälte sie ab, daß nur das Sternenlicht auf sie glänzte. Mit Pfoten raufte er ihre Brust, über und über entzückt.«[27]

Weicker hat literarische Ambitionen, er schreibt Feuilletons und Reportagen für die *Luxemburger Volkszeitung*, Schlaglichter auf die Nachkriegsmentalität, auf Orientierungslosigkeit und Wertezerfall, auf den grassierenden Materialismus, auf Kriegsgewinnler und Börsenspekulation, aber ebenso auf die Zustände in Sowjetrußland, die dortige Zerstörung der Individualität als eines der von Weicker am höchsten geschätzten Güter, auf den »Bolschewismus als politische Lues, als Verbrechen gegen die Menschheit«,[28] das auch Europa bedrohe.

»Spiel und Tanz regieren die Stunde«, die Menschheit verlustiert sich in der »Drehkrankheit«, Symptom der Nachkriegspsychose. *Am Abgrund entlang*: So lautet der Titel einer feuilletonistischen Salve auf die Amüsiergeilheit seiner Zeitgenossen: »Kranke Zeit der Nachtschattengewächse! Betäubender Taumel der sinnlichen Lust. [. . .] Man tanzt den Totentanz am Abgrund entlang.«[29]

Vielleicht haben Luis Fleißer und Jappes nach einem gemeinsamen Ausflug nach Oberammergau den dreiteiligen Bericht über die Vorbereitungen für die Passionsspiele 1922 ja gemeinsam geschrieben: *Oberammergau. (Von unsern Originalkorrespondenten.)*[30] In dem letzten erhaltenen Brief Weickers aus Paris, von Fleißer auf 1926/27 datiert, spielt er vielleicht auf solch eine Reise an: »Schwesterchen, vergiss mich nicht ganz und wenn du einmal in grosser Liebe an mich denkst schreibe mir einen guten Brief und sage mir ob du mit mir in die Berge fährst. Denn in mir ist nichts geändert. Ich bin im Gegenteil furchtbar kategorisch zum Leben geworden. Ich küsse dich Kleine, dein Jappes«.[31]

Doch vorerst hat Weicker Größeres vor, er versteht sich als Dichter. Unentwegt entwirft er, verwirft, sprudelt von literarischen Plänen, die allesamt unter dem Fanal stehen, nicht den gängigen Kulturbetrieb zu bedienen, sondern alles Ordentliche, Gediegene, Pausbäckige (und darunter fällt fast alles bei ihm) zu zerfetzen. Als sich die beiden kennenlernen, im Wintersemester 1920/21, hat der unstete Weicker einen Roman tatsächlich fertig geschrieben, »ein lustiges Studententagebuch mit tragischem Ausgang und ziemlich unvernünftigen Verwickelungen«.[32] Bei Georg Müller in München erscheint 1921 *Fetzen. Aus der abenteuerlichen Chronika eines Überflüssigen.* Es ist ebensoviel Dreistigkeit wie Selbstironie, wenn er seinen Untertitel aus Clemens Brentanos *Aus der Chronika eines fahrenden Schülers* und Lena Christs erfolgreichen *Erinnerungen einer Überflüssigen* zusammenbastelt. Sein Held Jappes läßt keinen Zweifel daran, daß er der geniale Autor selbst ist, der Steckbrief der an den Strand von Rügen geschwemmten Leiche von Jappes mit Foto (darstellend einen freundlich lächelnden Weicker) schmückt die letzte Seite: »Die Leiche ist 1,81 lang. Nase: gewöhnlich. Kinn: rund und unrasiert. Gesichtsfarbe: grünlich-gedunsen. Augen: gebrochen-glotzend. Mund: klaffend. Haar: blond-zerzaust. Bart: stoppelig, scheint erst nach dem Tode gewachsen. Besondere Kennzeichen: Kopf fehlt.«[33] Es ist ein kruder, ausufernd quasselnder Roman – »ein Unikum an Haltlosigkeit und Einfällen«[34] – voller Sentenzen, Aphorismen, bunten Denkblasen, der von des

Verfassers Hohn auf Gelehrsamkeit jeder Art handelt, von lüster-
nen Professoren, mehr oder weniger unschuldigen Mädchen, von
Liebe, Erotik und was man dafür hält, dessen Held alles, was er
denkt und sieht und erlebt, in nicht endenden Kalauern karikiert: »Sein Ziel ist der Zufall« (S. 203). Geistreiche Sottisen
lösen lange Tiraden in steilem Erlösungspathos ab. In einer
verstiegenen Kasuistik und mit gewaltigem Aufwand an Wort-
witz turnt der Roman zwischen den schrillsten Unvereinbar-
keiten, springt zwischen dem »tugendhaften Verbrecher« und
der »verbrecherischen Tugend« hin und her. Was wie brutaler
Zynismus klingt, löst sich im Spiel auf, hinter der Arroganz des
Allesverachters steht liebenswerte Kindlichkeit. Der Roman
und sein Held lassen Rückschlüsse zu auf seinen Erfinder: Das
machohafte, zuweilen gewalttätige Gehabe Jappes' – Alexander
Weickers wie des Roman-Jappes – ist Spiel, ist ein Habitus, der
oft genug umschlägt in Respekt vor imponierenden Frauen oder
den Gestus des Beschützers.

Der Roman ist ein typisches Zeitprodukt, eine Eintagsfliege.
Aber er hat offensichtlich nicht geringe Beachtung gefunden.
Mindestens 40mal und in maßgeblichen Zeitungen ist das Buch
rezensiert worden. 3000 Exemplare sollen »in einigen Wochen
allein in Deutschland« verkauft worden sein, für den Erstling
eines unbekannten Autors durchaus respektabel.[35] »Es ist viel
Liebenswürdiges in diesem Buch«, meint der Rezensent im *Literarischen Echo*, »viel scheue Reinheit, viel knabenhafter Trotz,
der mit seinem Lachen seinen Schmerz verbeißt.« (1. Oktober
1921)

Daß zwischen Alex Weicker und Luis Fleißer, aus der bald
seine Lu wird, nicht nur Zärtlichkeit und Erotik, Lust und Gewalt flackerten, sondern daß beide gleichermaßen an Spott und
Satire Vergnügen hatten, davon zeugt eine Geschichte, in der
sich die Freundin über den Jungautor mit ungehemmtem Selbstbewußtsein und über sein Buch, »bei dem man beim Lesen
Kopfweh bekam«, lustig macht. In *Das Buch, das nicht ging* erzählt sie, wie ein junger Dichter von Buchhandlung zu Buch-

handlung eilt und inkognito für seinen sensationellen Wurf wirbt,[36] eine deutliche Satire auf den Wichtigtuer, die nichts von mädchenhafter Wehrlosigkeit an sich hat.

Es ist wie so oft der Fasching, der die Liebesbeziehungen durcheinanderbringt, die einen voneinander löst, die anderen neu verbandelt: Im Frühjahr 1922 taucht Marieluise Fleißer – wie sich's für München gehört – ins Faschingsvergnügen ein und gerät genau an die richtigen Männer. Bis an ihr Lebensende hat sie in immer neuer Wiederholung die Begegnung mit Bruno Frank und Lion Feuchtwanger als triumphalen Einzug nicht nur in den Tanzsaal, sondern auf die literarische Bühne beschrieben. (Bei der allerletzten Bearbeitung des *Tiefseefisch* plante sie, diese Initiationsszene als Maskenball in das Stück einzubauen.) Und so erzählte sie die Szene Walter Rüdel bei seiner Filmarbeit über ihr Leben zum 70. Geburtstag:

»Den Lion, den hab ich am Fasching kennengelernt, am Münchner Fasching und nicht etwa auf einem großen Maskenball, sondern auf einem dieser kleinen Künstlerfeste im Steinickesaal. Und dort lernte man eben dann interessante Leute kennen. Und da lernte ich eigentlich zuerst den Bruno Frank kennen. Und der Bruno Frank, der hat mich auf seinen Schultern im Reitsitz durch den Saal getragen und hat mich dann zum Lion hingetragen und hat gesagt: Lion, hier stell ich dir eine Frau vor, die hat den – wie hot er gsagt? – die hat den schönsten Busen von Mitteleuropa, oder wie er sich ausgdrückt hot. Und der Lion hat dann schnell angesprungen, nicht, und dann blieb ich eigentlich beim Lion hängen, nicht beim Bruno Frank. Der Bruno Frank wollte schon auch, daß ich ihn besuche in seinem Häuschen am Starnberger See. Er hat erzählt, da wohnte er ganz allein mit vielen Katzen. Aber mir war das irgendwie verdächtig. Dagegen der Lion, der war ja verheiratet, nicht, also da bin ich mit viel mehr Mumm raufgegangen. Praktisch habe ich aber dann den Lion immer allein gesehen da in der Wohnung, die Marta war immer in einem anderen Zimmer, die

Lion Feuchtwanger um 1925

Marta war immer nicht da. Und der Lion, der hatte es ziemlich dick hinter den Ohren.«[37]

Der Steinickesaal in der Adalbertstraße, erst 1914 von dem Buchhändler Georg Steinicke gebaut, ist die erste Adresse für Künstler und Literaten, mit seinem anspruchsvollen Vortragsprogramm, seinen prominenten Dichterlesungen (von Lena Christ, Rainer Maria Rilke, Thomas Mann). Richtig toll geht es am Fasching zu, wenn sich Schwabings Künstlerschickeria – oder was sich dafür hält – bei den berühmten »Nachtwandler«-Festen austobt. Zum 10. Geburtstag des Steinickesaals hat ein anonymer Chronist die Stimmung festgehalten:

»Im Saale befindet sich eine größere, lustig kostümierte Gesellschaft beim Tanze. Durch das wogende Tanzgetriebe drängen einzelne mit Bier und billigen Weinflaschen beschwerte jüngere Herren und vereinzelte Damen mühsam zu ihren Tischen. Man sieht auch Butterbrote essen und Weißwürst in der Hand. An den Gesichtern sieht man deutlich, daß es alles Menschen aus jenen Kreisen sind, die man gelegentlich mit dem Ausdruck ›gebildet‹ bezeichnet, junge Künstler, Musiker, Maler, Studenten, aus freien Berufen, Redakteure, Ärzte, Anwälte.

Überall lustig bewegte Stimmung, die aus eigener Lebendigkeit schöpft und von Tisch zu Tisch übertragen dem Ganzen den unnachahmlichen Zauber eines echten Atelierfestes gibt. Entsprechend zeigt sich die Weiblichkeit. Frische, interessante, schöne Gesichter und Profile, im Ausdruck freudige Bewegtheit wie sie nur der Zustand eigenen Wohlbehagens in aufgelockerter Geselligkeit schafft. Die Kostüme geschmackvoll, künstlerisch, hochkünstlerisch, nirgends Diringer [eine Münchner Kostümfabrik], Schneiderin oder Phantasielosigkeit. In den Logen aber sitzen ein paar würdige, ältere Herren, bekannte Hochschulprofessoren, die von der Wissenschaft des Geistes alljährlich ein paar Mal in diesen Räumen im Kreise froher, junger Menschen Entspannung suchen, zum Teil Schüler und Schülerinnen, mit denen sie freundschaftliche Bande verknüpfen. Auch bekannte Dichter und Schriftsteller sind zu entdecken, Max

Halbe, Ricarda Huch, und bei der Ricarda Huch sitzend und mit ihr plaudernd, Münchens berühmteste Künstlerwirtin, Kathi Kobus.«[38] (Auch von Ricarda Huch wird übrigens berichtet, wie sie dort im Triumphzug durch den Saal getragen wurde. Und ein Jahr zuvor, im Fasching 1921, hat sich dort Brecht in Marianne Zoff verguckt, und die hat ihm dann vorgehalten – so jedenfalls steht's in seinem Tagebuch – er »hätte mit Frau Feuchtwanger sinnlich getanzt«.[39])

Die beiden Herren also, der charmante Gentleman von erstklassiger Erscheinung Bruno Frank (als »tief-human«, »tief-freundlich« und »nobel-konziliant« beschreibt ihn sein Freund und früherer Nachbar Thomas Mann)[40] und der kleine untersetzte Feuchtwanger, beide um die 38 Jahre alt, gehören zur allerersten Münchner Literaturprominenz, zu ihrer progressiveren Szene, beide hatten mit der Räterepublik sympathisiert, und beide gelten als notorische Frauenhelden. Liesl Massary zum Beispiel, die spätere Frau Bruno Franks, zählte zu Feuchtwangers zahlreichen Geliebten. »Er hat etwas Hypnotisches gehabt auf Frauen«, antwortet Marta Feuchtwanger auf die Frage nach der Ausstrahlung ihres Mannes, »obwohl er doch unscheinbar war. Ich glaube, die Augen waren es, ja, ja.«[41] Der verblaßte Charme des Vorkriegs-Schwabing liegt immer noch über der Szene, man ist freizügiger als anderswo. Auf ihre Ehe bezogen sieht das Marta Feuchtwanger sehr pragmatisch: »Da war ein unausgesprochenes Gentlemens' Agreement: Jeder kann tun, was er will. Ich hätte auch tun können, was ich wollte. Man hat das Gefühl der Freiheit. Wir waren beide rebellisch, das hat uns auch zusammengebracht.«[42] Im Alter gibt Fleißer der Erinnerung an Feuchtwanger die literarische Form: »Den Lion hatte ich gern, sein Gesicht stammte vom Affen ab und machte ihn älter, wenn man nur das Gesicht sah; aber sonst war er vorwitzig jung.«[43]

Daß sie diese Anekdote immer wieder erzählt hat, zeigt, wie sehr Marieluise Fleißer ihre Wirkung auf die fröhlichen Literaten genossen hat. Nicht als kreatives weibliches Subjekt, sondern als Objekt der Begierde von Männern stellt sie sich mit deutlicher Genugtuung vor.

Der Faschingsflirt überdauert den Aschermittwoch. In der Bibliothek Marieluise Fleißers zeugt eines der wenigen dort erhaltenen Vorkriegsbücher vom Fortgang der Geschichte: Lion Feuchtwangers »melancholische Komödie« *Der Amerikaner oder Die entzauberte Stadt*, 1921 im Drei Masken Verlag in München erschienen. Brandneu also damals, als Feuchtwanger es seiner Faschingseroberung schenkt und widmet: »Der kleinen Lu! In guter Freundschaft München, März 1922 Lion Feuchtwanger«. Die Seite mit der zitierten Widmung erzählt auch gleich die Eifersuchtsgeschichte, die dem Faschingsfest folgte. »Wer geht mit meinem Namen feil? AW« hat Jappes daruntergesetzt und Feuchtwangers »Lu« energisch unterstrichen. Lu war sein eigener Kosename für die Geliebte, ihn einen anderen benützen sehen ist wie Verrat. Sein Gespür betrügt ihn nicht. Marieluise Fleißer entfernt sich von ihm, er verliert sie an die neuen Götter.

Lion Feuchtwanger wohnt mit seiner äußerst attraktiven Frau Marta (»die schöne Frau Feuchtwanger, die so ägyptisch aussieht«, notiert Thomas Mann) in einer prächtigen Etagenwohnung in der Georgenstraße 24. Ihre Gastlichkeit ist legendär; in geselligem Verkehr treffen sich dort die Aktivisten der Räterepublik Heinrich Mann und Bruno Frank, Arnold Zweig und Alfred Wolfenstein, der inzwischen wegen Hochverrats verurteilte Ernst Toller und der Kreis um die Münchner Kammerspiele, für die er zeitweilig als Dramaturg gearbeitet hat.

Marieluise – so nennt Lion Feuchtwanger seine neue Freundin nun und gibt ihr den Namen fürs Leben und für ihre Autorschaft – braucht nur zwei Straßen nach Süden zu gehen, ein paar Treppen hinauf, und ist bei ihrem neuen Meister.

Alles deutet darauf hin, daß Marieluise Fleißer sich dem Einfluß Weickers mehr und mehr entzieht und ganz in das Magnetfeld Feuchtwangers gerät. Lion Feuchtwanger war damals noch nicht der Erzähler weitausholender Romane, er war ein umtriebiger Theatermann, verfaßte Kritiken und Essays, schrieb eine Vielzahl längst vergessener Theaterstücke aller Genres, Pantomimen, Volksstücke, Dialektschwänke, Bearbeitungen indischer Stoffe, eine *Perser*-Übersetzung des Aischylos und eine Burleske nach Aristophanes, daneben hochaktuelle Zeitstücke wie *Die Kriegsgefangenen.* Als ehemaliger Dramaturg der Münchner Kammerspiele arbeitete er eng mit den dortigen Kollegen zusammen, vermittelte Stücke an die Dramaturgen, zum Beispiel Bert Brechts *Trommeln in der Nacht,* das so als allererste Brecht-Inszenierung am 29. September 1922 in den Kammerspielen sensationelle Premiere feierte und damit »über Nacht das dichterische Antlitz Deutschlands verändert« hat. So jedenfalls jubelt Herbert Ihering im *Berliner Börsen-Courier* vom 5. Oktober 1922. Herbert Ihering wird auch zu Marieluise Fleißers verständnisvollstem Förderer, er wird uns noch oft begegnen.

Das also ist nun Fleißers neue Welt. Sie scheint sich zu häuten, Weickers Einfluß abzustreifen.

Im September 1922 meldet sich der verlassene Freund in München polizeilich ab und übersiedelt nach Paris, wird vom Schriftsteller zum Taxifahrer. Bald darauf muß er ausgedehnte Reisen kreuz und quer durch Europa unternommen haben. Im Dezember 1934 taucht er wieder auf dem Münchner Einwohnermeldebogen auf und heiratet auch in München 1936.

Wie weh ihm die Entfremdung von der so sehr geliebten Frau getan hat, wie schmerzhaft und kränkend ihr Überlaufen zu seinen Antipoden für ihn war, das bezeugen die nach seinem Wegzug aus München geschriebenen Briefe aus Paris (von denen bislang drei bekannt und erhalten sind), »in einer verworrenen Klaue, die Graphologen bedenklich macht«,[44] natürlich ohne so etwas Ordentliches wie regelrechte Zeichensetzung oder gar ein Datum. Die beiden ersten werden in der Fleißerforschung einmal auf 1922/23, ein andermal auf 1925 datiert, nicht einmal ihre Reihenfolge ist sicher zu bestimmen. Mir scheint die Wunde über den Liebesverlust und der Zorn auf die Rivalen darin noch so offen, daß der Abstand zwischen dem Wegzug und dem Briefschreiben kaum mehr als ein Jahr betragen haben wird. Auch geht Weicker auf einen Ärger mit seinem Münchner Zimmerwirt Dr. Fl. wegen seiner Mietschulden ein – dahinter verbirgt sich Dr. Floerke, Lektor in Weickers Verlag Georg Müller – , und das wird wohl kaum nach mehreren Jahren noch aktuell gewesen sein.

Es sind bittere Liebesbriefe eines verletzten Egomanen, Herzensergießungen ihres tieftreuen »wilden Bruders«. Sie war ihm alles, Kind, Frau und Schwester. In einem einzigen Brief beschwört er ihr Bild in der Erinnerung, »mein kleines verlassenes liebes Kind«, »Lu, kleine gute Schwester«, »meine kleine Frau«.

»Mein kleines verlassenes liebes Kind!

Regen draussen. – Ein Abend wie manchmal in München wenn wir unentschieden waren zum weggehen und nicht zu Hause bleiben konnten – Etwas wie gestohlene Wollust wirbelt in mir auf wenn es abends anonym regnet und wenn ich die Augen dann schliesse und deine Hände fühle und deinen zähen Körper und deine leisen Worte höre ... so etwas vergangenes gegenwärtiges. Schön in meinem wüsten Dasein, hart und schroff, gefährlich und fahrlässig. Hols der Teufel denke ich immer für mich, aber er holt meistens die Andern.« Die wegwerfende Geste, mit der er sich über den Trennungsschmerz hinwegretten will, trägt nicht weit. Seine Stimmung wechselt jäh zwischen Zorn über ihren Verrat (den er nur in ihrem Intellekt ansiedelt) und der Beschwörung ihrer Liebe: »Dein Leib, dein Hirn, dein Herz geht zum Teufel. Mensch bist du denn so, dass du nichts kannst als bei kalten Menschen wohnen. Peitsch dein Hirn, denn dein Herz ist warm und treu und dein Leib ist so zitternd, dass er vieles vibrieren lässt. [...] Du hast mir leider immer so wenig geglaubt, denn du konntest nie denken, dass jemand alles Grosse hinwirft wie er furzt und kotzt. Heraus damit! Und doch habe ich so ein herrliches Heim in deiner Seele, dass mich manchmal eine freie Sehnsucht zu dir zwingt und ich an dich denke wie an etwas sehr liebes in der

Ferne das auf meinem Wege lag und liegt. Lu, kleine gute Schwester, die anderen haben dich bewogen mich in dir preiszugeben aber dein junges Herz hat mich verteidigt. Und das ist brav von diesem kleinen Mädchenherzen, das den Sturm meines Frühlings nicht vergessen hat.«[45]

Sie muß ihm einen verzweifelten Hungerbrief geschrieben haben, es geht ihr miserabel – auch ein Hinweis auf die Datierung dieser Briefe auf das schlimme Jahr 1923. Die Inflation galoppiert, die Unterstützung vom Vater aus Ingolstadt zerrinnt ihr unter den Fingern. Weicker macht ihr Mut mit seiner makabren Lustigkeit: »Frohlocke weil noch die Wanzen dein Blut begehren. Wanzen wissen was gut ist. Mädchenblut! Junges, wildes Blut in halb kranken Gefäßen, Blut, das noch rot ist. Aus Scham unterernährt zu sein. Hunger ist gut für phantastische Gehirne. [...] Ja: – ich kann nur noch spotten, mein Leben ist so schön, ich stehe so ganz über allem Elend.« Herzlos ist das freilich keineswegs gemeint; er kündigt ihr Unterstützung an, eine bescheidene Geldsendung: »Ich wollte ich könnte dich ein paar Wochen hier füttern.«[46]

Unüberhörbar bleiben dennoch die tiefe Verletzung, die ihm die Überläuferin zugefügt hat, und die Erinnerung an die offensichtlich heftigen Auseinandersetzungen zwischen den beiden. Weickers Zorn ist noch nicht verraucht, der Macho erträgt es nicht, dazustehen als der unterlegene Schwächling. Er kündigt Revanche an und teilt schon einmal ein paar böse Hiebe aus, um zu zeigen, wer der Herr und wer sein kleines Ding ist:

»Meine kleine Frau, die Ferne hat das geläutert was in der Nähe Rausch und Krach war. Und ich denke heute mit Genugtuung an dich zurück wie an eine Kolonie in der ich viel gearbeitet aber die mir keinen Nutzen (Liebe + zartes Denken) bringt weil sie jetzt schlecht verwaltet ist. [...] Und ich habe geschworen die kleinen und großen Geister zu verwirren und das wird kommen so ich alles gesehen habe was ich sehen wollte. [...] Ich habe so viele Revanchen zu nehmen dass ich

bald Vorkehrungen treffen muss um es zur rechten Zeit zu erreichen. Denn ich wollte nicht dass jemand von der früheren denkt
ich sei tot oder schwach geworden! Hoho hihi! –«

Er muß auf ihre Vorwürfe antworten, sich rechtfertigen. Er
tut es als der Verkannte: »Du – klagst – weil du diesen Menschen
schleppen mußt den ich aus dir gemacht. – Armut! Du hast
keinen Menschen verstanden und du wolltest zu viel, deshalb
weißt du heute noch nicht was an dir vorüber gegangen ist.«
Sie muß ihm also geschrieben haben von ihrem Gefühl, verformt
zu sein, sich selbst entfremdet, nicht mehr oder noch nicht die,
die sie sein möchte. Es läßt sich nicht entscheiden, ob sie hier
von sich als der Frau spricht oder schon als der angehenden
Schriftstellerin, die ihre Begabung sucht, ihren Ton, ihren eigenen Schreibstil. Weicker war – so glücklich er sie offensichtlich
gemacht hat – eine erdrückende Übermacht. Die Flucht vor
dieser Übermacht führt freilich in die Arme einer nicht weniger starken Autorität. Es ist der erste von mehreren radikalen
Richtungswechseln, die Marieluise Fleißer, in Abhängigkeit
von anderen und sich selbst nicht trauend, vollzogen, später gelegentlich bereut, oft verschleiert hat.

Dieses Muster wird sich an allen wichtigen Wendepunkten
ihrer Biographie wiederholen: Ihre Bewegungen sind Fluchten.
Damit ist nicht Eskapismus gemeint in ruhige Gewässer, sondern nicht immer rational zu begründende, eher kopflos zu nennende Überläufe in die entgegengesetzte, keineswegs bequemere
Richtung, nicht selten vom Regen in die Traufe. Erst nachträglich bei der Revision im Alter sind diese von Fleißer selbst ausgehenden Lebens-Sprünge zu einer Kette von ›Miß-Handlungen‹, von erlittenem Ungemach geworden, beginnend mit der
Geschichte von Weickers Flucht und dem schnöde verlassenen
Mädchen.

Offenbar hat sie Weicker im Brief erzählt von ihren Schwierigkeiten bei der Arbeit an einem Stück, das sie kühn in Angriff genommen hat, anscheinend schon in Angriff genommen
hatte, als sie noch beisammen waren. Er antwortet:

»Und dein Theater! – Ja, hättest du mir über dein Stück gesprochen als ich dich bat wäre es heute fertig. Du vergissest nicht, dass Herr Feuchtwanger keine Ideen hat und seine Technik nur gelernt hat. Der Herr ist ein guter Handwerker ohne *Prestidigitator* zu sein und das sind alles schlechte Schullehrer weil sie das Gedächtnis nicht haben alles nachzusagen was sie gelesen haben. Und das sind Kerle die den Pedanten markieren und ihre eigene Leere damit maskieren. Ich sage dir das von dem Feuchtwanger weil du mir so eingenommen schienst und der Mann in Wirklichkeit deinen Charakter und dein Temperament absolut nicht kennt, denn er ist absolut nicht intuitiv und deshalb war der Leisten auf den der deine Eselshaut zog absurd. – Ich weiß der Mensch liebt meine Art und Weise nicht. Er hat Recht und ich würde mir meinen Geschmack übel nehmen wenn ich wüßte dass er es täte. –«

Der ›große‹ Weicker sieht im wahren Dichter – und also auch in sich – noch ganz das Goethesche Original- und Kraftgenie, von keinen Zweifeln angekränkelt. Von einer Krise im Selbstverständnis des Künstlers, die seit dem letzten Jahrzehnt des 19. Jahrhunderts und vollends seit der Katastrophe des Ersten Weltkriegs kaum einen Schriftsteller oder Maler unverstört läßt, scheint er völlig unbetroffen. Deshalb legt er nun ungebremst los mit gönnerhafter und schonungsloser Kritik und dann mit guten Ratschlägen: »Seien wir Schülerin und Schulmeister (Arschpauker!) –.« Es wäre wahrlich hilfreich, hätten wir noch ihren Brief und wüßten, mit welchen Problemen sie über ihren Papierbögen sitzt. Aus seiner Antwort zu schließen, handelt es sich vorrangig um strukturelle Schwierigkeiten, um Bauprobleme: Die Personen scheinen ihr nicht zusammenzupassen, das dramatische Material ist zu disparat, sie ringt um Homogenität, hat die aristotelischen Einheiten als Norm im Kopf und zu viele Botschaften, die sie von der Bühne verkünden lassen will. Nein, das ist schon die Kritik Weickers, er rät ihr – und das leuchtet ein: »schreib aus der Seele des Zuschauers«, »dem gesunden literarischen Bürger stiehlst du im voraus die Phantasie. Das ist schlecht.« Am Schluß formuliert er eine hübsche, echt Weicker-sche Maxime: »Lasse das Publikum sich alles selbst auf der Büh-ne sagen und es wird sich applaudieren weil es sich spielen sieht. – Das ist alles für heute [...]«

Ende 1927 (fünf Jahre nach dem Ende dieser Liebe) setzt Ma-rieluise Fleißer dem Geliebten – ohne freilich seinen Namen zu nennen – ein Denkmal: Auf das Umfragethema der *Magdebur-gischen Zeitung: Männer, die ich heiraten möchte* antwortet Flei-ßer mit einer Liebeserklärung: »Mein erster Freund, der heute verschollene Verbrecher X. Ich bin stolz auf ihn, solange ich lebe. Ich habe seitdem keinen Menschen gesehen, der im Vitalen so groß angelegt war. [...] Kraft für sieben auf einmal, er mußte immer Obacht geben, daß er mich mit seinen Umarmungen nicht totdrückt, [...] Mit seiner wilden Gewalttätigkeit und plötzlichen Bösartigkeit verband er in sich die feinfühligste Zart-heit und eine kindliche Freude am Leben. Mit Frauen, die er leiden mochte, war er herrlich. Durch ihn lernte ich die Na-tur lieben, wir waren fast jede Nacht draußen allein mit den Geräuschen des überdunkelten Landes. [...] Seine wenigen wahren Freunde hielten eisern zu ihm, obwohl schwer mit ihm auszukommen war wegen seiner tollen Unregelmäßigkeiten in der Lebensführung, wegen seiner krankheitsähnlichen Anfälle von Schwermut, wenn er in der Welt nicht genug Platz hatte und er es für notwendig hielt, sich durch eine böse Tat zu be-freien.«[47]

Marieluise Fleißer nennt in diesem Text ungeniert und unver-stellt Namen, nennt Carola Neher und die Promiskuität des Brechtkreises als eine Beziehungsform, mit der sie nichts zu tun haben will, sie nennt Alfred Kerrs und anderer Namen und ihren eigenen, sie meint es ernst mit ihrem Bekenntnis. Den Namen ihres Traummannes gibt sie nicht preis, »der verschol-lene Verbrecher X«. Er soll ihr Geheimnis bleiben, der zwielich-tige, skandalumwitterte Unbekannte. Wir wissen, er ist weder verschollen noch ein Verbrecher, noch namenlos. Verbrecher X nennt man einen Unbekannten, nach dem gefahndet wird. Er ist ihr abhanden gekommen, und sie ist seine Komplizin, allem bösen Leumund zum Trotz war es herrlich mit ihm. Nie wieder hat Marieluise Fleißer – soweit wir wissen – ein solches Liebesbekenntnis abgelegt wie zu diesem Mann.

Bei der Schlußrevision ihres Œuvres im Alter wollte sie von diesem Text nichts mehr wissen, hat ihn dem Gesamtwerk nicht anvertraut. Weickers beide Briefe aus Paris hat sie aus ihrer Korrespondenz ausgesondert, in einen Umschlag gelegt und darauf geschrieben:

»Psychologisch interessante Briefe.

Er war eine abenteuerliche Erscheinung. Er war Robin Hood. Er hat es den Reichen genommen und den Armen gegeben. Ich erinnere mich, daß er einem armen Mädchen, das er gar nicht einmal besonders gut kannte, auf dem Hauptbahnhof in München fünftausend Mark geschenkt hat.«[48]

Diese Briefe verraten viel über Weickers Psyche, aber sind sie nicht höchst aufschlußreich auch für die seelische Verfassung dieser jungen Frau zwischen der Erfahrung körperlicher Lust, dem Glück, begehrt zu werden auf der einen Seite, und auf der anderen dem schwer zu ertragenden Druck durch diesen extremen Charakter, der offensichtlich bedingungslose Hingabe fordert, keinerlei Rücksicht nimmt auf diese unfertige, bildbare Frau? In einem dritten erhaltenen Brief an die nun schon erfolgreiche Marieluise Fleißer einige Jahre später (von Fleißer datiert *auf Ende 1926*) sind die Wogen geglättet, Weicker ist reifer geworden und einsichtig: »Meine liebe liebe Lu, ich habe Vieles an dir gut zu machen.«[49]

In Fleißers fiktionalen Darstellungen sehen die Rollen in dieser Liebesgeschichte anders aus. In den Kommentaren zu den frühen Erzählungen in ihrer Werkausgabe 1972 legt sie eine autobiographische Fährte zu Jappes, zu Alexander Weicker: »*Der Apfel* ist eine Geschichte über den ersten Mann in meinem Leben, einen Studenten mit abenteuerlichen Neigungen, der sich mit einem selbstgegebenen Namen Jappes nannte. Er war sieben

Jahre älter als ich, und ich erfaßte seine internationale Reichweite zwischen Frankreich und Deutschland nicht. Er schrieb damals an einem – schlechten – Roman und wurde später vom Untergrund in Paris verschlungen. Auch die *Moritat vom Institutsfräulein* geht auf ihn zurück.«[50]

In denselben Umkreis reiht sie *Ein Pfund Orangen* ein. Alle diese Geschichten handeln von gedankenlosen, törichten, wehrlosen Mädchen ohne »Wirklichkeitssinn«, die an einen Mann geraten, der »alles mit Gewalt« macht, der »die Wehrlosen mißbraucht«,[51] gegen den sie nicht gefeit sind. Es sind tief verstörende Geschichten, in *Ein Pfund Orangen* wächst das reglose Grauen bis zum Suizid.

Für eine Themenbeilage des *Berliner Tageblatts* vom 26. September 1929: *Invasion des Kriminellen in die Dichtung*, wird Fleißer ein kleines Porträt liefern mit dem Titel *Mein Ludwig – Herr Wenninger*. Im letzten Absatz erklärt sie: »Herr Wenninger ist das Vorbild von ›meinem Ludwig‹ in der Geschichte *Die arme Lovise* aus dem von mir erschienenen Novellenband *1 Pfund Orangen*.«[52] *Die arme Lovise* ist ein anderer Titel für die *Moritat vom Institutsfräulein*, und damit schließt sich der Kreis, der Kreis um Alexander Weicker. Der Ludwig, das ist oder war in der Umgangssprache der Zuhälter, der Lude. Und was die arme Lovise, sein weibliches Pendant, mit ihm erlebt und für die Liebe hält, tut weh: »Er hat mich ganz schön geschunden. Und die Luft nahm er mir weg. So lang nahm er sie weg, daß es mir tobte im Kopf, ich meinte, ich müsse zerspringen. Mein Herz tat einen Satz und ich fürchtete mich. [...] ich wollte nicht zimperlich sein. Da durfte mir das doch nichts machen. Ich hätte es nie über die Lippen gebracht, da tat er sich leicht. Ich hätte es nie zugegeben vor einem anderen. Die Erfahrung hat mich nicht anders belehrt. Der Liebe war ich es schuldig.«[53] Das mag ins Satirische überzogen sein, die Rollen sind dennoch festgeschrieben: »Da waren wir miteinander ein Wesen aus Leiden und Tun, und Tun war seines und Leiden war meines«[54] – hier der Gewalt-Tätige, dort die Opfer, junge Mädchen, liebeshungrig, aber ohne Erfahrung: Alexander Weicker und Marieluise Fleißer, so lautet seither der Kurzschluß von der Literatur auf die Biographie. Weicker wurde in ihrer Lebenserzählung zum ersten Exemplar jenes Typus Mann, den zu lieben die jungen, immer wehrlosen Opfer den Preis ihrer Autonomie und der eigenen Kreativität kostet. Gast Mannes hat ausführlich darauf hingewiesen, wie fragwürdig diese Gleichung ist und wie sie das Bild eines anderen Menschen beschädigt. Daß es ganz andere Paarkonstellationen in den frühen Geschichten gibt, werden wir noch sehen. Und es gibt auch andere Erzählungen, in denen man, wenn man denn will, Jappes wiedererkennen könnte, freilich einen anderen, z. B. in dem Feuilleton *Kameraden* (erschienen in der *Magdeburgischen Zeitung* und von Fleißer nicht in die Gesamtausgabe aufgenommen), einem kleinem Text, der die Spannung zwischen einem forschen jungen Mann und einem schüchternen Mädchen, zwischen Begehren, Bedrohen, Beherrschen, Besiegen in Freundschaft auflöst. Hier ist er nicht der Gewalttätige, sondern der Bändiger durch Einfühlung, und das junge Mädchen erfährt gerade nicht Unterdrückung, sondern Stärke durch Zärtlichkeit und Schutz. Da spielt sich das Idealbild einer Beziehung ab: »Dann gingen sie als die Kameraden, die sie jetzt waren, noch eine halbe Stunde spazieren und probierten es aus, wer von beiden sich am meisten darüber freute.«[55]

Kehren wir zurück in die Jahre 1922/23. Die Studentin aus der Provinz besucht den weltläufigen prominenten Lion Feuchtwanger nun häufig in seinem großbürgerlichen Zuhause. Abgesehen von seinen Briefen an die Freundin und nun auch Kollegin hat er seine Marieluise nirgends erwähnt, aber in der glücklosen jungen Malerin Anna Elisabeth Haider aus seinem Münchner Romanpanorama *Erfolg* von 1930, die mit ihrem skandalösen Selbstporträt die Karriere des Kunsthistorikers Dr. Krüger ins Wanken bringt, dürfen wir ein Bild von Feuchtwangers Besucherin sehen, »wie sie die Treppe hinunterhüpfte – sie hüpfte viel zu viel für ihre frauenhafte Figur – das Antlitz breit und rund, ein

Bauernmädelgesicht eigentlich, mit dickem, blondem, nicht einwandfrei gepflegtem Haar, die Augen standen grau, mit einem
verwirrenden Ausdruck von Vertiefung und Abwesenheit in dem
sonst naiven Gesicht. Der Umgang mit ihr war nicht einfach,
sie war verzweifelt weltfremd, sehr gleichgültig gegen alles Äußerliche, solange es ihr nicht an den Hals ging, überaus schlam-
pig, kompromittierend verwahrlost angezogen. Dazu hatte sie
Anfälle von Quartalsinnlichkeit, die ihm in ihrer Wildheit unge-
legen kamen. Aber sein sicherer musischer Instinkt wurde trotz
dieser ihm verhaßten Unbequemlichkeiten angezogen von ihrem
durch eine undeutliche Zeit schwierig, aber unablenkbar richtig
vortastenden Kunstwillen. Denn er hielt die dumpfe, unbe-
queme Frau [...] für einen der seltenen geborenen Künstler der
Epoche. Sie produzierte mühselig, mit Stockungen und Zusammenbrüchen, sie vernichtete immer wieder, was sie gemacht
hatte, ihre Ziele, ihre Methoden waren schwer zugänglich; aber
er spürte das Unbeirrbare darin, das Einmalige, Gewachsene.«[56]
Wie weit die reale Gestalt Marieluise Fleißers und die Umris-
se der Romanfigur sich hier decken, spielt gar keine Rolle. Was
wichtig ist: Feuchtwanger läßt im Urteil seines Protagonisten,
des progressiven und in Bayern verhaßten Kunstkenners Martin
Krüger, die originäre Begabung einer Künstlerin, ihre widerstän-
dige Arbeitsweise und ihr außerordentliches Gelingen in einer
Weise Gestalt annehmen, wie sie für Fleißers frühe Prosaarbeiten
allesamt konstitutiv sind.

»Er fordert sie auf, ihm zu bringen, was sie geschrieben hat.
Er nennt es Expressionismus und Krampf. Heute schreibe man
›neue Sachlichkeit‹. Aus Zorn verbrennt sie alles, was an Geschrie-
benem da ist, auch den Aufsatz *Ist Auflehnung Sünde?*, auf den
sie doch so stolz war.«[57] Das sind nicht mehr Martin Krüger
und Anne Elisabeth Haider, sondern Feuchtwanger und Marieluise Fleißer, in Fleißers Alters-*Notizen* von 1973, in denen Dichtung und Wahrheit, Fiktionen und Fakten ununterscheidbar
ineinandergeflossen sind. Feuchtwanger erkennt ihre dichterische Begabung noch durch den Wildwuchs, den der Weicker-

sche Einfluß auf ihren ersten Schreibversuchen angesetzt hatte. Aber war der überhaupt so groß gewesen? Was wissen wir denn davon, wie sie zu schreiben begonnen hat? Marta Feuchtwanger hat Fleißers Schreibanfänge ganz anders in Erinnerung: »Ich erinnere mich, daß die Fleißer, nachdem wir sie auf einem öffentlichen Maskenball getroffen hatten, schon am nächsten Tag zu Feuchtwanger kam, um ihre Gedichte zu bringen. Sie waren reine Gartenlaube – es war die Rede von Zehlein, die sie in einen Bach hängen ließ. Lion riet ihr, sie solle Brecht lesen. Und da hatte sie – man kann es fast mirakulös nennen – ihren wahren Stil gefunden.«[58] Nun halten Marta Feuchtwangers Erinnerungen aus der Distanz von einem halben Jahrhundert auch sonst durchaus nicht immer den Tatsachen stand. Daß Marieluise Fleißer in nur einem Jahr Feuchtwanger/Brecht-Schule von säuselnden Gartenlaube-Gedichten zu ihren von Gewalt und pubertärer Sexualität knisternden Prosageschichten gekommen sei, ist kaum vorstellbar. So mirakulös war das Göttergespann denn doch wieder nicht. »Heute schreibe man ›neue Sachlichkeit‹«, so hat es Feuchtwanger wohl kaum zu ihr gesagt. ›Neue Sachlichkeit‹ als fester (wenngleich nicht scharf definierter) Begriff für die anti-expressionistische ebenso wie antiästhetizistische Stilrichtung in Kunst und Literatur taucht zwar 1923 erstmals auf, seine Übernahme in den allgemeinen Wortschatz begann aber erst mit der Eröffnung von Gustav Friedrich Hartlaubs folgenreicher Ausstellung *Die Neue Sachlichkeit* am 14. Juni 1925 in der Mannheimer Städtischen Kunsthalle. Noch ist Feuchtwanger selbst dabei, sich stilistisch umzuorientieren, war er doch zumindest in seinen Vorkriegsarbeiten nicht so sehr vom Expressionismus als vielmehr vom Ästhetizismus durchaus infiziert gewesen. Der Krieg, schreibt er im *Versuch einer Selbstbiographie* 1927, habe ihm »das Geschmäcklerische weggeschliffen, mich von der Überschätzung des Ästhetisch-Formalen, der Nuance, zum Wesenhaften geführt«.[59] Nachdem Feuchtwanger die Komödie *Der Amerikaner oder die entzauberte Stadt* – das erste Buchgeschenk für die neue Freundin – im Juli 1920 Bert Brecht

vier Stunden lang vorgelesen hatte, notierte der in sein Tagebuch: »Sie gefiel mir, weil *er* mir gefällt, und sie ist auch tech-
nisch interessant genug und hat schöne Bilder. Es ist wieder viel
Brecht drin. [...] Übrigens fehlt dem Stück Größe und Belang.
Es hat Witz (aber nicht zu viel), Geschmack (aber zuwenig), Technik (aber keine gute, nur eine gerissene).«[60] Wie schrieb Alexander Weicker an die abtrünnige Geliebte: »Du vergissest nicht,
dass Herr Feuchtwanger keine Ideen hat und seine Technik nur
gelernt hat. Der Herr ist ein guter Handwerker« ... Feuchtwanger fand dieses Stück später selbst so mittelmäßig, daß er es für
keine Gesamtausgabe freigab.

Sachlichkeit war ihm nun in der Tat die erste Forderung und
das Markenzeichen für eine gelungene Kunstproduktion; das
Charakteristikum »sachlich« geistert durch seine Texte aus die-
ser Zeit, etwa in seiner Rezension von Döblins *Wallenstein*[61]
1921, allerdings noch ohne deutlichen Umriß. Als er Anfang
Oktober 1922 aus Anlaß der ersten Brecht-Aufführung überhaupt (*Trommeln in der Nacht* am 29. September in den Münchner Kammerspielen) für eine Bert-Brecht-Sondernummer der
Blätter der Münchner Kammerspiele (und zeitgleich in *Das Tage-
Buch* vom 7. Oktober 1922) einen enthusiastischen Aufsatz über
Bert Brecht veröffentlicht und darin die drei fertig vorliegenden
Stücke *Trommeln in der Nacht, Baal* und *Im Dickicht der Städte*
erstmals vorstellt, da preist er an der Sprache, an der Kunst seines ›Ziehkindes‹ (seit 1919) vor allem anderen die Sachlichkeit:
»Brechts Deutsch ist die Stimme der Zeit, von einer enormen
Sachlichkeit und Sinnenfälligkeit, von einer wilden, fanatischen
Präzision. [...] Nein, junge, prachtvolle Sicherheit in stürmi-
schem Vorwärts, Luft, Farbe, Blühen bei aller Präzision, strotzen-
der Saft bei aller Sachlichkeit. Berthold Viertel hat unlängst das
schöne Wort geprägt von der Sachlichkeit der Seele als dem Kri-
terium wahrer Dichtung; nun denn, Bertolt Brechts Dramen
sind von einer beseelten Sachlichkeit, die ohne Beispiel ist in
der deutschen Dichtung.«[62] Da spricht jemand von Sachlichkeit
und gerät darüber in ein doch so verpöntes Schwärmen.

Marieluise Fleißer in den zwanziger Jahren

Wie sieht Feuchtwangers ›Lehrbuch‹ für seine Schülerin Marieluise aus?

Einige Jahre später, am 2. 11. 1927, wird man Feuchtwangers Lehrsätze im *Berliner Tageblatt* lesen können (in derselben Zeitung war im April desselben Jahres Fleißers Erzählung *Abenteuer aus dem Englischen Garten* abgedruckt), eine vielbeachtete, oft zitierte Programmschrift unter dem Titel *Konstellationen der Literatur*:

»Die Literatur der weißhäutigen Völker, seit etwa zwanzig Jahren sinn- und zwecklose Spielerei, ohne Zusammenhang mit dem Leben, Beschäftigung für Zeittotschläger, beginnt allmählich, die Inhalte aufzunehmen, die Krieg, Revolution, gesteigerte Technik ins Licht rücken. Produzierende und Konsumenten haben formalistischen, ästhetisch tändelnden Kram ebenso satt wie alles Ekstatische, gefühlsmäßig Überbetonte. Was Schreibende und Leser suchen, ist nicht Übertragung subjektiven Gefühls, sondern Anschauung des Objekts: anschaulich gemachtes Leben der Zeit, dargeboten in einleuchtender Form. Erotisches rückt an die Peripherie, Soziologisches, Wirtschaftliches, Politisches in die Mitte. Don Juan in seinen endlosen Varianten hat abgewirtschaftet, an seine Stelle tritt der kämpfende Mensch, Politiker, Sportler, Geschäftsmann. Den Schreiber und den Leser fesselt Gestaltung des unmittelbar Greifbaren: Sitten und Gebräuche des heraufkommenden Proletariats, die Institutionen Amerikas, Fabriken, Konzerne, Autos, Sport, Petroleum, Sowjetrußland.«[63]

Und was hat die Elevin davon behalten, umgesetzt, sich für ihr Schreiben zu eigen gemacht? Wir werden sehen, die Schülerin Marieluise Fleißer hat nicht so genau hingehört in den Lehrstunden des Meisters, sie hat sich nicht – noch nicht – abbringen lassen von dem, was in ihr zur Gestaltung, zur Erzählung drängte: eben doch Erotik und Gefühle, aber hart in den Raum gesetzt, schonungslos, mit Gewalt konfrontiert. Ich stelle sie mir eher vor wie die Anna Elisabeth Haider aus Feuchtwangers Roman *Erfolg*: »Sie produzierte mühselig, mit Stockungen und Zusammenbrüchen, sie vernichtete immer wieder, was sie gemacht hatte, ihre Ziele, ihre Methoden waren schwer zugänglich [...]«[64]

Achtzig Jahre nach diesen Richtungskämpfen und den kontroversen Belehrungen der kleinen Anfängerin darüber, wie man zu schreiben hat, zeigt sich allerdings, wer als Sieger daraus hervorgegangen ist: Weicker hat sich keinen Platz in der Literaturgeschichte sichern können; wäre er nicht der »erste Freund« Fleißers, wir würden ihn wohl kaum noch kennen. Und Lion Feuchtwangers frühe Stücke finden sich in keinem Repertoire mehr. Er bleibt vorrangig der große Romancier und der Chronist des Exils. Die Schülerin hat ihre Lehrer in den Schatten gestellt.

Am Samstag, dem 3. März 1923, ist die Bevölkerung wie all die Tage zuvor und seit Wochen schon mit der Besetzung des Ruhrgebiets durch die Franzosen beschäftigt. Die Zusammenstöße der Besatzer mit dem zivilen Widerstand der Deutschen eskalieren. In den Buchhandlungen liegen jede Menge Neuigkeiten, Rilkes lange erwartete *Duineser Elegien* und die *Sonette an Orpheus* zum Beispiel und das erste Heft von Kurt Schwitters' Dada-Zeitschrift *Merz* und wie jeden Samstag für die hungrigen Intellektuellen das neueste Heft von *Das Tage-Buch* von Stefan Großmann. Sein Mitarbeiter Leopold Schwarzschild stellt darin das neue Hindenburg-Programm vor, Walter von Molo klagt über den Niedergang der deutschen Geistesberufe in einem Essay, betitelt: *Die Katastrophe des Schriftstellers*, ein Brief Gogols an die Mutter ist abgedruckt, schließlich die Erzählung mit dem nicht eben aufregenden Titel *Meine Zwillingsschwester Olga* einer unbekannten Autorin namens Marieluise Fleißer auf fünf engbedruckten Seiten. Da man den Namen noch nie gehört, geschweige denn gelesen hat, scheint es dem Herausgeber ratsam, mit ein paar Zeilen nicht auf die Schriftstellerin als Person, sondern auf das Besondere ihres Erzählens aufmerksam zu machen. Ein Wagnis scheint es ihm, er schickt eine Art Lektüreanleitung voraus:

»Auf diese Erzählung einer hier zum ersten Mal gedruckten Dichterin sei ausdrücklich hingewiesen. Hier ist im Erzählen ein Versuch gewagt, der an naive Kinderzeichnungen, aber auch an die gestörte Naivität von George Grosz erinnert.«[65]

Es war wohl der Freund Lion Feuchtwanger, der Fleißers Geschichte an Stefan Großmann vermittelt hat. Der Startplatz könnte für eine junge Autorin gar nicht vorteilhafter sein: Im *Tage-Buch*, 1920 zusammen mit dem Rowohlt Verlag gegründet als dezidiert republikanisches Forum für Politik, Wirtschaft und Kultur, begegnet man einer vielseitigen Literaturszene, von den etablierten Schriftstellern bis zur Avantgarde: in diesem Jahrgang 1923 etwa Bruno Frank und Hermann Bahr, Theodor Lessing und Kurt Pinthus, Robert Musil, Lion Feuchtwanger und Bert Brecht.

Marieluise Fleißer – so jung wie sie ist, nämlich gerade 22 Jahre alt – kann sich in dieser Gesellschaft durchaus sehen lassen. Und es ist wahrlich eine ungewöhnliche Geschichte, dergleichen hat man noch nicht gelesen: Was eine übliche Erzählung ausmacht, die Einführung der Protagonisten und eine Klärung ihres Verhältnisses zueinander, die Vorbereitung auf einen Plot, auf einen Konflikt – nichts dergleichen. Der erste Lektüreeindruck: chaotisch, diffus, die Sprache unscharf, manchmal unbeholfen. Es knistert nur so von pubertär-sexueller Erregung und Gewalt. Die Dreizehnjährigen (so wird die Autorin die Erzählung später betiteln) stehen unter einer kaum erträglichen Spannung, bis in ihre verkrampften Schultern, ihre reduzierten Bewegungen. Der Überdruck ihres erwachenden Begehrens kann sich nur entladen in Aggression, in Verführen und Verletzen. Die Kinder fühlen die Sexualität bedrängend, aber sie wissen sie nicht, und sie ist in der Welt des *Erlaubten* tabu. Sexualität als Verdacht, als unbekannte, erst recht unbegreifliche Körpererfahrung, für die die Protagonisten, Jugendliche in der Provinz, in der der Teufel noch drohend mächtig ist, noch keine Sprache besitzen, keine Artikulationsmöglichkeit kennen jenseits von Körpergesten und Gewalt. Marieluise Fleißer erzählt das Nichtsprechen, die Abwesenheit von Verstehen, von Zärtlichkeit oder gar Liebe. In diffuser Rede, abgerissenen Beobachtungen, halbfertigen Anspielungen und Körpersignalen entsteht kein Bild, schon gar kein Weltbild, vielmehr ein Chaos aus Wahrnehmungs- und Gefühlssplittern, die sich scharf und verletzend aneinander reiben. Paarszenen sind Kampfszenen. Wer verführt wen? Opfer und Täter sind kaum zu unterscheiden: Willy Sander, der pubertierende Junge zwischen Großmannssucht und schlotternder Angst, und Olga, die sich interessant macht mit ihrem Menstruationsgeheimnis und ihrer erotischen Bigotterie und sich aufreizend in Positur setzt. Nein, keine heile Kinderwelt, Unschuld scheint es nicht zu geben. Am Ende führt die heillose Geschlechterspannung zum Äußersten, zum Tod. Was bei der ersten Lektüre chaotisch angemutet hat, erweist sich als hochartifiziell, indem Fleißer das Erzählen Olgas Alter ego, der Zwillingsschwester, überträgt, die das Geschehen sieht, fühlt, beobachtet, ganz selten selbst eingreift, vermittelt, Aggressionen entschärft. Sie ist weniger ins Geschehen verstrickt, weniger triebhaft, reifer als die Schwester, auf der Schwelle zum Begreifen, zum Erwachsenwerden. Diese Schreibinstanz macht das, was wie »gestörte Naivität« aussieht, als Kunstwerk unbedingt wahrhaftig.

Das März-Heft des *Tage-Buchs* kostet 500 Mark, im September wird man für ein Heft 1,35 Millionen bezahlen müssen. In Deutschland herrschen Hunger und Inflation, die Preise klettern schwindelerregend, 10 500 Mark beträgt Fleißers Einschreibegebühr für das Sommersemester 1923, im folgenden Wintersemester (ihrem letzten) sind es 33 900 Millionen. Mit ihren schlimmen Mangelerfahrungen, auf die Weicker zynisch-tröstend antwortet (und ihr Geld schickt), ist Marieluise Fleißer nicht allein. Im Dezember 1923 sind 28 000 Münchner arbeitslos, 140 000 Menschen (das sind 23 Prozent) nehmen die Fürsorge in Anspruch.

Marieluise Fleißer also hungert in ihrem Untermieterzimmer bei der Hofratswitwe Elisabeth Beraz im ersten Stock der

Ainmillerstraße 7. Was sie an der Uni tut, wissen wir nicht, aber wir wissen, daß sie schreibt, daß sie mit ihrer Schreibbegabung ringt. Sie scheint einerseits durch Feuchtwangers Verdikt verunsichert, andererseits durch sein Lob ermutigt. Neben der Geschichte *Meine Zwillingsschwester Olga* gab es nach ihrem Bericht eine zweite, »die Feuchtwanger gelten ließ«, *Meine Freundin, die Lange.* »Aber die ist auf mysteriösen Wegen verschwunden, nachdem ich sie dem Lion gebracht hatte, und nie gedruckt worden, ich habe das Manuskript nie wieder gesehen.«[66] Alle anderen früheren Arbeiten hat sie – so beteuerte sie später – vernichtet.

Fast das einzige und gewiß das zentrale Ereignis aus den Jahren 1922 bis 1924, von dem Marieluise Fleißer im Alter erzählt, ist neben ihrem Schreiben die Begegnung mit Bert Brecht – oder müssen wir genauer und einschränkend sagen: die Begegnung mit Brechts Theater? Fleißers Erzählungen von der Erschütterung der angehenden Schriftstellerin durch den jungen Dichter stammen sämtlich aus ihrem letzten Lebensjahrzehnt: *Frühe Begegnung* (für Radio Zürich 1964), *Der frühe Brecht* (Textvorschlag für ein Statement zu einem Film über Brecht 1966), *Zu Brecht* (fürs ZDF, 1973), *Das erste Stück* (in der Gesamtausgabe abgedruckt unter dem Titel *Ich ahnte den Sprengstoff nicht*, für eine Sendereihe des WDR 1973), außerdem zahllose Auskünfte auf schriftliche Anfragen und in Interviews. (In der Skizze *In der Augustenstraße*, die bereits 1951 in der *Süddeutschen Zeitung* zu lesen war, erzählt Fleißer von dem starken Eindruck der Generalprobe, aber eine persönliche Bekanntschaft mit Brecht kommt darin nicht vor.) Diese späten Auskünfte schillern in vielen Farben, Erinnerungen sind überlagert von Gelesenem, die Chronologie der Ereignisse ist mit dem großen zeitlichen Abstand unscharf geworden. Für die altgewordene Frau ist die Fiktion ebenso wahr, wie es die Fakten sind. Vergleicht man die späten Auskünfte, so tun sich Ungereimtheiten auf, Widersprüche. Aufgabe der Biographin ist, das Gesicherte heraus-

Bertolt Brecht 1927

zuschälen und in der Persönlichkeit der Beschriebenen, in ihrer Lebenssituation, in der Werkgeschichte Gründe aufzuspüren, die den freien, widerspruchsvollen, keineswegs beliebigen Umgang mit den Fakten plausibel machen.

Wer war Bert Brecht Anfang der zwanziger Jahre? Auf jeden Fall einer, der schon laut auf sich aufmerksam gemacht hat. 1898 in Augsburg geboren, aus respektablem Elternhaus, Sohn des Direktors der Haindlschen Papierfabrik, ein aufmüpfiger Schüler mit unsolidem Lebenswandel, der respektlose Schulaufsätze geliefert und seinen Ruf in der Stadt schon ruiniert, ein nicht eben gepflegt auftretender mittelloser Bummelstudent, der freche Theaterkritiken, ein paar patriotisch unzuverlässige Texte und Gedichte geschrieben hatte, ein Bänkelsänger, der Dichter werden will und mit 22 Jahren, also 1920, in sein Tagebuch träumt: »Vierzig Jahre, und mein Werk ist der Abgesang des Jahrtausends.«[67] Ein Jahr später: »Ich beobachte, daß ich anfange, ein Klassiker zu werden.«[68] Da war noch kein Stück von ihm aufgeführt und außer einem Privatdruck des *Baal* auch noch keines zu lesen.

Als Marieluise Fleißer durch die Bekanntschaft mit Feuchtwanger in das Magnetfeld Brechts gerät, ist er dabei, rastlos alles auszuprobieren: leben, lieben, schreiben. Sein Medizin-, dann Philologiestudium hat er abgebrochen, er pendelt zwischen Augsburg, München und Berlin hin und her, er hat einen Sohn mit Bi Banholzer und eine schwangere Freundin, Marianne Zoff, die er im November 1922 heiratet, wohnt immer wieder mit Arnolt Bronnen zusammen, bis diese Freundschaft zerbricht. 1923 trifft er Helene Weigel und findet in ihr den Anker, der ihn sein Leben lang in allen Turbulenzen festhält, wenngleich an sehr sehr langer Kette. Er schreibt wie besessen in allen Genres gleichzeitig. In der Schublade stapeln sich Gedichte, erste Erzählungen erscheinen in Zeitschriften. Fasziniert vom Kino, hofft er mit Filmprojekten zu dem Geld zu kommen, das er so dringend nötig hat. Zwei Stücke sind bereits fertig, *Baal* und *Trommeln in der Nacht*, ein drittes, *Im Dickicht der Städte*, ist

in Arbeit. Am 29. September 1922 gibt es das erste Brecht-Schau-
spiel auf der Bühne zu sehen, *Trommeln in der Nacht* in den
Münchner Kammerspielen unter der Regie von Otto Falcken-
berg, mit sensationellem Erfolg, den Herbert Ihering (von Brecht
persönlich aus Berlin zur Premiere geladen) am 5. Oktober im
Berliner Börsen-Courier der Welt verkündet: »Der vierundzwan-
zigjährige Dichter Bert Brecht hat über Nacht das dichterische
Antlitz Deutschlands verändert. Mit Bert Brecht ist ein neuer
Ton, eine neue Melodie, eine neue Vision in der Zeit. [...] Das
Geniezeichen Brechts ist, daß mit seinen Dramen eine neue
künstlerische Totalität da ist, mit eigenen Gesetzen, mit eigener
Dramaturgie.« Im Dezember 1922 erhält Brecht auf Vorschlag
Herbert Iherings den Kleist-Preis, die begehrteste literarische
Auszeichnung für junge Autoren. Das Genie Brecht, der geniale
Dichter, ist in aller Munde.

Marieluise Fleißer hat über ihre Begegnung mit Bertolt Brecht
erst im Alter Auskunft gegeben, Auskünfte, die – mal ganz sachlich, mal sehr literarisch – nicht unwesentlich voneinander ab-
weichen. 1964 schildert sie die *Frühe Begegnung* mit dem Genie,
»frech wie ein junger Gott und eines Maschinenzeitalters liebstes Kind«:[69] es ist ein Text, den die Autorin als »streng biographische Aufzeichnung«[70] für Radio Zürich konzipiert und als
Korrektiv zur Erzählung *Avantgarde* und ihrer verhängnisvollen Rezeption vom Jahr zuvor (1963). Die Erinnerung reißt sie
hin, schließlich ist sie Dichterin. Vermutete man in der Erzählung *Avantgarde* hinter dem jungen Dichter und Cilly Ostermeier ein Paar-Porträt Brecht/Fleißer, so mußte man darin die
Zerstörung der Begabung der jungen Schriftstellerin durch das
eisige, egoistische männliche Genie lesen. Es sieht so aus, als
habe Marieluise Fleißer ein Jahr später diesen Eindruck korrigie-
ren und den überwältigenden Eindruck schildern wollen, den
der Dichter auf die noch unerfahrene Autorin machte. Diese
Erzählung dient in der Fleißer-Biographik als Fundus für die
historischen Ereignisse der ersten Begegnung mit Brecht, den

Fakten hält sie nicht immer stand. (Sie selbst gab dem Herausgeber ihrer Werke 1972 die Auskunft: »Ich habe inzwischen mit Sicherheit festgestellt, dass ich Brecht erst 1924 *persönlich* kennenlernte. Am 22. 3. 24 kannte ich ihn noch nicht persönlich, obwohl ich seine Stücke schon lange kannte.«[71])

Marieluise Fleißer erzählt von Lion Feuchtwanger und seinem jungen »Hausdichter«, und »schon drückte Feuchtwanger mir die Balladen des Dichters in die Hand, sie machten mir sehr zu schaffen«. Was hat sie da zu lesen bekommen? Die vulgären Sexgedichte (denn Liebesgedichte stellt man sich anders vor) aus der Augsburger und frühen Münchner Zeit mit ihrem »Fick- und Vögel-Vokabular«[72] sind erst in den 1980er Jahren bekannt geworden. *Bertolt Brechts Hauspostille* existierte noch nicht, zumindest nicht als gedrucktes Buch. Brecht hatte die Sammlung zwar 1922 fertig zusammengestellt und an Kiepenheuer geschickt, ihre Publikation verzögerte sich aber. Sie erscheint erst im Frühjahr 1927, also genau in jener sehr kurzen Zeit, in der Marieluise Fleißer überhaupt in der Nähe von Brecht und seinem Kreis gelebt hat. Daß Brecht Ungedrucktes in fremde Hände gegeben hätte, läßt sich schwerlich vorstellen. Wenn nicht wie öfters in diesem Text spätere Lektüren die Erinnerung überlagern, so könnten es allenfalls ganz wenige Einzelabdrucke gewesen sein, die ihr Feuchtwanger zu lesen gab, um sie auf den Lyriker Brecht aufmerksam zu machen: Die *Ballade über die Anstrengung* (Erstdruck in *Die neue Rundschau* 1923), deren erste Strophe lautet:

>»Man raucht. Man befleckt sich. Man trinkt sich hinüber
>Man schläft. Man grinst in ein nacktes Gesicht.
>Der Zahn der Zeit nagt zu langsam, mein Lieber!
>Man raucht. Man geht k ... Man macht ein Gedicht.«[73]

Solch zynische Sachlichkeit könnte sie ebenso irritiert haben wie die kühle Gleichgültigkeit gegenüber Vergänglichkeit, Tod und Verfall in der so oft zitierten Schlußstrophe der *Ballade vom ertrunkenen Mädchen*, die 1922 in der Weltbühne S. 577 zu lesen war:

»Als ihr bleicher Leib im Wasser verfaulet war
Geschah es (sehr langsam), daß Gott sie allmählich vergaß
Erst ihr Gesicht, dann die Hände und ganz zuletzt erst ihr Haar.
Dann ward sie Aas in Flüssen mit vielem Aas.«[74]

Vielleicht hat sie die *Ballade von den Seeräubern* im April 1923
im *Berliner Börsen-Courier* gelesen. So viel obszönes Gegröle
und solch wüste Blasphemien in den herrlichsten Versen könnten sie erschreckt haben.

Viel wahrscheinlicher ist – nach der Struktur dieses Erinne-
rungstextes und vielen weiteren Passagen zu schließen –, daß
Fleißer die Chronologie nicht wichtig ist, daß Frühes und Späteres, Erfahrenes und Gelesenes sich verweben zur Erzählung,
zur Fiktion von der frühen Begegnung, wenn auch reich an
realen Details. Zu den Menschen, mit denen Brecht damals vertrauten Umgang hatte, neben der Mutter seines Kindes, Bi Banholzer, und Marianne Zoff, neben Feuchtwanger und dem Augsburger Schulfreund und Bühnenzauberer Caspar Neher, gehörte
1922/23 Arnolt Bronnen. Beide schreiben sie Stücke, wetteifern
um den Ruhm, wollen gemeinsam im Filmgeschäft reich werden, sie suchen und verfehlen sich immer wieder zwischen Berlin und München. Das Scheitern dieser Freundschaft hinterläßt
bei Bronnen schmerzhafte Wunden. Davon erzählt er in einem
späten Erinnerungsbuch, nach einem oft weit, vor allem auch
politisch weit von Brecht entfernt verbrachten Leben. Dieses
Buch ist erst 1960, vier Jahre nach Brechts und ein Jahr nach
Bronnens Tod erschienen: *Tage mit Bertolt Brecht. Geschichte einer
unvollendeten Freundschaft.* Es ist die intimste Darstellung von
Brecht aus dieser Zeit. Marieluise Fleißer hat sie gelesen, besessen
und adaptiert, als wäre es auch ihre Geschichte. Was sie an All-
tagskolorit um den Brechtkreis gemalt hat, stammt deutlich von
dort her: »Laßt sie wachsen, die kleinen Brechts«,[75] diesen Ausspruch Brechts hat wohl Arnolt Bronnen in Umlauf gesetzt, und
Fleißer nimmt ihn auf, auch die Atmosphäre in der jungen Familie mit drangvoller Enge, einem weinenden Säugling, stammt

von Bronnen. Seine Schilderung des zunehmend giftigen Klimas (»Feuchtwanger erzählte, wie in den letzten Wochen Abend für Abend Gruppen von Jugendlichen vor seinem Hause vorbeigezogen wären, antisemitische Schreie ausstoßend und auch Sand nebst kleineren Steinen werfend; größere würden folgen«[76]) verdichtet Fleißer zu »Dem Feuchtwanger wurden Steine ans Fenster geworfen, antisemitische Schmähworte schrie man ihm hinauf«.[77]

Wie gewaltig sie im Herbst 1922 von der Aufführung von *Trommeln in der Nacht* in den Kammerspielen aufgewühlt worden ist, läßt sich unschwer nachvollziehen: »Stundenlang lief ich nach dem Theater in der regennassen Oktoberluft herum und wußte, von diesem Dichter komme ich nicht los, der hat was für mich, der gräbt mich um, an dem komme ich im Leben nicht vorbei.« Sie liest den soeben bei Kiepenheuer erschienenen *Baal* mit »Herzklopfen« und schaut im März 1924 Brecht bei der Regiearbeit zu. Er hat einen Vertrag als Dramaturg bei den Kammerspielen und lädt sie zur Generalprobe (am 17. März) von *Leben Eduards des Zweiten von England* ein, einer Gemeinschaftsarbeit von Feuchtwanger und Brecht: »Brecht führte die Regie, auf eine unterkühlende Art, sehr fremd, Schauspieler sprachen absichtlich hölzern, marionettenhaft, sie ließen die Dinge in der Schwebe. Es war sehr ungewohnt, manches herrlich, mit Elementen der Pantomime, sie gingen auf den Nerv, Brecht probierte was aus. Oft lief er über die kleine Treppe zum Schauspieler hinauf, rasch und jung, unbekümmert, als hätte er es ewig getan.«

Die Erzählung läuft wie ferngesteuert auf die persönliche Begegnung zu: »Inzwischen hatte Brecht von mir was gelesen, weil Feuchtwanger es ihm gab, er bestellte mich zu Feuchtwanger hin. Und als er sich die Zeit genommen hatte für mich und ich die herrlichen Jochbogen sah in dem mageren Gesicht und wie seine Augen über die Menschen spazierten, da hatte ich es mir zu stark gewünscht, vor Aufregung brachte ich keine zwei Worte heraus. Ich fürchtete schon, ich hätte mir alles verdorben, aber nichts ist verdorben. Daß ich den Bericht gleich als Ausdruck bringe, sagte er mir.«

»Und als er sich die Zeit genommen hatte für mich«: Sie schildert das Ereignis wie die Erfüllung einer Verheißung, die Ankunft ihres Messias mit den »herrlichen Jochbogen«. Zu Feuchtwangers 70. Geburtstag im Juli 1954 entwarf Marieluise Fleißer dem alten Freund Lion einen Huldigungsbrief: »Der Brecht, nun, das war immer ein Wunschtraum, die Realität, das warst du [...]«[78] Abgeschickt hat sie eine andere Fassung, und darin fehlt dieses Bekenntnis.

In *Frühe Begegnung* verwirklicht Fleißer sich diesen Wunschtraum literarisch. Was Brecht zu ihr gesagt hat, stammt teilweise wörtlich aus Herbert Iherings erster Würdigung der Fleißerschen Sprachkunst im *Berliner Börsen-Courier* vom 11. September 1925: »Marieluise Fleißer hat die entscheidende Begabung der dichterischen Erzählerin: die Mitteilung sofort als Ausdruck zu bringen.« Fleißer taucht das fiktive Gespräch in eine Atmosphäre kindlichen Zaubers: die Klosterschülerin, »weltfremd«, und der Jongleur mit der Sprache, naiv, unintellektuell und vor allem unpolitisch. »Vom Gesellschaftlichen war damals nicht die Rede. Man darf nicht übersehen, der Brecht, wie wir ihn heute kennen, war noch nicht da. [...] Brecht redete mit mir über ganz naive Dinge.« Woraus er ihr rezitierte, das zweistrophige Gedicht *Wer will unter die Soldaten*, ist nachweislich erst im Winter 1926/27 entstanden, in jener kurzen Zeit also, in der sich beider Lebenswege für ein paar Monate annäherten. Und vielleicht hat diese Schülerin-Meister-Szene ja im Frühjahr 1927 in Berlin tatsächlich stattgefunden: »Und er stand auf und machte einen Schritt wie auf der Bühne, wenn er mir vorsagte: ›Wer will unter die Soldaten, der muß haben ein Gewehr, das muß er mit Pulver laden und mit einer Kugel *schwer*.‹ Und die Kugel rollte gleichsam in seiner Hand nach vorn, da sagte er noch mal ›und mit einer Kugel *schwer*‹, daß ich merkte, worauf es ihm ankam. So einfache Beispiele nannte er mir für eine Sprache, in der das Wesentliche ausgedrückt ist, so daß sich nichts davon wegnehmen und nichts hinzufügen läßt. [...] Ich empfand es so, als führte er mich zum Ursprung der Sprache hin, dorthin wo sie entstand.« Es ist der unpolitische Sprachzauberer, den sie sich – vom Jahr 1964 zurückschauend – herbeischreibt, und den Wunsch, er möge es gewesen sein, der die Begabung der weltfremden kindlichen Anfängerin als wesensgleich erkannt hat.

Man darf nicht übersehen, daß auch ein Porträt Feuchtwangers von seinem ›Ziehkind‹: *Bertolt Brecht dargestellt für Engländer* (1928), sprachliche Spuren (z. B. die Begeisterung über die markanten »Jochbogen«) in Fleißers Text hinterlassen hat. In *Frühe Begegnung* ist Erlebtes, Erlesenes und Erdichtetes auf poetische Weise zu einer neuen eigenen Wirklichkeit geworden.

Was freilich die Tatsachen angeht, so wissen wir wenig.

In einem ihrer allerletzten Texte, einem Essay für eine Sendereihe des WDR zum Thema *Wie ich anfing*, sucht Marieluise Fleißer deutlich aus dem Schatten des Meisters zu treten. Sie verwahrt sich noch einmal entschieden gegen eine Einflußnahme Brechts auf ihr frühes Werk, vor allem auf ihr erstes Stück: »Damals kannte ich Brecht noch nicht persönlich.« Alfred Kerrs Unterstellung, ihr erstes Stück sei ein Gemeinschaftsprodukt (wir werden noch ausführlich darauf zu sprechen kommen), weist sie mit Vehemenz zurück: »Dabei war im ganzen Stück kein Satz von Brecht, war nichts, was mich mit seinen Gedankengängen auch nur in Zusammenhang brachte, dabei hatte ich Brecht erst nach dem Stück kennengelernt, das Stück war mein Eigengewächs.«[79]

Während Brecht sich im April 1924 mit Marianne und der Tochter Hanne in Capri erholt (und von dort für ein paar Tage zu einem Treffen mit der mittlerweile schwangeren Helene Weigel nach Florenz verschwindet) und im Oktober 1924 endgültig nach Berlin übersiedelt, lebt Marieluise Fleißer nach wie vor in München.

Sie hatte sich am 25. April 1924 für das Sommersemester zurückgemeldet, diesen Schritt aber am 2. Mai wieder rückgängig gemacht. Damit ist also ihr Studium ohne Abschluß beendet. Daß jene Anekdote aus der späten Erzählung *Avantgarde*, wonach der ›Dichter‹ der einfältigen Cilly das Studieren ausredet: »Sie hätte selber gern an ihrem Doktor gebaut. ›Was hast du vom Doktor?‹ redete er ihr ein, ›schreiben kannst du auch so. Da hilft dir kein Doktor dafür, zuvor mußt du leben. Bleib du nur bei mir, und du hast auch schon deinen Weg[...]‹«,[80] daß diese Anekdote immer und immer wieder bis heute als biographisches Faktum (also Brecht habe Fleißer vom Abschluß ihres Studiums abgeraten) in Fleißers Lebensgeschichte eingefügt wird, gehört zur folgenreichen Rezeptionsmanipulation ihres Werkes, an der sich diese Biographie durchgehend reiben muß.

Wie sollen wir uns Marieluise Fleißer in diesen letzten Münchner Jahren vorstellen? Im Alter hat sie sich, über fünfzig Jahre zurückschauend, porträtiert:

»Ich war eine echte Schwabingerin und lief in einer Männer-Regenjacke herum. Mein Freund hatte sie mir geschenkt, als er sich einen Mantel kaufte. Die Jacke war mir zu weit mit ihrem Raglanschnitt, aber ich zurrte den breiten Gürtel ganz eng, da hing die Jacke mir immer noch fast ans Knie und war mein Mantel, es sah verwegen aus. Und als ich an der Ecke Franz-Joseph-Straße an diesem Max Halbe vorüberlief, der da ein halber Münchner und ein halber Danziger war und der sich mit einem Begleiter erging, da sagte der Halbe nur: ›Kampf! Kampf!‹, und die beiden blieben stehen und schauten mir nach. Ganz laut hatte er es gesagt. Ich nahm es für einen Beweis, daß ich mich anders auswuchs, als seine Generation sich ein junges Mädchen vorstellt, und das befriedigte mich.

In dieser Jacke sah ich auf meine Mitmenschen mit seltsamen Gedanken. Ihre Gesichter waren Entdeckungen für mich geworden, sie kamen mir anders vor als noch vor einem Jahr.«[81]

Was Marieluise Fleißer aus der Rückschau beschreibt, ist der

Familienfoto der Fleißers vor der Abreise der Schwester Anny
nach Windhoek, Südwest-Afrika 1926.
Obere Reihe von links: Die Geschwister Jetty, Heinrich, Ella und der Vater
Vordere Reihe: Marieluise, Maria (2. Frau des Vaters), Hilde und Anny

Häutungsprozeß eines jungen Mädchens der zwanziger Jahre: Aus dem Klosterkleid ist der Kampfanzug geworden. Die Wahrnehmung der Welt hat sich verändert, Gültigkeiten sind zerbrochen, Selbstbehauptung ist angesagt, in der Männerjacke distanziert sich die junge Frau selbstbewußt von einer traditionellen Weiblichkeitserscheinung.

Im September 1924 zieht Luis Fleißer aus der Ainmillerstraße um und für zwei Wochen in die Kurfürstenstraße, dann bis Weihnachten in die Neureutherstraße. »Ende 1924 muß die Fleißer nach Ingolstadt zurück. [...] 1925. Sie arbeitet im Haushalt des Vaters, fährt nach München zwischendurch.«[82] Aber München verwaist: Nach Brecht verlassen im März 1925 auch die Feuchtwangers die von der ›Bewegung‹ schon vergiftete Stadt, die auf dem Wege ist, sich in wenigen Jahren von einem europäischen Zentrum in eine reaktionäre Provinzstadt zu verwandeln.

Von Januar bis Ende August 1925 ist Marieluise Fleißer weiterhin dort polizeilich gemeldet. Der Vater hatte im Oktober 1921 (nicht 1923, wie in den biographischen *Notizen* irrtümlich datiert) wieder geheiratet, die Stiefmutter Maria ist nur ein halbes Jahr älter als Marieluise. Die junge Frau, das frühere Dienstmädchen des Witwers (wenn Fleißers spätere Angaben zum *Starken Stamm* keine Fiktionen sind), muß sich um einen Handwerkerhaushalt und die vier Geschwister von Marieluise kümmern. Die sind mittlerweile zwischen 15 und 25 Jahre alt. Am 18. Januar 1923 kommt mit der Stiefschwester Hildegard noch eine eigene Tochter dazu. Man kann sich unschwer vorstellen, daß der Vater Marieluise lieber als Hilfe in Ingolstadt gehabt hätte, als in diesen desaströsen Zeiten für ihre ›brotlose Kunst‹ in München aufzukommen. Aber offensichtlich hat er ihr ermöglicht zu tun, was sie zu tun hat: zu schreiben.

Nicht eingeschüchtert von der Genialität des jungen gefeierten Augsburgers, eher beflügelt, inspiriert, arbeitet sie mutig und eigensinnig daran, ihm Konkurrenz zu machen und das Stück, an dem sie offensichtlich schon lange schreibt, fertigzustellen,

Die Fußwaschung. Zwischen den Ratschlägen des Freundes aus Paris, den Einreden Feuchtwangers und den überwältigenden Eindrücken ihrer Besuche von Brechts Theater muß sie ihr Eigenstes behaupten. Der Stoff rückt ihr – wie in den Prosageschichten, an denen sie arbeitet – bedrängend auf den Leib: die Ausweglosigkeit von Jugendlichen in dem beklemmend dumpfen Mief aus Kleinstadtenge, unkanalisierter Sexualität, verquerer Bigotterie. Wie ist das in eine dramatische Handlung zu bringen? Die Jungen sind schon am Anfang so kaputt wie am Ende: Roelle (mit Olga die Hauptfigur und wie sie Außenseiter) ist häßlich, linkisch, erpresserisch, krank von pubertärem Geltungsdrang und Erlösungswahn. Olga hat etwas Apartes, das sie nicht anziehend macht, sondern ausgrenzt, schon durch ihre höhere Bildung. Sie ist gepeinigt von verbotenem sexuellem Begehren, von Schuldgefühlen, einer Höllenangst, von pubertären Anerkennungswünschen und der hoffnungslosen Sehnsucht nach Ausbruch aus dieser tödlichen Welt. Mit dem Bekanntwerden ihrer Schwangerschaft beginnt das Kesseltreiben der Kleinstadtjugend. Keine Familie ist intakt, jede existiert nur rudimentär, die Elternfiguren, Olgas Vater Berotter und die Mutter Roelles, sind eher Karikaturen, schwach und unfähig. Alle Szenen, die Familienauftritte, die Treffen der Jugendlichen, sind Kampfplätze, Schlachtfelder, Gespräche sind wie Boxkämpfe. Die Sätze dienen nicht der Verständigung, sie sollen verletzen, die Wörter sind Waffen, jeder ist des anderen Feind. Um zu überleben, muß man sich Verbündete suchen, muß zur Gruppe gehören, sonst wird man ausgestoßen. Die lustvolle öffentliche Demütigung der Außenseiter führt an Abgründe, und die Jungen und Mädchen sind gleichermaßen daran beteiligt.

Gott sieht alles, heißt es im Religionsunterricht, und jeder beobachtet jeden, heißt das Gesetz der Kleinstadt. Jeder ist Voyeur, nichts bleibt verborgen, selbst das Intimste, die Beichte, wird beobachtet und verraten. Es gibt nur wenige Dialoge im Stück, und fast immer lauert ein Dritter, beobachtend, zuhörend. Die Dramatik des Stückes lebt überwiegend von Blicken: fixieren, zeigen, ausstellen, nach Blößen im anderen Ausschau halten, einander bloßstellen, mit Blicken verfolgen, unterm Blick erstarren. In den Blicken Olgas und Roelles, in ihrem Einander-Beobachten mit dem bösen Blick liegt die Dramatik. Dem Voyeurismus und der Entblößung durch die Blicke der anderen ist Roelles Exhibitionismus gegenübergestellt, seine krankhafte Lust an der Selbstinszenierung. Olga und Roelle werden von ihren faszinierten und abschreckenden Gesichtern und Blicken in Bann gehalten: »auf einem Berg von Ekel haben wir uns zwei Gesichter aufgerichtet, daß sie einander ansehn müssen in Ewigkeit.«

Theaterkritiker werden später einwenden, das Stück sei ein Bilderbogen. Wer eine dramatische Fieberkurve, eine Entwicklung der Figuren zum Guten oder Schlechteren und ein zwingendes Ende erwartet, sieht sich enttäuscht.

In einem ihrer letzten Texte läßt sich Marieluise Fleißer – nach jahrzehntelanger radikaler Distanz zu dem Schauspiel – noch einmal auf ihre frühe Arbeit ein und erzählt von dem existentiellen Druck, der dieses Dichten vorangetrieben hat: Es »ist ein Stück über das Rudelgesetz unter Schülern und über Außenseitertum. Der Schüler und jenes Mädchen, sie bewegten mich mehr als Lehrer und Lehrerinnen mich bewegten, als Schulfreundinnen mich bewegten. Nur mein Vater hatte mich so bewegt, nur der Tod meiner Mutter hatte mich so bewegt und daß ich nach ihrem Tod die Härte erfuhr, welche mir meine Familie nahm, als ich den Schutz noch brauchte. [...] Ich glaube, daß diese Arbeit etwas mir völlig Eigenes war, katholische Kleinstadt aus der Sicht durch Großstadt gebrochen und überdeutlich, wie es die Bühne verlangt. Von jungen Menschen erlebt, die suchen müssen und noch lang nicht finden, die in die Irre laufen bis zur Todessehnsucht hin, und da ist keiner, der ihnen helfen kann, sie bleiben eingesperrt in sich selber. [...] Bezeichnend für die Jungen ist dies: Im Stück gibt es keine Autorität. Der Vater von Olga denkt zuvor an sich selber und flüchtet in die Krankheit. Der junge Roelle hat den eigenen Vater nie gekannt. Die Mutter will sich auf ihn setzen wie auf einen Besitz und stößt ihn damit ab. Die Jungen wollen sich nichts sagen lassen von diesen Älteren und lehnen sich auf. Sie laufen und wissen nicht wohin und fordern die Rudel gegen sich heraus, und einer fügt dem anderen zu, was man ihm selber zugefügt hat.«[83]

Neben dem Stück entsteht eine Reihe weiterer Erzählungen, in ähnlichem Milieu angesiedelt und von denselben Spannungen aufgeladen wie *Die Fußwaschung*: junge Mädchen, von sexuellem Begehren heimgesucht und in die Arme von Männern getrieben, die sie benutzen, ausbeuten, quälen, zerstören. Es sind Geschichten im Ton naiver Unbedarftheit, sie leihen sich den traulichen Erzählton vom Märchen und schlagen um ins Böse.

Wie soll eine junge unbekannte angehende Schriftstellerin einen Publikationsort finden? Sie ist angewiesen auf die Empfehlung prominenter Männer. Mit dieser versucht es Marieluise bei einer der ersten Adressen, der angesehenen internationalen, literarisch-politischen Kulturzeitschrift *Der Neue Merkur*, die in München seit 1914 (mit Unterbrechung 1916 bis 1919) von Efraim Frisch und Wilhelm Hausenstein herausgegeben wird. Dorthin hatte Feuchtwanger seinerzeit Brecht empfohlen, nun kann Fleißer sich auf beide berufen:

»Ingolstadt, 3. Mai 1925
Sehr geehrter Herr Frisch,

mit Bezugnahme auf Bert Brecht und Lion Feuchtwanger erlaube ich mir Ihnen für den Neuen Merkur die beiliegende Geschichte *Bosch* zu senden. Herr Dr. Feuchtwanger riet mir dazu, da er glaubt, dass Ihr Blatt sie bringen könnte. Die Geschichte ist bis jetzt noch nicht veröffentlicht, ich habe sie erst in der letzten Zeit geschrieben. Sie hat Herrn Brecht besonders gut gefallen. Sie gehört in eine Reihe von Novellen unter dem Sammeltitel *Die sieben Törichten im Geiste*, die ich gerade zu schreiben

im Begriff bin. Ich gebe mich dem Wunsche und der Hoffnung
hin, dass von Ihrer Seite keine Bedenken bestehen werden, die
Geschichte in Ihrem schönen Blatt herauszubringen, Ihre werte
Entscheidung erwartend verbleibe ich in aller Ergebenheit
Marieluise Fleißer«[84]

Die Antwort läßt lange auf sich warten – und fällt nicht entmu-
tigend, aber doch enttäuschend aus:

»Sehr geehrtes Fräulein Fleißer!
Ich muß Sie wegen der Verzögerung um Entschuldigung bitten; ich brauchte nämlich sehr viel Zeit, um das Manuskript in
Ruhe zu lesen; es hat mir sehr gefallen. Es ist nur an Umfang
bei Weitem grösser als der Raum, der mir für solche Arbeiten
in meinen Heften zur Verfügung steht. Und ein bischen [sic!]
habe ich auch Bedenken wegen des Stoffes, zumal Dinge aus
dem Krieg einer gewissen Voreingenommenheit begegnen.
Ich würde mich aber freuen, andere Arbeiten von Ihnen kennen zu lernen und hoffe dann auf eine Gelegenheit, eine von
ihnen zu publizieren.«[85]

Wie oft wird sie dieses oder ähnliches noch hören müssen: Man
ist durchaus angetan von ihrer Schreibbegabung, aber man zögert
doch zu drucken, was sie einsendet.
Eine Erzählung mit dem Titel *Bosch* ist bislang unbekannt; sie
scheint unveröffentlicht geblieben und als Manuskript verlorengegangen zu sein. Auch was das für eine Novellensammlung
werden sollte, welche Geschichten zu *Die sieben Törichten im
Geiste* gehörten, läßt sich nicht mehr exakt ausmachen.
Die Durststrecke bis zum Durchbruch auf der literarischen
Szene zieht sich quälend hin, fast bis zur Unerträglichkeit. Im
Juli 1925 schickt Georg Kruse, ein ehemaliger Kommilitone
von der Münchner Universität, der 1923 über ein theaterwissenschaftliches Thema promoviert hatte[86] und nun Schauspieler
an den dortigen Kammerspielen ist, das ihm zugesandte Ma-

nuskript *Die Fußwaschung* an die Autorin zurück, weil er sich außerstande sieht, eine Aufführung zu befürworten: Zwar zeigt er sich beeindruckt von der »Intensität Ihres dramatischen Sprachkönnens«, das halte er aber für eine epische Qualität, »ein Drama verlangt aber das bewegende Leben als *treibende Funktion*«.[87] Wir werden noch sehen, wie stark sie sich dieses kritische Urteil zu eigen machen wird.

Wer zur selben Zeit Herbert Ihering, den Theaterkritiker des *Berliner Börsen-Courier*, auf Marieluise Fleißer aufmerksam gemacht hat, Feuchtwanger oder Brecht oder gar sie selbst, ist unbekannt. Sie scheint im Frühsommer 1925 zu einem Besuch nach Berlin gefahren zu sein, vielleicht mit dem Manuskript einer Erzählung im Gepäck. In einem abgebrochenen Textentwurf von 1947, in dem sie ein Porträt Helene Weigels für den zweiten Band von Herbert Iherings *Theateralmanach* zu schreiben vorhatte, liefert sie ein derart detailgetreues Bild von Weigels Wohnung in der Babelsberger Straße mit dem krabbelnden kleinen Stefan (Weigels und Brechts Sohn war am 3. November 1924 zur Welt gekommen), daß man annehmen muß, sie habe Brecht und Helene Weigel dort besucht und sei recht beeindruckt gewesen: »[...] Die Weigel war sehr stolz auf ihre Wohnung, die sie als hochschwangere Person mit Tränen und Rotz vom Wohnungsamt erkämpft hatte, sie betrachtete sie als einen schauspielerischen Erfolg.«[88] Bei diesem Aufenthalt nun könnte sie mit Herbert Ihering bekannt gemacht worden sein. Herbert Ihering, damals 37 Jahre alt, sucht neue Talente, drängt vehement auf Veränderungen auf der Bühne, auf die Ablösung des naturalistischen, erst recht eines impressionistischen, unverbindlich-gefälligen Theaters, das die umstürzenden Erfahrungen des Weltkriegs, der Revolution, der Inflation ignoriert. Er ist darin Alfred Kerrs scharfer Gegenspieler, und er ist Brechts Promotor. Am 18. Juni 1925 erscheint die Erzählung *Der Apfel* von Marieluise Fleißer im *Berliner Börsen-Courier*. Das Tor in die literarische Welt hat sich für die Ingolstädter Autorin geöffnet.

»Ich habe mich sehr gefreut, daß Sie mir geschrieben haben«, antwortet Marieluise Fleißer am 22. Juli 1925 auf Iherings Brief und schickt ihm das erbetene Manuskript ihres Stückes *Die Fußwaschung*. »Es ist das letzte Exemplar davon, das ich hiermit aus der Hand gebe, hoffentlich ist es noch lesbar. Gleichzeitig lege ich Ihnen einige kleinere Sachen bei, die ich so habe. *Stunde einer Magd* ist ein Abschnitt, den ich einer fertigen Dienstmädchengeschichte entnahm. Sie gehört unter *die sieben Törichten im Geiste*, sieben Erzählungen in Ichform, über denen ich gerade an der Arbeit bin. *An der Schwelle* war unter Weglassung des letzten kleinen Absatzes als Anfang zu einer anderen dieser Erzählungen gedacht, die fertig, aber in der Form als Ganzes ziemlich zwitterig geworden ist, sodass ich sie vermutlich weglassen muss. Hoffentlich stört Sie der etwas erotische Einschlag nicht, es ist zwar nicht allzu schlimm. Für den Augenblick kann ich keinen anderen Beitrag beibringen, da ich mitten unter der fünften der Erzählungen, *Die arme Lowise* bin und es rächt sich immer, wenn man eine Arbeit unterbricht. Aber vielleicht fällt mir in einigen Wochen, wenn ich damit fertig bin, noch was Schönes für Sie ein. Mit herzlichem Dank für Ihr freundliches Entgegenkommen verbleibe ich mit vorzüglicher Hochachtung Marieluise Fleißer

Anbei *Die Fußwaschung; An der Schwelle; Zwischen Schlaf und Schlaf, Stunde einer Magd*.«[89]

Vier Tage später schon, am 26. Juli 1925, haben die Leser des *Berliner Börsen-Courier Die Stunde der Magd* vor sich, am 2. August ist auch *Zwischen Schlaf und Schlaf* im *Berliner Börsen-Courier* zu lesen.

Allmählich tritt die Gestalt der Autorin aus dem Dunkel, Konturen werden erkennbar, das Profil einer angestrengt arbeitenden angehenden Berufsschriftstellerin. Sie berichtet schon im zweiten Brief an Ihering (vom 15. August 1925) von ihren Versuchen, ihre Erzählungen bei Redaktionen und Verlagen unterzubringen, und von ihrer extremen Überarbeitung, im August sogar von einem »glatten Nervenzusammenbruch«. Dem Hyperion Verlag Hans von Webers hat sie Geschichten zugesandt, vermutlich in der Hoffnung auf Aufnahme in die kleine bibliophile Zeitschrift *Zwiebelfisch*. Sie hat erneut eine Geschichte, »die bis jetzt geschlossenste der Novellen«, an Stefan Großmann geschickt, vielleicht handelt es sich um *Ein Pfund Orangen*, die Titelgeschichte ihrer späteren Sammlung, die im Mai 1926 im *Tage-Buch* zu lesen ist. Sie berichtet Ihering weiter von ihren Versuchen beim *Neuen Merkur* und beim Rowohlt Verlag.

Herbert Ihering ist von den Arbeiten, die die junge Frau ihm zugeschickt hat, außerordentlich angetan. Er erkennt sofort die originäre Begabung, fragt sie, ob sie »mit einem Verlag in Verhandlung stehe«, und macht am 11. September 1925 in einem begeisterten kleinen 45-Zeilen-Text die Leser des *Berliner Börsen-Couriers* auf die noch kaum bekannte Autorin aufmerksam:

»Von Marieluise Fleißer sind bisher nur einige kurze Novellen (drei im *B. B.=C.*) erschienen, in Buchform noch nichts. Alles andere, darunter ein Drama, ist Manuskript.

Wer auch nur einen flüchtigen Einblick in einen Teil dieser Arbeiten gewonnen hat, empfindet sofort das Ungewöhnliche. Die Frage der Begabung ist schon ausgeschaltet. Das literarische Talent steht nicht mehr zur Debatte. Marieluise Fleißer ist eine schöpferische Frau (in der deutschen Dichtung der letzten Jahre die erste wieder seit Else Lasker-Schüler).

Marieluise Fleißer wohnt in Ingolstadt. Eine katholische Kleinstadt ist der Nährboden ihrer Phantasie. Es wird zur Realität nichts hinzugetan. Aber die Wirklichkeit selbst geht mit ihren kleinen Zügen in eine neue Welt ein. Ohne Absicht der Gespensterei, ohne Willen zur Phantastik, schreibt Marieluise Fleißer scheinbar sachliche, trockene Berichte, aber von dieser Berichterstattung geht eine seltene Suggestion aus. Das Wort selbst ist wieder Bild geworden. Nicht der Vergleich *hebt* die Darstellung. Die Darstellung ist das Gleichnis. Marieluise Fleißer hat die entscheidende Begabung der dichterischen Erzählerin: die Mitteilung sofort als Ausdruck zu geben. Dieses ursprüngliche

Material-, dieses Werkgefühl scheint mir einer der wesentlichen Bestandteile ihrer Begabung zu sein. So erscheinen die Menschen und die Ereignisse gleichzeitig tragisch und humoristisch, nicht durch Kommentare oder durch Ironie, sondern durch die unheimliche Bannkraft des Blicks mit dem sie gesehen, und der Sprache, mit der sie gestaltet sind.

Welchen Erlebnisraum die Dichterin zu durchschreiten vermag, wieweit sie sich entwickeln wird, kann heute nicht entschieden werden. Aber daß in ihr die Elemente vorhanden sind, ist wichtig genug. Und was das Drama *Die Fußwaschung* betrifft: so könnte nur eine Aufführung, nicht eine Schreibtischbearbeitung entscheiden, wieweit die unheimliche Eindringlichkeit der Gestalten in den Bühnenraum zu transponieren, wieweit sie szenisch angeschaut ist.«[90]

Volltönender kann das Fanal für den Einzug in die literarische Öffentlichkeit gar nicht klingen. Und der »etwas erotische Einschlag«, der »Erlebnisraum« der jungen Schriftstellerin, der immer im Magnetfeld von Sexualität, Gewalt, Begehren und Selbstbehauptung steht, scheint Herbert Ihering keineswegs zu stören, ist dies doch gerade das Charakteristikum ihres Schreibens.

Was die Autorin in immer neuen Schreibanläufen zur Erzählung drängt, wird nun deutlich. Es sind Erfahrungen von jungen Mädchen im Dunstkreis einer rigiden religiösen Erziehung. Je frommer oder – richtiger – bigotter und körperfeindlicher solche Erziehung ist, um so lüsterner erglüht die sexuelle Phantasie an solchen biblischen Geschichten, die von Christus als dem erwarteten Bräutigam erzählen und diese Erzählung wörtlich, sinnlich, erotisch lesen, als die Erwartung sexuell erregter Mädchen auf den Mann, auf die Befriedigung. Was im Religionsunterricht zu denken verboten ist, finden die Mädchen in den biblischen und also *erlaubten* Geschichten, die von sündigen Frauen erzählen, denen Christus gegen alle gesellschaftliche Übereinkunft überraschend verzeiht, sich auf ihre Seite stellt. Die Geschichte von den klugen und törichten Jungfrauen, Matth.

25,1-13, gehört dazu und die Erzählung von der liebenden Sünderin, die mit ihren Tränen Christi Füße wäscht und sie mit ihren Haaren trocknet und sie küßt (Luk. 7,36-50), so recht Geschichten, um das sexuelle Begehren von Novizinnen und Klosterschülerinnen anzufachen. In der Novellensammlung *Die sieben Törichten im Geist* (zu denen wohl ursprünglich die erhaltenen Erzählungen *Der Apfel*, *Die Stunde der Magd*, *Die arme Lovise*, *Ein Pfund Orangen*, *Zwei Briefe*, außerdem die offensichtlich verlorenen *Auf der Schwelle* und *Bosch* gehörten) erfährt die Geschichte von den törichten Jungfrauen, die durch ihre Dummheit die Ankunft des Bräutigams verfehlen, eine Umdeutung, die schon seit dem Mittelalter in bildnerischen Darstellungen und Jungfrauenspielen verbreitet ist. Die klugen Jungfrauen werden mit Tugenden wie Friede, Hoffnung, Nächstenliebe, Demut, Glaube identifiziert, die törichten allegorisieren die Laster Leichtsinn, Hochmut, Eitelkeit, Zeitvergeudung. Aber die klugen sind uninteressant, die ganze Aufmerksamkeit gilt den törichten und ihren heftigen Reaktionen wie Weinen, Schreien, ihren schmerzverzerrten Mienen. Hält man sich an die Deutungsvariante der Parabel, wie sie etwa am südlichen Westportal des Straßburger Münsters dargestellt ist, dann rückt man schon sehr nahe an Fleißers Beziehungsgeschichten: Da ist der Bräutigam umgedeutet in die Gestalt des ›Fürsten dieser Welt‹, dargestellt als vornehmer, modisch gekleideter, arrogant lächelnder Mann, mit dem Apfel in der Hand überlegen lockend, dessen Rücken mit Kröten und Schlangen besetzt ist. Daneben stehen die dummen Jungfrauen: die erste, unmittelbar an seiner Seite stehende und ihn frivol anlächelnde, erliegt seinen Verführungskünsten und beginnt schon, ihr Kleid zu öffnen. Es sind Mädchen, die dem ›Bräutigam‹, dem Mann entgegengehen, die sich von ihren frommen und moralischen Tugenden weg ver-führen lassen und sich am Ende um das Heil und um das Glück betrogen sehen.

Schon im Spätsommer 1925 gerät der kleine publizistische Aufschwung wieder ins Stocken. Marieluise Fleißer kann Bitten um Einsendungen nicht rechtzeitig nachkommen, weil sie keine Abschriften ihrer Texte besitzt. Erschöpft von ihren Anstrengungen, ihre Geschichten unterzubringen, bittet sie Ihering »inständig durch mein derzeitiges Schweigen nicht zu ermüden«.[91] Ihr Münchner Zimmer im Tal 8 muß sie Ende August doch aufgeben und ganz nach Ingolstadt zurückkehren. Die Erfolglosigkeit läßt sie fast verzweifeln. Dem Freund Feuchtwanger in Berlin vertraut sie ihre Not in einem wohl nicht erhaltenen Brief an und schickt ihm *Abenteuer aus dem Englischen Garten.* Er gibt sich alle Mühe, ihr Mut zu machen, auf Illusionen setzt er nicht:

»Berlin 24. Jan. 1926

Liebe M L,

das ist eine Angelegenheit, die für Christ und Juden zu schwierig ist. Wenn einem was weh tut und er schreit, dann kann der andere nichts erwidern als: Wenns dir hilft, schrei.

Die Englische Garten-Geschichte habe ich gelesen, und sie hat mich sehr angerührt. Aber die Sache ist wohl die, daß, was Du machst, wohl Kunst ist, aber sehr schwer zugänglich und ohne Nachfrage, also so gut wie ohne Marktwert. Es ist sehr verkapselt, den meisten Menschen außerordentlich unangenehm, also wollen sie naturgemäß nichts dafür bezahlen.

Ich will bei Rowohlt, bei Kiepenheuer und bei Seeler nochmals nachdrücken, aber ich weiß natürlich nicht, ob es was nützt. Ich glaube bestimmt, daß Du Dich einmal durchsetzen mußt.«

Der Freund ist mit den Praktiken des Warentausches in Zeiten Neuer Sachlichkeit wohlvertraut:

»Es ist ein schwacher Trost, wenn ich Dir sage, daß Du Dich in einer normalen Zeit bestimmt schon durchgesetzt hättest, daß aber in einer harten Zeit die Qualität allein nichts nützt, wenn sie keinen Marktwert hat. Es sind hier eine Reihe von Leuten ehrlich für Dich bemüht; aber da sie damit zu tun haben,

Berlin, 24. Jan. 26
Hohenzollerndamm 34

Liebe M L,

das ist eine Angelegenheit, die für Christ und Juden
zu schwierig ist. Wenn einem was weh tut und er schreit, dann
kann der andere nichts erwidern als: Wenns dir hilft, schrei.

Die Englische Garten-Geschichte habe ich gelesen, und
sie hat mich sehr angerührt. Aber die Sache ist wohl die, daß,
was Du machst, wohl Kunst ist, aber sehr schwer zugänglich und
ohne Nachfrage, also so gut wie ohne Marktwert. Es ist sehr verkapselt, den meisten Menschen außerordentlich unangenehm, also
wollen sie naturgemäß nichts dafür bezahlen.

Ich will bie Rowohlt, bei Kiepenheuer und bei Seeler
nochmals nachdrücken, aber ich weiß natürlich nicht, ob es was
nützt. Ich glaube bestimmt, daß Du Dich einmal durchsetzen mußt.
Es ist ein schwacher Trost, wenn ich Dir sage, daß Du Dich in einer normalen Zeit bestimmt schon durchgesetzt hättest, daß aber
in einer harten Zeit die Qualität allein nichts nützt, wenn sie
keinen Marktwert hat. Es sind hier eine Reihe von Leuten ehrlich
für Dich bemüht; aber da sie damit zu tun haben, sich selber mühsam oben zu halten, haben sie es nicht leicht, noch jemanden heraufzuziehen.

Ich lege Dir ein bißchen Geld bei, übermäßig viel habe
ich selber nicht. Beiß die Zähne zusammen. Es wäre schade um
Dich, wenn Du Dich nicht oben hieltest.

Herzlichst

Ⅲ, 1926, 1NN

Lion Feuchtwanger an Marieluise Fleißer, 24. Januar 1926

sich selber mühsam oben zu halten, haben sie es nicht leicht, noch jemand heraufzuziehen.

Ich lege Dir ein bißchen Geld bei, übermäßig viel habe ich selber nicht. Beiß die Zähne zusammen. Es wäre schade um Dich, wenn Du Dich nicht oben hieltest.

Herzlichst L«[92]

»Beiß die Zähne zusammen«, das steht der 25jährigen, die sich in den Kopf gesetzt hat, nichts anderes als Schriftstellerin zu sein, auf Jahre hinaus bevor. Schon Alexander Weicker hat ihr ähnlich – nur etwas zynischer – geraten: »Beisse auf die Zähne, wenn du noch welche hast.«[93] Die Bedingungen und die Mechanismen dieses Kampfes auf dem literarischen Markt hat der Förderer und Freund Lion Feuchtwanger ihr hier ohne Umschweife klargemacht. Die sozialen Härten der Weimarer Republik, die Konkurrenz um die Plätze in der ersten Reihe, um die Avantgarde also, die offensichtlich ausnahmslos Männern zustehen, zugleich das Angewiesensein auf männliche Hilfe bei diesem ›Geschäft‹, das sind die Bedingungen, mit denen ihr instabiles Selbstverständnis, ihre ganz eigene Schreibbegabung und ihr entschlossener Selbstbehauptungswille kollidieren.

Immerhin, Feuchtwanger meint es ehrlich mit der Hilfe, er bleibt nicht untätig, sucht zusammen mit Brecht nach einer Möglichkeit, dem Stück *Die Fußwaschung* auf die Bühne zu helfen, tatsächlich mit Erfolg. Und so wird das Jahr 1926, das für Marieluise Fleißer so deprimierend begann, ihr den ganz großen Durchbruch bringen – und die Nähe zu Brecht.

Am 18. März 1926 kommt ein Telegramm aus Berlin in die Ingolstädter Kupferstraße: »Elften April Uraufführung von Fußwaschung drahtet sofort Antwort ob einverstanden mit dem Titel Brief folgt Moriz Seeler Berlin Regensburgerstr 24.«[94]

»Moriz Seeler, ein kleiner, untersetzter, enorm gescheiter Mann mit einer Hornbrille, die fast größer war als er selber. Moriz Seeler hatte den Blick für das Kommende und ein untrügliches Qualitätsgefühl. Er spielte mit Ideen wie ein Jongleur mit El-

fenbeinkugeln.« So beschreibt ihn Hans Sahl,[95] und Carl Zuck-
mayer nennt ihn einen »unzähmbaren Enthusiasten, dem der
Geschäftssinn eines Schmetterlingssammlers und das Herz eines
Dichters eignete«.[96]

Das sind die allerbesten Voraussetzungen für die Gründung
eines gänzlich unkommerziellen, eines avantgardistischen Ex-
perimentiertheaters mit allerhöchstem Qualitätsanspruch. Moriz Seeler, Lyriker, Journalist, Kabarettist, gründete es im Winter
1921/22: die ›Junge Bühne‹, ein Theater ohne Haus und Geld
und Ensemble. Eine jeweils neu zusammengesetzte Gruppe von
Darstellern der ersten Garde spielte ohne Gage an wechselnden
Orten in einmaligen Sonntagsmatineen unbekannte Stücke junger, oft noch ebenso unbekannter Dramatiker. Und alle Theaterkritiker von Rang waren zugegen. Arnolt Bronnens *Vatermord*
erlebte dort seine Uraufführung (und eröffnete das ganze Unternehmen 1922), Brechts *Lebenslauf des Mannes Baal* feierte
den wildesten Skandal. »Es war das lebendigste Theater in Berlin«, erinnert sich noch der 85jährige Wolfgang Koeppen.[97]

Und nun also hat sich Brecht auf Drängen Feuchtwangers für
Marieluise Fleißers längst fertiges und noch immer nicht auf-
geführtes Stück *Die Fußwaschung* bei Moriz Seeler eingesetzt.
Der im Telegramm angekündigte Brief kommt am 31. März
aus Berlin und läßt die Katze, will sagen den neuen Titel aus
dem Sack:

»Was den Titel anbelangt (der Titel ist ja, zumal bei einem
neuen Dichter, so ungeheuer wichtig!), so wollte uns allen auch
Fegefeuer, Seelen im Fegefeuer etc. nicht so recht gefallen; wir haben eine viel ingeniösere Idee gehabt, die überall ganz enorm ge-
zündet hat und mit der Sie hoffentlich einverstanden sind: *Fegefeuer in Ingolstadt* nämlich. Das ist ein Titel, der überall sehr
wirkt (Ihering z. B., Dr. Feuchtwanger, Brecht etc. findet ihn
ganz ausgezeichnet). In dem Titel ist das Wesentliche und Eigentliche des ganzen Stückes: *Fegefeuer* – das ist der allgemeine,
die seelische Landschaft, das Metaphysische, wenn Sie wollen;
Ingolstadt – das ist die Realität, die irdische Landschaft, der Bo-

den (ohne daß ein bestimmtes Ingolstadt gemeint sein muß!), und die eigentümliche Mischung dieser beiden Elemente macht ja gerade die Bedeutung Ihres Stückes aus.« *Fegefeuer – in Ingolstadt*, das wird ihr Stempel fürs Leben.

Seeler geht mit Enthusiasmus an die Arbeit. Eingehend versucht er Fragen nach der inhaltlichen Stringenz, der Personenführung, der Atmosphäre mit der Dramatikerin zu klären. »Die Besetzung der Aufführung ist wundervoll; fast jede einzelne Rolle ist ideal besetzt; ich weiß nicht, ob Ihnen die Namen der Berliner Schauspieler etwas sagen; auf jeden Fall möchte ich sie Ihnen aufzählen: Den Roelle spielt Mathias Wieman[n]; die Olga: Marie Koppenhöfer; die Clementine: Helene Weigel; Hermine: Maria Paudler; Frau Roelle: Frieda Richard (herrlich!); der alte Berotter: Walter Franck; Protarius: Aribert Wäscher; Gervasius: H. H. von Twardowski; Pepe: Harry Berber; Meßnerknaben: Veit Harlan und Moriz Harlan; Crusius: Leo Reuß; Christian: Martin Korleck. Das sind alles sehr begabte und bekannte Schauspieler. Die Regie führt Paul Bildt, der das ganz ausgezeichnet macht und der von Ihrem Stück geradezu besessen ist.

Ja, ich muß Ihnen überhaupt sagen, welch einen überwältigenden Eindruck alle Mitwirkenden und Beteiligten vom *Fegefeuer* haben (und dieser Eindruck wird von Probe zu Probe stärker!). [...] Ich habe kaum je gesehen, daß Schauspieler – ganz abgesehen von ihren Rollen – so an eine Sache hingegeben sind und so leidenschaftlich nur für eine Sache arbeiten. Ja, dieses *Fegefeuer* ist eine ganz große neue Dichtung. [...] Sie *müssen* auf jeden Fall kommen und Ihr Stück selber sehen; anders ist das gar nicht möglich! Sie werden lauter Menschen finden, die sich sehr freuen, die Dichterin des *Fegefeuer*, die aufrichtig verehrte Dichterin, endlich selber kennen zu lernen! Also – kommen Sie unter allen Umständen!«[98] In der Tat, ein prominentes Ensemble; so viele dieser Schauspielernamen haben die Weimarer Republik überlebt, sind rühmlich oder auch unrühmlich in die Theatergeschichte eingegangen.

14 Tage später – die Uraufführung wurde auf Sonntag, den

25. April verschoben – muß Seeler die Sorgen der schüchternen, unsicheren Autorin zerstreuen: »Machen Sie sich nur keine Sorge wegen Ihrer Kleidung. Das ist uns wirklich nicht so wichtig! –«[99]

Sie gesteht dem Freund Feuchtwanger, wie bange ihr vor diesem so dringend ersehnten Ereignis ist. Zwei Wochen vor der Aufführung, der er nicht wird beiwohnen können, gibt er der unsicheren Elevin in der Provinz noch einmal eine Lektion im Fach ›Erfolgsstrategie‹: »Wesentlich ist, daß hier alle Leute, die das Stück kennen lernen, daran glauben, und selbst ein äußerlicher Mißerfolg kann unter diesen Umständen schwerlich ein Mißerfolg werden. [...]

Die Aufführung bei der Jungen Bühne ist der beste Start, den Du heute haben kannst. Wenn auch wenig Geld dabei herausschauen wird, so ist es doch sehr wahrscheinlich, daß Du daraufhin für Deine Novellen einen Verleger finden wirst. Der innere Wert einer Aufführung an einer so weithin sichtbaren Stelle und in so ausgezeichneter Besetzung kann was literarisches Renommé anlangt, gar nicht hoch genug geschätzt werden.

Sicher ist, daß Du jetzt, wenn Du Dich durch das furchtbare Zeitungsgeschrei, das Aufführungen der Jungen Bühne hervorzurufen pflegen, nicht ins Bockshorn jagen läßt, das Schlimmste hinter Dir hast. Ich hätte mich gern in Berlin ein wenig um Dich gesorgt; aber es interessieren sich jetzt soviele Menschen in Berlin für Dich, daß es wirklich kaum Not tut, und, wie gesagt, auf Brecht kannst du Dich verlassen.

Auf mindestens ein Jahr wird, wie immer die Geschichte ausgeht, das Echo vorhalten.«

Er schließt mit ein paar ›Anstandsregeln‹ für Eingeweihte: »Äußere möglichst wenig zu der Aufführung. Wenn Du Proben sehen solltest, finde alles ausgezeichnet. Sag höchstens, man solle etwas Tempo nehmen und möglichst viel streichen.«[100]

Am 20. April um 9.39 Uhr – so läßt sich errechnen – steigt die Dramatikerin in den Zug und kommt um Mitternacht in der Metropole an.

1947 schmückt Marieluise Fleißer die Erinnerung an ihre erste Premiere für Herbert Iherings Buch *Theaterstadt Berlin. Ein Almanach* literarisch aus:

»Zwei Tage vor der Aufführung holte Seeler mich vom Stettiner Bahnhof ab. Wir kannten uns nicht; er hatte geschrieben, daß er sich ein weißes Taschentuch um das linke Handgelenk wickeln würde, er erwartete dasselbe von mir. Am Bahnsteig natürlich suchte ich das Erkennungszeichen vergebens; der gehemmte Mensch hatte sein Taschentuch so vorzüglich im Handinneren versteckt, daß auch nicht der kleinste Zipfel hervorstand. Mich selber fand er leicht heraus, ich kam mit meinem Erkennungszeichen durch den Bahnhof wie eine Fahne gegangen. ›Tun Sie bloß das Tuch weg!‹, schrie er noch sechs Schritte von mir entfernt. ›Haben Sie keinen Hut auf?‹ Ich sagte, ich hätte überhaupt keinen Hut.

Bei der Probe im Deutschen Theater bekam ich schnell guten Kontakt mit Brecht und der Weigel. Seeler schien es nicht eben gerne zu sehen. Er betrachtete mich als eine Art Naturschutzgebiet, in das ihm kein Brecht hineinkommen sollte.«[101]

Mit Brecht nimmt sie an den letzten Proben teil. Brechts Mitarbeiterin Elisabeth Hauptmann notiert: »Zur Aufführung vom *Fegefeuer in Ingolstadt* ist die Fleißer da, 24 Jahre, blonder Bubenkopf, schmale Hüften, Basedowsche Augen. Da Weigel eine Woche auf Gastspiel oft mit Brecht und Fl. zusammen. Viel geredet. Krach mit Dr. Seeler.«[102] (Der Krach übrigens wird anhalten; bald schon bekämpft Brecht die Arbeit Seelers und der Jungen Bühne, und so wird es zu keiner weiteren Zusammenarbeit mit Marieluise Fleißer kommen.)

Auch der Fototermin gehört zum Trubel vor der Aufführung: Die Berliner Fotografin Jaro von Tucholka[103] nimmt zwei Studioporträts auf: Streng und markant geschnittener Bubikopf, die Augenlider gesenkt, der Mund in dem weichen Gesicht sinnlich, der Gesichtausdruck ernst, gleichsam nach innen gerichtet, ihr Geheimnis bewahrend, dunkel, nur das Gesicht ausgeleuchtet (in der Porträttradition von Rembrandt bis Franz von Lenbach), so wird Marieluise Fleißer nach ihrem Tod durch zahlreiche Reproduktionen in die Porträtgalerie der Dichter eingehen. Auf der zweiten Aufnahme darf sie lächeln, hat etwas Verschmitztes, offenbart etwas von ihrem Humor, nichts von der Schüchternheit späterer Aufnahmen.

III. »Ich habe wie man so sagt einen Erfolg«

Die Sonntagsmatineen (es gibt jeweils nur diese eine Aufführung) sind vor allem gesellschaftliche und also Medienereignisse, »bei denen das Werk hinter die Kulisse des Skandals und der Theaterpolitik, das Bühnenbild hinter die Dekoration im Publikum zurücktritt. Mit zum Platzen geblähten Erwartungen und zum Zerspringen geladener Spannung (eine halbe Stunde Verspätung wird zur Nervenfolter) – so tritt ein Publikum, das eine Elite ist und keine Zuschauermenge, an das Schauspiel einer jungen Dame aus Bayern heran, die ein starker Mensch ist, eine kühne Sicherheit zeigt, mit scharfem, künstlerischem Instinkt, die aber ebensowenig eine Erfüllung sein kann, wie sie eine Hoffnung sein muß.«[104] Gespannte Erwartung also auch auf die Zeitungen vom Montag: Wie wird es einer Dramatikerin mit ihrer ersten Premiere im »furchtbaren Zeitungsgeschrei« von Berlin ergehen, wenn ihre Mentoren bekanntermaßen Bert Brecht und Herbert Ihering heißen? Das Echo tönt gewaltig durch die Republik. Und die Mehrheit jener Kritiker, die zu den intellektuellen und künstlerischen Meinungsführern der Zeit gehören, Kurt Pinthus und Arthur Eloesser, Julius Bab, Stefan Großmann und natürlich Herbert Ihering, ist beeindruckt von dem neuen Talent, von einem neuen Ton und läßt sich ein auf die Ernsthaftigkeit der »Tiefenbohrung [...] dieser unbarmherzig, barmherzigen Seelenzustandsbeschreiberin« (Pinthus). »Mit den Versuchsbühnen«, so eröffnet Großmann seine begeisterte Kritik, »mit denen heiße Dilletanten [sic!] und kältere Spitzbuben ein bißchen Zeitungs- und Theaterlärm erzeugen wollen, ist die Junge Bühne des Dr. Moriz Seeler, das sah man an diesem Sonntagnachmittag wieder, die Einzige, die ihr Lebensrecht durch ihre Arbeit offenbart. Man gab ein Schauspiel eines blonden, schlanken jungen Mädchens aus einer kleinen katholischen Stadt in Bayern, Marieluise Fleißer. Wenige wissen von ihr. Sie hat vor Jahr und Tag im *Tagebuch* eine sehr schöne Novelle vorgelegt, andere Erzählungen liegen bei Verlegern, aber es ist jetzt keine Zeit für Entdeckungen, und wer sich einen Begriff von der Sprechkraft dieser jungen Erzählerin machen will, der greife zum nächsten *Tagebuch*.« (Das war ein wenig Eigenwerbung, denn am folgenden Samstag, dem 2. Mai, wird die düsterste der *Törichten*-Geschichten, *Ein Pfund Orangen*, im neuesten Heft von Großmanns *Tagebuch* erscheinen). »Das Beste aber«, resümiert Großmann, »ist die Art, wie Marieluise Fleißer in ein paar Figuren die ganze bayerische Kleinstadt eingefangen hat, die Stickluft, die Enge, den Terrorismus der Nachbarschaft, die durch Sündenbewußtsein unheiter gewordenen Seelen, die bayuwarische Brutalität, die dicht neben der Religion daheim ist, der Cynismus, welcher die Kehrseite der Ekstase ist. Das ist nicht Naturalismus, das ist intuitives Seelenschauen. Diese Dichterin, weit entfernt (wenigstens vorläufig) von Bildungsbemühungen, ist aus einem Guß, nicht geschnitzt, sondern geboren. Ihr Stück ist zuweilen etwas langatmig, aber es ist von der ersten bis zur letzten Zeile selbsterlebt. Es ist etwas Hartes, Fix- und Fertiges in diesem blutjungen Talent. *Sie* errang den Erfolg, denn die Aufführung der ›Jungen Bühne‹ war keineswegs hinreißend.«[105] Da sind andere ganz anderer Ansicht. »Marieluise Fleißer legitimiert sich in diesem Anfangsdrama wie in etlichen jüngst veröffentlichten Prosastücken durch Handschrift als entschiedene Begabung, ohne noch über eine unbestreitbare dichterische Eloquenz hinaus die erzählerische Ergiebigkeit der wirklichen Sprache zu bewähren, weder hier noch dort. Die Aufführung unter *Paul Bildt* erfüllte auch schwächere Strecken mit beklemmendem Antlitz, gewann dem Werk die nur erdenklichen Eindringlichkeiten ab; insbesondere *Mathias Wiemann, Maria Koppenhöfer, Helene Weigel* boten erschütternde Schicksalsbilder mesquiner Kreaturen. Die Vorstellungen der ›Jungen Bühne‹ beschämen immer wieder die regulären Theater.«[106] Die meisten, selbst Mäkler am Drama, sind durch die schauspielerische Leistung versöhnt. Großes Befremden löst im protestantischen Norden die lüstern-bigott-verquälte

Atmosphäre aus: »Ist es selbst in Ingolstadt noch so furchtbar, wenn ein Bürgermädchen zu einem Kinde kommen soll? Ist gleich die ganze Hölle los oder wenigstens das Fegefeuer?« (Arthur Eloesser). »Für den Protestanten der ordnenden Vernunft ist es ziemlich unbegreiflich. [...] Alle Achtung vor dem Blick eines jungen Mädels, das durch den bayerischen Dialekt hindurch diesen Dostojewskymenschen [Roelle] erkennen und gestalten konnte« (Großmann). »Wenn wir weder bei Roelle, noch bei Olga und ihrem Schicksal mitgingen – ja, es lag nicht an Marieluise Fleißer, der jungen Dichterin, und nicht an Paul Bildt, dem Spielmacher, und schon gar nicht an diesem Spektralismus, es lag an Ingolstadt, wo die mittelalterlichen Teufelsfratzen gespenstisch geistern und Probleme wachrufen, die uns nicht sehr interessieren. [...] Und der Fetzen blühender Melodik, die da in einigen prachtvollen Szenen hereinstreift, ist wie frischer Sturmhauch aus einer lichten Welt in das Fegefeuer einer Teufelsstadt« (Gruntmann).

Freilich gibt es auch die saftigsten Verrisse, ein »Wahnspiel« in »übelstem Literatendeutsch« sieht der Rezensent der *Neuen Mannheimer Zeitung*; und ein »Azr.« wütet über die »Gekünsteltheit der neuen sog. Kunst«. Was durchwegs alle Kritiker bemängeln, sind die strukturellen Schwächen des Stückes, über die Marieluise Fleißer schon gegenüber Alexander Weicker geklagt hatte. Es trete auf der Stelle, es fehle an Handlungsdynamik, es sei eher ein Bilderbogen denn eine gebaute Tragödie (obgleich es doch dramatische Ereignisse die Menge gibt und sich Roelle in dieser ersten Spielfassung am Ende erhängt).

Die Münchner Zeitungen haben keinen eigenen Kritiker in die Aufführung geschickt, sie schreiben nur von der Berliner Presse ab, und so fällt das Urteil über Marieluise Fleißers erstes Theaterereignis noch entsprechend wohlwollend aus: Die *Münchner Neuesten Nachrichten* vom 26. April 1926:

»Die Junge Bühne in Berlin brachte gestern eine Uraufführung der bayerischen Dichterin Marie Luise Fleißer. Das Stück heißt *Fegefeuer in Ingolstadt*. Die Blätter rühmen der Verfasserin unverkennbare novellistische Begabung nach, vermissen aber einen richtigen Aufbau des Dramas. Die Charaktere seien fein gezeichnet, so daß das Stück gute Rollen enthalte. Die Aufführung verlief sehr anregend.« Die *Münchner Zeitung* schreibt unter »Notizen vom Tage«:

»Die Junge Bühne, deren Sonntag-Vormittage sonst nur die Stätte aufreizend langweiliger Pubertätsdramatik ist, stellte gestern eine junge bayerische Dichterin, Marie Luise Fleisser, vor, deren Drama *Fegefeuer in Ingolstadt* einen starken Erfolg errang.« (26. April 1926)

Kein Kritiker verzichtet in seiner Besprechung auf die Sensation am Ende, auf sein Staunen über den Auftritt des Shooting-Star, den Autor, nein – die Autorin, die junge Frau aus Bayern, anmutig mit blondem Bubikopf. Marieluise Fleißer ist das literarische ›Fräuleinwunder‹ der zwanziger Jahre. Der wohlwollende Arthur Eloesser: »Das Publikum verlangte jedenfalls, sie zu sehen und verstärkte seine Sympathien an der Erscheinung eines ebenso anmutigen wie ernst geschnittenen Blondkopfes.« Daß sich da aber auch schon böser Unmut über ihr zusammenbraut, daß da für viele eine Tabuverletzung stattgefunden hat, zeigt der Ton, mit dem der wütende Kritiker »Arz.« den Auftritt der Autorin vor dem Vorhang kommentiert: »Und deshalb bleibt an das Fegefeuer in Ingolstadt doch eines auch als erschütternd in Erinnerung, daß Marieluise Fleißer ein junges, blondes, katholisches Mädchen sein soll.«

So gut wie alle Kritiker erwähnen diesen Schlußauftritt der Dramatikerin – alle außer einem, außer Alfred Kerr. Das war die spannendste Frage am Montag morgen: Was wird Alfred Kerr darüber schreiben, Brechts prominentester Feind? Ausgabe für Ausgabe führen Brecht/Ihering und Alfred Kerr im Feuilleton einer amüsierten Öffentlichkeit ihre vernichtendscharfen und geschliffenen Wortgefechte um Kunst, Kritik, Theater vor, stets dem Kontrahenten jede Kompetenz überhaupt absprechend. Brecht: »[...] was Herrn Kerr anlangt, interessieren mich Kämpfe mit ihm gar nicht, da mich seine literarischen

Ansichten nicht interessieren, wohl aber seine Kampfmetho-
den.«[107]

Das gefürchtete Urteil des polemisch-scharfzüngigen Star-
kritikers über *Fegefeuer in Ingolstadt* fällt überraschend milde,
auf weite Strecken zähneknirschend wohlwollend, ja begeistert
aus.

Die »Kampfmethode« ist raffiniert und von subtiler Bosheit.
Im *Berliner Tageblatt* vom 26. April 1926 (tägliche Auflage ca.
400 000 Exemplare) macht Kerr den Kleist-Preisträger Brecht
und die No-name-Autorin aus der bayerischen Provinz zum
Schreib-Paar und sie zum begabteren Part darin, weiter noch:
zu einem symbiotischen Paar, ja er macht sie zu einer Person.

»Die Atmosphäre kommt ... ich hätte fast gesagt: meister-
lich heraus. Derlei ist prall und schier und gekonnt und sitzt.
[...] Begabt-naturalistisch ist die Fleißer – wenn's die gibt ...
und so sie nicht ein Pseudonym für den Brecht ist. Doch Ingolstadt wirkt eindringender als dessen Augsburg: die ersten zwei
Akte so gehalten-stark, wie Brecht mit seiner hübschen Luft-
stimmungsfabrik sie bisher nicht gekonnt hat. (Ist er mang?)

Wenn somit eine Anneluise Fleißer existiert, scheint sie: eine
Beobachterin, eine Festhalterin (nicht ranzige Naturepigonin);
eine kostbare Abschreiberin kleinmenschlicher Raubtierschaft,
im hießig-heutigen Mittelalter. [...] Immerhin: statt eines, Baal
genannten, einsamen Triebtiermenschen in Wäldern (Problem
der Gegenwart) malt sie furchtbare Residuen eines noch jetzi-
gen, eines vielleicht immerwährenden Zustandes; die tapfere
Fleißerin – wenn sie existiert.

Im dritten Akt ist sie aber wirklich mit Brecht zu vertauschen
(haben sie's zusammen gemacht?): ... in der Suffstimmung, wo
jener Autor halt nie weiter kann. [...]

Falls die Fleißerin existiert, ist sie wirklich eine Hoffnung.«[108]

Das ist stachliger Lorbeer für beide Genannten. Brecht wird
daran zu nagen gehabt haben. Über den Anteil Brechts, seine
Eingriffe und Regieanweisungen an der Aufführungsfassung
von *Fegefeuer in Ingolstadt* läßt sich Endgültiges nicht sagen,

schon weil *ihre* Fassung, ihr erstes handgeschriebenes Manuskript, das sie an Feuchtwanger und Ihering geschickt hatte
und das dann wohl zu Brecht und Seeler weitergewandert und
ihr abhanden gekommen war, als verschollen gelten muß.

Marieluise Fleißer weiß nicht recht, wie ihr geschieht. Welche Frechheit von Kerr, ihr den Namen zu nehmen, die Autorschaft verdächtig zu machen. Das muß sie heftig irritiert, die
Nennung in einem Atemzug mit Brecht dagegen in den Himmel gehoben haben. Daß es nicht die bequemste Ecke im Himmel ist, wird sie erst später erfahren. Sie ist durch Kerr – ohne
jedes eigene literarische, theatermethodische oder gar politische Bekenntnis zu Brecht – unter Infragestellung ihrer eigenen Identität seinem Lager zugeschlagen worden und bleibt es
für die Öffentlichkeit mit Nutzen und Nachteil bis zu ihrer
schroffen Trennung von diesem Lager im Frühsommer 1929
und darüber hinaus.

Ein ausführlicher Brief, geschrieben zwei Tage nach der Aufführung an den Vater nach Ingolstadt – es ist der erste an Heinrich Fleißer, der im Nachlaß der Tochter erhalten ist, und das
einzige unmittelbare Zeugnis jener Ereignisse aus ihrer Sicht –,
spiegelt authentisch, was der so unversehens ins Rampenlicht
geratenen Fünfundzwanzigjährigen da in der fernen Großstadt
widerfahren ist und wie sie es aufnimmt. Sie erzählt, wie krank
sie geworden ist auf dem Hinweg und wie unmöglich sie angezogen war. Noch kann sie die Mechanismen dieses literarischen
Betriebs nicht gänzlich durchschauen. Von einer Beschreibung
der Inszenierung sieht sie ab, wir wissen gar nicht, ob der Vater
überhaupt weiß, was seine Tochter da für ein Stück geschrieben
hat. Aber sie hat ihm Erfreuliches und umstandslos Verständ-
liches mitzuteilen: Sie wird ihm vorerst nicht mehr auf der Tasche liegen: »Ich habe wie man so sagt einen Erfolg. Die Aufführung wird ja nun wie ich hier erfahren habe keinen Pfennig
tragen, auch die Schauspieler arbeiten an der Jungen Bühne
für umsonst und es ist alles nur eine Sache des Bekanntwerdens

für ein breites Publikum. Dafür habe ich von dem was drum und dran hängt Geld zu erwarten, ich kann jetzt mit einem Verlag in eine Geschäftsbeziehung treten und mir zunächst einmal für ein Jahr eine Fix-Monatsrente ausbedingen. Ich gehe nicht eher von hier weg, bis ich einen Vertrag dieser Art in der Tasche habe und komme auf keinen Fall vor Sonntag. Um abzuschließen muß ich persönlich da sein, sonst wird mir alles wieder verschleppt wie im Vorjahr. [Diese Bemerkung ist übrigens, neben der Beschreibung des Brecht-Babys, ein zweites Indiz für einen Aufenthalt in Berlin im vergangenen Jahr 1925.] Ich muß im Herbst unbedingt nach Berlin für lang. Wenn ich mir jetzt Monat für Monat zurücklege werde ich das machen können. Wenn ich heimkomme muß ich mich hinsetzen und arbeiten. Man erwartet bis zum Herbst ein Lustspiel von mir. [...] Ich weiß nicht, ob in Ingolstadt was über die Kritiken bekannt geworden ist, sie sind von den wichtigsten Zeitungen durchaus gut, wie mir gesagt wird, ich selber verstehe das ja nicht besonders, da ich nicht weiß, wie hier die Kritiken gehandhabt werden. Jedenfalls war die von meinem Stück die erste Aufführung der Jungen Bühne, bei der nicht wütende Zischkämpfe einsetzten und bei der keine faulen Äpfel geflogen sind. Bei mir haben nur zwei Leute gezischt. [...] Ich muß jetzt schließen. Ist daheim irgendetwas vorgefallen? Viele Grüße Luis.«[109]

Die wenigen folgenden Tage in Berlin sind randvoll mit Ereignissen.

Sie trifft sich nicht nur häufig mit Brecht und Elisabeth Hauptmann, sie kann nach der Aufführung in Helene Weigels Wohnung in der Babelsbergerstraße unterkommen, weil Helene Weigel zu einem Gastspiel verreist ist.

Es ist der Moment, wo Marieluise Fleißer und Bert Brecht sich nahekommen, nicht nur auf der Bühne. Brecht allerdings geht es miserabel in diesen Tagen. Seine Frau Marianne Zoff im fernen Münster, hingehalten, enttäuscht und durch Brechts Quasi-Familienleben mit Helene Weigel und Stefan um ihre Ehe betrogen, hat sich in diesem Frühjahr einem anderen Mann zugewandt, ihrem Schauspielerkollegen Theo Lingen. Brecht rast vor Eifersucht, schreibt gerade in diesen Apriltagen die allergröbsten Briefe an Marianne und reicht Ende April die Scheidung ein. Auch in Berlin hat er ein anfälliges Beziehungsnetz gestrickt, die Situation kann nicht ohne Konflikte bleiben. Die wachsende, schon unentbehrliche Zusammenarbeit mit Elisabeth Hauptmann ist belastet von deren Irritation durch die Position Helene Weigels.

Brecht ist ein gewiefter Geschäftsmann, er versteht etwas vom Zusammenhang von Kunst und Brot und hält sich dran: »Nur wer im Wohlstand lebt, lebt angenehm.« Er kümmert sich energisch um die junge Kollegin und ihre finanzielle Absicherung für die kommenden Jahre, bemüht sich um die günstigste Vermarktung seines ›Produkts‹, wenn es auch nicht ums Wohlleben geht, sondern ums blanke Überleben als Autorin. Schon vor der Aufführung hatte er ihr nach Ingolstadt taktische Anweisungen gegeben: »falls Sie vom verlag kiepenheuer einen vertrag zugeschickt erhalten sollten (über Ihr stück), dann unterzeichnen Sie ihn nicht vor der aufführung. falls Sie nach berlin kommen sollten, stehe ich Ihnen gern zur verfügung bei abschluß von verträgen, sei es mit kiepenheuer, sei es mit einem andern verlag.«[110] Zwar hat er offensichtlich bei Kiepenheuer schon interveniert, aber er weiß natürlich: Wird die Aufführung ein Knüller, steigt der Marktwert der Autorin, kann man hoch pokern. Elisabeth Hauptmann hält im Tagebuch ihrer Zusammenarbeit mit Brecht fest: »für die Fleißer Vertrag gesucht – bei Ullstein 200 M. à fond perdu.«[111]

Das ist in der Tat eine beachtliche »Geschäftsbeziehung«, die der Verlag Ullstein schon am 1. Mai 1926 einer Autorin garantiert, die gerade einmal ein paar kleine Erzählungen und ein Stück mit einer einzigen Matineeaufführung vorzuweisen hat:

»Wir bestätigen Ihnen unsere Abmachung wie folgt: Wir zahlen Ihnen beginnend mit dem heutigen ersten Mai bis ultimo April 1927 monatlich Mk. 200.– (Zweihundert Mark).

Sie hingegen verpflichten sich, bis zum Ablauf des Jahres 1927

Marieluise Fleißer, fotografiert von Jaro von Tucholka, April 1926

uns Ihre gesamte Produktion zuerst einzureichen und uns hierauf das Vorrecht einzuräumen, derart, daß wir Ihnen das erste Angebot machen und in jedes andere Angebot eintreten können. Wir bitten um Gegenbestätigung und zeichnen in vorzüglicher Hochachtung. Ullstein Aktiengesellschaft [...]«[112]

»À fond perdu«, das ist eine Zuwendung ohne Anspruch auf Gegenleistung oder Rückerstattung. 1926 gibt es ein paar Schuhe für 4 Mark 90, eine Ausgabe des *Berliner Börsen-Courier* für 20 Pfennig, der Novellenband *Ein Pfund Orangen* wird 1929 broschiert 3 Mark kosten. Nach dem *Statistischen Jahrbuch für den Freistaat Bayern* von 1926 sind 200 Mark das Anfangsgehalt in der mittleren Beamtenlaufbahn; ein Stenotypist erhält zwischen 78 und 142 Reichsmark, seiner Kolleg*in* werden davon noch 10 % abgezogen. Und zwei Wochen nach der sensationell erfolgreichen Aufführung der *Pioniere in Ingolstadt* am Theater am Schiffbauerdamm in Berlin im Frühjahr 1929 erhöht der Verlag die Zuwendung um 50 % auf 300 Mark. Welch generöse Investition Ullsteins in die Autorin in diesen wenig luxuriösen Zeiten!

Ein Jahr vor der Geschäftsverbindung mit Fleißer, am 21. Juli 1925, hatte Brecht selbst einen solchen Generalvertrag mit Ullstein unterzeichnet.[113] Ihm garantierte der Verlag eine monatliche Zahlung von 600 Mark für ähnliche Gegenleistungen wie in Fleißers Vertrag. Es scheint Herbert Ihering gewesen zu sein, der sich bei Ullstein für Brecht verwendet hat. Aus einem Brief von Anfang Juni 1926 an Ihering spricht noch die Dankbarkeit: »Durch den Abschluß mit Ullstein, an dessen Zustandekommen Sie ja mehr als sonst jemand beigetragen haben, hat das Jahr 25 für mich selbst mit einem überraschenden Erfolg geendet.«[114] Da Ihering schon im Sommer 1925 Fleißer gefragt hatte, ob sie »mit einem Verlag in Verhandlung stehe«, wird auch sein Zuspruch beim Zustandekommen ihrer Abmachung mit Ullstein eine Rolle gespielt haben. Von Brecht erschienen bei Ullstein 1927 die Erstausgabe von *Mann ist Mann*, Neuausgaben von *Trommeln in der Nacht* und *Im Dickicht der Städte* und in dem zu Ullstein gehörenden Propyläen Verlag die *Hauspostille*, sonst nichts Größeres. Die *Dreigroschenoper, das* Erfolgsstück der Weimarer Republik, ist in keiner Version, weder als Bühnenmanuskript noch als Klavierauszug noch als Buch bei Ullstein erschienen, da der Vertrag mit Ullstein nur für Werke galt, für die Brecht als Alleinautor zeichnete. Überschlägt man den Aufwand des Verlages für Bert Brecht bis 1931 (bis in dieses Jahr sind die Vertragsverlängerungen datiert), dann glauben wir Brechts Bemerkung gegenüber dem Freund Fritz Sternberg sofort, »damit sei er wahrscheinlich einer der seltenen Fälle, in denen Ullstein von einem Autor ausgebeutet werde«.[115] So absichtsvoll, wie diese Formulierung suggeriert, ist es im Falle Fleißer gewiß nicht zugegangen, aber ein Geschäft hat der Verlag mit ihr nicht gemacht. Lediglich zwei Theaterstücke sind am Ende für ihn herausgesprungen, ohne Verkauf einer Aufführung das eine, das zweite mit Verkauf an vermutlich vier Bühnen.

Der Ullstein Verlag also übernimmt *Fegefeuer in Ingolstadt* in den ihm verbundenen Bühnenverlag Arcadia. Die Novellenmanuskripte, die Fleißer gleich dort gelassen hatte, schickt der Verlag ihr zurück, da »wir im Augenblick einer Buchausgabe nicht nähertreten können«.[116]

Brecht ruft bei Ullstein an und bittet um die Freigabe der Rechte für diese Novellen und bemüht sich nun um eine Publikation beim Kiepenheuer Verlag, mit dem er seit Jahren um die Publikation der *Hauspostille* streitet. Auch jetzt fällt er in einer so forcierten Art beim Verlag ein, daß er der Autorin wohl das Geschäft eher verdorben hat. Unwillig schreibt der Verleger am 28. Mai 1926 nach Ingolstadt, also einen Monat nach dem *Fegefeuer*-Erfolg: »Sehr geehrtes gnädiges Fräulein, es ist ausserordentlich bedauerlich, dass ich heute erst zum ersten Mal einen Brief von Ihnen erhalten habe. Sie werden selbst kontrollieren können, dass ich schon mehrere Male Ihnen geschrieben habe und keine Antwort darauf erhielt. Stattdessen übernahm Herr Brecht die Verhandlungsbasis, und es war mir einfach nicht möglich, mit Ihnen eine Zusammenkunft zu haben, obwohl mir an einer solchen sehr gelegen hätte. [...] Herr Brecht hat mir nun inzwischen zwei Novellen gesandt. Er wollte versuchen, diese wieder von Ullstein frei zu bekommen unter der Voraussetzung, dass ich Ihnen für den Novellenband, der im Herbst erscheinen soll, einen Vorschuss zahle. Nachdem er wiederholt darauf bestanden hatte, mußte ich leider aus diesem Grunde die Annahme verweigern und habe Herrn Brecht gestern die Novellen mit einer entsprechenden Notiz zurückgesandt. Ich möchte Sie auch in Zukunft, für den Fall, dass wir doch noch zusammen kommen, herzlich bitten, jede Vermittlung zu unterlassen. Es ist bisher stets mein allervornehmstes Prinzip gewesen, mit den Autoren selbst zu verhandeln, schon aus dem einfachen Grunde, weil ich Werk und Person auf das innigste verknüpfe und mir sehr daran liegt, einen engen Konnex zu dem Dichter selbst zu haben. [...]«[117]

Dieses Muster wird sich in ihrer Karriere auf fatale Weise wiederholen. Unkundig überläßt sie sich den Eingriffen egozentrischer Männer und muß dafür bezahlen. Ihre prekäre Situation wird anschaulich, wenn man sie sich im Mittelpunkt eines Dreiecks vorstellt, von dessen Rändern aus konkurrierende Kräfte wirken: ihre Kunst, der Markt und die Männer. Nur selten gleichen sich die Kräfte aus, die Übermacht der einen geht auf Kosten der anderen und immer bringt die Abhängigkeit von Männern alles, vor allem die Person im Zentrum, aus dem Gleichgewicht.

Wie instabil die Schriftstellerin noch ist, wie unsicher, wie gehemmt, erst recht auf dem öffentlichen Parkett, bekennt sie selbst dem wohlwollenden Herbert Ihering. Zurück aus Berlin, muß sie ihn für ihr ängstliches und unprofessionelles Verhalten um Verständnis und Verzeihung bitten. Sie hatte offensichtlich versäumt, sich nach seiner glänzenden Kritik der *Fegefeuer*-Aufführung bei ihm zu melden: »[...] ich fühle mich sehr gedrängt Ihnen zu schreiben, da ich vermuten muß, daß sich ein anderer in meine Angst vor dem Anrufen nicht hineindenken kann. In dem Fall mit Ihnen hatte ich nämlich ganz besonders Angst und die Tatsache ist die, daß ich so und so oft ans Telefon hinausging und wieder umkehrte vor dem Apparat, weil ich merkte, ich werde vor Herzklopfen kein Wort herausbringen. Ich weiß, daß dies von außen gesehen keine Entschuldigung ist und daß ich mit Worten nicht gutmachen kann. Aber vielleicht darf ich Ihnen rein menschlich sagen, daß in mir kein Wille war Ihnen gegenüber etwas zu unterlassen, aber daß ich in der Luft von Berlin ständig sehr betäubt herumging und daß eine gewisse Verwirrung, die ich an mir kenne und die mich zu meinem Unglück in Menschennähe überfällt, stärker war wie ich. Ich hoffe und vertraue, daß Sie mirs nicht allzusehr nachtragen werden. [...] Ich bin mit den besten Grüßen Ihre aufrichtig verpflichtete Marieluise Fleißer«.[118]

Dieser kurze Brief ist die offenste Selbstcharakteristik jener frühen Jahre.

Wenn es überhaupt noch nötig war – mit der Aufführung von *Fegefeuer in Ingolstadt* jedenfalls war der ›Kunstwert‹ ihres Schreibens bewiesen, in ›Marktwert‹ setzt er sich nur zögernd um. Feuchtwanger hatte richtig vorausgesehen. Das Stück liegt bei Arcadia, also nicht im regulären Buchhandel, und keine Bühne fragt danach. Man muß sich das vorstellen: Die Arbeit, die ihren Ruhm begründet, wird niemand weder zu sehen noch zu lesen bekommen in den folgenden 45 Jahren bis zur Uraufführung der Neufassung 1971 und deren Abdruck im Programmheft der Wuppertaler Bühne.

Zwischen Brecht und Marieluise Fleißer hat sich das Klima seit der Aufführung von *Fegefeuer in Ingolstadt* deutlich erwärmt. Ein kleines Briefchen von Brecht aus diesen letzten Maitagen des Jahres 1926 läßt eine erste, noch scheue, ein wenig kumpelhafte Vertrautheit mitschwingen. In coole Burschikosität verpackt schickt er ihr die Botschaft, daß es in Berlin öder ist seit ihrer Abreise. Erstmals taucht nun auch die Anrede auf, die Brecht für seine bayerische Kollegin und Freundin fortan verwenden wird. In den wenigen Briefen, die die beiden in ihrem Leben wechselten, bleibt es übrigens lebenslang beim Sie. Die

Postkarte von Bertolt Brecht an Marieluise Fleißer
(Poststempel 9. 4. 26)

Anrede läßt ihm zwischen kollegialer Distanz und sinnlicher Intimität alle Freiheiten, gibt der Frau Ebenbürtigkeit (im Gegensatz dazu überbieten sich die Freunde Weicker, Feuchtwanger und später Haindl an Verkleinerungen des »kleinen verlassenen lieben Kindes«, der »kleinen Lu«, ihres »Herzkätzchens«):

»liebe fleisserin,
dieses alte und harmvolle städtchen ist jetzt ganz abgewrackt
    und still ruht der see
da die feinde fortfallen benutze ich stärkeren tabak
(sir olivers cut plug – does not bite the tongue)
dazu 2-3 pfund kriminalromane täglich
übermorgen habe ich vor nach paris zu fliegen für zwei wochen
dann Augsburg
auto habe ich nicht erjagt – es war nicht die sonne von austerlitz,
als Sie wegfuhren
mit kiepenheuer verhandle ich noch Ihretwegen
was tun Sie?
vergessen Sie berlin es ist die welt
aber lernen Sie kartenspielen für mich
nächste adresse (ab 10. juni) augsburg bleichstraße 2
                                        Ihr brecht
Sie scheinen dem kroner ein schreckliches Zeug aufgeschwatzt
    zu haben,
er sagte: Sie seien traurig«[119]

»Was tun Sie?« Moriz Seeler hatte noch vor der Fegefeuer-Aufführung, hingerissen von der Begeisterung bei der Probenarbeit, die Dramatikerin zur Arbeit an einem neuen Stück aufgefordert: »Sie müssen sehr bald wieder ein neues Stück schreiben [...] Wollen Sie nicht einmal versuchen, ein Lustspiel zu schreiben aus Ihrer Gegend? Das würden Sie bestimmt gut können«, und er hat es auch sofort und unbesehen für die Junge Bühne reklamiert. Auch wenn die Zusammenarbeit mit Moriz Seeler keine Fortsetzung fand, die Anregung zum Lustspiel fällt auf fruchtbaren Boden, schließlich erwartet Ullstein eine neue Arbeit, nur zum Spaß investiert man nicht in die junge Autorin. Zurück in Ingolstadt, macht sie sich umgehend an die Arbeit, wie sie dem Vater ja schon angekündigt hatte. Und Ende Juli informiert sie auch Herbert Ihering von ihrer Arbeit an dem Stück. Ein Auftragswerk von Brecht, wie es immer wieder in der Forschung heißt, kann man das Lustspiel keineswegs nennen. Wieder schreibt sie über das Milieu, aus dem sie kommt: über Ingolstadt, über Soldaten und Dienstmädchen, über Küstriner Pioniere, die in der zweiten Juni-Woche 1926 nach Ingolstadt kommen und eine Brücke bauen sollen, für die Mädchen in der ehemaligen Garnisonsstadt eine Attraktion. Alma, die kesse, möchte aus der Liebe ein lukratives Geschäft machen, Berta, die schüchterne, sentimentale, verspricht sich endlich was Ernsthaftes fürs Herz. Karl, den sie sich erobert, denkt da freilich anders. Nachdem sie sich hingegeben und er sie »genommen« hat, sieht er verärgert die verstörte Berta:

»KARL: Was ist dir jetzt wieder nicht recht?

BERTA: War das alles?

KARL: Hat dir was gefehlt?

BERTA: Ich meine halt, wir haben was Wichtiges ausgelassen. Die Liebe haben wir ausgelassen.

KARL: Eine Liebe muß keine dabei sein.

BERTA: Das ist mir jetzt ganz arg.

KARL: Nimm dich doch zusammen. Tu wenigstens so, als wenn es dir recht wäre, wie die anderen auch.

BERTA: So kann ich nicht leben.«[120]

Es ist ein Begegnen und Wieder-Auseinander-Gehen, kleine pointierte Dialoge, ein bißchen Bierzeltrummel und großspuriges Soldatengetöse, am Ende ziehen die Pioniere ab, ein paar schlechte Erfahrungen mehr, sonst bleibt für die Mädchen alles beim alten. Da gibt es weder einen Spannungsbogen noch eine dramatische Wende, noch eine Katastrophe. 1947 erläutert Marieluise Fleißer in dem kleinen Essay *Zwei Premieren* ihre Absicht: »Die Handlung war in bewußt alltäglichen Zügen zwischen

Einmarsch und Ausmarsch von Pionieren in eine Kleinstadt verlegt und lief episch dahin. In dem Bestreben, Gefühle nicht auf-
zublähen, gab sich die Sprache fast simpel, der lyrisch verhaltene
Grundzug des Stückes war dauernd umspült mit Ironie, was
ihm durch lauter Zwischentöne einen seltsam brüchigen Reiz
verlieh.«[121]

Bevor wir das Stück auf seinem Weg auf die Bühne und in die
Öffentlichkeit begleiten, möchte ich auf die Diskrepanzen aufmerksam machen zwischen den erhaltenen Lebenszeugnissen
und archivalischen Dokumenten einerseits und den Legenden
andererseits, die sich seit Fleißers letztem Lebensjahrzehnt schier
undurchdringlich dicht um dieses Stück und seine Geschichte
gerankt haben.

Marieluise Fleißer hat nach dem Skandal von 1929, der uns
noch ausführlich beschäftigen wird, die *Pioniere in Ingolstadt*
für mißlungen gehalten und so weit wie möglich von sich selbst
abgespalten. Sie hat Anfragen um eine Publikation der *Pioniere*
seit den dreißiger Jahren bis etwa 1967 stets abschlägig beschie-
den, mit Vehemenz. Je schärfer sie das Stück als literarische Leistung ablehnte, um so nachhaltiger mutierte es in ihrer eigenen Bewertung zu einem Auftragswerk von Brecht, ja schon fast
zu seinem Stück, so wie es einst Kerr dem *Fegefeuer*-Stück polemisch unterstellt hatte. Man muß nur den Text *Zwei Premieren* von 1947, der am eigenen Anteil gar keinen Zweifel aufkommen läßt, vergleichen mit einem der letzten Auskunftstexte von
1973 (*Das erste Stück*, abgedruckt unter dem Titel *Ich ahnte
den Sprengstoff nicht*), um in aller Deutlichkeit wahrzunehmen,
wie sich Fleißers Einstellung verändert hat und wie stark die
Erinnerungsarbeit davon beeinflußt wurde. Der Wandel kulmi-
niert in dem immer wieder zitierten Vorwurf: »Brecht suchte
mich jetzt zu formen nach seinem persönlichen Plan. Das lief
darauf hinaus, daß er mir mein Eigenes nahm und mich um-
schmelzen wollte. Sein brauchbares Werkzeug sollte ich werden.
Er verlangte die *Pioniere in Ingolstadt* von mir, das war ein Sprung

für mich, fast unerreichbar, da ich von Soldaten nichts wußte. Er stellte mich vor verwirrende Probleme, gab keinen menschlichen Halt.«[122] Und es ist erstaunlich zu beobachten, wie die Erinnerung selbst an äußerliche Lebensdaten und -stationen sich dieser veränderten Selbsteinschätzung anpaßte. Das schlägt sich deutlich in der sogenannten *Biographie* nieder. Da dehnt sich die Zeit der Niederschrift des Stückes bis ins Jahr 1928 hinein und – bildlich gesprochen – wandert Fleißers Schreibtisch nach Berlin in die intimste Nähe Brechts, für lange Zeit.

1926 also sitzt Marieluise Fleißer zu Hause in Ingolstadt über der Arbeit für das zweite Stück.

Brecht zieht es in diesem Sommer zwischen Mitte Juni und Mitte September immer wieder in seine Augsburger Dachstube. Dort besucht ihn die »Fleißerin«; die Schiffschaukeln im Plärrer, die Lechauen und sein »Kraal«, die Mansarde in der Bleichstraße 2, sind wie für alle seine Frauen auch ihre Glücksorte. Sie erzählt ihm von den Pionieren aus Küstrin, die in Ingolstadt eine Brücke bauen, und natürlich reden sie über die Tauglichkeit dieses Stoffes als Lustspielsujet, über dramaturgische Fragen.

Ob es bei einem Besuch blieb, ob es mehrere waren – Fleißer wird den Sommer und Herbst 1926 später »ihre schönste Zeit mit Brecht« nennen. Das einzige zeitgenössische Dokument der sommerlichen Gemeinsamkeit ist das Zeugnis einer Verfehlung, Brechts Entschuldigung für eine vergessene Verabredung:

»Liebe fleißerin,
in meiner verbrecherlaufbahn ist das stückchen, daß ich Ihren besuch in augsburg vergaß, ein glanzpunkt. ich kann nur sagen: ich will es nicht gewesen sein! was tun Sie? in zwei wochen komme ich nach augsburg! [...]

Ihr alter (zerknirschter)
brecht
Berlin, Okt. 26

was ist mit dem lustspiel?«[123]

Weitere Briefe zwischen den beiden sind erst wieder ab 1948 bekannt.

Über den Arbeitsprozeß selbst gibt es offensichtlich keine weiteren zeitgenössischen Zeugnisse. Spätestens im November des Jahres 1926 ist die Arbeit abgeschlossen. Feuchtwanger schreibt ihr am 5. Dezember, daß er die *Pioniere in Ingolstadt* – das also wird der Titel des Stückes sein! – gerne einmal lesen möchte und wundert sich, daß sie nicht – wie angekündigt – nach Berlin gekommen ist. Aber eigentlich interessiert ihn die Frau entschieden mehr als die Kollegin: »Ich habe oft an Dich gedacht, manchmal mit Brecht über Dich gesprochen und würde mich freuen, Dich zu sehen. Schreib bald, möglichst ohne Maschine und mehr über Dich als über das, was Du produzierst.«[124] Am 12. Dezember 1926 schließen die Münchner Kammerspiele einen Sondervertrag mit der Dramatikerin über das alleinige Uraufführungsrecht ab,[125] und am 17. Dezember 1926 bestätigt ihr der Ullstein Verlag die Übernahme von *Pioniere in Ingolstadt* in seinen Bühnenvertrieb Arcadia.[126]

Das neue Stück ist nicht der einzige Ertrag dieses Jahres 1926. Nebenher wächst Fleißers Erzählwerk, aber mit dem Veröffentlichen geht es weiterhin nur mühsam voran.

Zum Ullstein-Haus gehört auch ein Zeitungsimperium, die *BZ am Mittag*, die *Berliner Morgenpost*, die *Berliner Illustrierte Zeitung*, die *Vossische Zeitung*, *Die praktische Berlinerin*, der *Uhu* und *Die Dame*, daneben die anspruchsvolle Kunst- und Literaturzeitschrift *Der Querschnitt* und noch allerlei anderes. Daß Marieluise Fleißers Arbeiten in diese Zeitungen eigentlich gar nicht passen, sagt ihr der Feuilletonchef der *Vossischen Zeitung*, Monty Jacobs, ziemlich deutlich: »Erlauben Sie mir gleich am Anfang zu sagen, dass meine Meinung über die eingesandten Beiträge natürlich in erster Linie vom Gesichtspunkt der Redaktionspraxis abgegeben werden muss. Ich brauche Ihnen nicht zu sagen, dass der Kunstwert einer Erzählung und ihre Verwendungsmöglichkeit für eine Tageszeitung zwei völlig verschiedene

Dinge sind. Mit der Ehrlichkeit, die Sie mir hoffentlich nicht verübeln, muss ich nun sagen, dass Ihre Arbeiten sich mehr an ein Buchpublikum, als an den flüchtigen, gehetzten, im großstädtischen Trubel umhergewirbelten Zeitungsleser wenden. Man braucht eine Weile, um in Stimmung und Atmosphäre Ihrer Prosaskizzen hineinzukommen, und diese Zeit nimmt sich nur der Buchleser. Allein aus diesen Gründen entziehen sich fast alle der freundlichst eingesandten Schöpfungen für mein Gefühl einer Tageszeitung.«[127] Und so gibt es von Marieluise Fleißer weder in der *Vossischen Zeitung* noch sonstwo etwas zu lesen, bis sie im April 1927 über den Kontakt zu Alfred Kerr das Entree fürs *Berliner Tageblatt* erhält, bis bald auch über den Redakteur Bernhard Diebold die *Frankfurter Zeitung* ihre Arbeiten druckt.

Eine Ausnahme gibt es, eine gewichtige Verbindung tut sich auf, zustande gekommen vielleicht durch Ullstein – oder durch Brecht oder durch den gemeinsamen Publikationsort *Berliner Börsen-Courier*: die Verbindung zu Bernard Guillemin. Guillemin, wie Brecht Jahrgang 1898, war freier Journalist, Mitarbeiter bei Ullstein und beim *Berliner Börsen-Courier*. Wie Brecht gehörte er zu den Gründern der für die Freiheit der Kunst agierenden »Gruppe 1925. Schriftstellergemeinschaft«. Am 30. Juli 1926 erschien in *Die Literarische Welt* sein Anfang Februar geführtes, berühmt gewordenes Interview mit Brecht: *Was arbeiten Sie? Gespräch mit Bertolt Brecht.*

Als im Mai 1926 die *Magdeburgische Zeitung* ihre Unterhaltungsbeilage erheblich erweitert, um »den Lesebedürfnissen besonders auch der Frau Rechnung zu tragen«, wird Bernard Guillemin als neuer Mitarbeiter (zusammen mit dem Lyriker und Journalisten Walther Petry) gewonnen. Für kurze Zeit findet auf diese Weise in einer Provinzzeitung anspruchsvollste Literatur einen gemeinsamen Ort, erscheinen Originalbeiträge von Autoren der ersten Garde der deutschen Literatur: »Robert Musil, Bertolt Brecht, Heinrich Mann, Alfred Polgar, Franz Blei, Robert Walser, Franz Hessel, Walter Benjamin, Ernst Weiß, Alfred Döblin, Hans Henny Jahnn, Hermann Ungar, Leo Perutz, Kurt Tucholsky, Joseph Roth [...]«[128] In dieser Galerie allermeist schon prominenter Namen findet sich auch der Marieluise Fleißers. Noch bevor Brechts erste Arbeit, das Gedicht *Erinnerung an die Marie A.*, dort erscheint (am 29. Juni 1926), setzt Guillemin schon in der ersten Woche des Erscheinens der neuen Beilage, am 5. Juni 1926, die Geschichte *Der Apfel* als Nachdruck in sein Blatt. In rascher Folge erscheinen bis Jahresende neun, im ganzen 16 Prosaarbeiten von Marieluise Fleißer in der *Magdeburgischen Zeitung*, davon waren zwölf Erstdrucke.

Die Verbindung zu dieser Zeitung und also auch die darin abgedruckten Texte waren vor ihrer Entdeckung durch Bernhard Echte 1995 der Öffentlichkeit unbekannt. In Fleißers Nachlaß haben sie nicht die kleinste Spur hinterlassen. Kritischer noch als zu ihrem gesamten Frühwerk stand sie im Alter zu diesen kurzen Geschichten, bezeichnete sie abwertend als »Secundär-Gattung«. Daß Fleißers Scheidung in akzeptierte und abgelehnte Texte bei der Erstellung ihrer Werkausgabe noch anderen Kriterien gehorcht, wird bei der Darstellung ihrer letzten Lebensjahre offenbar werden.

Es geht in diesen frühen Texten in der *Magdeburgischen Zeitung* nicht nur um die an der Liebe und den Männern leidenden naiven Mädchen, satirische Töne klingen an in den Reminiszenzen an die Erfahrungen mit Alexander Weicker und modifizieren die Gewaltverhältnisse dieser Beziehung, die immer kurzschließend autobiographisch gelesen wurden. Welch engagierten und bewundernden Vermittler ihres Schreibens Marieluise Fleißer in Bernard Guillemin gefunden hat, davon zeugt beredt ein langer Brief an sie, in dem Guillemin sich auf ungewöhnlich eingehende und einfühlsame Weise mit der Arbeit seiner freien Mitarbeiterin (und sie ist eine unter so vielen) auseinandersetzt. Der undatierte Brief,[129] vermutlich um das Jahresende 1926 geschrieben, widerlegt aufs eindrucksvollste die Abwertung dieser literarischen Texte durch die Autorin selbst und weist zugleich auf das Dilemma hin, das einem breiten Erfolg ihres Schreibens entgegensteht: Ihre Wurzeln stecken tief in Ingolstadt, aus diesem Nährboden speist sich ihre ureigenste Kreativität, aber – so sieht es der beratende Kollege – dieser Boden engt ihre Begabung auch ein. Bei der ersten Lektüre hat es den Anschein, als wollte da ein weltläufiger Literat die Fleißer vom ›Fleißerschen‹ abbringen, aber bei genauerer Analyse und auf der Folie ihres Œuvres hat Guillemin schon am Anfang ihrer Schriftstellerlaufbahn auf die Problematik aufmerksam gemacht, daß durch das ›Ingolstädtische‹ ihrer Stoffe die große Literatur verstellt wird.

»Sehr verehrtes Fräulein Fleisser,
    wie Sie wissen, habe ich Ihr Stück in Berlin leider nicht gesehen. In all dem, was Sie mir inzwischen nach Magdeburg gesandt haben, ist der *epische* Zug Ihrer künstlerischen Ausdrucksweise so unverkennbar, dass ich nachträglich doppelt neugierig bin, Ihr Stück kennen zu lernen. Ich kann mir gar nicht vorstellen, wie ein Drama von einer ausgesprochenen Epikerin aussehen mag.
    Ich brauche Sie wohl über den Wert Ihrer kleinen Erzählungen nicht erst aufzuklären. Ich bewundere daran vor allem die Dichtigkeit und lebendige Wahrhaftigkeit des Gewebes; die Art, wie Sie Geschehnisse aus Ihrem Umkreis *unverfälscht* auffangen; also das Unliterarische und Echte, jene lebendige Substanz, die bei Ihnen alles Formale bis zum letzten Beiwort durchdringt und beseelt. Ihre epische Darstellung deckt sich so sehr mit dem wirklichen Geschehen, das ihr zugrunde liegt, wie das nur ganz selten der Fall ist. Ein Scholastiker würde sagen: adaequatio rei et intellectus – in der höchsten, in unserem Fall *künstlerischen*, nicht denkerischen Vollendung. Hinzu kommt aber eine ungemein zarte Distanz, die Sie zu Ihrem Stoffe durch Ironie und Humor herstellen. Die Ironie stellt über die epische Wahrhaftigkeit und gleichsam über die *Stofftreue* hinaus bei Ihnen ein weiteres geistiges Element dar. Mit der Ironie erheben Sie sich über die Enge und über das Armeleutehafte Ihrer meisten Vorwürfe.

Weil ich nun in der hin und wieder recht deutlich auftauchenden Ironie, durch welche Sie mehr als durch die bloss epische Schilderung Ihren *eigenen* geistigen Standort kundgeben, etwas sehr Wesentliches sehe, würde es mich freuen und interessieren, einmal eine Erzählung von Ihnen zu bekommen, die in einem anderen Milieu als dem bisher von Ihnen bevorzugten spielte – ich meine: in einem Milieu von gescheiten und bewussten Leuten, nicht mehr in der Provinz, sondern vielleicht in der Gros[s]-stadt. Ihre Ironie sähe sich dann plötzlich vor andere, schwierigere Aufgaben gestellt. Es würde Ihnen nicht ganz so leicht fallen, die Distanz darzustellen. Das müsste Sie reizen; zumal da Sie auf die Dauer Gefahr laufen, mit immer denselben Kleinstadtstoffen den Eindruck der Monotonie zu erwecken.

Natürlich ist mit diesem Vorschlag keinerlei Kritik verbunden. Ich schlage Ihnen nur vor, den Umkreis Ihres Stoffes zu erweitern. Es mag sein, dass die entscheidenden Erlebnisse Sie mit einem kleinstädtischen Milieu verbinden. Dann versuchen Sie eben, einfach ohne das Erlebnis auszukommen! Ich glaube: ein grosser Dichter muss so ziemlich alles gestalten können, das kleine Leben, wie Sie es kennen, so gut wie das grosse.

Also: tun Sie mir den Gefallen und versuchen Sie *nur einmal*, ein Leben zu gestalten, das man das grosse nennen könnte. Ich sage Ihnen das alles selbstverständlich nicht als Feuilletonredakteur (denn, so wie sie sind, finde ich Ihre Sachen ganz ungewöhnlich gut – ich bekomme jedenfalls von keiner Seite bessere), sondern als Ihr literarischer Freund oder, wenn Sie lieber wollen, als ein neugieriger, in das Experiment verliebter Mensch. Ich möchte wissen, ob ich recht habe, wenn ich denke, dass Ihren gestalterischen Fähigkeiten stofflich keinerlei Grenzen gezogen sind, dass es also letzthin nur Ihrer – Bequemlichkeit zuzuschreiben ist, wenn Sie sich bisher auf kleinstädtische Stoffe beschränkt haben. Wenn Sie aber glauben, dass die Befolgung meines Rates Ihnen schaden könnte, dass Sie von Ihren bisherigen und keinen andern Stoffen zur Gestaltung gezwungen werden, dass Sie also füglich Ihr Gebiet nicht verlassen dürfen –

dann lassen Sie sich bitte durch diesen Brief durch nichts ver-
leiten, was Ihnen fremd wäre. Überlegen Sie aber recht wohl,
ob die Stoffwahl bei Ihnen wirklich Zwang oder vielleicht nur
Bequemlichkeit ist. Ich persönlich glaube ja auch nicht, dass
man durch irgend welche Versuche, so abgelegen und fragwürdig sie aufs erste scheinen mögen, Schaden nehmen kann. Im
übrigen bin ich davon überzeugt, das Sie selber früh oder spät
das Bedürfnis nach Variation empfinden werden. Sie werden sich
nach Menschen sehnen, die nicht in Ingolstadt geboren sind,
und Sie werden diese Menschen gestalten. Es sei denn, Sie wollten die Welt im Spiegel Ingolstadts gestalten. Auch das wäre
eine Lösung. Sie ist aber bisher noch keinem so recht geglückt.
Grosse Dichtung ist immer zugleich extensif *und* intensif. Auch
Bäume verpflanzt man von einem Erdreich in das andere, damit
sie kräftig werden und gedeihen. Das Schlagwort von der Ver-
wurzelung ist recht einseitig. Man kann es versuchen, seine Wurzeln überallhin mitzunehmen. Auch Ihnen rate ich – das *Exil*.
Natürlich nicht wörtlich, sondern mehr im geistigen Sinne. Gehen Sie in das Exil neuer und fremder Stoffe! Sie können dann
ja immer wieder zu Ihren alten Stoffen zurückkehren.

Schreiben Sie mir bitte, ob das, was ich Ihnen sage, Sie überhaupt angeht. Es könnte ja sein, dass ich ganz danebentreffe.
Ich bedaure nur, dass Sie nicht mündlich zu erreichen sind.
Ich würde Ihnen all das viel deutlicher sagen, als schreiben können. Aber vielleicht werden Sie einmal von der Reiselust gequält,
vielleicht lockt es Sie nach Berlin, und dann kommen Sie ja auch,
hoffe ich, über Magdeburg.

Herzlichst Ihr B. Guillemin«

Herbert Ihering wird dieselbe Warnung anläßlich seiner Besprechung der Uraufführung von *Pioniere in Ingolstadt* in Dresden
auf die kurze Sentenz bringen: »Ingolstadt aber ist keine Lebens-
aufgabe.«[130]

Anfang Dezember 1926 erhält Marieluise Fleißer wie zahlreiche andere Schriftstellerkollegen von Bernard Guillemin die Aufforderung zur Teilnahme an einer literarischen Umfrage. Es ist die zweite Einladung an Marieluise Fleißer (von mindestens 16) zur Teilnahme an einer der in der Zeitungskultur der Weimarer Republik so beliebten Umfragen. Marieluise Fleißer wird zu einer immer wieder um ihre Meinung gefragten Instanz. Es handelt sich um *das* Thema der Zeit, den konfliktreichen Generationenwechsel, genauer die junge Generation. Die Älteren beherrschen die Literaturszene, die Jungen sehen sich übergangen, nicht ernst genommen. Anthologien mit Arbeiten junger Autoren, Sendereihen im Rundfunk versuchen deshalb, der jungen Generation ein Forum zu geben. Kaum eine Kulturzeitschrift, die nicht mit einem Sonderheft, kaum eine Zeitung, die nicht mit einer Beilage sich des Themas annimmt. Die Kriegskinder sind erwachsen geworden, die Generationen haben die allergrößten Schwierigkeiten – mehr noch als zu anderen Zeiten –, sich gegenseitig gerecht zu werden. Zu vieles an Werten ist zwischen den Generationen kaputtgegangen.

Nicht in Fleißers Nachlaß, wohl aber in dem Robert Musils (der sich allerdings dann an der Rundfrage nicht beteiligt hat) ist der Anfragebrief erhalten:

»Magdeburg, 9. 12. 1926
Sehr geehrter Herr Musil,

die Unsicherheit, die als Folgeerscheinung der Kriegs- und Nachkriegszeit in geistigen Dingen immer noch in Deutschland herrscht, veranlaßt uns, an eine geringe Anzahl geistig maßgeblicher Persönlichkeiten die folgende Rundfrage zu richten:

Rundfrage zum Thema: »Die junge Generation – ihre geistigen Aufgaben«.

Welche Eindrücke haben Sie bisher von dem geistigen Schaffen der jungen Leute zwischen 20 und 30 empfangen?

Welches sind, Ihrer Erfahrung und Erkenntnis nach, die charakteristischen Mängel und Tugenden dieser Generation?

Welche besonderen geistigen Aufgaben hat, dem Vorangehenden zufolge, die Generation zu lösen?

Die auf unsere Rundfrage eingehenden Antworten werden wir in unserer Weihnachts- oder Neujahrsnummer veröffentlichen. Die Antworten werden von uns als regelrechte Beiträge behandelt und als solche honoriert.

Da das Ergebnis unserer Rundfrage auf zwei unserer verhältnismäßig kleinen Seiten untergebracht werden muß, möchten wir nur die ganz ergebene Bitte nach größtmöglicher Kürze in der Fassung Ihrer geschätzten Antwort aussprechen.

Mit dem Ausdruck größter Hochachtung   Guillemin«[131]

Zu Neujahr 1927 erscheint die Beilage. Es sind vier randvolle Seiten geworden, 35 Beiträge von »Prominenten der Dichterakademie«, zahlreichen Kritikern und Literaturvermittlern, auch vom Sekretär der französischen Sektion des PEN-Clubs, Benjamin Crémieux, von einigen heute nicht mehr bekannten Redaktionskollegen und einer Menge Autoren – kaum einer unter 30, nur W. E. Süskind und Marieluise Fleißer (beide Jahrgang 1901) und, der jüngste, Klaus Mann (1906), der freilich schon mit drei Prosabänden und einem Stück vor die literarische Öffentlichkeit getreten ist. Wir finden die Meinungen von Julius Bab, Alfred Kerr und Herbert Ihering, von Hermann Bahr, Heinrich Mann und Paul Ernst, von Alfons Paquet, Oskar Loerke, Rudolf Kayser, von Gottfried Bermann-Fischer und Fritz Strich, Wilhelm Hausenstein, Leo Matthias, Alfred Neumann. Nur bei wenigen hören wir Verständnis heraus für die junge Generation und die Katastrophen, in denen sie wachsen mußte, dagegen viel anmaßende Überheblichkeit der Älteren. Das vernichtendste Urteil erlaubt sich Franz Blei, so schroff, daß sich die Redaktion ausdrücklich davon distanziert: »Nichts von dem, was bei uns heute zwischen 20 und 30 schreibt, hat irgend ein Gesicht. Es hat Schminke nach der Mode des Tages. Darum begibt es sich ja auch aufs Theater, den für alle Angelegenheiten der Literatur gleichgültigsten Ort.« Der 60jährige Paul Ernst weiß ganz genau, was zu tun wäre: »Die junge Generation der Dichter hätte m. E. zunächst die gänzlich undichterische Aufgabe, sich die völlige Falschheit des ganzen heutigen Lebensgefühls klar zu machen, dessen Ursachen zu verstehen und sich für sich selber ein neues, richtiges Lebensgefühl zu schaffen.« Hans Henny Jahnn schlägt zurück, macht die Älteren verantwortlich für die katastrophale Lage der jungen Künstler und Intellektuellen: »Die Schaffenden sind zu zweitklassigen Menschen geworden. Man hält sie kaum noch für lebensberechtigt. So treiben sie allmählich in radikale Lager. Sie haben als Ausgestoßene nur eine erkennbare Aufgabe: sich vorm Hungertode zu schützen.« Dazwischen gibt es viel Feuilleton-Geschwätz, Feiertagsreden, Bildungsphrasen.

Die Frage nach der jungen Generation und ihrer geistigen Aufgabe in der Zukunft versteht sich offensichtlich als Männersache. Die 25jährige Marieluise Fleißer ist die einzige Frau in dieser illustren Runde. Und – als bediene sie das Muster geschlechtsspezifischer Schreibweisen aus dem Lehrbuch für weibliches Schreiben – ihr Beitrag fällt gänzlich aus dem Rahmen. Er ist nach Stil und Aussage am unkonventionellsten, ganz persönlich – und deshalb glaubwürdig. Zwar überschreibt die Redaktion ihren Beitrag »An einen Jungen«, aber die Autorin meint sich, wenn sie Du sagt:

»Du glaubtest von zu vielem, daß es schön ist, sehntest dich nach der gesicherten Form der Arrivierten. Du warst jung und unruhig, dies war dein einziges Gesicht. Inzwischen kannst du mit bourgeoisem Gleichgewicht nichts mehr anfangen. Du glaubst einfach nicht, daß man auf diese Weise was können muß, dazu ist es dir zu dreckig gegangen. Du bist unwissend wie Adam, ein Anfang.

Fünfzehn Jahre geistiger Entwicklung sind der Welt abhanden gekommen. Die Fünfunddreißigjährigen existieren nicht, sind gefallen, vor sie dazu kamen, zu zeigen, was in ihnen war.

Du hast die Aufgabe, einmal klar aus dir herauszustellen, was eigentlich noch da ist. Hunger, Gefahr sind dein Tägliches, wenig

Zeit für dich, der verbissene Wille zum Durchhalten auch in den Kleinheiten des Elends, letzte Kühnheit zu deiner absonderlichen Existenz eines geistig Produktiven, eine schmerzliche Schärfe gegen deinen Mitmenschen, da du ihn als deinen natürlichen Feind erkennen mußtest. Du findest bereits eine Richtigkeit darin, daß man dir weh tut und daß du wieder weh tust. Dein stolzes Abenteuer ist es, wenn du flink genug warst, darin einem anderen zuvorzukommen. Du lernst dich ausdrücklich an zu Grausamkeiten, dies ist dein Fluch. Aber du trägst ihn herrlich wie ein trainierter Körper seinen Sport. Denn natürliche Jugend ist in dir, jene eigentümliche schwingende Kraft des Abenteurers, daß er seine Lust dem Tag aus den Zähnen reißt und morgen wieder weiter muß.«[132]

Marieluise Fleißer scheut sich nicht, an die eigene Schmerzgrenze zu gehen. Ihr Ton läßt nichts erkennen vom kollektiven Jammern der Generation *Neunzehnhunderttraurig*.[133] Ohne Klage oder Anklage nennt sie im ersten Teil die Enttäuschungen, die Verluste ihrer Altersgenossen, dann – programmatisch – »die Aufgabe, einmal herauszustellen, was noch da ist«, nachdem ihnen keine Vorbilder geblieben sind, nicht mehr und nicht weniger, bescheiden und riesengroß zugleich. Der zweite große Absatz ist die schonungslose Beschreibung der Existenzbedingungen, unter denen Kunst – aber so ein hochtrabendes Wort benützt sie gar nicht –, also geistige Produktion im Konkurrenzkampf des Marktes sich durchboxen muß. Der Markt ist ein Kampfplatz, die vorherrschenden Vokabeln stammen allesamt aus dem semantischen Umfeld von Aggression und Kampf: durchhalten, schmerzliche Schärfe, Feind, weh tun, anderen zuvorkommen, Grausamkeiten, aus den Zähnen reißen. Also eher doch nicht das vielleicht erwartete weiblich sanfte Klagelied.

So selbstbewußt und mutig bricht Marieluise Fleißer auf ins Abenteuer Berlin.

IV. In Berlin – »in einem erregenden Lebenskreis«[134]

Marieluise Fleißer hatte sie immer wieder angekündigt (und später immer wieder vordatiert): diese Übersiedlung. Sie hat konzentriert gearbeitet, zuletzt wieder in München, sie hat etwas vorzuweisen, das Stück ist fertig, die alten Freunde fragen nach ihr, was hält sie noch im geistig verödeten München oder gar in Ingolstadt?

Am 5. Januar 1927 meldet sie sich in Wilmersdorf, Pariserstraße 63, polizeilich an. Was verspricht sie sich? Was erwartet sie? Wen kennt sie in Berlin überhaupt, zu wem hat sie persönlichen Kontakt? Auf jeden Fall Brecht, Helene Weigel und Elisabeth Hauptmann, Feuchtwanger, Ihering und den *Berliner Börsen-Courier*. Ist die Übersiedlung der tatsächliche, räumliche Schritt ins Exil, das Guillemin ihr empfohlen hatte, in die ferne kalte Großstadt, die sie im Frühjahr 1926 so betäubt hatte, ist sie die Verwirklichung vom Traum des Dazugehörens zum Dunstkreis Brechts, dem sie zuletzt im vergangenen Sommer nahegekommen war? Am Ende werden es gerade einmal fünf Monate sein, eine Zeit voller Begegnungen, ganz neuer Anregungen, neuer Sujets, neuer Schreibweisen, aber auch offensichtlich voller Enttäuschungen.

Brecht findet sie fest in seinen Clan eingebunden vor: Er ist noch immer regulär mit Marianne Zoff verheiratet. Helene Weigel hatte Brecht schon im Frühjahr 1925 ihre Mansarde in der Spichernstraße 16 als Dichterwerkstatt überlassen, kaum ein paar Gehminuten von Fleißers Untermieterzimmer entfernt. Und gelegentlich taucht die Fleißerin dort auf, so notiert jedenfalls Elisabeth Hauptmann. Das Brechtsche Familienleben mit dem Sohn Stefan und gelegentlichen Vaterbesuchen BBs – regelmäßig zu Weigels vorzüglichem Mittagstisch – finden in der Dachwohnung in der Babelsbergerstraße statt, die Marieluise Fleißer so beeindruckt hatte und die wir nur durch ihre spätere Beschreibung so deutlich vor Augen haben. Elisabeth Hauptmann, seit Anfang 1925 die unentbehrliche Mitarbeiterin, betreut und überwacht Brechts Arbeitsalltag; zum Mitarbeiterstab gehört bald die aparte Schauspielerin Carola Neher, demnächst als Polly der Star der *Dreigroschenoper*, die Nebengeliebte, dazu die nicht weniger wichtigen Männer, der Soziologe und Marxismus-Theoretiker Fritz Sternberg zum Beispiel oder der Dramaturg und Regisseur Emil Hesse-Burri. Nach dessen Adresse hatte sich Fleißer schon im Herbst 1926 bei Brecht erkundigt.

Das Eindringen in diesen Kreis fällt der schüchternen, etwas schwerfälligen, als außerordentlich passiv beschriebenen Ingolstädterin offensichtlich nicht leicht. Was sich in diesen wenigen Monaten in Marieluise Fleißers Leben zugetragen hat, wissen wir nicht. Es gibt nur sehr wenige Briefe aus dieser Zeit. Aber es ist anzunehmen, daß es einschneidende und wohl sehr ambivalente emotionale Erfahrungen waren und eben auch Enttäuschungen. Anfang Juni jedenfalls verschwindet Marieluise Fleißer auch schon wieder, sehr plötzlich und offensichtlich überraschend und aus bislang unerfindlichen Gründen, aus Berlin ins ferne Ostseebad Kolberg, bleibt dort bis Anfang November, kehrt nach Ingolstadt zurück und wird bis zur Aufführung der *Pioniere* am Schiffbauerdammtheater Ende März 1929 nicht mehr nach Berlin zurückkommen.

Brecht verteilt Rundumschläge an die gesamte Theaterszene, an traditionelle Meisterinszenierungen wie an neue Versuche. Er brüskiert Koryphäen wie Leopold Jessner oder Fritz Kortner gleichermaßen. »Vom heutigen Theater ist nichts mehr zu retten«, schreibt er dem leidenschaftlichen Streiter für das Theater, Herbert Ihering,[135] und provoziert in Rundfunkgesprächen und Feuilletons alles, was Rang, Namen und wohl auch Sachverstand hat. Vor Moriz Seelers engagiertem Experimentiertheater – Fleißers erster Anlaufstelle – warnt er nachgerade, »da die ›Junge Bühne‹ wirklich das gefährlichste und korrumpierteste Unternehmen der Berliner Theaterbourgeoisie ist«.[136] Keinen der zeitgenössischen Stückeschreiber läßt er gelten. Natürlich mit einer Ausnahme. Wie soll die Ingolstädterin sich da auskennen?

Die baut nicht mehr nur auf den *Berliner Börsen-Courier*, der hat schon lange nichts mehr von ihr gebracht (außer im Dezember 1926 einen Nachdruck der Erzählung *Das kleine Leben*, die zuerst im Sommer 1926 in der *Magdeburgischen Zeitung* erschienen war). Gleich nach ihrer Ankunft in Berlin nimmt sie Kontakt zu Alfred Kerr auf, wohl wissend, daß sie sich damit ins brechtfeindliche Lager begibt. Nach wie vor fliegen die schärfsten Pfeile zwischen Brecht und Kerr hin und her und treffen nicht selten unter die Gürtellinie. Der Kriegsschauplatz kümmert sie nicht. Sie möchte ihre Erzählung *Abenteuer aus dem Englischen Garten*, die sie schon 1925 geschrieben hat, endlich gedruckt sehen, schickt sie im Januar 1927 an Alfred Kerr für das *Berliner Tageblatt* und erhält wohlwollende Antwort in aparter Kerrscher Diktion: Er habe die Geschichte »mit grossem Ergötzen verschluckt. Ich liebe diese Sprache sehr.«[137] So können die Berliner und ganz Deutschland zu Ostern 1927 im *Berliner Tageblatt* über eineinhalb Seiten die sonderbare Geschichte vom Maurer Emil und seinem Fräulein lesen und sich wundern über eine Sprache, die nicht ihresgleichen hat, weder der Hochsprache noch dem Dialekt gehorcht: eine kalte Explosion zwischen Mann und Frau, die Spannung gebündelt in der verklemmten Sprache des Maurers, dem die gewöhnlichen Wörter nicht taugen für das, was er da erlebt mit dem fremden Fräulein. Das ist keines dieser bedauernswerten Fleißerschen Mädchen, denen sexuelles Begehren mit männlicher Gewalt heimgezahlt wird. Hier führt das Fräulein Regie, sie weiß, was sie will, und sie kriegt es auch. Mit ihrem Begehren verbinden freilich beide unterschiedliche und damit falsche Erwartungen. Die Umwege, die das Fräulein bei diesem Emil einschlagen muß – das sind auch die verwirrenden Umwege im Englischen Garten –, lassen sie die Lust am Spiel verlieren. Und auch Emil sieht sich getäuscht in diesem Fräulein. Emil sucht ein nettes Mädchen, das ihn vielleicht später von der Bushaltestelle abholt, mit der er vor seinen Kollegen renommieren kann, nicht das Luder. Deshalb gibt es für beide keine sprachliche Verständigung, immer nur Mißverstehen. Über den Abgrund zwischen dem Rausch, der über ihn kommt, und seiner Verklemmtheit spannt die Autorin dem Ich-Erzähler ein Seil, Wörter und Sätze, an denen er sich festhalten kann, die den überwältigenden Erlebnissen seinen – verstörten – Ausdruck geben. In der ehrgeizigen Unbeholfenheit der hochgeschraubten Sprechweise Emils klingt nicht nur die unfreiwillige Komik des bürgerlichen Pathos-Tons an, vielmehr ist es die Kluft zwischen diesen beiden Menschen, die der Ironie und nur ihr Raum schafft.

Bald nach Fleißers Ankunft in Berlin löst Brecht einen heftigen Literaturskandal aus und stößt die etablierten Dichter Deutschlands und ihren Nachwuchs lustvoll vor den Kopf. Am 24. September 1926 hatte *Die Literarische Welt* auf ihrer Titelseite »Ein Geschenk an die Jugend« angekündigt, ein Preisausschreiben in acht literarischen und künstlerischen Sparten. Unter »3. Eine Chance für junge Lyriker« erfährt der hoffnungsvolle Jungpoet: »BERT BRECHT wird über die Verfasser der drei besten lyrischen Gedichte einen Artikel in der ›*Literarischen Welt*‹ *schreiben* und sie an einen Verleger *empfehlen.* [...] Die Redaktion der ›Li-We‹ wird die Kritik und die Gedichte an hervorragender Stelle des Blattes veröffentlichen.«[138]

Für Provokationen ist Brecht immer zu haben. Die Ehrungen in den anderen Sparten sind dem Vergessen anheimgefallen, sein Urteilsspruch über die junge Lyrik ist in die Literaturgeschichte eingegangen. In seinem *Bericht über 400 (vierhundert) junge Lyriker*[139] erklärt er sämtliche eingesandten Gedichte für unerheblich, überflüssig, ja für die Sache der Kunst nachgerade als schädlich und erkennt den Preis einem gar nicht eingesandten Gedicht, genauer einem soeben in der Radsportzeitung *Die Arena* abgedruckten Song zu: *He He! The Iron Man!* Kein Wunder, daß danach in den Feuilletons die Fetzen fliegen. Das preisgekrönte Gedicht stammt von Hannes Küpper (geboren 1897 in Düsseldorf), einem umtriebigen Schauspieler und Schriftsteller, später Dramaturg, Herausgeber und Regisseur. (In Wahrheit ist es kein Zufallsfund, Brecht und Küpper kennen sich längst, und vermutlich kannte Brecht den Song von Küpper selbst, er erbittet ihn sich am 11. Januar 1927 handschriftlich und eilig und kündigt schon die Veröffentlichung in der *Literarischen Welt* an.) Seit 1923 lebt Hannes Küpper als freier Schriftsteller, auch mal gelegentlich als Radrennfahrer, in Berlin, schreibt Prosatexte und Gedichte, die nach Form und Inhalt dem ›schönen Gedicht‹ spotten, die auf Tempo und Sachlichkeit, auf Körper, Sport und Maschine, auf das Evangelium des technischen Zeitalters setzen. Noch gehört Hannes Küpper zu Brechts Arbeitsteam in der Spichernstraße. Und soeben ist er zum Dramaturgen an die Städtischen Bühnen nach Essen berufen worden, will aber weiterhin zwischen Essen und Berlin pendeln.

Zwischen Hannes Küpper und Marieluise Fleißer muß es rasch zu einer sehr vertrauten Beziehung gekommen sein. Er

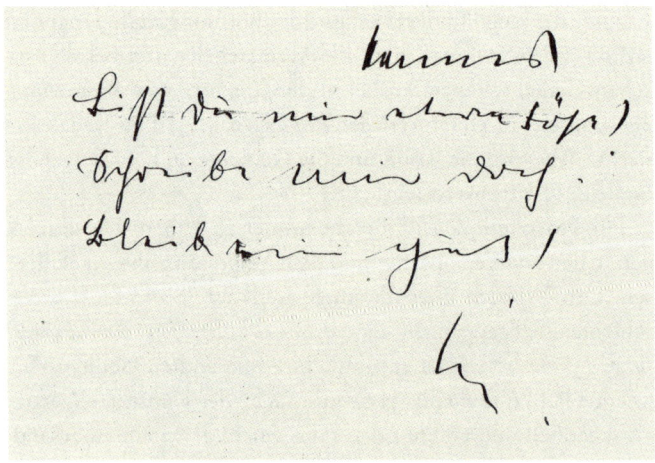

Brief von Hannes Küpper an Marieluise Fleißer
vom 20. März 1929 mit handschriftlichem Zusatz: »Bist du mir etwa böse?
Schreibe mir doch. Bleib mir gut! Hannes«

nimmt das neue Stück gleich mit nach Essen und will schon in der nächsten Spielzeit mit dem Schauspieldirektor Martin Kerb die *Pioniere in Ingolstadt* auf die Essener Bühne bringen, nachdem die an den Münchner Kammerspielen schon vertraglich vereinbarte Aufführung nicht zustande gekommen ist. Für wenige Wochen ist der Ton zwischen beiden herzlich-intim: »Mein Liebstes«, schreibt er ihr am 14. Juni 1927 nach Kolberg und erzählt von seinem Regisseur, »Kerb ist ehrlich begeistert, er sagte mir das Stück müsse eine Spitzenleistung von ihm werden. [. . .] Ich selbst versinke z. Zt. in Arbeit, dabei vergesse ich Dich *nicht* –. Ich freue mich kindisch auf ein Wiedersehen – [. . .]. Ich fliege morgen nach Essen auf ungefähr 8 Tage, im Anschluß daran hoffe ich auf ein paar Tage nach Kolberg zu Dir mein Mutz! zu kommen. Behalt mich lieb so wie ich Dich – Mach um Himmelswillen nichts was mich traurig machen könnte – Laß Dich küssen von Deinem Hannes«.[140] Vier Tage später muß er ihre Skepsis zerstreuen: »Die Erfahrungen mit den Münchner Kammerspielen sind auf die hiesigen Verhältnisse nicht anzuwenden. Bei Dr. Kerb handelt es sich nicht um eine momentane Begeisterung sondern um eine reichlich erwogene künstlerische Begeisterung.«[141] Ob Küpper seine wiederholte Ankündigung wahrgemacht und Marieluise Fleißer in Kolberg besucht hat, ist unbekannt.

Zu den ersten Aktivitäten seiner Essener Tätigkeit gehört die Gründung der Theater- und Literaturzeitschrift *Der Scheinwerfer*, in der Küpper die literarische Provinz gegenüber der Hauptstadt Berlin aufwerten und den aktuellen Theaterthemen und der Literatur des Zeitgeistes um Sport, Autorennen, Boxen ein Forum bieten möchte. Auch Marieluise Fleißer bietet er den *Scheinwerfer* als Publikationsort an.

Marieluise Fleißers Ingolstädter Erzählquelle scheint versiegt. Mit der bayerischen Provinz hat sie auch das Themengeflecht Bigotterie, Sexualität und Gewalt verlassen. Die Atmosphäre Berlins ist elektrisiert von völlig anderen Sensationen: Kino, Sport, Theater, Jazz, avantgardistischen Kunstdebatten. Sie erfordern ein anderes Genre, und Marieluise Fleißer besetzt es sofort mit ihrem ganz eigenen Ton. »Ich wußte nicht, wie gewandt und interessant Sie auch kritische Aufsätze zu schreiben vermögen«, staunt Bernard Guillemin über den ihm eingesandten Kleist-Aufsatz.[142] Es ist der umfangreichste von vier zentralen Essays Fleißers aus diesem Jahr 1927, die wichtige, auch zeitgeistige Auseinandersetzungen und poetologische Orientierungen verraten: *Das dramatische Empfinden bei den Frauen, Der Heinrich von Kleist der Novellen, Buster Keaton* und *Bruder des Blitzes*.

Der erste, ein kleiner Beitrag für die *Magdeburgische Zeitung* vom 15. Mai 1927, galt der ihr direkt gestellten Frage nach dem *dramatischen Empfinden bei den Frauen*. Marieluise Fleißers Antwort überrascht nicht: Sie bekennt sich zur ernsthaften Arbeit am Stückeschreiben, im Gegensatz zu jener Mehrheit von Frauen, denen gelegentlich einmal ein Stück gelinge, die dann aber wieder zu epischem Schreiben zurückkehrten. Das klingt fast wie ein Hinweis auf das nächste Stück, und fünf Tage zuvor ist ja im *Berliner Tageblatt* schon eine kleine Szene aus den *Pionieren in Ingolstadt* unter der Überschrift *Soldatenrendezvous* erschienen. An der Ernsthaftigkeit und der Anstrengung also fehle es nicht, wenn die Leistungen von Frauen in der dramatischen Produktion so auffällig schwach seien. Sie erklärt diese Schwäche mit der Analogie zur Entwicklungsgeschichte der Menschheit, die uns heute nach gut 30 Jahren Feminismus eher erheitert: »So wie im Leben der Völker das Drama erst bei hochentwickelter Kultur aufzutreten pflegt, ist es als typische Leistung bei der Frau einfach noch nicht vorhanden.« Die Frau habe »zum sogenannten wohlabgewogenen Bau [...] kein inneres Verhältnis.«[143] Wo hat sie diesen Vorwurf her? Wir erinnern uns an das erste Lektüreurteil ihres ehemaligen Kommilitonen Georg Kruse, wir haben die Kritiken der Aufführung von *Fegefeuer in Ingolstadt* noch im Ohr, zum Beispiel die Arthur Eloessers: »Es gibt ein Naturgesetz, daß Frauen keine Stücke schreiben können. Der liebe Gott hat es durch einen Zusatz ge-

Marieluise Fleißer, 1927

mildert, daß sie das erste und eine Mal auf der Bühne interessieren dürfen. Wird Marie Luise Fleißer das Gesetz aufheben?«[144] Ihr Beitrag klingt wie eine Antwort auf seinen Einwand. Einerseits hat sie Eloessers Urteil über das »Naturgesetz« gründlich verinnerlicht, andererseits gedenkt sie zu beweisen, daß sie dieses Gesetz aufheben wird, gerade wenn sie die Einmalerfolge gegen die fortgesetzte und ernsthafte Arbeit an der Gattung ausspielt: »Die nächste Leistung, die wir bringen müssen, ist – das Stück.« Die Neugier der Zeitungsleser wie der Theaterfreunde auf ihr nächstes Stück ist geweckt, befriedigt wird sie noch lange nicht.

Am 18. Oktober 1927 feiert Deutschland die 150. Wiederkehr von Heinrich von Kleists Geburtstag, ein passender Anlaß für Marieluise Fleißer, sich mit einem Essay im zweiten Heft des *Scheinwerfer* als Autorin vorzustellen. (An des Dichters Geburtstag erscheint er auch in der *Magdeburgischen Zeitung*.) Denn wie sie sich in ihrem Aufsatz *Der Heinrich von Kleist der Novellen* dem Dichter annähert, auf welch ganz unerwartete, ungewöhnliche Charakteristika sie den Blick lenkt, das verrät mindestens ebensoviel über sie selbst wie über den Preußen-Dichter. Kleist ist überhaupt der einzige ältere Schriftsteller, auf den sie sich als Vorbild je bezogen hat. Und obgleich dieser Bezug erst später, erst im Alter formuliert wird, ist es angebracht, hier auf ihn einzugehen.

An Kleists Erzählung *Die Marquise von O . . . .* und deren – verbotener – Lektüre entzündet sich für Marieluise Fleißer das intellektuelle wie das sexuelle Erwachen des jungen Mädchens. Zum ersten Mal taucht dieses Motiv in ihrem Roman *Mehlreisende Frieda Geier* von 1931 auf. Dort eifert Friedas kleine Schwester Linchen wie ihre Mitschülerinnen im Klosterinternat um den ersten Platz in Frömmigkeitsbezeugung, ausschweifendem Freundschaftskult und pubertärer Aufsässigkeit. »Ein Zögling wird verwarnt, weil sie sich im Garten in den Schnee gelegt hat, um eine Zigarette zu rauchen. Linchen Geier muß

Schwester Matutina um Verzeihung bitten, weil sie sich abends im dunklen Klassenzimmer aufgehalten hat.« Und – unverzeihlich: »Ein Zögling wird als übles Element aus dem Internat entfernt, weil sie Linchen auf dem Spaziergang wörtlich die Kleistsche Novelle *Die Marquise von O....* erzählte. Schwester Matutina hat nicht durchgesetzt, daß Linchen für das bloße Anhören bereits vom Schicksal der Verdorbenen ereilt wird.«[145] Im Alter, in den biographischen *Notizen* und in der letzten autobiographischen Auskunft *Das erste Stück* wiederholt Fleißer diese Anekdote nahezu wörtlich als selbsterlebte Geschichte. Ob sie sich so tatsächlich ereignet hat, ist nicht dokumentiert. Die Relegation einer Schülerin in Regensburg nur auf Grund eines solchen Deliktes findet sich in den Akten nicht.[146] Als eine der ganz wenigen erzählten Erlebnisse der Kindheit bildet die Anekdote ein Schlüsselereignis für die Freisetzung der dichterischen Phantasie. Das Anstößige an dieser Kleistlektüre bleibt bei Marieluise Fleißer ebenso eine Leerstelle, wie die Vergewaltigungsszene in der *Marquise von O....* im inhaltsreichsten Gedankenstrich der deutschen Literatur verschwiegen und zugleich offenbart wird. Was fasziniert die zur jungen Frau und zur Schriftstellerin erwachende Marieluise Fleißer so sehr an dieser Szene? Ist es die Darstellung von Sexualität und Gewalt in einer zugleich hochliterarischen und doch verbotenen Form, oder ist es das Vorbild der außerordentlichen moralischen Größe der Marquise, »die Entdeckung ihrer selbst«, zu der sie sich gegen das Urteil der Welt aus sich heraus hinaufschwingt, so wie Fleißer es in ihrem Kleist-Essay zitiert? Aber was wäre daran anstößig?

Auch im Essay von 1927 ist *Der Heinrich von Kleist der Novellen* eigentlich der Heinrich von Kleist der *Marquise von O....* Wie nähert sich die Schriftstellerin dem Bruder in literis? »Ich versetze mich in seine lebendige Gestalt; in meinem Ahnungsvermögen gehe ich seinen Muskelgefühlen nach und dem ganzen gelassenen Verhalten seines Leibes, wenn er so hinlebt. Aus der Art seiner Empfindlichkeit stelle ich mir typische Reaktionen auf Reize vor, wie sein Lächeln aufhellend aus seinem Gesicht vorkam, wie er die Schulter hielt, wenn ihm einer daraufblickte.« Welch ungewöhnliche Annäherung an den Schreibenden! Nicht intellektuell über sein Schreiben, über den Text, nein, sie spürt in ihrer Phantasie Körper, Haltung, Mimik, »herzklopfenden Atemzügen« physisch nach und erfährt gerade so am fühlbarsten den fundamentalen Unterschied zum Lebensgefühl des »heute schreibenden Mädchen« [sic!]. Zwar sieht sie Parallelen in seiner Außenseiterexistenz im Kampf mit literarischen Cliquen, »die das Publikum fest in der Hand haben und den ihnen unberufen scheinenden Namen nicht hereinlassen«. Was ihn grundsätzlich unterscheidet vom »heutigen Menschentyp« – sie spricht schon vom »Masse-Menschen« –, das ist die Energie, mit der er sich an seelischen Widerständen abarbeitet, die er aus sich selbst schöpft.

In einem Kleists Sprachduktus adaptierenden, immer ausgesetztere Höhen erkletternden Satzgebilde baut sie die Opposition auf zwischen dem heutigen »Menschentyp« und dem ganz nur seinem eigenen Wesen sich versichernden Kleist:

»Während nämlich heute im Zwang der Verhältnisse die gebildete, noch von Kind an mit Voraussetzungen versehene Schicht, verproletarisiert, das Niveau senkt, sich an Widerständen zu ziemlichen Normalmenschen ausreibt, die ihren besonderen Voraussetzungen nie recht geben dürfen, zu den prinzipiell Befreiten von erschwerenden menschlichen Regungen, während die meisten Menschen in einem langen Leidenweg dahin gebracht sind, daß sie auf ihre Erlebnisse nur mehr mit wenigen typischen, weil ausgesonderten und als zweckmäßig befundenen Reaktionen antworten, während sie so durch einen unausgesetzt wirkenden Terror in ihrem Fundus ganz und gar vergewaltigt sind zu Arbeitssklaven und bloßem Menschenmaterial, während ein neuer Typ des Masse-Menschen entsteht und in Feindschaft gegen jedermann erstarrt, während die Herzen sich systematisch verhärten, antwortet Heinrich von Kleist auf alle Widrigkeiten nach wie vor mit einer märtyrergleichen Dichtigkeit seines Wesens.«[147] Was nicht nur auf Kleists Wesen zuzutreffen scheint, sondern auch für die Figuren seiner Erzählungen gilt, »die Entdeckung ihrer selbst an Widerständen«, belegt ihr aufs beste das Bild der Marquise in Kleists Worten: »›Durch diese schöne Anstrengung mit sich selbst bekannt gemacht, hob sie sich plötzlich, wie an ihrer eigenen Hand, aus der ganzen Tiefe, in welche das Schicksal sie herabgestürzt hatte, empor.‹«

In der Kleistschen Schreibweise sieht sie eine Sachlichkeit am Werk, die ihrem Schreiben verwandt ist: »Bei aller sachlichen Berichtsform, und obwohl er historische Stoffe auswählt, geht ihm die Neutralität des Berichterstatters gänzlich ab. Er läßt seine Gestalten nicht, er segnet sie denn mit seinen Sinneswahrnehmungen, seinem Lebensgefühl. Auffallend ist die unausgesprochene Erotik, die ihn veranlaßt, fast stets Frauen zu seinen Helden zu machen, als ob er aus dem Chaos seine Artgenossen heraufbeschwören müßte, da sie durch ein unbegreifliches Versehen der Natur einstweilen noch nicht da sind.« Man hat in dieser Kleist-Charakteristik von der Position einer strengen Neusachlichkeit aus eine scharfe Kritik Fleißers an Kleist herausgelesen.[148] Ich sehe darin viel eher ein Abrücken von einer kalten, »interesselosen« Sachlichkeit. Mit diesem Kleist beschreibt Fleißer ein Vorbild der dichterischen Produktionsweise, die so gänzlich anders aussieht als etwa die Brechts, wie er sie im Interview mit Bernard Guillemin vorgestellt hat. Da wird alles, was das Herz berührt, verpönt.

Es erstaunt, daß Fleißer auf den Dramatiker Kleist nirgends eingeht. Wie bedrängend verwandt müßten ihr doch der Penthesilea-Stoff und Kleists Version des Trauerspiels sein. Ist es doch ihr Thema, die Verschränktheit von Eros und Tanathos, von Sexualität und Gewalt: »Küsse, Bisse, / Das reimt sich, und wer recht von Herzen liebt, / Kann schon das eine für das andre greifen.«[149] In ihrem späten Kommentar zur Neufassung von *Fegefeuer in Ingolstadt* 1970 deutet sie die Messerszene des 6. Bildes mit den wechselseitigen Mordabsichten Olgas und Roelles ganz im Sinne der Penthesilea/Achilles-Tragödie, die sich freilich nur im Mythos, nicht in der Wirklichkeit des 20. Jahrhunderts so ereignet: »Die Tötung ist nämlich der einzige Liebesakt, den es für Roelle und Olga gibt.«[150] Und Penthesileas ungeheuerliche Selbsttötung treibt ja die an der Marquise so bewunderte eigene Kraft, die an den Widerständen des fremden Gesetzes wächst, auf die Spitze:

> »Denn jetzt steig ich in meinen Busen nieder,
> Gleich einem Schacht, und grabe, kalt wie Erz,
> Mir ein vernichtendes Gefühl hervor.
> [...]
> Und schärf und spitz es mir zu einem Dolch;
> Und diesem Dolch jetzt reich ich meine Brust:
> So! So! So! So! Und wieder! – Nun ists gut.«[151]

Auch das ist 1927: Die große Kinodebatte des Expressionismus liegt Jahre zurück, die Fronten haben sich beruhigt, die Kulturpessimisten haben resigniert, die heißen Debatten um die Kulturzerstörung durch den Tonfilm, durch den Ton im Film stehen noch bevor, die Kinokassen klingeln.

Berlin ist erhitzt vom Buster-Keaton-Fieber. Von Dezember 1926 bis Oktober 1927 sind im Capitol und im Gloria-Palast vier deutsche Uraufführungen von Stummfilmen von und mit Buster Keaton zu sehen, außerdem mindestens zwei Wiederaufnahmen. Der berühmteste, *The Navigator* (dt. *Der Matrose*), und *Seven Chances* (dt. *Buster-Keaton, der Mann mit den tausend Bräuten*) sind den Buster Keaton-Fans noch in bester Erinnerung von den Uraufführungen vom Jahr zuvor. Die Berliner Literaten und Feuilletonisten, die Brecht-Clique, alle sind sie hingerissen von diesem stummen Mimen. In ihrem Tagebuch über ihre Arbeit bei und mit Bert Brecht notiert Elisabeth Hauptmann am 4. Januar 1926 nach dem Protokoll der Tagesarbeit: »Dann Kino: *Der Matrose* im Ufa Zoo. Mit Buster Keaton. [...] Herrlicher Film – nie langweilig. Kleine, durchschlagende Mimik. Als Taucher bei Schiffsreparatur wunderbar!«[152]

Am 14. September 1927 stellt Elisabeth Hauptmann das neue

Idol der Avantgarde im *Berliner Börsen-Courier* vor: *Der Mann, der nie lacht: Buster Keaton. Von ihm selbst. (Autorisierte Übersetzung von Elisabeth Hauptmann).* Mit den Brecht-Freunden ins Kino gehen, das gehörte für Marieluise Fleißer wohl zu den erregenden Ereignissen der Berliner Monate. Sollte sie die Filme bis zu ihrer Abreise nach Kolberg nicht gesehen haben, beide Ingolstädter Lichtspielhäuser, das RoLi (Roseneck-Lichtspiele) und das Union-Theater zeigen im Herbst Filme mit Buster Keaton, im Ingolstädter »Donauboten« angekündigt als »Komiker des Schweigens«, als der »Mann mit dem traurigen Antlitz«.

Am 6. Dezember 1927 erscheint im *Berliner Börsen-Courier* Marieluise Fleißers Essay *Buster Keaton*, fünf Tage später steht er in der *Magdeburgischen Zeitung*; am 9. August 1930 schließlich veröffentlicht die Autorin den Text – wohl aus Anlaß von Keatons bevorstehendem Berlin-Besuch im September 1930 – geringfügig verändert und unter dem Titel *Ein Porträt Buster Keatons* in der Zeitung *Germania*.

Buster Keaton hat die Literaten, weit über das Interesse an der nuancenreichen und überzeichnenden Gestik des Stummfilms hinaus, fasziniert. Da erzählt einer ausschließlich mit den Mitteln der Körpersprache, mit einer Mimik der Bewegungslosigkeit, von den abgründigsten Abenteuern der menschlichen Seele, braucht keine Sätze, keine Bilder, keine Metaphern. Die brauchen erst wieder die Schriftsteller, um das Phänomen seines Spiels zu beschreiben – und haben allermeist schon gegen ihn verloren.

Hatte der Kleist-Aufsatz *Wichtiges* offenbart über den Schreibprozeß, über Positionen des Autors, der Autorin, auch die der Verfasserin, so eröffnet der Buster-Keaton-Aufsatz Einsichten in ihre Wahrnehmung der Welt, und vor allem zieht er Parallelen in den Ausdrucksweisen des Stummfilmdarstellers und der eigenen Schreibweise. Der Aufsatz enthält den Kern von Marieluise Fleißers Poetologie, und deshalb verdient er eine eingehende Lektüre.

Die junge, nicht eben weltläufige und sonderlich sicher auftretende Poetin aus Ingolstadt sitzt im Kino, sieht Buster Keaton – um ihn herum feindselige Leere, die Welt, in der er sich behaupten muß, verlegen, ungeschützt, auf der Suche nach einer »Gebrauchsanweisung für den Ernst des Lebens«.[153] Sie duzt ihn sofort. Sie erkennt in ihm den Bruder, seine Ausdrucksmittel, seine ›Sprache‹ sind auch die ihren; seine Rollen, die Antihelden der verpaßten Chancen, die Kämpfer gegen die Widrigkeiten, sie haben viel gemeinsam mit den unbedarften Mädchen und linkischen Männern ihrer dichterischen Phantasie.

Fleißers Porträt beginnt, als erzähle sie eine Geschichte, einen Filmstoff: »An einem Sonntag stellten sie ihn aufrecht in einen englischen Normalanzug hinein. Die Menschen wollten einen Gent sehen. Sie wählten ihn leicht, trocken und zäh wie einen gedörrten Fisch.« Der Held wird zum Objekt, gemacht von seinem Publikum. Dem Gegenstand Buster Keaton gelten einige Sätze der Filmkritikerin, scharfe Beobachtungen, sensible Wahrnehmungen seines gestischen Spiels, und unversehens lesen wir einen Buster-Keaton-Film, nein, nicht die Nacherzählung eines gedrehten Films, sondern die Umsetzung des Keatonschen Spiels in Sprache, in Wörter, in Sätze, in den Rhythmus von Retardierung und Voranpreschen, Innehalten. Was die Autorin den Lesenden über die Semantik der Wörter erzählt, teilt sie noch einmal über den Sprachkörper ihrer Sätze mit. »Irgendwo hat es geläutet, das war das Zeichen, alle sehen auf die Signalstange hin, weil sie sich sogleich bewegen muß. Aber es kommt nichts. Das ist Busters Stärke.« Ein vergleichsweise langer Satz schildert die berühmten langatmigen, Spannung erzeugenden Miniaturszenen seiner Filme, die im Leeren verpuffen, »es kommt nichts«. Gleich darauf – wir sehen die Kamera auf sein blicklos ausdrucksvolles Gesicht gerichtet – der Satz: »Die Blässe seines Gesichts blickt an dir vorbei, zart wie eine Hyazinthe.« Ein angestrengt artifizieller Satz, der die Logik der Wahrnehmung (»die Blässe blickt«) ebenso kunstvoll verfehlt wie Keatons Augen den Zuschauer, ein steiler, gesuchter Wie-Vergleich, einer der ganz wenigen in diesem Text. Solche Stilmerkmale bilden präzise die artistische Komik in der Mimik des Schauspielers nach. Kurt Pinthus möchte die Leser in seiner Kritik von Buster Keatons Film *Sherlock Jr.* auf dasselbe Phänomen aufmerksam machen und begibt sich ans Beschreiben: »[…] so verzichtet Keaton überhaupt gänzlich auf die Mitwirkung des Gesichts: immer und immer glotzen aus melancholisch unbeweglichem Antlitz zwei staunend blöde Augen.«[154] Pinthus' gutgemeinte Beschreibung ist ein Beispiel des literarischen Scheiterns vor diesem Gesicht: Nichts wird mit diesem Satz vermittelt vom Unterschied des Blicks oder Nichtblicks etwa einer satten Kuh und dem eines Künstlers vom Range Buster Keatons.

Fleißer bleibt noch bei diesem Phänomen der Blicklosigkeit, erweitert es auf die Beobachtung der Gestik, vertieft es interpretierend, verkörperlicht es in ihrer Sprache: »So lange er lebt, gibt er obacht, daß ihm keine Bewegung zuviel passiert. Lebenmüssen ist eine einzige Blamage. Die Wirkung, die von ihm ausgeht, ist einer sonderbaren Aufmerksamkeit der Verdrängung entsprungen. Seine Bewegungen schwingen nicht aus, er stoppt sie augenblicklich. Buster will es nicht gewesen sein. Er bringt den platten Tatbestand. Nerven sind privat. Buster blickt nicht. Er hat seine Augen entleert, Buster vermeidet. Denn Lebenmüssen ist eine Blamage.« Nicht nur die vergleichsweise konventionelle Entsprechung zwischen dem Abgehackten der Sätze und ihrem Sinngehalt demonstriert das Nichtausschwingen der Bewegungen des Schauspielers. Der elliptische Satz »Buster vermeidet« läßt ihn in der Bewegung stocken. Das fehlende Objekt hätte den Gegenstand oder den Menschen zu benennen, den Buster nicht ins Auge faßt. So viel Verlegenheit in zwei Wörtern! Schließlich läßt ihn die Auslassung in der Wiederholung des alle seine Bewegungen interpretierenden Statements »Denn Lebenmüssen ist eine [einzige] Blamage« förmlich in die Satzlücke fallen.

Mit der Sensibilität der ›Schwester‹ nimmt sie noch in der Nicht-Bewegung die Spannung wahr, unter der er steht: »Es wird ihm kalt im Magen, Buster befindet sich unter Feinden und soll es sich nicht anmerken lassen.« Sie läßt sich nicht täuschen vom Lachreiz, von der Komik einer »unangebrachten Sachlichkeit«, ihr ist es so ernst wie ihm: »Er stirbt jeden Moment ein klein bißchen, unauffällig. Denn alle Bewegungen liegen für ihn auf derselben harten Ebene, jede ist gleich schwer und muß erst erfunden werden. Es gibt nichts, was er bereits kann und alles nimmt er grabesernst.« Nichts hat er von der Naivität eines schusseligen Tölpels, »beim Gehen denkt er daran, daß er jedes Bein einzeln vorsetzen muß. Wenn er eine Bewegung zu machen hat, zieht er inwendig an einer Strippe. Dadurch werden seine Gebärden lächerlich eindeutig.« Marieluise Fleißer erkennt in Buster Keatons verlegen-blassem Jüngelchen den glühend Liebenden, in dem unbeholfen steifen Gent den »geölten Blitz«, die »fliegende Sehne«. Und sie erkennt die Verwandtschaft ihrer beider Kunst. Nicht von ungefähr charakterisiert sie sein gestisches Spiel ganz ähnlich wie Herbert Ihering ihre Erzählweise in seiner ersten Würdigung: »Marieluise Fleißer hat die entscheidende Begabung der dichterischen Erzählerin: die Mitteilung sofort als Ausdruck zu geben.«[155] Und Fleißer: »Denn Buster läßt sich nicht mehr zusehen, wenn er nachdenkt, Buster zeigt sogleich das Ergebnis, den überraschenden Einfall.« Ihr Essay läuft ab im Tempo eines Buster-Keaton-Films: Der ›Held‹ wird vorgeführt als Gegenstand, er ist passiv, steif, verlegen. Dann wird es ihm und der Autorin ernst, sie setzt mit ihm zum Sprung an, er muß den Lebenskampf bestehen: »Ein hellspürendes Geschöpf der modernen Wildnis, das überwache Tier der tönenden Asphaltwüste schnellt über die Leinwand.« Archaische Kampfbilder (»fliegende Sehne«, »dunkle Schärfe von Pfeilspitzen«, »die Kinnladen eines jungen Hais«) beschreiben die Raubtieragilität. In einem rasanten Satztempo bläst ihm »der fegende Atem der Weltstädte« entgegen, bis er »wieder Buster sein [wird], schmächtig und mit einem platten Hütlein bedacht [...] in einer Art Tal wie der Gent in der Idylle«.

»Das Geheimnis Keatons, keiner kann sich wirklich Rechenschaft ablegen, worin es besteht.«[156] Das gilt ebenso für die Marieluise Fleißer der frühen Erzählungen, für eine Sprache, die immer wieder beschrieben worden ist, paraphrasiert, umkreist, erst von den Kritikern, dann von den Literaturwissenschaftlern, vor allem den Literaturwissenschaftlerinnen, und die sich doch der begrifflichen Analyse hartnäckig widersetzt. Buster Keatons Komik des Mißlingens, da, wo er sich angestrengt müht, und die Perfektion des Gelingens, wenn er instinktiv, mit dem Charme der Unschuld, die tollsten Dinge schafft, drängen sich als Analogien auf. Fleißer plaziert ihre Sätze knapp neben die korrekte Grammatik, sie verfehlen das Hochdeutsche ebenso wie den breiten Dialekt. In beider Kunst gibt es das Phänomen des ›falschen‹ Maßes, der Unangemessenheit. Fleißer über Keaton: »Er hält ein und dieselbe Bewegung mit Willen um zwei Sekunden zu lang an, er setzt sie noch fort, wenn sie durch die veränderte Situation inzwischen sinnlos geworden ist.« Dem komischen Effekt durch das Verfehlen der Synchronie entspricht bei der Schriftstellerin das ›Unangemessene‹ der Stillage, der Tonhöhe. In dieser scheinbaren Unbeholfenheit liegt ihre Könnerschaft. Die Brücke ist fragil zwischen naiv und artifiziell, zwischen komisch und todernst, zwischen großartig und lächerlich.

Viele der Fleißerschen Geschichten erzählen vom Unglück in einer feindseligen Welt, von Widrigkeiten, denen ihre ungewandten Helden, viel öfter ihre Heldinnen nicht gewachsen sind, vom »Lebenmüssen als einer einzigen Blamage«: *Abenteuer aus dem Englischen Garten* z. B., die Geschichte vom Maurer Emil und seinem Fräulein auf ihrem nächtlichen Gang durch den Park, von Auftauchen und wieder Verschwinden, von Nähe und Fremdheit, von Begehren und Verfehlen, von Zartheit und Gewalt und der Ungeschicklichkeit in dem Bemühen, den Gefühlen Ausdruck zu geben. Wie Buster Keaton in den falschen Anzug gesteckt wird, so versteigt sich Emil in ›geliehene‹, hochgeschraubte Phrasen, die der verfehlenden Gestik Keatons und ihrer Komik zum Verwechseln ähnlich sind: »Ich begab mich dann mit meinem Fräulein in ein größeres Gespräch über Wald und Flur.«[157] Was Buster Keaton und seinem Markenzeichen, seinem *stoneface*, gerade entgegengesetzt scheint, erweist sich in der Wirkung als verwandt: Immer sind es die Augen, die handeln und die Handlung spiegeln:[158]

»Mein Fräulein merkte den Grimm nicht, sie lachte über mich, wie ich dastehe mit meinem todernsten Gesicht und muß erst von ihr den Gebrauch meiner Augen erlernen.

Da war es mir aber zu dumm, ich habe es ihr richtig gesagt, was sie für ein Weibsbild ist, dann habe ich ihr meine Augen wie ein Wilder gegeben. [...] Ich habe ihr von dem Platz aus, wo ich blieb, wie ein sanftes Kamel nachschauen können. [...] Da hat es mich aber gerissen. Denn das hat soviel geheißen, als wir sind per du. Ich schaute sie an, und wir waren per du.«[159]

»Unmäßig stierte ich auf sie hin, ich traute mir gar nicht mehr wegschaun vor lauter innerer Fassung. Ich schlang in mich hinein das ganze fremde Geschlecht, und meine Augen hat es mir herausgetrieben von dem vielen Gefühl. Mein Fräulein war so gut und beklagte sich nicht über den ihr gebotenen Anblick.«[160] Eine Szene wie von Buster Keaton: ein Paar, starr vor Schüchternheit und vibrierend vor gehemmtem Begehren, bewegungslos, denn auch »Liebenwollen ist eine einzige Blamage«. Und was passiert nicht alles zwischen ihnen: »Aber wie ich selber ausschaute dabei, das hat kein Auge wie das ihre erspäht, und sie behielt ihre Beobachtung für sich. Jetzt erfolgte lang gar nichts, doch war es die höchste Zeit, und ich hätte meinen Arm um ihre Taille legen müssen, so verloren war sie schon in mein Gesicht. Und den Arm habe ich nicht um ihre Taille gelegt, denn die Taille war mir noch zu fremd.«[161] Emil geht es wie Buster, nichts ist selbstverständlich: »Denn alle Bewegungen liegen für ihn auf derselben harten Ebene, jede ist gleich schwer und muß erst erfunden werden.«[162]

Körpersprache ist das Medium, mit dem Marieluise Fleißer das Innere ihrer Figuren bevorzugt offenbart. An ihrem Habitus wird ihre Verstörung sichtbar, ein Fehl-am-Platz-Sein, ein gestörtes In-der-Welt-Sein, das man zu bestehen hat, ein Kampf, den Buster Keaton in jedem seiner Filme von neuem aufnimmt.

Schon an der verspannten Körperhaltung der Dreizehnjährigen in der gleichnamigen Erzählung, ihren verquälten Gesten, wurde eine Verstörung offenbar, die Keatons Filmhelden so oft heimsucht.

Und wie Buster Keaton in Fleißers Porträt geht es dem häßlichen, linkischen Außenseiter Roelle in *Fegefeuer in Ingolstadt*: »Er gewöhnt sich daran, daß sie es auf ihn abgesehen haben, das ist seine Chance.«[163] In den Blicken Olgas und Roelles, in ihrem gegenseitigen Beobachten mit dem bösen Blick, vollzieht sich wie im Stummfilm über weite Strecken das dramatische Geschehen.

»Je mehr man ihn sieht«, beschreibt Fritz Göttler seine Erfahrung mit Buster Keaton, »je intensiver man sich versenkt, desto weniger wirkt Keaton komisch.«[164] In Fleißers Keaton-Porträt gibt es nichts zu lachen. Sie nimmt ihn so ernst, wie er ist. Sie sieht einen andern Keaton als Ihering und Pinthus, die seine Filme »unbändig lustig« und von »lebenserleichternder Drolligkeit« finden.

Fleißers zeitgenössische Kritiker haben durchaus die Nähe von Heiterkeit und Schrecken wahrgenommen und treffen mit ihrer Charakteristik der Fleißerschen Sprachkunst genau das, was an ihrer Ausdruckskunst mit der Buster Keatons verwandt ist: In einem Werbetext zitiert der Kiepenheuer Verlag aus einer nicht näher genannten Rezension ihrer Erzählungen: »Sie schreibt mit großen Augen.«[165]

Therese Fromm sieht in den »verrückten kleinen Geschichten« des Bandes *Ein Pfund Orangen* den »Schlüssel zu Marieluise Fleißers verstiegenem und überdrehtem Stil, der zum Gelächter reizt und im gleichen Augenblick verblüffend schreckt«.[166] Der einfühlsamste Leser Fleißers war wohl Walter Benjamin. In seiner nicht veröffentlichten Kritik von *Pioniere in Ingolstadt* kommen schließlich die Sprache Fleißers und das Spiel des ›Komikers‹ zur Deckung: »Die Worte der Fleißer tragen erstaunlich viel. Sie haben das Gestische in der Sprache des Volkes, schöpferische Gewalt, die sich zu gleichen Teilen aus einem entschiedenen Ausdruckswillen und aus Verfehlen und Ausgleiten zusammensetzt, vergleichbar der Geste eines Exzentrikers.«[167] Oder eben des Schauspielers, der den Exzentriker mimt.

Bruder des Blitzes ist der vierte dieser programmatischen Essays aus Fleißers Berliner Zeit überschrieben, und er ist wahrlich zeitgemäß. Im Nachdruck von 1928 wird sie ihn *Sportgeist und Zeitkunst. Essay über den modernen Menschentyp* nennen und damit schon sein Thema umschreiben. Ein Thema, das in aller Munde ist, in allen Feuilletons verhandelt wird. Da turnt Joachim Ringelnatz lyrisch (*Turngedichte*), Frank Thiess appelliert essayistisch an die Ertüchtigung: *Dichter sollten boxen*; der Box- und Sechstagerennen-Fan Brecht gibt polemisch noch eins drauf: »Freilich wäre der größte Teil der kulturellen Produktion der letzten Jahrzehnte durch einfaches Turnen und zweckmäßige Bewegung im Freien mit großer Leichtigkeit zu verhindern gewesen, zugegeben«[168] (*Sport und geistiges Schaffen*); Robert Musil erzählt *Als Papa Tennis lernte*, Feuilleton und Rundfunk übertreffen sich im ernsthaften Palaver um Körperkult, Sport und geistiges Schaffen; Kultfilme wie *Wege zu Kraft und Schönheit* von 1925 und die öffentliche Aufmerksamkeit für die Olympischen Spiele 1928 in St. Moritz und Amsterdam tun ein übriges.

Mitten hinein in den Enthusiasmus für dieses Thema gerät Marieluise Fleißer in den Berliner Monaten im Kreis um Brecht und Küpper. »Natürlich hat mir Dein Aufsatz *Bruder des Blitzes* gefallen«, beteuert Küpper der wohl ungeduldig nachfragenden Fleißer am 10. Oktober 1927, »sonst würde ich ihn ja nicht bringen.«[169] Aber ›gebracht‹ hat ihn *Der Scheinwerfer* nicht.

Ihre Argumentationslinie schlägt merkwürdige Haken: Der Repräsentant des modernen Zeitgefühls sei der »Sportsmann«, das wissen die »Orientierten«, freilich nicht wegen seiner Körperkraft oder wegen seiner Geschicklichkeit oder seiner Begabung, sondern wegen seines »Sportgeistes«, und das sei »eine bestimmte Kampfeinstellung des Lebensgefühls«. Und nun rät die Autorin dem Mann der geistigen Arbeit, dem Sportsmann seine Methode abzuschauen. Warum? Weil der Kunst das Publikum wegläuft, wegläuft in die Sportarena, zum Boxring, zum Sechstagerennen: »Das Stadion besiegt das Kunstmuseum«, so wird »die Neue Welt« aussehen, geht es nach einem Manifest zur Neuen Sachlichkeit von 1926 von Hannes Meyer, dem späteren Direktor des Bauhauses.[170] Genauer, Fleißer erhebt den Vorwurf, daß nur die Kunst vergangener Generationen wahrgenommen werde, daß die zeitgenössische Kunst erst mit Verzögerung die Öffentlichkeit erreicht, daß also Kunstproduktion und Publikum um Generationen versetzt sind. Abhilfe wäre möglich, wenn sich der Künstler, der Schriftsteller den Sportgeist zu eigen machte: »Echter Sportgeist ist die aggressive Einstellung eines Menschen zu seinem eigenen Körper, wobei er an Hand bestimmter schwer zu erreichender Leistungen die Linie seines natürlichen Körperwiderstandes durch seinen Willen zurückzudrängen versucht. [. . .] Es ist Sache des Sportsmanns, in seinem Körper durch Energie dem Blitz [als der Höchstform] möglichst weit entgegenzukommen. Sich herantreiben an die Nähe des Blitzes, Hochspannung in sich hervorrufen, ist jene Leidenschaft, die den treibenden Nerv des neuzeitlichen Menschentyps ausmacht.«

Die Schlüsse, die sie daraus zieht, den Appell, den sie anschließt, sind aus ihrem Programm für die geistigen Aufgaben der jungen Generation (aus der Umfrage der *Magdeburgischen Zeitung*) bekannt, in dieser Engführung von Kunst und Sport klingen sie befremdlich: »Setzen wir in unserem Fall statt Körper einmal Geist, werden wir auch am Geist sportlich hart mit uns selber. Die Literatur lebt in einem unerkannten Zeitalter des Weltschmerzes. [. . .] Härte gegen uns selbst tut not. Die Kräfte, die im Weltschmerz ersticken, müssen für eine entschlossene Leistung freigemacht werden. Wir müssen bei uns selber anfangen, diesen Körper, der wir sind, größer zu machen. [. . .] Es gilt den Samen des Willens zu säen, der ein energisches, sich selber vortreibendes Geschlecht erweckt und sich daraus ein Gewissen macht.«[171]

Welchen Gewinn für den kreativen Prozeß verspricht sie sich

von diesem forcierten Willensakt? Werden da nicht Mentalitäten und Bilder vorweggenommen, die 1935 in Leni Riefenstahls Film *Triumph des Willens* ihre verführerische Kraft entfalten?

Der Sport und der Sportsmann werden noch eine ganz andere Rolle, auch eine ironisch gebrochene, in ihrem Werk spielen, im Roman von 1931.

Der Aufsatz *Bruder des Blitzes* erscheint schließlich am 25. März 1928 im *Berliner Börsen-Courier*, es ist der Tag der Uraufführung von *Pioniere in Ingolstadt* in Dresden. Und er macht Eindruck! Am 24. April 1928 läßt der Reichskunstwart am Reichsministerium des Innern in Berlin, Edwin Redslob, den Text in dreifacher Ausfertigung von der Autorin erbitten, und zwar für einen »Wettbewerb für literarische Werke [...], die auf sportliche Übung und sportlichen Geist Bezug haben«.[172] Anlaß für den internationalen Wettbewerb sind die bevorstehenden Olympischen Spiele in Amsterdam. Zum Gutachter für die deutschen Beiträge wurde Oskar Loerke berufen, Garant für literarisches Qualitätsurteil. Ihm war Fleißers Sport-Essay im *Berliner Börsen-Courier* aufgefallen. Die Aufforderung an Marieluise Fleißer, sich an der Amsterdamer Kunstolympiade zu beteiligen, ist selbst dem Ingolstädter *Donauboten* eine stolze Meldung wert.[173] Wie aus dem – in der Reinschrift an Fleißer gekürzten – Brief vom 18. Mai 1928 hervorgeht, hat die deutsche Jury Fleißers Essay gar nicht nach Amsterdam eingesandt, »um dadurch den Platz für lyrische Dichtung freihalten zu können«.[174] Und so findet man Marieluise Fleißer auch nicht unter den sieben Namen auf der offiziellen Einsendeliste. Am 25. Juni 1928 macht der Reichskunstwart in dem endgültigen Bescheid an die Autorin das Komitée in Amsterdam für die Ablehnung des Beitrags verantwortlich.[175] Und welche literarischen Werke wurden schließlich als deutscher Beitrag ausgewählt? Rudolf Bindings *Reitvorschrift für eine Geliebte* von 1924 und der Roman *Boëtius von Ornamünde* von Ernst Weiß, soeben bei S. Fischer erschienen, außerdem bildnerische Beiträge von Wilhelm Klemm und René Sintenis.

Marieluise Fleißer an Alfred Kerr aus dem Ostseebad Kolberg,
14. Juni 1927

Doch wieder zurück ins Jahr 1927. Von Brecht scheint Marieluise Fleißer seit ihrer Abreise (fast könnte man sagen – Flucht) aus Berlin nichts mehr zu hören. Es ist Alfred Kerr, dem die erste Post gilt, auf zwei Ansichtskarten von Kolberg und der tosenden Ostsee: »14. Juni 27. Sehr geehrter Herr Dr. Kerr, darf ich Ihnen einen guten Gruß von der See schicken? Das Meer ist für mich ein herrliches Erlebnis. Ich hoffe, daß Sie mir nicht böse sind, weil ich so lange nichts von mir hören ließ. Ich bin leider besonders scheu, wenn es sich um einen Menschen handelt, an dem mir liegt. Gegenwärtig versuche ich einen Roman zu schreiben. Ich bin mit den besten Grüßen immer Ihre ergebene Marieluise Fleißer.«[176] Von Kiepenheuer hatte sie im Mai ihr Manuskript (vermutlich der Novellen) erneut zurückgeschickt bekommen, mit Bedauern, »dass wir im vorigen Jahre die Verhandlungen nicht zu Ende führen konnten«.[177] Damals hatte Brecht durch dreiste Forderungen dazwischengefunkt, jetzt ist die Herbstproduktion bereits fest geplant. Allerdings – als Elisabeth Hauptmann sich im August 1927 zusammen mit Brecht in Augsburg aufhält, schreibt sie dringend an Küpper: »Brecht will was für die Novellen der Fleißerin unternehmen, nur muss er sie *umgehend* haben. Vielleicht können Sie etwas dafür tun, dass die Novellen *sofort* hergeschickt werden, oder Sie müßten so gut sein und die Adresse der Fleisserin *umgehend* schikken.«[178] (Aus dieser Anfrage geht auch hervor, daß Brecht nicht einmal ihre Adresse hatte und daß man im Freundeskreis wußte, daß Küpper ihr zu dieser Zeit nahestand.) Welche Unternehmung das freilich war, läßt sich bislang nicht ermitteln. Ein neuerlicher Versuch Marieluise Fleißers im folgenden Jahr, die Novellen unter dem Titel »Die sieben Liebesgeschichten der Marieluise Fleißer« beim Verlag Paul Zsolnay zu veröffentlichen, wird ebenfalls scheitern.[179] Man beachte die Formulierung des Titels: So also soll das Ensemble ihrer Erzählungen nun heißen, nicht etwa »Marieluise Fleißer: Sieben Liebesgeschichten«. Mit diesem Titel ist ein Doppelbezug beabsichtigt: es handelt sich um die Erzählungen der Schriftstellerin Marieluise Fleißer ebenso wie um die Liebesgeschichten der Frau Marieluise Fleißer. Die Weichen für die autobiographische Lesart dieses Werkes sind schon hier gestellt.

Noch einmal die Frage: Was ist in diesen Monaten in Berlin vorgefallen?

Ein Feuilletontext von Marieluise Fleißer »über Bert Brecht«, den ihr Bernard Guillemin von der *Magdeburgischen Zeitung* am 19. Oktober 1927 als »leider unverwendbar«[180] nach Ingolstadt zurückschickt, könnte das aufschlußreichste Zeugnis ihrer Brecht-Erfahrung vor dem Zerwürfnis enthalten haben. Warum war er »unverwendbar«? War er zu parteiisch für oder gegen Brecht? Guillemin bedrängte sie sonst, auch im Postscriptum dieses Briefes, um neue Arbeiten. In Fleißers Nachlaß ist der Text nicht gelangt. Er muß bislang als verschollen gelten. Ist er möglicherweise der eigenen Revision ihres Werkes zum Opfer gefallen?

Es gibt zwei andere Texte dieser Zeit, die einen Blick ins Innere dieser Autorin erlauben, einen ungeschminkt persönlichen und einen literarischen. Der eine ist ihre schon erwähnte Antwort auf eine Umfrage der *Magdeburgischen Zeitung* über *Männer, die ich heiraten möchte*, erschienen am 18. Dezember 1927: *Der verschollene Verbrecher X*. Schon das Thema verblüfft, schaltet es sich doch provozierend altmodisch in die gerade heiß geführte Debatte um die Neue Frau ein. Und Fleißers Antwort bedient keineswegs die Erwartungen an eine um Autonomie ringende, emanzipierte Frau, vielmehr plädiert sie programmatisch für das Heiraten, für eine Zugehörigkeit, die erst »den Liebesbeziehungen eine ausgleichende Schwerkraft« zurückgibt. Sie scheut sich nicht, beide Frauenbilder, die Neue Frau und die herkömmlich Liebende, sehr eindeutig beim Namen zu benennen: »Hier werden sich die Geister scheiden; es kommt nun darauf an, welchen Typ man letzten Endes aus sich machen will, die große Dame, die sicher in diese reale Welt und auf sich selbst gestellt ist, oder die große Liebende, die ihre Abgründe im Erlebnis will, selbst wenn es dabei nicht ohne Fetzen abgeht. Man kann dafür mit gutem Namen sagen Carola Neher oder Marieluise Fleißer.«[181] Das ist eine unerhört freimütige Absage an die Lebens- und Liebesformen des Brecht-Clans, auch eine Polemik gegen Carola Neher, die Schauspielerin, die sie schon aus München kannte. Die tat sich leichter mit der Liebe, wohl auch mit der zu Brecht. Man kann nicht umhin – und da sie ungeschminkt die Dinge, genauer die Akteure beim Namen nennt, ist dies auch durchaus legitim –, daraus die Enttäuschung abzulesen, die Fleißer erfuhr, als sie so hoffnungsvoll nach Berlin kam und den Platz neben Brecht besetzt, mehrfach besetzt fand. Und es ist ein Bekenntnis zu Abhängigkeitsverhältnissen, wie sie dann mit der konservativen Revision des Frauenbildes in den dreißiger Jahren auch politisch propagiert werden. Mit der Reihe der »Männer, mit denen ich einen Zusammenhang der Artverwandtschaft spüre«, die also in Frage kämen, stellt sie eine höchst originale Kandidatenliste zusammen: der Filmschauspieler Hoot Gibson, Alfred Kerr (»wegen der in seinen Arbeiten immer wieder erwiesenen auffallend männlichen und grundwüchsigen Einstellung zu den Frauen«), der Rennfahrer Ashby und eben »mein erster Freund, der heute verschollene Verbrecher X«. Vom Porträt ihres ›Traummannes‹ und seinem Vorbild war schon ausführlich die Rede, die anderen drei Genannten personifizieren treffsicher, was Fleißer in diesen Monaten bewegt: Film, Sport und – Alfred Kerr, der Erzfeind Brechts. Die *Magdeburgische Zeitung* wurde natürlich im Brecht-Kreis gelesen, die Nennung von Kerr ist mehr als eine unüberhörbare Spitze gegen Brecht, es ist der Fehdehandschuh, den sie ihm öffentlich hinwirft.

Sie macht wahr, was sie in ihrer Selbstcharakteristik als Angehörige der jungen Generation fast erschreckend kalt konstatiert hatte: »Du findest bereits eine Richtigkeit darin, daß man dir weh tut und daß du wieder weh tust.«

Der zweite Text, *Die Ziege* (erschienen am 4. März 1928 im *Berliner Tageblatt*), ist Erzählung und also Fiktion. Er liest sich wie die literarische Anwendung ihres Programms der geistigen Aufgaben der jungen Generation, verkleidet als Märchen und ziemlich kühn. Die Erzählung belegt den Mut, mit dem Marieluise Fleißer radikal aufs Ganze geht, sich nicht um Ruf und Sympathien schert, ihr Angezogensein durch starke Männer, ihre Verwundungen, ihre Wehrlosigkeit, das Nichtverstehen zwischen Männern und Frauen ganz ungeschützt, ohne Schonung ihrer eigenen Person zum literarischen und damit öffentlichen Thema macht. In einer Nachbemerkung unter einem Neuentwurf, mit dem Titel *Depression*, hat die Autorin versucht, sich an ihre Absicht bei dieser Geschichte zu erinnern: »Meiner Erinnerung nach wollte ich da sehr viel allgemeiner schreiben, wie man an der Uni abrutschen konnte. [Zusatz: »als die aus dem Krieg zurückgekommenen wesentlich älteren Männer studierten«] Insofern ist das mißraten. Ich stelle beim Lesen fest, dass dann doch wieder persönliche Dinge hineinverwoben sind z. B. der Feuchtwanger – und das ist ja dann sicher nicht das Uebliche, zu Verallgemeinernde, sondern schon wieder das Besondere.«[182] (Die Niederschrift der Erzählung ist vermutlich in die Berliner Monate zu datieren, von Girls und einer Girl-Kultur – »Die Männer liebten das Girl«, heißt es in *Die Ziege* – war in Fleißers Studienjahren in München noch nicht die Rede.) Zwar ist bei einer autobiographischen Interpretation höchste Vorsicht geboten. Aber die Autorin markiert ja zum Beispiel den »Weltweisen« überdeutlich und trotz literarischer Stilisierung so absichtsvoll mit unverkennbaren Attributen, daß keine Leserin und kein Leser umhin kann, das Entschlüsselungsspiel zu spielen. Jedenfalls erzählt das Märchen alles »über Männer und Frauen«: Das Verhältnis der Geschlechter ist beherrscht von Gewalt. Noch einmal Fleißers Programm der jungen Generation: »letzte Kühnheit zu deiner absonderlichen Existenz eines geistig Produktiven, eine schmerzliche Schärfe gegen deinen Mitmenschen, da du ihn als deinen natürlichen Feind erkennen mußtest.«[183] Man geht nicht zu weit, wenn man Konturen eines Selbstbildes darin ausmacht, zumindest wo sie »die Genossinnen von der Seite« anschaut, die Girls: »so mußte man also werden«, kein Individuum – ein Typ. Bitter rechnet Fleißer hier ab mit dem Zeitgeist und dem Geschmack der Männer, denen sich die jungen Frauen mit Haut und Haar – im wörtlichen Sinn – anpassen: »Sie hatten keine Leistung in sich selbst, kein eigenes Gesicht und keine gen Himmel schießende Flamme.« Die »gen Himmel schießende Flamme«, ihr Persönlichstes, das, was den anderen fehlt, das ist ein steiles Bild für ihr Besonderes, ihr Wissen von der Begabung zur Kunst, es ist eine Metapher für Genialität! Im Alter hat sie die Erzählung noch pointiert, »Menschen« in »Männer« geändert, den Kampf zwischen den Geschlechtern verschärft, die Vision vom Erscheinen des Märchenprinzen am Ende der Erzählung ganz getilgt, die sie auch in der Frühfassung schon im Reich der Fiktion angesiedelt hatte. »Denn wo sie leichtfertig war, mußte er treu sein«, so traumhaft hatte es 1928 geklungen, »wo sie verzweifelt war, mußte er gläubig sein, damit einer da blieb, an dem der andere sich aufrichten konnte. Ach, man stand doch nicht in diesem Zimmer wie aus einem Roman und meinte es ernst! Aber die Welt kehrte sich ja um, und Lebenmüssen nahm ein anderes Gesicht an!«[184]

»Liebe M L«, antwortet ihr Feuchtwanger am 13. März 1928, nachdem sie ihm das Manuskript dieser Erzählung geschickt hatte, »die Geschichte *Die Ziege*, die Du mir schicktest, war, als ich Deinen Brief bekam, bereits im *Tageblatt* erschienen. Du wirst wohl in der Zwischenzeit Beleg und Geld gekriegt haben. Es ist übrigens keine gute Geschichte; Dein Brief ist besser.«[185] Daß der sicherlich auch eitle Erfolgsautor, ihr Mentor der ersten Stunde, wenig begeistert war von seinem Porträt des »Weltweisen«, verwundert nicht. Wer liest schon gerne – und für die Bekannten kaum verschlüsselt – aus der Feder einer »kleinen Lu« über sich: »Er trug seinen Hausanzug wie angewachsenes Fell und gab Wärme von sich und rückte sein Gegenüber zurecht, bis es in dies Zimmer eines Weisen paßte.« Und: »Er zersetzte ihren Rest an Selbstvertrauen.«[186]

Diese beiden sehr persönlichen Texte lassen so gar nichts erkennen von einer Zugehörigkeit zur ›Clique‹. Eine solche junge Frau kann sich auf dem Berliner Asphalt unter all den coolen Leuten kaum sicher oder gar wohl gefühlt haben.

Die Uraufführung der *Pioniere in Ingolstadt* in Essen ist für Februar 1928 vorgesehen, der Vertrag ist längst unterschrieben. Von einer Aufführung ihres Stückes hängt Marieluise Fleißers weitere Karriere als Schriftstellerin ab. Sie will nicht wieder so lange hingehalten werden wie bei *Fegefeuer in Ingolstadt*. Das dauert ihr alles zu lang, sie fürchtet schon seit Küppers euphorischen Briefen vom Juni – und wie sich zeigen wird, nicht zu Unrecht –, daß ihr Stück wieder liegenbleibt. Im Oktober schreibt sie skeptische, beunruhigte Briefe an Küpper, erbittet ihr Manuskript zurück. Sie würde weiterhin die Junge Bühne Berlin als Uraufführungsort favorisieren. »Ich verstehe Deine Nervosität nicht«, antwortet er und meint, »dass das Prestige bei der jungen Bühne 90%ig gesunken ist.«[187] Aber in Essen weht Küpper alsbald ein heftiger, ultrakonservativer und antisemitischer Wind ins Gesicht, der, angeblasen vom dortigen Magistrat, von Presse und Publikum, gegen eine sogenannte ›Berliner Clique‹ Front macht. Er bringt die geplante Aufführung der *Pioniere in Ingolstadt* und Arnolt Bronnens *Anarchie in Sillian* ebenso zu Fall wie das *Ruhrepos*-Projekt von Bert Brecht und Kurt Weill. Erik Reger, Küppers Mitarbeiter, kommentiert im Essener Wochenblatt *Westdeutscher Scheinwerfer* vom 18. 2. 1928 die Vorgänge:

»Was sich jetzt an den Städtischen Bühnen in Dortmund und Essen abgespielt hat und noch abspielt, ist kein Skandal des Theaters, sondern ein Skandal der offiziösen Kunstpolitik und ein Skandal der Presse. Ein Skandal des Ruhrgebiets. [...] Die wahren Absichten der Entlassung des Schauspieldirektors [Kerb] sind indessen durch die Absetzung der Stücke *Anarchie in Sillian* von Bronnen und *Pioniere in Ingolstadt* von Marieluise Fleißer enthüllt worden. Damit wären zum ersten Male wirkliche Zeitstücke im Repertoire Kerbs aufgetaucht, Stücke, die nirgends besser als im Ruhrrevier erprobt werden könnten, Stücke, die mit dem dumpfen, zwischen technischer Sachlichkeit und privatem Erlebnis schwankenden Empfinden des Industriemenschen korrespondieren.«[188]

Es können nicht nur die hinhaltenden Versprechungen Küppers sein, die Marieluise Fleißer verstimmt haben. »Sei mir gut trotzalledem«, bittet er sie dringlich am 1. Oktober 1928. »Ich bin es Dir auch. Fasse mein Schweigen nicht falsch auf. Mit den herzl. Grüßen Immer Dein Hannes. Sei fest und stark in Dir.«[189] Da hat jemand ein schlechtes Gewissen, etwas hat sich ereignet in dieser kurzen Affäre, an dem offenbar sie stärker zu laborieren hat als er. Sie scheint des Zuspruchs zu bedürfen.

Bald nach Fleißers Rückkehr nach Ingolstadt und dem enttäuschenden Nichtzustandekommen der Essener Aufführung versiegt der Austausch mit Küpper. Einmal noch, während der Proben für die *Pioniere* am Schiffbauerdammtheater im März 1929, bittet sie ihn eilig um ein paar Soldatenlieder. Sie bekommt die Strophen umgehend, mit trockener Anrede »Liebe Fleisser« und einem etwas unsicher-schuldbewußten handschriftlichen Zusatz: »Bist du mir etwa böse? Schreibe mir doch. Bleib mir gut! H.«[190]

Mit Brechts scharfer Wendung nach links, seiner Hinwendung zum Marxismus und den im *Scheinwerfer* ausgetragenen Polemiken um die Konkurrenz Berlin/Provinz, löst sich Küpper von Brecht. Schon am 1. März 1929 hatte er gegenüber der ihm befreundeten Fotografin Jaro von Tucholka (deren Porträt von Marieluise Fleißer durch die Presse geht) begründet, warum er sich ein weiteres Jahr in Essen verpflichtet hat: »[...] so gut es die Leute in Berlin mit mir gemeint haben, Brecht usw., so muß ich Dir doch sagen, daß ich doch ziemlich pseudonym geworden wäre, und daran bin ich nun wirklich nicht interessiert. Abgesehen davon, was mich in der Hauptstadt reizte, war ja nur, dass ich in Berlin gewesen wäre, aber schließlich und endlich, wie komme ich dazu, Agent für Dichter zu sein, deren Arbeiten mir innerlich fremd sind.«[191] Daß die Animositäten auf Gegenseitigkeit beruhten, läßt sich aus Brechts wohl damals nicht veröffentlichter, nur als Typoskript überlieferter Polemik *Neue Sachlichkeit* heute nachvollziehen.[192]

Trotz der essayistischen Glanzstücke: Das kurze Experiment ›Berlin als Lebensform‹ scheint gescheitert. Im Asphalt ließ sich nicht wurzeln. Marieluise Fleißer muß verzweifelt einsam gewesen sein. Und was aus den Romanprojekten geworden ist, auf die sie Alfred Kerr und Herbert Ihering schon neugierig gemacht hatte, wird im Dunkel bleiben. Im Archiv liegen hand- und maschinenschriftliche Entwürfe und eine Mappe mit Zeitungsausschnitten zu den damals alle frommen Gemüter bewegenden Wunderheilungen, Visionen, Stigmatisierungen der Therese Neumann aus Konnersreuth, davon sollte ein Roman nach Fleißers späteren Notizen handeln. Das wird wohl aber nicht das erste, an Kerr im Juni 1927 signalisierte Romanvorhaben gewesen sein, die Zeitungsausschnitte stammen alle erst aus dem Herbst 1927, als die Erscheinungen von Konnersreuth zum Medienrummel und heftigen Glaubensstreit angewachsen waren. Ein Film vom Herbst 1927, *Das Wunder von Konnersreuth*, der die fromme Therese, die Örtlichkeiten von Konnersreuth und das Wohnhaus Therese Neumanns zeigte, Fotos einblendete und die Wunderheilungen und Erscheinungen täuschend echt nachstellte, wurde auf Antrag der bayerischen Regierung in Berlin von der Filmoberprüfstelle im Februar 1928 verboten.

Es ist leicht vorstellbar, daß die öffentlichen Diskussionen Marieluise Fleißer von dem Projekt Abstand nehmen ließen.

Sie kehrt also von dem nahezu fünfmonatigen Aufenthalt im Kurbad Kolberg direkt nach Ingolstadt zurück, als bedürfe sie der heimatlichen Stallwärme. Hatte sie den drei Jahre älteren Joseph Haindl in Ingolstadt schon länger näher gekannt? Joseph Haindl: Weine, Spirituosen, Tabakwaren en gros und en detail? Bepp, den Ruderchampion und Sportschwimmer? Ersetzt er, der Sportstyp, den bislang nicht gefundenen Traummann? Bald wird sie das Porträt einer Frau entwerfen, »Gesine«, und es läßt sich kaum anders denn als Selbstporträt lesen. Jener Gesine schreibt sie »ein sehr bestimmtes Suchen« zu »nach einem sehr bestimmten hervorstechenden Charakterzug, wie z. B. Sport als dem für sie jetzt wesentlichen Männlichkeitsmerkmal«.[193] Bald wird er sie mit Inbrunst begehren, der Bepp, der Antiintellektuelle, der Un-Literat, wird ihr – kaum daß sie nur für kurze Zeit verreist ist – in einem unverstellt aufrichtigen Strom linkischer Wörter ohne Punkt und Komma und in abenteuerlicher Orthographie seine verzehrende Liebe nachsenden.

V. »Verachtet mir die Fleißer nicht! –«

Im März 1928 nimmt sich endlich ein Theater ihres Stückes über Berta und Alma und die Soldaten, der *Pioniere in Ingolstadt*, an: die Komödie Dresden. Ob das Lustspiel dort im Rahmen der Jungen Bühne (einer dem Seelerschen Experiment verwandte Einrichtung) oder im regulären Spielplan aufgeführt wurde, darüber widersprechen sich die Kritiken. Jedenfalls gab es mehrere Aufführungen, bis es bald wegen enttäuschenden Kartenverkaufs abgesetzt werden mußte. Dem Theater geht es wirtschaftlich miserabel, die Produktion ist ein Risiko. Feuchtwanger, den Marieluise Fleißer zu seiner Einschätzung eines Erfolgs in Dresden fragt, antwortet ziemlich ratlos: »Soweit Prestigedinge in Frage kommen, ist es, glaube ich, nicht schlecht, wenn die *Pioniere* in Dresden uraufgeführt werden.«[194] Besser Dresden als gar nicht!

Bepp Haindl hatte sein geliebtes Luisl bis Nürnberg begleitet, sie fährt am Montag, den 19. März 1928 weiter nach Dresden, um bei den letzten Proben dabeizusein. Daß sie Zuspruch und Ermutigung braucht, verrät sein Brief: »Gell tu fein tüchtig Essen und Ärgere dich nicht.«[195]

Ob sich die Berliner Presseprominenz nach Dresden bequemen wird? An Herbert Ihering schickt sie aus Dresden noch rasch eine Erinnerung: »Wollen Sie in diesen Tagen einen Artikel von mir bringen?« und »Ich würde mich ganz besonders freuen, wenn ich Sie unter den Gästen begrüßen dürfte.«[196] Der treue Ihering läßt es sich nicht nehmen, weist am Premierentag, dem 25. März 1928, im *Berliner Börsen-Courier* auf die Uraufführung hin und veröffentlicht den Sportessay *Bruder des Blitzes*. Seine Kritik der Aufführung im *Berliner Börsen-Courier* und anderen Regionalzeitungen fällt denn auch weit wohlwollender aus als die der Mehrzahl seiner Kollegen reichsweit. Große Erwartungen setzt man in die junge, nicht mehr unbekannte Dramatikerin. Diesmal hat Marieluise Fleißer (vielleicht war es auch das Theater) einen Zeitungsausschnittdienst beauftragt, so sind an die 70 Kritiken, auch aus zahlreichen Lokalzeitungen von Königsberg und Prag bis München, im Archiv erhalten und geben ein breites, ganz dissonantes Stimmengewirr der Meinungen. Die meisten freilich zeigen sich enttäuscht. Man unterstellt ihr, sie habe bei Zuckmayers *Fröhlichem Weinberg* abgeguckt oder »Ludwig Thoma nach Freud überarbeitet«. Langweilig sei es gewesen, Szene um Szene sei beliebig aneinandergereiht ohne erkennbaren Aufbau, ohne ein dramatisches Handlungsgefüge. Es fehle der Plot, der dramatische Spannung schafft. Es sind wieder die alten Mängel ihrer dramatischen Kunst, Mängel, die sie sich ja längst selbst zum Vorwurf gemacht hat. Und im Dauergefecht Berlin versus Provinz findet sich auch hier ergiebige Munition: »Man wird den peinlichen Eindruck nicht los, daß eine Spekulation auf die Geschmacksverderbnis des Großstadtpublikums vorliegt. Dieser Eindruck würde selbst zur Ablehnung des Stückes führen, wenn es formal einwandfrei wäre. Das ist aber nicht der Fall.«[197] Und das *Deutsche Tageblatt*, Berlin, rümpft die Nase über »die verseuchende Wirkung, die Berlin ausübt«.[198]

Wie das so ist bei Theaterkritiken, die einen sahen durch Renato Mordos »liebenswürdige«, »spaßige«, »spöttische«, farcenhafte Inszenierung und die Leistung seiner Schauspieler einen umstrittenen dramatischen Versuch trotz seiner Mängel gerettet. Mordo hat das Doppel-Happy-End dieser ersten Fassung durch inszenierten Postkartenkitsch verulkt. Für die anderen, ganz Verständnislosen »änderte das nichts an der Tatsache, daß eine sehr mäßig dazu berufene, dichtende Dame hier ein peinlich geschmackloses, vielfach in erotischer Zweideutigkeit sich bewegendes Mittelding zwischen falsch verstandenem Volksstück, plumper Großstadtposse und unreifem ›Soldatendrama‹ auf die Bühne gebracht hat, dem zudem jeglicher dramatischer Atem abgeht«.[199] Und das gegenteilige Urteil: »Was die Fließerschen Menschen quälte, wurde bei Mordo zum Hohn; was sie in ihrer überspannten Naivität als echt empfanden, machte er zur Groteske.«[200] Daß Herbert Ihering mit seiner möglicherweise etwas parteiischen Zustimmung (die auch nicht ohne Tadel ausfiel) durchaus nicht allein war, zeigen all jene Kritiken, die sich auf die Absichten des Stückes, auf die einzelnen Charaktere wirklich einlassen: »Hier ist das Problem zwischen Mann und Weib, zwischen Dienstboten- und Kavaliermoral, zwischen Herrenmensch und Träumerin in seiner Unabänderlichkeit gezeichnet.«[201] C. M. Köhn geht mit Witz und viel Sympathie auf die Qualitäten des Stückes ein: »Fein und zart hat die Fleißer Bertas heimlichen Dornenpfad ins Liebesreich hingestrichelt. Hier schuf sie einen Menschen. Eine lyrische Melancholie liegt über diesem einfachen Weibstum, die wie ein klagender Geigenton im Duliöh eines Schnadahüpfels wirkt. Dieses Mädchensterben und Weibserwachen ist eine starke Dichtung. – Mit dem Korl ist sie nicht fertig geworden. Sie tupft ihn zuerst ein wenig sadistisch an, diktiert ihm Brutalität und läßt ihn in allzu plötzliche Verlobung verläppern. [...] Alma zappelt possierlich im Fangnetz der Fleißerin. [...] Leider war die Regie Renato Mordos für die Saftigkeit der Fleißer zu dünnblütig. Es expressionistelte noch. – Das war einmal; der Krampf ist aus. Verachtet mir die Fleißer nicht!«[202]

Alfred Kerr übrigens, dem sie »in letzter Stunde« vor der Uraufführung noch schnell ein Telegramm aus Dresden nach Berlin geschickt hatte, war nicht erschienen, vielleicht hat es ihn verfehlt, mutmaßt sie, aber sie fürchtet auch, daß sie ihn verstimmt haben könnte. Dringlich hofft sie, »dass Sie Ihr Interesse für mich bewahren werden, wenn es auch jetzt so aussieht, als ob ich in Ingolstadt bleiben müßte. Aber ich lasse mich nicht entmutigen, ich arbeite weiter.«[203]

Verachtet wird sie nicht, aber auch wenig beachtet in diesem Jahr 1928, nicht gesehen, sie ist abgetaucht. Der literarische Ertrag ist kümmerlich. Ob die Anfrage eines Ehearztes Dr. Heinrich Dehmel an die »Verehrteste Marieluise Fleißer« im März 1928 mit der Bitte um Zusammenarbeit »auf dem Gebiet der

Liebes- und Eheberatung«[204] seriös war, ob sie darauf eingegangen ist, ist nicht bekannt. Sie scheint nun für eine Expertin in schwierigen Liebesdingen zu gelten und ist selbst so wenig gut beraten mit der Bindung, die sie eingeht. Aber was weiß man schon von außen, was sie zu diesem hingebungsvollen, schwachen, zärtlichen, einfach strukturierten Mann hingezogen hat? Wer war sie, wie war sie zu dieser Zeit?

Es gibt einen Spiegel, in dem wir sie sehen können, ein Manuskript Fleißers aus dieser Zeit (es blieb zu ihren Lebzeiten unveröffentlicht), vermutlich Entwürfe zu einem Schreibprojekt, in dem es wieder um ein Ingolstädter Thema geht. Man stritt in der Heimatstadt heftig um den Bau eines Flugplatzes. Das könnte der Aufhänger gewesen sein, aber er ist nebensächlich. Entstanden sind elf meisterliche Porträtstudien von zum Teil identifizierbaren Ingolstädter Bürgern, gesehen durch den mitleidlosen, nach Schwächen suchenden Blick des ›lieben‹ Mitbürgers, der seinen Opfern bis ins Schlafzimmer folgt, ihnen die Masken abzieht. Es sind Typen wie von Jeanne Mammen oder George Grosz, entworfen mit der losen Zunge des Stammtisches. Das zwölfte Porträt, überraschend in diesem Zyklus, ist unverkennbar ein Selbstporträt, ein Psychogramm. Mit bewundernswerter Schärfe und ohne Schonung hat Marieluise Fleißer auch sich selbst im und hinter dem Spiegel gemustert:

»Gesine. Ein Wesen mit schwerem Kopf, weit auseinanderliegenden Augen, einem sonderbaren, männlich beobachtenden Blick und strähnigem Haar, das in seiner verwilderten und von ihr sehr gefühlten Art von einer traurigen, wilden Süße ist. Sie läßt sich die geteilten Strähnen wie Falten um den Kopf hängen, oft etwas lieblos von den Schläfen abgehend. Ihr hauptsächlicher Zustand ist ein schlafähnlicher. Sie hat eine solche Passivität, daß es schon beinahe eine Stärke ist. Gegen die meisten aber spröde, schwer mitgehend. Oft ganz egozentrisch eingestellt, sie läßt es die andern fühlen, daß ihr nichts an ihnen liegt. Unruhige Augen. Sehr zurückhaltend. Ein Gesicht wie ein Stein. Hat eine krankhafte Scheu vor jeder Berührung. Menschen kann sie nicht riechen, Störungen durch Verkehr mit anderen sind ihr unerträglich. Sie schiebt es bis ins Unendliche hinaus, mit ihnen in Verbindung sich zu setzen, will aber mit ihnen nicht brechen, muß sich dann entschuldigen, kommt sich unangebracht vor, aber es ist immer dieselbe Hast der Entziehung. Wenn sie aber einmal festgehalten wird, dann läßt sie sich plötzlich festhalten, tut alles dazu in Hinwendung, ist wahnsinnig auf den andern eingestellt. Unvermittelt kommt ihre feindliche Selbstbehauptung, aber ohne die Bindung zu durchstoßen. Sie hat Zeiten, in denen sie absolut fühllos ist. Wie eine Hexe greift sie in das Leben anderer Menschen ein, gewaltsam überwältigend nach langer Enthaltsamkeit, geht mit ihnen durch dick und dünn, wie wenn sie an ihnen eine Speise aufißt, sie hat zu wenig Blut. Läßt sie dann wieder fallen und ist ganz tot inwendig. Weiß, was sie dem andern antut, aber kann gar nicht mitgehn. Diese Starrheit verdichtet sich nach und nach zur Verzweiflung an der Einsamkeit, einem wütenden Bedürfnis nach Mitteilung des Körpers an einen andern Körper. Zuweilen denkt sie, daß dies sporadisch auftauchende Nichtalleinseinkönnen, dieser Heißhunger nach Verbindung eine Strafe für ihre Starrheit ist. Sie setzt sich dann selber überaus zu, atmet den Menschen in sich ein, den sie sich geholt hat, hat keinen Sinn für überlegte Auswahl, der Mensch ist vielleicht für sie sehr unpassend und sie erträgt alles daran, was ihrem Wesen ganz widersprechend und nicht bekömmlich ist, mit einer unheimlichen, sich selbst wissentlich blendenden Elastizität. Dabei ist sie gar nicht leicht zu erringen, sehr heikel und unzugänglich. Hat doch ein sehr bestimmtes Suchen nach einem sehr bestimmten hervorstechenden Charakterzug, wie z. B. Sport als dem für sie jetzt wesentlichen Männlichkeitsmerkmal. Sie hat eine Unruhe in sich, den Drang, was leisten zu müssen, kommt aber nicht dazu, sich zu konzentrieren, ist immer verhindert, wird ständig um und um gewendet und zersplittert durch die Reize der unpersönlichen Außenwelt, auf die sie sehr stark inkliniert. Sie hat den ständigen Geschlechtstrieb nach einer besonders für sie ausgesuchten Kleidung, wird darin peinlich pedantisch. Auf einmal wieder fällt ihre Freude an einer Sache. Sie kann sie nicht mehr sehn.«[205]

Schon dieses schonungslose Selbstbildnis ist erstaunlich genug und wirkt wie ein kurz aufblitzendes Spotlight auf eine ansonsten kaum sichtbar werdende Frau, da ja persönliche Briefe aus dieser Zeit so gut wie nicht bekannt sind. Was viel verblüffender ist: Es existiert ein Pendant zu diesem Bild, ein mit ganz ähnlich scharfem Röntgenblick, mit ähnlich psychologisierender Tiefenausleuchtung geschriebenes Porträt, diesmal aus der Sicht eines Gegenübers. Es ist der sympathisierende, verständnissuchende Blick des gut zwei Jahre jüngeren Bodo Uhse auf die auffällige 27jährige Frau.

Bei ihrer Rückkehr aus Kolberg im November 1927 fand Marieluise Fleißer ein neues Gesicht in Ingolstadt vor, ein ungewöhnliches; einen intellektuellen, einen schreibenden, einen sehr gut aussehenden Mann hat es kurz zuvor nach Ingolstadt verschlagen, Offizierssohn, Schulabbrecher, erfolgloser Lyriker, Revolutionär und in dieser Eigenschaft 1923 am Hitlerputsch beteiligt. Er ist seit September 1927 erst Redakteur, dann Schriftleiter des *Donauboten*, einer der frühesten nationalsozialistischen Tageszeitungen. Gleichzeitig schreibt er für die Zeitschrift *Das Dritte Reich*. Im September 1927 tritt er in die NSDAP ein, sympathisiert aber von Anfang an mit deren ›linkem‹ Flügel um die Brüder Strasser. Seine extrem radikalen Positionen tarnt er hinter Pseudonymen. Was ihn Fleißers Freunden aus dem Berliner Brecht-Kreis ähnlich sehen läßt, sind der antibürgerliche Affekt, die Vorliebe für die aggressive Aktion, Dynamik und Intellektualität. Deren Stoßrichtungen freilich stehen scharf gegeneinander.

Im Herbst 1928 entläßt der rechtsfaschistische Verleger des *Donauboten*, Dr. Ludwig Liebl, seinen Schriftleiter, der ist ihm nicht parteikonform genug. Bodo Uhse übernimmt im schleswig-holsteinischen Itzehoe die Schriftleitung der *Schleswig-Holsteinischen Tageszeitung*, einer Gau-Zeitung der NSDAP. Fleißer

und Uhse scheinen sich gut verstanden zu haben im Außenseiter-
gefühl in Ingolstadt. Sein etwas nostalgischer Brief vom 10. Juli
1929, nachdem er in allen Zeitungen von ihr gehört hatte, erreicht Marieluise Fleißer, als sie »die Front, in der Sie da jetzt
stehen«, den Brecht-Kreis, schon längst verlassen hat.

Schon ein Jahr später wird Uhse seinerseits scharf die Fronten
wechseln, er wird aus der NSDAP ausgeschlossen und schließt
sich dem kommunistisch orientierten Reichsbauernkomitee an.

In den Monaten im Niemandsland zwischen Rechts und Links
erzählt er Marieluise Fleißer in einem undatierten Brief von
seiner Vereinsamung, von seinen literarischen Plänen. Unter anderem schreibe er an einem *Adreßbuch der Stadt Ingeldorf.* »[...]
aber ich verspreche mir nicht viel davon, zumal es weit weniger
boshaft ausfällt, als ich es gern wünschte.«[206] Im Nachlaß Bodo
Uhses befindet sich ein Manuskript mit dem Titel *Menschen in
Ingeldorf. Adreßbuch einer deutschen Kleinstadt*, es enthält zehn
Porträts, darunter unverkennbar das Marieluise Fleißers. Gäbe
es nicht diesen schwer entzifferbaren Brief aus Itzehoe mit dem
Hinweis auf das Schreibprojekt, man müßte das Vorhaben für
ein gemeinsam abgesprochenes halten, so auffallend ähnlich sehen sich Absicht und Struktur der beiden fragmentarischen Prosaarbeiten, wobei in der Tat Marieluise Fleißers Figurenzeich-
nungen zwar nicht boshafter, aber kühner, poetisch radikaler
sind. Man kann nur bedauern, daß der Reigen dieser beschädig-
ten und kaputten, menschlich-allzumenschlichen Typen nicht
in einen Roman oder ein Stück eingegangen ist.

»Ingelore

Ihr rundes Gesicht war häßlich, was durch den fast rotblon-
den Bubikopf noch deutlicher unterstrichen wurde. Dazu war
sie sehr kurzsichtig, so daß sie die Menschen auf der Straße bald
umrannte. Zu diesen Eigenschaften kam noch die Angewohn-
heit, daß sie sich mit ihren kurzsichtigen Blicken *festsah*. So
konnte sie mitten in einem Gespräch ihre Augen auf irgendei-
nen, für den Beobachter meist nicht feststellbaren Punkt heften
und minutenlang, als sauge sie sich daran fest, starr darauf ge-

Familie Fleißer und Bepp Haindl Weihnachten 1928

richtet lassen. Das war für den Gesprächspartner, wenn er empfindsam war – und solche Menschen gab es erfreulicherweise in Ingeldorf nicht viel –, ungemein peinlich, denn er fühlte sich dann gewissermaßen von ihr vor die Tür gesetzt, fühlte sich außerhalb der Zone ihres Denkens, kurz er mußte den peinlichen Eindruck haben, als habe sie den Hörer eingehängt. Diese Eigentümlichkeit des Sinnierens mochte ihre Ursache in trüben Erfahrungen ihres – immerhin noch nicht allzulangen – Lebens im allgemeinen und der Unerfreulichkeit ihrer Situation in Ingeldorf im besonderen haben. Sie war die Tochter – wenn auch nicht die einzige – eines nicht unvermögenden Geschäftsmannes. Sie hatte sich ein paar Jahre Studium in München ertrotzt und hatte dort, auch als der alte Geizhals ihr keine Unterstützung zuteil werden ließ, ausgehalten unter Umständen, deren nähere Einzelheiten sie nicht mitzuteilen pflegte, von denen sie aber doch im allgemeinen aussagte, daß sie den Hunger in seinen ekelhaftesten Formen kennengelernt habe. Diese Hungerjahre hatten zwar nicht äußerlich, aber in ihr Gemüt strenge und nicht auszulöschende Spuren eingegraben. Von diesem ihrem – vielleicht einzigen – großen Erlebnis konnte sie sich nicht ablösen, ihr Gemüt fühlte sich immer dadurch belastet, um so mehr als der Aufenthalt im engen, kleinbürgerlichen, geizigen Haushalt ihres Vaters sie bedrückte und ihre Gedanken wohl zeitweise mit dem Plan einer neuen Flucht in das Leben spielten, deren Ergebnis möglicherweise eine Wiederkehr in das Erlebnis des Hungers sein mußte. Den unvorteilhaften Eindruck, den Ingelore auf diese Weise machte, verstärkte sie durch das Hinzutreten einer weiteren in Ingeldorf als äußerst peinlich empfundenen Eigenschaft, durch einen unheimlich messerscharfen Verstand, mit dem sie die Dinge und Menschen überraschend schnell, ja gewissermaßen ohne zu überlegen, sezierte. Unangenehmerweise ließ Ingelore diese ihre hier mit Sorgfalt verzeichneten Eigenschaften nicht auf sich beruhen, sondern machte von ihnen Gebrauch. Sie schrieb. Soweit bekannt, waren es Aufsätze, Novellen und Theaterstücke. Gedichte lagen ihr offenbar nicht. Wenn man nun auch in Ingeldorf wenig zu lesen pflegte, so sickerte doch über ihr Treiben manches durch, zumal die Aufführung ihrer Theaterstücke in Berlin und München auf den Versuchsbühnen der literarisch interessierten Jugend Aufsehen erregt und ein lebhaftes Echo ausgelöst hatten, das, bei aller Anerkennung ihres Talentes, zumeist ihre Arbeiten ob ihrer Gewaltsamkeit und moralischen Bedenklichkeit verwarf. Ingelore, die den Aufführungen selber beigewohnt und sich dabei den Berliner Literatenbetrieb angesehen hatte, kehrte nicht gerade berauscht von ihren Erfolgen, aber doch im Vertrauen auf ihr Können in die geruhsame und ein wenig dumpfe Atmosphäre Ingeldorfs zurück, wo man ihr aber nun, nachdem sich auch die letzte ihrer schlechten Eigenschaften – ganz abgesehen von ihrem leider nicht näher bekannten Lebenswandel – offenbart hatte, mit unverhohlenem Mißtrauen begegnete, einem Mißtrauen, das, hätte Ingelore einige Jahrhunderte früher gelebt, ganz zweifellos dazu geführt hätte, daß man sie nach eingehendem und gründlichem peinlichen Verhör dem Henker überliefert und durch den Scheiterhaufen vom Leben zum Tode befördert hätte. Die fortgeschrittene Humanität der Menschheit ersparte ihr dieses Schicksal und beschränkte sich darauf, sie zwischen Mißtrauen, Ablehnung und üblem Klatsch gefangenzusetzen, so daß sie, von der frischen Luft eines bekümmerten und offenen Lebens abgeschnitten, der Gefahr des geistigen Erstickens entgegenging. Denn so sehr sie sich mit literarischen Dingen unter Schmerzen produzierend beschäftigte, sie konnte es nicht vermeiden – es bleibe dahingestellt, ob infolge der Übermacht der unglücklichen Situation oder der Schwäche ihres unglücklichen Menschentums –, daß sie in ihrer persönlichen Haltung immer mehr dem auf ihr ruhenden Bann erlag und sich den ungeschriebenen Gesetzen Ingeldorfs einfügte. Es ist schwer, über ihr Menschentum – da sie ja schließlich eine Frau war –, über ihr Weibtum besonders in dieser Zeit etwas auszusagen. Sie war zu klug, um ihren Lebenswandel öffentlich bekannt werden zu lassen. So kursierten nur mancherlei Gerüchte, die reichlich übel waren, deren Gültigkeit aber angezweifelt werden kann. Nur einige Freunde wußten aus ihrem eigenen Munde Näheres über sie. Diese aber schwiegen, weniger der kavaliermäßigen Geste wegen als in Erschütterung über das Schicksal dieses gewaltsamen Mädchens. Es ergab sich in späterer Zeit, daß Ingelore öfter mit dem Sohn eines kleinen, gleichfalls nicht ganz unvermögenden Geschäftsmannes auf der Straße und in den Lokalen der Stadt bemerkt wurde, was zur Folge hatte, daß nicht nur die Ingeldorfer Bevölkerung die beiden für verlobt hielt, sondern auch der junge Mann sich dem guten Glauben hingab, daß er sich mit Ingelore verheiraten werde. Der junge Mann war fleißig in der Firma seines Vaters tätig. Er hatte keinerlei literarische Beziehungen und Meinungen und sah, obwohl er Sport trieb und ein guter Schwimmer war, für sein Alter schon reichlich verbraucht aus. Es ist über ihn nicht viel auszusagen, als daß er Ingelore, soweit das möglich war, eifersüchtig bewachte. Sie wagte sich nicht mehr von ihm zu trennen, da sie fürchtete, daß ihn das zu tief verletzen würde. Und sie hoffte doch im stillen, ihn nicht heiraten zu müssen, was bei dem eigenartigen Charakter Ingelores wohl auch ihm zum Segen gereichen würde.«[207]

Zwei Bilder einer Frau, die sich mühelos zur Deckung bringen lassen und in der Doppelperspektive erst ihre ungewöhnliche Tiefenschärfe gewinnen. Was der Blick des Gegenübers in aller Schärfe offenbart, das ist die Rolle Ingelores in diesem Gemeinwesen Ingeldorf. Schon die Namengebung verbindet beide untrennbar. Ingelore ist ein Teil dieses Ingeldorf. Aber als wie verhängnisvoll, wie zerstörerisch ist diese Zusammengehörigkeit von Bodo Uhse schon fast visionär wahrgenommen, wie schrill die Dissonanz einer Frau mit messerscharfem Verstand, die sich *erlaubt*, davon Gebrauch zu machen, und sich an die Codices eines verordneten Lebenswandels nicht hält, mit dem Geist dieser Kleinstadt. Als warte man nur auf den Funken, der den Scheiterhaufen entzündet!

19 Briefe von Bepp Haindl an Marieluise Fleißer, seine »Luis«, sein »Lieb«, sein »Punny«, sein »Herzkätzchen« und schon bald seine Braut, sind aus den Sommermonaten 1928 erhalten. Das ist kein Mann der Verstellung, er offenbart sich hier bis tief ins Herz: ganz naiv, ganz Körper, wild begehrend, zärtlich besorgt, der Horizont ist eng gesteckt zwischen Sport und Wettkampf, Geschäft und seinem liebsten Herzl. August, September und Oktober flieht sie aus der »toten Stadt«, nimmt sich wieder ein ·Zimmer in München, alle paar Tage kommt ein Brief aus Ingolstadt: »[...] gestern Abend war ich noch beim Schwimmen, im M. T. V. 500 m. Hand über Hand wurde ausgetragen ich schwamm spielend leicht den ersten 30 m voraus, ich bin also nicht schlechter geworden wie du meinst ich hätte leicht noch 500 m schwimmen können wie geht's Deiner Arbeit bist Du zufrieden! Wegen mir kannst Du beruhigt Sein, ich bin froh, daß ich in Deiner Liebe das gefunden hab, was ich mir in den lezten Jahren im Traum nicht mehr glaubte, daß das möglich Sei! Restlos glücklich zu sein in dem Gedanken an Dich, es wird auch für uns noch die Zeit kommen, daß unser Kämpfen ein End nimmt jezt müssen wir immerhin zufrieden sein mit den Sekunden, die wir uns sehen und küssen dürfen, aber mach dir den Kopf nicht schwer um mich [...]«[208] Wie aufschlußreich wäre es, könnten wir den Ton hören, mit dem sie, die Dichterin, seine Herzensergießungen erwidert hat. Aber nicht ein Brief der Luis an ihn befindet sich im Archiv. Ist sie auf seinen Ton eingegangen? Die Liebes- und Leidensgeschichte dieses Paares bleibt in der Überlieferung asymmetrisch, von ihm bleibt die Komik, nicht selten die Lächerlichkeit.

Woran arbeitet die Schriftstellerin, womit versucht sie sich aus der Schlinge Ingolstadt zu retten?

Mehrmals taucht in Briefen ein Schreibvorhaben über die Sozialrevolutionärin Rosa Luxemburg auf. Am 15. Januar 1929 jährte sich der Tag von deren Ermordung zum zehnten Mal. Renato Mordo kündigt erwünschtes Material an, auch bei Bodo

Uhse hat sie sich nach Schriften von und über Luxemburg erkundigt. Interessant immerhin, daß sich auch Bert Brecht um 1926/27 mit dieser Frau beschäftigt, ein Stück über *Die letzten Wochen der Rosa Luxemburg* geplant hatte. Man könnte sich diesen Stoff durchaus als den Roman in »Tagebuchform« vorstellen, von dem sie Herbert Ihering schrieb, daß sie gespannt sei, was er dazu sagen würde. Aber welcher Aspekt an der Figur Rosa Luxemburg mag sie interessiert haben? Die intellektuelle Schriftstellerin? Die Jüdin? Die Revolutionärin? Die Terroristin? Die Verführerin der Massen oder die messianische Erlöserfigur? Teilte sie die Empörung über Luxemburgs Ermordung mit einer kleinen radikalen Minderheit oder die Genugtuung über die Beseitigung dieses gefährlichen Subjekts mit der überwältigenden Mehrheit ihrer Zeitgenossen bis weit ins liberale Lager? (Auch Rainer Werner Fassbinder übrigens wollte sich in einem Film Rosa Luxemburg annähern.) Jedoch scheint nichts zustande gekommen zu sein im Dunstkreis Bepps und Ingolstadts.

Brief auf Brief fiebert Bepp dem gemeinsamen Wochenende entgegen, und immer muß er sich Sorgen machen um ihre Gesundheit, immerzu ist von Katarrhen die Rede, von Schmerzen auf der Lunge. Dazwischen verschwinden die beiden zu einer kleinen Urlaubsreise ins österreichische Pörtschach, die erste Auslandsreise, »mein Punn es war wundervoll es erscheint wie ein Märchen«.[209] Er arbeitet wie wild, richtet sich endlich den eigenen Laden ein, kann es kaum erwarten, bis »Du bei mir im schönen sonnigen Zimmer arbeiten« kannst, »brauchst Dich nicht immer zu verkälten und hast wenigstens ein Heim, wo Du Herzlich willkommen bist!«[210] Die Aufnahmen der beiden in den Donauauen: Sie scheinen unbedarft miteinander glücklich und zufrieden zu sein, so selig und stolz strahlt er sein Luisl an, so brav lächelnd plaziert sie sich neben ihm im Faltenrock. Weitere Bilder zeigen das Brautpaar auf der Chaiselongue in Zylinder und Spitzenkragen, auf dem Weihnachts-Familienfoto 1928.

Ist das dieselbe Frau, auf die die Berliner Rundfunkzeitung *Die Funkstunde* ihre Hörer in der dritten Dezemberwoche 1928 aufmerksam macht? »18. Dezember 1928, 21 Uhr: Dichtung der Gegenwart: Marieluise Fleißer. Einleitende Worte Dr. Kurt Pinthus, Leseproben: Helene Weigel.«

Mit dem Beginn der Programmausstrahlung des ersten deutschen Rundfunksenders am 29. Oktober 1923 hatte eine neue Ära der Kommunikation begonnen und die Erfolgsgeschichte von der Verfügbarkeit über Unterhaltung, Wissen und Kunst. »An drei Millionen Apparaten hören drei Millionen Familien, d. h. zirka neun Millionen Menschen Radio«, jubelt Arno Schirokauer in *Literatur und Rundfunk*, einem Sonderheft der *Literarischen Welt* 1929 zum fünften Geburtstag des neuen Mediums, »Die Öffentlichkeit der Kunst hat einen nicht mehr übersteigbaren Grad erreicht«.[211]

Der Rundfunk wird in den folgenden Jahren für Marieluise Fleißer ein wichtiger Publikationsort werden und eine dringend notwendig Honorarquelle. Schon im November 1926 – und Feuchtwanger hatte zugehört! – hatte der junge und später so berühmte Schauspieler Ernst Deutsch in der Sendereihe *Die Stunde der Lebenden*, einem vielbeachteten Rundfunkereignis, die Erzählungen *Der Apfel* und *Das Märchen vom Asphalt* gelesen. Jeden zweiten Sonntag widmete sich die Reihe zeitgenössischen Autoren, und alles was Rang und Namen hatte und noch hat, wurde dort mit einer kleinen Einführung vorgestellt und kam selbst oder durch eine Rezitation zu Wort.

Kurt Pinthus, promovierter Germanist, Lektor des Kurt Wolff Verlags, längst bekannt als Herausgeber der Lyrikanthologie *Menschheitsdämmerung*, zählt zu den leidenschaftlichen Beobachtern und Kritikern all dessen, was sich auf dem Theater, auf der Leinwand, in der Literatur, in der Berliner Unterhaltungsszene der zwanziger Jahre ereignet. Und er hatte zu den ersten gehört, die Fleißers ungewöhnliches novellistisches Talent erkannten, ohne ihre Grenzen, zumal in der Dramatik, zu übersehen.

Pinthus beginnt raffiniert, nimmt seine Radiohörer mit auf die Suche nach dieser einsamen Dichterin, nach ihrem singulären Ton, schildert ihre isolierte Lebenssituation, nimmt sie behutsam in den Blick, beleuchtet da eine seltene Eigentümlichkeit ihrer Schreibbegabung, dort die gequälte Verklemmtheit und Unerlöstheit ihrer jugendlichen Helden (»In diesem unmittelbaren, direkten Ausdruck des Fühlens, Redens und Tuns solcher verwirrten, irrenden jungen Menschen ist sie nicht nur eigenartig, sondern einzigartig, vielleicht gar einmalig«) und hofft am Ende – vielleicht ein bißchen sehr pathetisch –, daß die »Wehe- und Anklagerufe dieser Einsamen, die für alle Einsamen der Welt ruft und klagt, durch Ihr Ohr in Ihr Herz dringt«.[212] Am folgenden Tag meint das *8 Uhr Abendblatt*: »Der Vortrag gab ein weit besseres Bild von dem Wesen der Dichterin, als selbst die Rezitation ihrer Novelle vermochte.« Im *Berliner Tageblatt* lobt Hans Philipp Weitz Pinthus' »recht kluge und liebe Worte für Marieluise Fleißer. Nach gebotener Kostprobe ist Pinthus' Entdeckung gerechtfertigt.«[213]

»Selten habe ich mich so intensiv für jemand eingesetzt wie für Sie in meinem Vortrag.« Mit solchen Worten begleitet Pinthus die Rücksendung ihrer Arbeiten, »hoffentlich wird sich nun ein Verleger finden, der Ihre Novellen druckt. Einige Manuskripte hatte ich übrigens noch von Brecht bekommen, darunter ein Exemplar von *Stunde der Magd* und dem *Englischen Garten*, die weit vollständiger sind als die Drucke, die Sie mir übersandt hatten.«[214] (Wie viele Umarbeitungen mag es da gegeben haben, nie ist Marieluise Fleißer mit ihren Arbeiten zufrieden, bis ins hohe Alter – und da ganz besonders – schreibt sie und kürzt an ihren Dichtungen weiter.)

Das ist eine schöne, breitenwirksame Würdigung für die ferne Autorin, aber die große Ehrung der Zunft, auf die sie sich zu Recht Hoffnungen gemacht hatte, bleibt erneut aus.

Zweimal stand Marieluise Fleißer auf der Liste der Kandidaten für den renommierten Kleist-Preis: 1926 auf Vorschlag von Herbert Ihering, 1927 auf Vorschlag von Arthur Eloesser.

(1932 wird sie ein drittes Mal auf der Kandidatenliste stehen, diesmal ohne Nennung eines Vorschlagenden.) 1928 war Hans Henny Jahnn der Vertrauensmann der Kleist-Stiftung. Unter 800 Einsendungen wählte er Anna Seghers Erzählung *Aufstand der Fischer von St. Barbara*. In seinem Rechenschaftsbericht zur Preisvergabe hebt Jahnn Fleißers schmales Werk, obwohl es in diesem Jahr nicht auf der Kandidatenliste steht, ausdrücklich hervor:

»Die Einsendungen des angeblich starken Geschlechts überwiegen der Zahl nach beträchtlich. Unter den Frauen ein paar starke Persönlichkeiten. Einmal die Preisträgerin. Daneben die Dramatikerin Marieluise Fleißer. Ihrer muß ich hier gedenken, weil sie nicht unter die lobenden Erwähnungen geraten ist, wiewohl sie es verdient hätte. Nur erklärbar aus der unmittelbaren Nähe sich kreuzender vielfacher Eindrücke, daß die früh gelesene im Hintergrunde stand. Es ist das einzige Unrecht, das mir hinterher bewußt geworden ist. Ihre Dramen sind ein Gewebe von feinen Adern und Äderchen. Eine Art Anatomie der Seele, die, da sie nicht so sehr im räumlichen Miteinander, als im zeitlichen Nacheinander sich darstellt, schwer zugänglich ist. Dabei sind die gesprochenen Sätze auf das knappste Maß gebracht. Ein wenig von dem Hauch Barlachs ist dabei. Religiosität noch in den Triebgefühlen. Da scheint es wie von heimlicher Krankheit durchzuschlagen. Das Vitale ist verschleiert. Aber nicht fettverbrämt – wie beispielsweise bei Alfred Brust. [...]

Die Frauen brauchen in der Versammlung nicht mehr zu schweigen. Wo sie beginnen, mit sich und anderen ins Gericht zu gehen, schlagen sie die Vorurteile der Männer. Es bleibt an ihnen das Geheimnis, das wir nicht in ihre Berufungen eintreten können, sie nicht in die unseren.«[215]

Der Regisseur Erich Fisch, der im November 1927 Brechts *Baal* in Kassel inszeniert hatte, zeigt warmes, einfühlsames Interesse für die *Pioniere in Ingolstadt*, plant zunächst, sie am Kleinen Theater Kassel, dann in Berlin zur Aufführung zu bringen, arbeitet mit Fleißer schon an einer modifizierten Fassung, die

die Mängel von Dresden beseitigt. Wieder kann sie sich Hoffnungen machen, wieder wird nichts daraus. Während in Berlin das Dreigroschenoperfieber grassiert (am Ende des ersten Jahres nach der Uraufführung sind es 4200 Aufführungen!), die Songs an jeder Ecke gepfiffen werden, muß Marieluise Fleißer in Ingolstadt fürchten, daß sich ihre literarische Karriere im Hausfrauendasein verliert.

VI. »Diese Frau ist ein Besitz«

In Berlin hatte Ernst Joseph Aufricht 1928 das Theater am Schiffbauerdamm, jenen pompösen Gründerzeittempel, übernommen
und, mit dem ersten Programm, eben der Brecht/Weill/Haupt-
mannschen *Dreigroschenoper*, auf phantastischen Erfolgskurs gebracht. Während die zweite Produktion, Peter Martin Lampels
Stück über die geheime Aufrüstung der Reichswehr, *Giftgas über
Berlin*, sofort nach der Uraufführung am 5. März 1929 von der
Polizei verboten wurde, arbeitete man schon an Fleißers *Pionieren*. Daß Brecht das Stück der Fleißerin nicht vergessen,
daß er daran vielmehr anhaltendes Interesse hat, bewies er bei
einem Rundfunkgespräch mit Herbert Ihering, Fritz Sternberg
und dem Intendanten Ernst Hardt am 11. Februar 1929 beim
Westdeutschen Rundfunk Köln. Thema: Neue Dramatik. Zwar
gibt es keine Aufzeichnung des Gesprächs, aber ein Typoskript
Brechts, das wohl die Vor- oder Nachbereitung festhält. Die Diskussion zielt nicht auf eine bloße Veränderung des bestehen-
den, sondern auf eine grundsätzlich andere Art von Drama,
»ja, eben das epische Theater«. Und Brecht ergänzt: »Ja, diese
Theorie vom epischen Drama ist allerdings von uns. Wir haben
auch versucht, einige epische Dramen herzustellen. Ich habe
Mann ist Mann, Bronnen hat den *Ostpolzug* und die Fleißer
hat ihre Ingolstädter Dramen in epischer Technik verfaßt.«[216]
Ein Brief des Arcadia-Verlages vom 2. März 1929 hatte die
Autorin über den Vertragsabschluß mit dem Schiffbauerdammtheater informiert. (Das von Marieluise Fleißer später oft genannte Telegramm von Brecht, das sie mit dieser Neuigkeit aus
der Ingolstädter Ruhe riß, ist nicht bekannt.) Sie fährt nach Berlin in ein verändertes, politisch scharf polarisiertes Klima und
findet einen politisch gewendeten Brecht vor. Er hatte in den
letzten Jahren »acht Schuh tief im *Kapital*«[217] gesteckt und seine
Hinwendung zum Marxismus vollzogen.
    Die Beziehung zwischen Aufricht und dem Polizeipräsidium

ist so gespannt wie die zwischen der gesamten Kulturszene und den Behörden. Mit § 118 der Weimarer Verfassung von 1919 war Meinungsfreiheit garantiert und eine Zensur in einem formalen Sinn abgeschafft, freilich geriet dieser Paragraph immer wieder in Kollision mit Werten wie Sittlichkeit, öffentliche Ordnung und Staatssicherheit, der Abwehr von ›Schmutz und Schund‹. Damit wird die Meinungsfreiheit im Laufe der Weimarer Republik immer weiter eingeschränkt. Am 25. Februar 1929 beschließt der Preußische Landtag in Berlin mit der Mehrheit der konservativen Parteien schärfere gesetzliche Maßnahmen zum Schutz der »Deutschen Kultur« und hebelt damit das Zensurverbot aus. Seither spielen die Zensoren verrückt – siehe *Giftgas über Berlin* –, und ein Aufschrei hallt durch die Feuilletons. Am Tag nach diesem Verbot veranstaltet die Preußische Akademie für Dichtung eine große Protestkundgebung gegen die Zensur, Alfred Kerr hält eine scharfe, flammende Rede gegen die staatliche Gängelung erwachsener Bürger in Sachen Religion, Politik und nun »Schamgefühl«: »Wir werden es nicht zulassen. Wir werden es nicht zulassen.«[218] *Krieg der Zensur!* ruft Herbert Ihering am 12. März 1929 im *Berliner Börsen-Courier* und fordert auf zu jeder Art von Unterstützung des neugegründeten »Kampfausschusses gegen Zensur«. Unschwer kann man sich vorstellen, wie nervös die Theaterstimmung in Berlin ist, als man mit Fleißers Stück an die Arbeit geht.

Jacob Geis, mit dem Brecht seit Münchner Kammerspielzeiten befreundet ist, übernimmt die Regie an der neuen Produktion, aber im Hintergrund mischt Brecht wie immer mit. In Zusammenarbeit mit Fleißer greift er getreu seiner Poetologie der permanenten Veränderung folgenreich in den Text ein. Das mehr als zwei Jahre alte Stück ist ihm ebenso ›Versuch‹, wie es ihm seine eigenen zeitlebens sind, Spielmaterial. Die gerügten Mängel der Dresdner Inszenierung sollen vermieden werden. Der Text schrumpft um etwa ein Drittel, die Handlung wird gerafft, vereinfacht, lange Dialoge stark gestrafft, die Personen werden schärfer karikiert. Das nette Happy-End mit zwei glücklichen Paaren à la Komödienstadl entfällt. Brecht und Fleißer nehmen gemeinsam an den Proben teil. Über die Probenarbeit selbst gibt es keine Dokumente.

Auf das Konto der Regie gehen all die Zutaten, die die Aufführung für einen Teil des Publikums und der Presse zum Skandalon machen: Uniformen, die dem Stück das Kolorit der Zeit vor dem Ersten Weltkrieg geben (und damit Fleißers Küstriner Pioniere in bayerische aus der Ingolstädter Pioniergarnison verwandeln, deren Abschaffung 1918 noch immer als bittere Wunde alle traditionsbewußten Ingolstädter schmerzt), die Verschärfung der Militärsatire und vor allem jene Szene, in der sich das abspielt zwischen Korl und der Berta, was sie so sehr enttäuscht. Die Besetzung ist erstklassig: Hilde Körber (Berta), Lotte Lenya (Alma), Albert Hoerrmann (Korl), Peter Lorre (Fabian); das bewunderte Bühnenbild stammt von Caspar Neher. Ganz moderne technische Bühnenmittel wie Diaprojektionen von alten Ingolstädter Postkartenansichten mit der Überschrift »Besucht Ingolstadt!« sorgen für Aufsehen. Im Programmheft *Das Stichwort* stichelt Brecht schon mal ein bißchen gegen die Provinzempfindlichkeiten:

»Das Lustspiel *Pioniere in Ingolstadt* stellt die Sitten und Gebräuche im innersten Bayern dar. Man kann an ihm sehr gut gewisse atavistische und prähistorische Gefühlswelten studieren. So ist die Urform der Liebe in ihm, wie eine gewisse Urflora in Kalkformationen, noch ziemlich rein erhalten geblieben. Brecht«[219]

Wenn in den folgenden Tagen das Drama von der Bühne ins richtige Leben überspringt, so ist es für die Rekonstruktion der Ereignisse wichtig, säuberlich die Legenden von den Fakten zu scheiden und für ihre Darstellung die Chronologie nicht aus den Augen zu verlieren.

30. März, Samstag

Die Premiere der *Pioniere in Ingolstadt* im Berliner Theater am Schiffbauerdamm wird ein beachtlicher Erfolg. Ernst Joseph Aufricht erinnert sich 1966 noch einmal dieser aufregenden Tage: »Die Aufführung von *Pioniere in Ingolstadt* halte ich für meine gelungenste. Caspar Neher, der größte Bühnenbildner meiner Zeit, hatte eine transparente Luft gezaubert, in der eine Brücke entstand, die realistisch von den Pionieren Stück für Stück zusammengesetzt wurde. Die Regie war so leise, daß man keine bemerkte.

Die Fleißer schreibt nicht im bayerischen Dialekt, sie schreibt in der bayerischen Diktion, echt in ihrer Poesie und echt in ihren realen Zustandsschilderungen. Das Publikum hatte Verständnis für diese Eigenart, war aber an sexuelle Direktheiten noch nicht gewöhnt. Als die schwarze Freche sich auf einem Friedhof mit dem Feldwebel verging, entstand Unruhe. Als in einer späteren Szene die schüchterne Blonde mit einem Soldaten in eine mit einer Plane verhängten Gerätekiste kroch, als die Kiste zu zittern begann, protestierten Zuschauer mit ›Pfui‹, wurden aber

Anzeige für die Eröffnungsaufführung von »Pioniere in Ingolstadt« im *Hamburger Fremdenblatt* vom 14. September 1929. Der Name der Autorin wird nicht genannt.

von anderen durch Zischen und ›Ruhe‹-Rufen zum Schweigen gebracht. Im letzten Bild stellen die Pioniere dem unbeliebten Feldwebel eine Falle. Er fällt in den Fluß. Triefend naß kommt er auf die Bühne. Er trillert auf seiner Pfeife, die Soldaten treten zum Strafexerzieren an einem langen Balken an und schultern den Balken. ›Knie beugt! Knie streckt! Knie beugt!‹ Er sucht sich einen aus, tritt ihn in den Hintern und brüllt: ›Tiefer! Tiefer! Wohl die ganze Nacht Familienstrumpf geweicht!‹ Minutenlang randalieren die Zuschauer. Zeitweise glaubte ich, man könne nicht weiterspielen.

Als der Vorhang fiel, hielten Applaus und Ablehnung sich die Waage.«[220]

31. März, Ostersonntag

Das Inszenierung hat – es konnte in diesen Tagen gar nicht anders sein – den Unwillen der Behörden erregt. Der Vorwurf: anstößig offene Sexszenen und die angebliche Verhöhnung des Militärs. Zuständig in Fleißers Fall ist der stellvertretende Polizeipräsident von Berlin, Bernhard Weiß. Daß er Sozialdemokrat ist und jüdischer Herkunft (und bald brutalsten Antisemitismus am eigenen Leib zu spüren bekommen wird), tut seinem Sauberkeitseifer keinen Abbruch. Er verlangt Streichungen, andernfalls werde das Stück ganz verboten. Also verlegt man die Intimitäten von Karl und Berta auf dem Friedhof hinter einen Grabhügel, tilgt die Deflorationsszene in einer rhythmisch wackelnden Kiste (die der Rezensent der *Neuen Freien Presse* unschwer als das Klohäuschen identifiziert), und »beim Strafexerzieren ist der Tritt in den Hintern und der darauf folgende Satz gestrichen«.[221] Allabendlich bis zum 8. Mai wird das Stück in dieser Fassung über 40mal gespielt, schließlich nur abgesetzt, weil das nächste Programm schon verabredet ist.

Der *Berliner Börsen-Courier* bringt eine große Sonntagsbeilage zum Thema *Das Theater von morgen*. Arrivierte und junge, linke und rechte Autoren melden sich zu Wort, u. a. Fritz von Unruh und Carl Zuckmayer, Arnolt Bronnen, Peter Martin

Lampel, Georg Kaiser, Ernst Toller, Bertolt Brecht und – als einzige Dramatikerin – Marieluise Fleißer. »Sitten und Gebräuche an Hand von Anlässen« seien ihr die wichtigsten Stoffe, sei es als »Invasion fremder Elemente in einer alten Stadt« oder »die Technik des heutigen Umgangs unter den Geschlechtern [...] Stoffe dieser Art verlangen im Gegensatz zur analytischen die synthetische Form des Dramas, im Gegensatz zum natürlichen das naive Sehn [...] Nicht Milieu, sondern bereits Tacitus.«[222]

1. April, Ostermontag

Aufführung der ›gereinigten‹ *Pioniere in Ingolstadt* im Theater am Schiffbauerdamm, ohne Störung: »In der ganz zuletzt vorliegenden Fassung (für den freien Gebrauch aller deutschen jetzt zugelassenen Republikaner) gab es, nach verläßlicher Mitteilung, sechzehn ›Vorhänge‹. Will sagen: sechzehn Mal danken wollten die Leute. Somit scheint es ein großer Erfolg zu sein. Es träfe die Richtige.«[223] In der Tat, ein großartiger Erfolg in der Metropole, auf den Marieluise Fleißer lange genug hat warten müssen.

2. April, Dienstag

Marieluise Fleißer hat reichlich Zeitungen zu lesen: In allen großen deutschen Blättern wird die Aufführung vorgestellt. Und so polarisiert wie das politische Klima der Zeit sind die Urteile. Die Besprechungen der tonangebenden Kritiker sind zustimmend, des Lobes voll, gelegentlich begeistert; am meisten gefürchtet und überraschenderweise am enthusiastischsten äußert sich Alfred Kerr im *Berliner Tageblatt*, mit furiosem Auftakt: »Für den ersten Eindruck nach der Vorstellung ergab sich folgender Wortlaut: ›Eine der stärksten Begabungen des jüngeren Geschlechts malt hier, unerschrocken, Heimatzustände. Sicher im Sprachlichen (Billiger im Satirischen.)

Ihr Werk, in einer schieren Darstellung, wurde mit starkem Klatschen begrüßt, auch bepfiffen: doch von beiden Gruppen geschmeckt und belacht.‹« Kerr sieht sein erstes, drei Jahre zurückliegendes Urteil über Fleißers Talent bestätigt: »Die Fleißer und (auf anderem Feld) Walter Mehring sind von den Jüngeren die stärksten Könner. [...] Marieluise Fleißer hat eine Sprachkraft. Gespräche, so gleich im Anfang zwischen den Dienstmädeln Alma und Berta: wunderbar. Man trinkt das [...] Diese Frau ist ein Besitz. Sie macht hier auch kostbar jenes Leersprechen in mancher Tiefenschicht, voll inhaltsarmer Wiederholung und Nichtweiterkönnen. Alles von ihr wie am Zipfel gepackt. [...] Prachtvoll bleibt sie. Wertvoll bleibt sie. [...]« Flehend fast wehrt er sich gegen Zensureingriffe: »Sollen Werte dieser Art von einer Kryptozensur bedrängt werden? Bitte nicht! [...] Wenn einer malen will, wie's zwischen Dienstmädeln und Soldaten in Bayern zugeht: so muß er halt malen dürfen, wie's zwischen Dienstmädeln und Soldaten in Bayern (oder außerhalb Bayerns) zugeht. [...] bitte nicht. Nicht! Nicht! Nicht!«

Fleißers Ingolstadt ist Kerr unheimlich. Als ahne er schon das Gewitter, das über Fleißer niedergehen wird, lädt er in preußisch-eitler Süffisanz und unverhohlener Schadenfreude die elektrische Spannung noch auf: »Sie wehrt sich gegen den Heimatsort: so für sie das Fegefeuer ist. Ehrenbürgerin von Ingolstadt wird sie nicht. Im Gegenteil: vielleicht Ursach' diplomatischer Verwicklungen zwischen Bayern und Preußen; so daß (könnt' man fürchten) der blauweiße Gesandte behufs Einschreitung einen dienstlichen Besuch im preußischen Ausland zu machen, ja, vorstellig zu werden hat. Ehrenbürgerin wird sie nicht.«[224]

Herbert Ihering wendet sich im *Berliner Börsen-Courier* (nachgedruckt im *Frankfurter General-Anzeiger*) scharf gegen die Zensureingriffe: »Dahin ist es also gekommen, daß nach einer Premiere die Polizei sofort Anstoß nimmt. Was 1928 in Dresden unbeanstandet aufgeführt werden konnte, darf 1929 in Berlin nicht durchgehen. Das ist die Entwicklung eines Jahres. Dabei spielte die Komödie von Marieluise Fleißer, wie sie geschrieben ist, bei der Dresdner Uraufführung in der Nachkriegszeit. Für die Berliner Vorstellung war sie vor den Krieg gelegt. Fürchtete man Konflikte mit der Reichswehr? Das Stück hat keine Tendenz. Gegen das Militär fällt nicht ein Wort.« Iherings behutsame Einwände gelten allenfalls der seiner Meinung nach zu »abendschweren« Aufführung dieser »zauberhaften Kurzkomödie«.[225]

Im *8 Uhr Abendblatt* spielt Kurt Pinthus den Anwalt der Dichterin Marieluise Fleißer gegen die Inszenierung und damit gegen die drohende Zensur. »Es geht um eine Dichterin ... dafür lege ich nicht nur eine Hand, sondern beide Hände und Füße ins Feuer. [...] Der Marieluise Fleißer gab ein Gott zu sagen, nicht was sie leidet, sondern was armselige, weltferne, junge Menschen leiden, die nicht selber ihr Leid und ihre Lust ausdrücken können.« Der Regie wirft er nun eine Karikierung dieser Charaktere vor, die das Stück damit von Anfang an auf einen falschen Grundton gestimmt hätte. »Das Publikum lachte zu viel, weil der Regisseur es zu viel lachen machte; es lachte auch an falschen Stellen und nahm Anstoß an einer Erotik, die natürlich komisch und grausig wirken muß, aber nicht anstößig wirken darf.«[226]

Auch mit der Besprechung in der *B. Z. am Mittag* kann die Dramatikerin überwiegend zufrieden sein.

Der ihr stets zugetane Arthur Eloesser bemüht sich in der *Vossischen Zeitung* fast angestrengt, die Qualitäten der Autorin herauszustreichen, aber so recht glücklich ist er mit dem Stück nicht, erst recht nicht mit der Regie von Jacob Geis: »Die Regie hat das Stück nicht nur auf eine Munterkeit abgerichtet, die es durchaus nicht aufbringen konnte, sondern auch auf eine Gesinnung, die es wenigstens in der Hauptsache nicht vertreten will. Man spitzte es auf die fast unvermeidliche Tendenz des Antimilitarismus zu, die auch durch den unausbleiblichen Beifall ausgezeichnet wurde.«[227]

Aber da liegt noch ein anderer Stapel druckfrischer Zeitungen, die konservativen, klerikalen, deutschnationalen Blätter, die jede Gelegenheit aufgreifen, gegen die Republik, gegen das System zu stänkern, die *Berliner Börsen-Zeitung* zum Beispiel. Darin muß sich die Dramatikerin vom Kritiker Julius Knopf fragen lassen: »Wie mag es wohl um die Psyche Marieluise Fleißers beschaffen sein, die diese derbsexuellen Bilder von ›Soldaten und Dienstmädchen‹ gezeichnet hat? Vielleicht, daß Fräulein Fleißer sich der Meinung hingibt: Je gemeiner, desto feiner! (für den Bühnenerfolg).« Plump macht sich der Kritiker über den Vornamen an die Autorin heran und unterstellt ihr Übles: »Marieluise hat sich diesmal geirrt, ihre Kalkulation erwies sich als falsch, ihre Spekulation als verfehlt. [...] Die Ingolstädterin schenkt sich und uns nichts. Und serviert das obszöne Geschenk in primitivster Art. [...] Unnütz vertane Arbeit! Denn es ist anzunehmen, daß infolge mangelnden Publikumsinteresses die Ingolstädter Pioniere vom Schiffbauerdamm sehr bald abmarschieren werden.«[228] Nun, da irrt sich Herr Knopf.

Noch schlimmer kommt es im *Berliner Lokal-Anzeiger*, und unverkennbar wird da eine Melodie intoniert, die ein paar Jahre später zum alles übertönenden Lärm wird: »hinterhältige und verwerfliche Beschmutzung«, »eine aus der Art geschlagene Frauenphantasie«, »ein übler Tendenzgestank«. Der Kritiker Franz Servaes, der schon im Kaiserreich, 1894, getönt hat: »Jahrzehntelang haben unsere Frauen an erster Stelle dazu beigetragen, den Geschmack in Deutschland zu verderben«,[229] hat hier seiner empörten deutschnationalen Männerseele Luft gemacht: »Das hat uns gerade noch gefehlt! Wo war bisher die deutsche Frau radikalster Observanz, die sexuelle Aufklärung mit Verhöhnung nationaler Eigenarten zu einem lieblich duftenden Bukett zusammenband? Mit *Marieluise Fleißer* aus Ingolstadt in Bayern ist sie uns endlich geschenkt! Vor diesem alles zersetzenden Frauengemüt hält keinerlei Wert noch Sitte stand. In alles gießt sie ihre Jauche hinein und wähnt damit, ein Werk der geistigen Befreiung zu tun. Wo der niedrigste Mann noch eine Anwandlung von Scham und Respekt verspürt, da findet sich ein Weib, das die letzten Rücksichten von sich abstreift! Und ebenso eine Bühne, die es vorzusetzen wagt. [...] Und die sogar Leute fand, die ihr zujauchzten!«[230]

Dr. Richard Biedrzynski, Kulturredakteur der *Deutschen Zeitung*, legt an wüstem Chauvinismus noch eins drauf und schürt schon mal den Zorn in Ingolstadt: »Für diese Mitbürgerin wird sich Ingolstadt kräftig bedanken. Berlin aber hat seinen runden und netten Theaterskandal am Ostersonnabend, ein Pfeifen-Konzert mit Reklame für ein Dreckdrama. [...] Die Verfasserin will an Ingolstadt ›gewisse atavistische und prähistorische Gefühlswelten‹ studieren, steckt aber selbst – *eine schlimmere Josephine Baker der weißen Rasse* – in dem dicksten sexuellen Ur- und Affenwald. [...] Das Asphaltparkett von Berlin wiehert über die Provinz.«[231] Bald wird der Rezensent für den *Völkischen Beobachter* schreiben.

Spät an diesem Tag kann die derart ins Gerede gekommene Dramatikerin – gewiß nicht ohne Beklommenheit – noch lesen, was der sozialdemokratische *Vorwärts* in seiner Spätausgabe *Der Abend* über ihr Stück berichtet: Satirisch Kritisches, und die Kritik nimmt sich als Protagonisten Ingolstadt vor: »Das Stück fängt so lustig an, wirklich mit einem Durchzieher in das bayerisch-nationale Großmaul hinein. Wir sehen gleich am Anfang, wie zelotisch versteckt-lüstern und miserabel heuchlerisch dieses bayerische Krähwinkel ist. Es wird unter dem Auge der Dichterin der Krähwinkel sogleich zum Weltwinkel des Satirischen. Man fängt an, sich den Bauch vor Gelächter zu halten. Bald muß man gähnen, wenn es weiter geht.«[232] Aber der Kritiker Max Hochdorf meint natürlich mit Krähwinkel jedweden spießigen Unort!

3. April, Mittwoch

Neuer Ärger: Der Marieluise Fleißer sonst wohlgesonnene Bernhard Diebold von der liberalen *Frankfurter Zeitung* verstärkt die kritischen Stimmen, er mißversteht das Stück als »Satire gegen anno dazumal«, als »historisches Drama« und hält es deshalb für hoffnungslos überholt. Ärgerlich, daß er seine Kritik gerade an jenen Zutaten und Regieabsichten ansetzt, die wohl von Geis und Brecht, nicht von der Autorin stammen.

Bernhard Diebold gilt durch seine Studie *Anarchie im Drama*, die 1929 gerade die vierte Auflage erlebt, als Spezialist für das expressionistische Theater und wird Brechts Projekt des epischen Theaters äußerst skeptisch verfolgen. Seine Kritik richtet sich unzweideutig gegen die Brecht-Clique:

»Der satirische Ton – wo zielt er hin? Wir waren gespannt auf die im Motto des Programms versprochene *Prähistorie* der Urliebe. Und wir machen dann im Anblick der neun Bilder die ausgezeichnete Entdeckung, daß die allerneueste Berliner Erotik sich vor der angeblich vorsintflutlichen Provinz-Erotik Bayerns nur im Vokabular der Ausdrucksweise ein wenig unterscheidet. Wir finden plötzlich, daß die Sexualität unter konsequenter Ausschaltung der sog. Liebe aus der Welt unserer Dienstmädchen von 1890 nun zum Gemeingut unserer Damen von 1929 geworden ist. Daß die balzenden Pioniere von einst sich von den Smokings von jetzt nur durch die Uniform unterscheiden. Daß man heute unter den mondänen Liebesleuten genau so viel oder so wenig durch die Blume spricht, wie damals in Ingolstadt durch die Urflora. Dort wie hier: Sexualität ohne Erotik.

Man könnte daher fragen, ob sich die Ironie der Autorin Marieluise Fleißer wirklich gegen die prähistorischen Zustände von 1890 wendet oder gegen jene allzuähnliche Sexualbewegung des Kurfürstendamms unserer mit Recht so beliebten Gegenwart? Die Frage geht nach der geistigen Berechtigung zur Ironie. Denn jede Ironie hat eine satirische Pfeilspitze – eine feindliche Richtung, aus deren Verlauf der Standpunkt des Schützen errechnet werden muß. Wenn dieses Fräulein Fleißer, wie nach den starken Unbedenklichkeiten ihrer Sprache anzunehmen ist, im Lager des modernen Liebeskommunismus liegt, so hat sie auch nicht das leiseste Recht, das Liebesleben der Ingolstädter Pioniere und Dienstmädchen der lachenden Satire auszuliefern. Sonst fällt die bayrische Rückständigkeit auf sie zurück. Aber vielleicht sagt Marieluise, daß ihr viel weniger an Satire als an harmlosem »Lustspiel« liegt: weil die Menschen eben überall so seien ... [...].«[233]

Theaterfoto der Berliner »Pioniere«-Inszenierung 1929
(Atelier Lotte Jacobi)

Paul Fechter wird in der *Deutschen Allgemeinen Zeitung* noch deutlicher: »Gegen den Schluß dieser angeblichen Komödie äußert der etwas schwachsinnige Sohn des Vertreters der Ingolstädter Bürgerschaft wutentbrannt: ›Die ganze Rasse muß weg!‹ Der gepeinigte Zuhörer äußert ähnliches während des ganzen Abends mit Bezug auf die Verfasser dieser und ähnlicher Dichtungen [...].« Das ist der schauerliche Auftakt für eine »deutsche Kultur«, die bald gerne von »liquidieren« u. ä. sprechen wird. »Ein Volksstück ist geplant, ein Soldatenstück – von einer Frau, die erstens keinen Funken von Instinkt für wirkliches Volkswesen hat und überdies als Frau bei einem Thema wie diesem fehl am Platze ist. Die Welt des Militärs, der richtigen Männer, ist eine sehr ordentliche, anständige Welt – auch wenn es dort sehr wenig literarisch und dafür etwas derb und animalisch zugeht. Es ist eine Welt für Männer, gestaltbar nur durch Männer – einer Frau unzugänglich, eben weil es die Welt ohne Weiblichkeit ist. [...] Das Ergebnis ist Katastrophe, literarisch wie menschlich.«[234]

Daß von der *Neuen Preußischen Kreuzzeitung*, einem erzkonservativen Blatt, nichts Zustimmendes zu erwarten war, konnte man sich denken. Unter der Überschrift »Konzentrierte Widerwärtigkeit!«[235] beschimpft sie Autorin, Stück und Inszenierung ebenso, in »konzentrierter Widerwärtigkeit«.

In all diesen Verrissen entlädt sich der diffuse Zorn des Chauvis auf die ›Asphaltkultur‹, auf die Militärparodie, die das empfindlich angeschlagene nationale Selbstgefühl trifft, auf die selbstbewußte, schöpferische Frau, kurz »die Kollektivneurose« des deutschen Mannes. Eine Frau – und das macht die Pamphletisten so über die Maßen wütend – ist im Grunde in einer solchen Auseinandersetzung gar nicht ›satisfaktionsfähig‹.

4. April, Donnerstag
In Ingolstadt ist der Teufel los. Kein Ingolstädter Journalist war in Berlin, niemand hat die Aufführung gesehen, über die Kritik eines Alfred Kerr oder eines Herbert Ihering hätte man sich vielleicht nicht weiter aufgeregt (das kommt erst später!). Erst indem das Stück in die Krallen des Parteiengezänks gerät, wird es so richtig zum Skandalon. Die im Berliner *Abend* und in den regionalen Blättern des *Vorwärts* (z. B. auch in der *Fränkischen Tagespost*) abgedruckte und durchaus kritische Besprechung von Max Hochdorf wird – falsch verstanden – zum Fels des Anstoßes, in dem auf groteske und also doch krähwinkelhafte Weise auf das reale Ingolstadt kurzgeschlossen wird, etwa so: Die SPD und die Fleißer und Berlin schütten ihren Spott aus über das angeblich moralisch verkommene und militaristisch verblödete Ingolstadt.

Der Kritiker der *Berliner Illustrierten Nachtausgabe*, Eric Krünes, macht sich einen Scherz und packt seinen schneidenden Verriß in die Form eines offenen Briefes voller persönlicher Niederträchtigkeiten gegen die Autorin:
»An den Bürgermeister von Ingolstadt!
Sehr geehrter Herr!
Ein junges Mädchen Ihrer Stadt, der die Kochschule nichts Interessantes bot, hat zu dichten begonnen. Es würde uns nichts angehen, wenn sie es nur in der Heimat täte. Aber sie läßt ihre Stücke auch in Berlin spielen. [...] Also Marieluise Fleißer dich-

tet. In Ingolstadt und über Ingolstadt« usw. mit genußvoller Häme, »Pornodramatisches zwischen Kulissen [...]. Verspottung der Provinz; Ingolstadt als idiotisches Nest; Soldaten als Schweinehunde [...]. Aber rufen Sie doch die Dichterin zurück! Verheiraten Sie das Mädel, vielleicht gibt sie dann das Stückeschreiben, das eine Folge ungelöster Komplexe zu sein scheint, auf! Binden Sie ihr die Hände, damit sie keinen Federstiel mehr in die Hand nehmen kann! [...]«[236]

Mit heller Empörung und tief beleidigt zitieren das rechtsnationale *Ingolstädter Tageblatt* und die katholisch-konservative *Ingolstädter Zeitung* unter der Überschrift »Ingolstädter und ehemalige Pioniere – wählt sozialdemokratisch!« am 4. April Krünes' ›Brief‹ und mit einem Hieb gegen den sozialdemokratischen Reichsinnenminister Severing die Kritik der SPD nahen Presse.

Daß der Kiepenheuer Verlag und Marieluise Fleißer an diesem Tag den Vertrag über einen Novellenband abschließen, kann kaum die direkte Folge des Ruhms sein; die Planung für die Buchveröffentlichung, für die die Autorin seit 1925 vergeblich eine Möglichkeit suchte, mag aber wohl mit der bevorstehenden Aufführung der *Pioniere* zusammenhängen.[237]

5. April, Freitag
Die Aufführung wird zum Politikum. Dem NSDAP-Organ *Der Donaubote* ist der vom Zaun gebrochene Skandal ein gefundenes Fressen, läßt er sich doch prächtig für die eigenen Zwecke instrumentalisieren. Mit dem Stück hat er kaum noch etwas zu tun:»Eines ist vor allem not und das ist, daß die bayer. Volkspartei der marxistischen Reichsregierung das Vertrauen entzieht, das sie unlängst derselben ausgesprochen hat und damit den Nationalsozialisten in ihrem Kampf gegen den Marxismus in den Rücken gefallen ist. Dazu kann unser bayer. volksparteilicher Oberbürgermeister den Impuls geben, wenn nicht, bleibt die ganze geräuschvolle Aktion ohne Wirkung und war ein Versuch am ungeeigneten Objekt und das ist in diesem Falle In-

golstadt.«²³⁸ Ehrlicher kann man gar nicht sagen, worum es in Wahrheit geht.

Täglich folgen weitere böse Artikel in den Ingolstädter Zeitungen. Schon ist es ein Fall für den Ingolstädter Stadtrat.

6. April, Samstag

Im neuesten Heft des *Tage-Buchs* kann man sich nun auch über Alfred Polgars Kritik mit seinen berühmt raffinierten Formulierungen amüsieren, freilich wohl kaum die Ingolstädter ›Saubermänner‹, heißt es doch bei Polgar: »Held des Spiels ist der Geschlechtstrieb. Und zwar der bayrische.« Und dann zitiert er – als Respons und Persiflage auf die Leuchtschrift auf dem Bühnenvorhang »Besuchet Bayern und seine Bewohner!« – den längst schon zum geflügelten Wort geadelten Appell Tucholskys: »Meidet Bayern!«²³⁹ Das ist natürlich Öl ins Feuer des Ingolstädter Zorns.

Aus Ingolstadt geht folgende Meldung an den Deutschen Städtetag:

»Herr Oberbürgermeister Dr. Gruber hat nach Erhalt der Berliner Kritiken des Stückes von Marieluise Fleißer *Pioniere in Ingolstadt* folgenden Protest namens des Stadtrates in mehrfacher Ausfertigung an den Deutschen Städtetag in Berlin zur Weiterleitung an das Innenministerium, an das Polizeipräsidium und an die Presse gesandt:

›Protest‹

›Gegen das gemeine Machwerk der Schriftstellerin Marieluise Fleißer *Pioniere in Ingolstadt*, wodurch Ingolstadt und seine Einwohnerschaft und die ehemalige Pioniergarnison aufs schwerste beleidigt und verhöhnt wird, erheben wir feierlichst [!] Protest. Ebenso protestieren wir gegen die weitere Aufführung dieses Schmähstückes, schließlich protestieren wir auch gegen die Art und Weise der Besprechung dieses Fleißer'schen Schandstückes im *Vorwärts.*‹ Ingolstadt Stadtrat«²⁴⁰

»Womit die Welt nun zweifellos davon überzeugt wird, daß Ingolstadt und Umgebung ein wahres Keuschheitsparadies ist!«²⁴¹

Mit solchen und ähnlichen Kommentaren geht die Meldung an Millionen Leser im In- und Ausland und – wie sollte es anders sein – als Bumerang nach Ingolstadt zurück. »Nie hat man gehört, daß Engländer Protest erhoben hätten gegen den Export englischer Bühnenstücke«, spottet E. H. [Ernst Heilborn] in der Zeitschrift *Die Literatur* über *Die humorlose Stadt*, »in denen die englische Gesellschaft ein fragwürdiges Gesicht zeigt.

Aber vielleicht hätte auch Bayern nicht Protest erhoben, wären die *Pioniere in Ingolstadt* nicht in Berlin, sondern in London aufgeführt worden.«[242]

Gegen diesen Beschluß haben übrigens nur die kommunistischen Stadträte gestimmt, die Sozialdemokraten haben sich enthalten.

7. April, Sonntag

Schon in den Sonntagszeitungen ist der Ingolstädter Protest veröffentlicht. In der *Süddeutschen Sonntagspost* erscheint dagegen ein liebevoll-einfühlsames Porträt (mit Foto) der Dramatikerin von René Kraus: *Dienstmädchen und Soldaten oder Die Louis' aus Ingolstadt erobert Berlin.*

»Ihre dunkle Altstimme [...] klingt selten genug auf. ›Ich bin nicht sehr redegewandt‹, meint sie im Gespräch, das wahrscheinlich das erste Interview ihres Lebens ist. ›Wissen S‹, das ist alles ein bisserl schwer ...‹ Sie ist in den Berliner Bühnenbetrieb mit dem Schnellzug dritter Klasse unmittelbar aus der Kleinbürgerlichkeit von Ingolstadt geplumpst.« Sie erzählt von ihrer Kindheit, von ihren Schreibanfängen, ihren Stoffen: »Die Louis' will nur Volksstücke schreiben. Andere, als sie bisher geschrieben wurden. Lebendigere, aufrichtigere, schonungslosere. [...] Warum soll auf der Bühne immer nur von wohlerzogenen Leuten die Rede sein und von angenehm temperierten Konflikten? [...] Marieluise Fleißer hat übrigens, wenn's irgendwie geht, nicht die Absicht, die engere Heimat zu verlassen. Zu eng fühlt sie sich in ihrer ganzen Art mit der bayerischen Kleinstadt verbunden.« Als sie von René Kraus interviewt wurde, da konnte sie noch nicht ahnen, was sich da über ihrem Haupt an Schmutz und Häme zusammenbraute.

Und noch ein Lichtblick, eine ausführliche, die umfangreichste Ehrenrettung: In der Wiener *Neuen Freien Presse* prüft Paul Goldmann sehr genau die Vorwürfe gegen die Dramatikerin. »Doch die Hauptfrage ist, ob sie der künstlerischen Aufgabe, die sie sich gestellt hat, gerecht geworden ist, und diese Frage muß bejaht werden.« Verstöße gegen den gesellschaftlichen Anstand sieht er der Wahrhaftigkeit der Kunst geschuldet, unanständiger sind »die Besucher, die allabendlich das Theater am Schiffbauerdamm füllen, [...] weil sie erotische Begebenheiten stärksten Grades erwarten«. Und nach Ingolstadt gerichtet kann er nur beruhigen: »Das Drama von Marieluise Fleißer tut dem guten Ruf von Ingolstadt keinen Schaden.« Der Kollege vom *Neuen Wiener Journal*, am selben Tag, ist nicht minder angetan, auch wenn er die »Soziologie« darin »zu primitiv« findet, die Autorin jedenfalls ist für ihn »ein sehr kühner Mensch und dabei eine sehr ursprüngliche Wortschöpferin«.

8. April, Montag

Der Redakteur des *Frankfurter General-Anzeigers*, Fritz Peters, selbst gebürtiger Ingolstädter, hat die oberbürgermeisterliche Schmähung gelesen und verwahrt sich in einem Brief an Dr. Gruber gegen die völlig überzogene Protestaktion, verweist auf die vorzüglichen Kritiken, auch in seiner Zeitung. »Die junge Dame hat mit *Fegefeuer* und *Pioniere* eine Werbetätigkeit für unsere Stadt entfaltet, die nicht hoch genug eingeschätzt werden kann. [...] Ingolstadt soll froh sein, dass es in seinen Mauern ein derartiges Talent beherbergt, das hoffentlich bald mit einem neuen Werk mit Ingolstadt als Hintergrund herauskommt. Eine Schädigung Ingolstadts entsteht nur dann, wenn die einheimische Presse in durchaus inobjektiver oder parteipolitischer und gehässiger Form dazu Stellung [unleserlich].«[243]

9. April, Dienstag

In Berlin ist man noch immer zornig über die Zensureingriffe durch die Polizeidirektion, wie im Falle Lampels, im Falle Musils mit seinem Stück *Die Schwärmer*, wie zuletzt im Falle Fleißers. In der *Weltbühne* spricht Harry Kahn mit großer Entschiedenheit der Polizei jegliches Recht auf Präsenz im Theater ab: »Wer für Fäkalien auf der Bühne keinen Sinn hat, kann den Damen seiner Bekanntschaft sagen: ›Geht da nicht hin, da wird starker Toback geraucht!‹ (und dann werden sie erst recht hingehen) [...] die Polizei hat auf der Bühne nichts zu suchen. Sie mag die Anfahrt vorm Theater regeln und die Regenvorrichtung im Theater prüfen – von dem, was sich von acht bis elf zwischen Rampe und Rundhorizont begibt, hat sie die Finger zu lassen.«[244] Marieluise Fleißer hat mittlerweile andere Sorgen als die Zensureingriffe. Sie kann diese böse Kampagne aus Ingolstadt nicht auf sich sitzen lassen. Sie beantragt umgehend die Aufnahme in den Schutzverband Deutscher Schriftsteller und bittet die Institution, gegen die persönliche Ingolstädter Beschimpfung ihrer Person »prinzipiell Stellung zu nehmen«.[245]

10. April, Mittwoch

Erich Kästner ergreift in der *Neuen Leipziger Zeitung* Partei für Fleißers Stück und für die Mündigkeit des Theaterpublikums.

»›Soldaten und Dienstmädchen‹, wie das Stück im Untertitel heißt, nennen die Dinge beim richtigen Namen und machen auch sonst keine besonderen Umstände. Die Dichterin konnte beim besten Willen ihre Leute nicht in Jamben reden lassen und Sonaten spielen! Sie schrieb ein Volksstück, in dem kein unwahres Wort ist. Sie vermittelte uns eine kleine Welt, in der die gleichen Freuden und Leiden herrschen wie in der Beletage; man drückt sie hier und dort nur anders aus. Und die Sittlichkeitsschnüffler sollen statt ins Theater in den Kindergarten gehen. [...]«[246]

15. April, Montag

Daß den frechen Erich Kästner das Pamphlet aus Ingolstadt zu Spottversen in seiner *Montag Morgen*-Kolumne reizen würde, war fast zu erwarten. Aufreizend holprig karikieren sie die moralinsauren Ingolstädter Banausen. Wirklich ernst kann die Sache in Berlin niemand nehmen, sie fällt mit ihrem dumm-dreisten und durchschaubaren Parteimanöver umgehend auf Ingolstadt zurück.

»Der Schildbürgermeister

Der Bürgermeister von Ingolstadt
hat sich beschwert,
weil Fräulein Fleißer beschrieben hat,
wie man des Nachts in Ingolstadt
miteinander verkehrt.

Tja, bayrische Pioniere
sind Kerls und nennen ihre
Wünsche mit vollem Namen.
Und Dienstmädchen sind keine Damen.
Denn wer auf dem Klaviere
nichts weiter als Staubwischen kann,
der ist kein Freund vom Erörtern
und zieht auch den nackigsten Wörtern
keine Badehosen an.
Eine Laube ist kein Boudoir.
Das ist doch eigentlich klar!
Jedennoch der Oberbürgermeister
von Ingolstadt – Dr. Gruber heißt er –
fand, die Fleißer beschimpfe die Stadt,
und hat
einen Protest voller Schrot und Saft
(im Namen der ganzen Einwohnerschaft
und der ehemaligen Pioniergarnison)

und in gräßlich gekränktem Ton
an die Berliner Behörden gehetzt.
Er protestiert wie ein Bullenbeißer.
Das arme Frolln Fleißer!
Was macht sie jetzt?

Wenn sie nicht schleunigst was andres dichtet:
Vom Pionier, der zehn Jahre wirbt
und kurz vor Annas Erlaubnis stirbt –
wird sie in Ingolstadt hingerichtet.

In Ringel-ringel-Ingolstadt,
wo man von nichts 'ne Ahnung hat,
erröten vor Dir die Radieschen.
Pfui, pfui, Marieluischen!«

16. April, Dienstag
   Der Ullstein Verlag ist vom Erfolg des Stückes angetan, er
erhöht den Rentenvertrag auf 300 Reichsmark und verlängert
ihn vorerst bis Dezember 1930.

17. April, Mittwoch
   Obgleich kein ernstzunehmender Mensch in Berlin auf seiten des Ingolstädter Protestes steht, ist es nur zu verständlich,
daß der Ingolstädter Lärm um ihre Person Marieluise Fleißer
»einen ziemlichen Stoß versetzte«.[247] Sie kontert die persönlichen Beleidigungen geistreich und vorerst überlegen in einem
offenen Brief nach Ingolstadt im *Berliner Tageblatt*:
   »Sehr geehrter Herr Oberbürgermeister von Ingolstadt!
   Liebe Mitbürger!
   Sie haben gegen mein Stück *Pioniere in Ingolstadt* protestiert
und es ein gemeines Machwerk, ein Schmähstück, ein Schand-
stück genannt. Warum denn gleich so hitzig? Sie haben ja die
Aufführung nicht einmal gesehen [...] Waren Sie da nicht ein
bißchen leichtsinnig, Herr Oberbürgermeister? [...] Ich schaue

mein Stück an, ich schaue Ihren Protest an – ich kann mir nicht helfen, Herr Oberbürgermeister, ich bringe die beiden Dinge nicht unter einen Hut.« Mit einem ziemlich frechen Schlußton wird sie freilich den Zorn noch weiter angeheizt haben: »Es wird Frühling und die Säfte steigen. Mir scheint, daß Sie in dieser unruhigen Zeit an einem etwas bösen Furunkel leiden. Wenn dies Furunkel aufgegangen ist, werden Sie wieder gesünder sein. Marieluise Fleißer«.[248]

18. April, Donnerstag

In Ingolstadt debattiert der Stadtrat ausführlich und kontrovers über den Fall *Pioniere in Ingolstadt.* »Allgemein betrachtet«, resümiert der Oberbürgermeister, »ist die Geschichte ein Beweis von dem Tiefstand unserer deutschen Theaterkultur namentlich in Berlin.«[249] Da ist er wieder, der von Minderwertigkeitsgefühlen gespeiste Zorn der Provinz auf die Metropole, die wiederum nicht gespart hat mit überheblicher Arroganz.

Soweit also das Protokoll von knapp drei Wochen heller Aufregungen, vom intelligentesten Kunsturteil bis zur persönlichen Beleidigung unter der Gürtellinie. Der Name Marieluise Fleißer ist in aller Munde – bis in Amerika. Selbst die *New York Times*, die von deutschen Kulturereignissen nur geringe Notiz nimmt, bespricht die Aufführung höchst positiv: »Marieluise Fleisser is an authoress with style. It is a pleasure to encounter her sense of form on the stage. It is a pleasure to feel that the flow of words has passed through the filter of a constructive intelligence.«[250] Nur von Brecht oder aus seiner Umgebung ist in all diesen Tagen nichts zu hören. Er ist gewiß mitverantwortlich für den großartigen Erfolg des Stückes in Berlin. Die Verrisse der nationalkonservativen Berliner Feuilletons waren im politisch polarisierten Klima der Zeit bei einem anspruchsvollen Theaterstück unvermeidlich, ja, sie ehren die Dramatikerin und den bearbeitenden Mitakteur Brecht. Der Schmutz fällt auf die Urheber der Polemiken zurück. Die klangvollen Namen derer, die dem

Stück gegen die Zensur und gegen die rechten Beschimpfungen zu Hilfe kamen, beweisen es. Hat man je ein Kunstwerk später abgelehnt, weil es dem Bildersturm gegen die ›Entarteten‹ zum Opfer fiel? Das Skandalöse an dem seither so genannten *Pioniere*-Skandal waren ja weder die Qualität des Stücks noch die Gesinnung der Autorin, noch Brechts Regie, skandalös verhielten sich allein die rechte Presse und die Mehrheit der Ingolstädter Bürgerschaft.

Warum reagiert Marieluise Fleißer trotz glänzender Kritiken, trotz des Staraufgebots ihrer Verteidiger bald so auffallend zornig gegen das Stück und gegen Brecht, so zornig und böse, daß sie es nahezu 40 Jahre lang verachtet, nichts mit ihm zu tun haben will, jedem Nachdruckwunsch eine brüske Absage erteilt? Gewiß, es ist äußerst ärgerlich, wenn sie am 14. September 1929 im *Hamburger Fremdenblatt* die Anzeige für die Aufführung der *Pioniere in Ingolstadt* im Schiller-Theater in Hamburg lesen muß: Ihren Namen als Autorin sucht sie hier vergebens, dafür den reißerischen Skandaltext: »Da dieses Werk in Berlin von der Zensur verboten war, wird wegen des besonderen Inhalts den Abonnenten auf Wunsch Umtauschrecht für eine andere Vorstellung eingeräumt.« Und daneben: »Jeder Besucher muß sich durch Unterschrift verpflichten, die Vorstellung nicht zu stören.«[251] Dem Erfolg der Aufführung haben solche billigen Köder nichts genützt. Hat Marieluise Fleißer geglaubt, sie könne es allen recht machen, Rechten wie Linken?

Brecht hatte nichts gegen öffentliche Fehden, nichts gegen Presseskandale, in denen frech und intelligent gefochten wird. Das Bayern-Trio Jacob Geis, Caspar Neher und Brecht hat gewiß – schon durch die polemischen Spitzen von den »Sitten und Gebräuchen im innersten Bayern« im Programmheft – die Provokation angeheizt. Zwar deutet nichts darauf hin, daß sie die Autorin absichtlich ins Kreuzfeuer schicken wollten. Daß man sich da aber in Berlin auf Kosten der Ingolstädter amüsieren sollte und daß einiger Aufruhr zu erwarten war – und Alfred Kerr hat das sofort gespürt –, das war gewiß beabsichtigt. Daß

die Inszenierung dem Kampf der Parteien Munition liefern würde, konnte man nicht unbedingt voraussehen.

Warum aber ist Brecht seiner Kollegin gegen die bösen Angriffe nicht beigesprungen, hat sie ungeschützt der Pressemeute
überlassen? In seiner überlieferten Korrespondenz klafft zwischen Dezember 1928 und Juni/Juli 1929 eine Lücke von einem
halben Jahr, da scheint einiges verlorengegangen zu sein, was
möglicherweise Hinweise hätte geben können.

Man hat die Entfremdung zwischen Fleißer und Brecht in
Verbindung gebracht mit seiner Heirat mit Helene Weigel. Nicht
eine einzige Äußerung Fleißers deutet aber darauf hin, daß sie
die Tatsache irgendwie verstört hätte, daß Brecht und Helene
Weigel mitten in diesen für Fleißer aufregenden Tagen, am
10. April 1929, ihre sechsjährige Beziehung vor dem Standes-
amt ›legalisierten‹. Wenn es je eine Liebesbeziehung zwischen
BB und der ›Fleißerin‹ gegeben haben sollte, muß sie schon während ihres Aufenthalts in Berlin 1927 zu Ende gegangen sein.
Seit 1928 ist Fleißer verlobt, der Kontakt zu Brecht war offensichtlich eingeschlafen. Für Brecht gehört wohl das »Zeitungsgeschrei« ganz selbstverständlich dazu, macht es doch die
allerbeste Reklame; Rücksicht auf Empfindlichkeiten kannte
er nicht. Die spätere Geliebte und unersetzliche Mitarbeiterin
Brechts, Grete Steffin, hat am Ende ihres kurzen Lebens bitter
bilanziert: »Natürlich hat er keine Schuld. Er hat mir immer gesagt, er hat das Gewissen eines Eisklumpens.«[252] Daß die schüchterne und auf dem öffentlichen Parkett nicht sonderlich tritt-
sichere Fleißerin vielleicht ein wenig sensibler ist als der harte
»Städtebewohner«, hat er gespürt oder nicht. Gehandelt jedenfalls hat er nicht danach. Er genießt den Triumph einer erfolgreichen Theaterarbeit auf dem Weg zu seinem neuen, dem epischen Theater.

Der »Pioniere-Skandal«, das »Skandal-Stück«, mit diesem Etikett ging die Aufführung in die Theatergeschichte und in die Lebensgeschichte Fleißers ein, je weiter von den Ereignissen ent-

Ende der zwanziger Jahre (Foto aus *Der Querschnitt*)

fernt, um so unumstößlicher. Noch in den ersten Jahren nach der Aufführung und den verhängnisvollen Folgen hat Fleißer die Dinge anders beleuchtet als später in den biographischen *Notizen*. Bei dem frühesten Text, in dem sich die Dramatikerin über die Ereignisse im Frühjahr 1929 reflektierend Klarheit zu schaffen sucht, handelt es sich um einen Entwurf mit der Überschrift *Situationen*, fünf Seiten Typoskript, zu Lebzeiten der Verfasserin unveröffentlicht und undatiert. Die Herausgeber des Nachlaßbandes der Werkausgabe datieren den Text in die Nachkriegsjahre, Wend Kässens und Michael Töteberg auf die Zeit nach Fertigstellung des Schauspiels *Der Tiefseefisch*, also um 1930. Indizien im Text sprechen meines Erachtens dafür, daß Fleißer sich hier in der Endphase der zerstörerischen Beziehung zu Hellmut Draws-Tychsen über deren Ausweglosigkeit klarzuwerden sucht, jener Beziehung, auf die sie sich kopfüber eingelassen hat (und von der wir noch ausführlich zu reden haben), aus der sie sich nun noch immer nicht befreien kann, während die alten Freunde alle im Exil sind, also etwa 1934. Da sucht jemand auf schonungslose Weise nach dem Weg, der in diese Katastrophe geführt hat, und nach dem eigenen Anteil daran. Der verhängnisvolle Anfang liegt in den Ereignissen vom Frühjahr 1929:

»Situationen

Der Vater. Das Geld. Der Verruf. Die brotlose Kunst. Das Korn, der Keim der Genialität ist empfangen, aber ist verschüttet. Das eigene Ungenügen, das Versagen. Der innere Mangel. Das würgende Suchen. Zu wenig hat man empfangen, viel zu wenig. Durch eigenes Verschulden, weil man den Skandal nicht verdauen konnte, die Provokation durch den Bürgerschreck. Auf den Sack schlägt man, den ganz anderen meint man. Mitgegangen wie eine Schlafwandlerin, mitgehangen, merkt man im bösen Erwachen, wie weit man sich vorgewagt hat, und man hat keine dicke Haut. Sie begreift die Abwehr des Urhebers nicht, sieht sich alleingelassen von ihm. Mit ein wenig Psychologie hätte sie begriffen, daß die Folgen ihm unangenehm waren für sie, ihm selber hätte es soviel nicht ausgemacht, er ist abgehärtet. Er wird böse, kalt, zynisch, was sie vollends verwirrt, sein Verhalten ist eine Männersache. Sie kann's nicht verstehen, hält ihn für einen Feind. Sie wird zornig auf ihn. Aber der Zorn hätte sich wieder gelegt. (Es ist bloß sein Vogel, ist halb so wild, er ist kein Tyrann. Er ist es zufrieden, wenn man ihn fürchtet. Ein bißchen Fürchten muß sein, er ist kein Menschenfresser.) Später hätte sich herausgestellt, daß in Wirklichkeit gar nichts vorgefallen war als ein Mittel seiner Erziehung. Sie war so unvorsichtig, hatte sich völlig auf ihn verlassen, eingeschläfert durch seine Wirkung auf sie. (Sie mußte lernen, daß man sich vorsehen mußte.) Mitten im Zorn noch wird sie von einem Mann überrumpelt und weil er sie zur alleinigen Frau haben will, nicht als Schülerin, ist das stärker.«[253]

Etwa 30 Jahre später, 1963, überrascht nach langer Pause eine Meistererzählung von Marieluise Fleißer die Öffentlichkeit: *Avantgarde*, ein dezidiert fiktionaler Text. Es ist die Geschichte von Cilly Ostermeier, der Dichterin aus der Provinz, und ihren Erlebnissen mit dem jungen, frechen Genie in der »Weltstadt«. Sie erzählt von der ungeheuren Ausstrahlung des Dichters und den Schwierigkeiten der Selbstbehauptung der jungen Frau, von ihrer Befreiung aus der gewaltsamen Vereinnahmung, von der Rückkehr in die Provinz und die Bindung an den Jugendfreund, Nickl, den Schwimmer, vom diktatorischen Rückruf in die Großstadt und der eigenmächtigen Aufführung ihres Stücks durch das Genie. Bis in kleine Details erzählt Fleißer in *Avantgarde* von dieser Aufführung und einer anschließenden Presseschlacht. Wie raffiniert die Geschichte zwischen Fakten und Fiktionen changiert, zeigt eine Anekdote, die Fleißer hier erzählt: »Tage zuvor schon war angesagt, daß man Hausschlüssel mitbringen mußte, man würde sie brauchen. Die Presse ging hin mit dem Wissen.« Dabei handelt es sich um eine hübsche theatergeschichtliche Reminiszenz. Die Anekdote von den mitgebrachten Hausschlüsseln zum Lärmmachen steht in Alfred Polgars Kritik von Brechts *Aufstieg und Fall der Stadt Mahagonny* am 9. März 1930 im Leipziger Opernhaus und machte die Runde. Von einem solchen absichtlich inszenierten Skandal ist in den *Pioniere*-Kritiken nirgends die Rede. Auch die Formulierung vom »satanischen Glanz« in des Dichters Augen ist eine Lesefrucht und stammt aus Arnolt Bronnens 1960, also erst kurz vor *Avantgarde* erschienenen Erinnerungen *Tage mit Brecht*.[254]

Nach anfänglicher Abwehr gegen eine Interpretation, die *Avantgarde* als historische Darstellung der Ereignisse verstand, verinnerlicht Marieluise Fleißer im Laufe ihres letzten Lebensjahrzehnts diese autobiographische Lesart: Die fiktionale Erzählung *Avantgarde* wird zur erlebten Geschichte und übernimmt die Deutungshoheit über die Ereignisse. Noch heute wird immer wieder aus *Avantgarde* zitiert als Beleg für historische Fakten. In den biographischen *Notizen* von 1972 erhält die Fiktion dann den Segen der Letztinstanzlichkeit. Sie wird zum Melodram, um das sich jede Fleißer-Biographie rankt. Welche Blüten an phantastischer Kolportage diese autobiographische Lesart trieb, zeigen die Schlüsse, die der Brecht-Biograph John Fuegi aus den Ereignissen zieht: »Krank vor Entsetzen über seine [Brechts] Gefühllosigkeit war Marieluise Fleißer wenig gewappnet für den noch härteren Schlag, der sie nur Tage später traf. Am 10. April 1929 stieß sie in der Zeitung auf ein Bild der ›Berliner Bühnenkünstlerin‹ Helene Weigel, die, wie die begleitende Notiz meldete, soeben den ›Dichter Bert Brecht‹ geheiratet habe. Die Nachricht traf Marieluise Fleißer zu einem Zeitpunkt, als sie über keine Kraftreserven mehr verfügte. Ihre Karriere und ihr Privatleben lagen plötzlich als Trümmerfeld vor ihr. Es gab nichts mehr, für das es sich zu leben lohnte. Sie schnitt sich die Pulsadern auf.«[255] Daß die zitierte Zeitungsmeldung nicht am 10. April (dem Hochzeitstermin), sondern am 21. April in der *Berliner Illustrirten Zeitung* stand, daß Fleißer am 17. April 1929 in ihrem offenen Brief dem Ingolstädter Bürgermeister selbstbewußt Paroli bot, daß von »Pulsadern aufschneiden« nirgends auch die leiseste Andeutung zu finden ist, stört den »Wissenschaftler« bei seinem Bemühen, Brecht in Bausch und Bogen zu diskreditieren, nicht im geringsten.

Anfang Mai 1929 leitet der Rechtsanwalt Dr. Klee im Auftrag
des Schutzverbandes Deutscher Schriftsteller gegen Dr. Gruber
eine Privatklage wegen Beleidigung seiner Mandantin ein. Für
anstößig, weil beleidigend hält er die Formulierung, es handle
sich um ein »gemeines Machwerk«, »ein Schmäh- und Schand-
stück«. Der Anwalt des Beklagten bestreitet, daß Grubers offe-
ner Brief »eine Geringschätzung oder Mißachtung der Person«
darstelle, vielmehr habe sich »der durchaus scharfe Angriff« nur
gegen »das Werk der Privatklägerin« gerichtet. »Bei dieser Sachlage verspricht das Hauptverfahren keinen Erfolg, so daß die
Privatklage bereits im Vorverfahren abzuweisen ist. Berlin, den
16. Oktober 1929«.[256] Dagegen legt Dr. Klee im Auftrag seiner
Mandantin natürlich sofort Beschwerde ein und fordert wohl-
begründet, »das Hauptverfahren vor dem Schöffengericht Berlin [...] zu eröffnen«. Nach vielfachen Terminschwierigkeiten
findet schließlich am 14. Februar 1931 die Hauptverhandlung
im Amtsgericht Berlin-Mitte statt und »zeigte ein kulturelles
und menschliches Niveau, wie es heutzutage selten ist vor Gericht und vor allem in Beleidigungsprozessen. Auf soviel Takt,
literarisches Wissen und Verständnis und witzig-heitere Dialek-
tik bei Anwälten und Richtern hatte man nicht gerechnet.«
Der Schriftsteller Hans J. Rehfisch verteidigt als Sachverstän-
diger die Kollegin, der Richter folgt ihm und dem klugen Plä-
doyer des Anwalts und verurteilt den Oberbürgermeister von Ingolstadt zu 30 Mark Geldstrafe, denn (so berichtet ein »hg.« im
Deutschen Theaterdienst am 17. Februar 1931) »eine ernsthaft
ringende, junge Dichterin ist in ihrem ideellen Streben verun-
glimpft worden, das erfordert richterliche Sühne, wobei bei
Berücksichtigung der Ingolstädter Situation und der immerhin
nicht übermäßigen Bedeutung des ganzen Falles mehr auf die
Tatsache der Strafe als auf ihre Höhe Gewicht zu legen ist«.
Und Marieluise Fleißer, wie erlebt sie dieses anachronisti-
sche Schauspiel über eine Theateraufführung, von der sie sich
längst entschieden distanziert hat? Die Gerichtsreporterin Ga-
briele Tergit: »Aber eine zarte und weltfremde Dichterin ist da,

die nicht versteht, daß ihre Liebe zur türmereichen Heimat miß-
deutet werden konnte. Sie steht nicht an zu erklären, auf eine
rührend weibliche Weise, daß der offene Brief an den Bürgermeister nicht aus ihrem eigenen Kopf entsprungen sei, sie habe
ihn auf Rat eines bedeutenden Schriftstellers verfaßt, der ihr
gesagt habe, sie solle ihn scherzhaft fassen, beileibe nicht ernst.
›Die Form ist mir mißglückt‹, sagte sie, ›ich stehe nicht an hier
zu erklären, daß ich den Brief bedaure.‹«[257] Marieluise Fleißer
ist eine andere geworden. Während der heiter-ernsten Verhandlung »saß Marieluise Fleißer still und mit schüchtern-erstaunten
Augen hinter der Brille auf ihrem Platz, gab mit leiser Kandi-
datenstimme auf alle Gewissensfragen Auskunft, und nur gegen
Schluß der Verhandlung erhob sie sich einmal, um mit schlich-
ter Offenheit ihre Liebe zu ihrer widerborstigen Vaterstadt zu
bezeugen.« (Deutscher Theaterdienst)

Die Vaterstadt natürlich ist empört, fühlt sich ein weiteres
Mal gedemütigt: »Wir hoffen, daß eine höhere Instanz ein anderes Urteil fällt.« (*Ingolstädter Zeitung*, 18. 2. 1931) Aber es blieb
dabei.

VII. Ruhm und Bitternis

Die Turbulenzen um die Aufführung der *Pioniere in Ingolstadt*, die großartigen wie die bösen Reden über sie, von den Berlinern wie von den Ingolstädtern, haben die Autorin mitgenommen. Sie bleibt in Berlin, wird krank, zieht mehrmals um, schließlich mietet sie ein eigenes Zimmer, vorerst für den Mai. Wie wird es weitergehen? Ihr Leben ist aus dem Tritt gekommen. Sie ist zornig, ratlos, ungeschützt. Dabei sind alle maßgebenden Leute in Berlin auf ihrer Seite. Der Zuspruch, die Nachfragen beweisen es. Die zwei wichtigsten Bühnenvertriebe, der Drei Masken Verlag und Felix Bloch Erben, verhandeln noch im April mit ihr. Sie ist der neue Stern am Theaterhimmel. Wer ginge in dieser Situation schon freiwillig in den Hexenkessel Ingolstadt zurück?

Aber dort wartet Bepp so sehnsuchtsvoll wie geduldig auf seine Braut. Keinen Augenblick hat er an Marieluise gezweifelt, hat sie verteidigt, wo er konnte, rät immer wieder zur Schonung ihrer Gesundheit: »Meine Luisi, wirf Deinen Kummer von Dir mein armes Herz Du hast mich und wenn wir Tausend Jahr alt werden Du warst und bist mir zu viel in meinem Leben ich bin allein schon froh weil ich wieder einen Brief erhalten hab, da höre ich mein armes Punnylein das sich sorgt und härmt und braucht sich nicht sorgen um seinen Bepp. Luisi weiß doch, daß sein Bepp treu ist und zäh er beißt sich schon durch er wird immer auf sein kleines Punnylein warten [...] weil du mein Herzl mir soviel geschenkt hast wie noch kein Mädchen ich hab von dir Liebe bekommen und hab Dich lieben gelernt, das ich nie für möglich gehalten hab ich Küsse Dich und schlaf gut und denke an Deinen Bepp der dir gut ist mein Luisl.«[258] Aber dann hört er drei Tage später »ganz fassungslos« von Marieluises Schwester, daß sie sich Sachen schicken läßt von zu Hause, daß sie länger in Berlin bleiben will, noch über den Mai hinaus, »es ist grade als wenn zu einem Kinde gesagt wird, morgen

Marieluise Fleißer und Bepp Haindl in Ingolstadt um 1928

ist Weihnachten das wird jeden Tag wiederholt [...] und wieder und wieder und wieder nichts«.[259] Hätte man ihre Briefe, ließe sich der Verlauf der Tragödie (für Bepp) leichter beurteilen, vor allem die Frage klären, ob oder wann sie ihn auf ein Ende der Beziehung vorbereitet hat oder ob er die Signale lange ignoriert hat, »ich weiß ja das eine es wäre mein Untergang ich kann ja keinen klaren Gedanken fassen gestern in der Frühe wart ich bei Deiner lieben Mutter am Friedhof drauß und heulte mich aus«.[260] An Pfingsten, Mitte Mai, hält ihn nichts mehr, er muß es wissen, reist nach Berlin. Nach seiner Rückkehr zeigt er sich nur noch besorgter um sie, erwägt sogar ihr zuliebe eine Übersiedlung nach Berlin, gibt ihr Ernährungsratschläge, schriftlichen Ruderunterricht, hält das drängende Begehren angestrengt zurück, »Brauni ich bin Dir nicht bös, ich kanns ja nicht sein, ich brings ja nicht fertig [...] wenn du mich todtmarterst kann ich über Dich nicht schimpfen und Fluchen [...] ich kann ja nichts dafür daß ich Dich lieb hab«.[261] Wenig scheint der Gewaltmensch Nickl aus der viel späteren Erzählung *Avantgarde*, der mit dem Messer nach Berlin kommt und mit mörderischer Aggressivität die Liebe erzwingt, mit dem unglücklichen Bepp Haindl dieser Briefe zu tun zu haben.

Haindl versucht nicht nur Schutz anzubieten gegenüber den aufgebrachten Ingolstädtern, er vermittelt auch im getrübten Verhältnis zum Vater. Offensichtlich hat sich die Tochter lange nicht bei diesem gemeldet. Am 27. Juni antwortet er ihr in einem langen denkwürdigen Brief auf ihre Post vom 20. mit der darin enthaltenen Absicht, für einige Zeit nach Ingolstadt zu kommen. Darin führt ein tief verstörter Vater in ungeschmälerter Liebe und um Begreifen bemüht einer schwierigen Tochter, die er nicht versteht, vor Augen, welchen Kummer sie ihm macht, welchen Schaden sie – wenn vielleicht auch unverschuldet – angerichtet hat, wie er es satt hat, »*unseren* Namen fast täglich als ergötzliche Zielscheibe von Hohn, Spott oder Bedauern zu wissen [...]. Wie Du mir mitteilst möchtest Du gerne nach Ingolstadt für einige Zeit; wen [sic!] dir nicht bange ist, mir soll es

nicht darauf ankommen, aber ich habe Bedenken, ich würde an
Deiner Stelle lieber als Zigarrenladnerin in Berlin leben oder
sein, wie hier als Dichterin, denn noch oft genug kann ich über
Dich abfällige Urteile hören, auch von ins Gesicht spucken u.
dergleichen, so schnell sind die Wogen noch nicht glatt u. dann
die Sache mit dem Haindl Josef wie leicht kann da aus dem Lustspiel eine Tragödie werden, u. wenn Dich der Mann umbrin-
gen will, wie Du mir schreibst, wenn Du das riskieren willst?
Für möglich halte ich alles, bei der bodenlosen Liebe oder Leidenschaft für Dich. Es war ein böses Spiel, mit diesem wackeren jungen Mann, der Tapfere, der sich unermüdlich u. furcht-
los gegen die öffentliche Meinung gestellt hat, der unbeirrt um
geschäftliche Vor oder Nachteile [sic!] unermüdlich in allen
Kreisen in denen er Gelegenheit hat zu verkehren, für Dich u.
Deine Ehre eingetreten ist [...]«[262] Dieser Brief ist das bewegende Zeugnis eines alternden Vaters, dessen Kräfte nachlas-
sen, den die Verantwortung für mehrere noch immer unver-
sorgte Kinder schier erdrückt. Das Hausverbot, das Marieluise
Fleißer offensichtlich schon gegenüber Bepp aus diesem Brief
herausgelesen hat, tut dem Vater unrecht. Schon Haindl wider-
spricht im folgenden Brief: »Ich glaub Du hast seinen Brief miss-
verstanden, er wollte blos ausdrücken, daß Du hier immer noch
Anpöbelungen ausgesetzt wirst [...].«[263] Wollte sie vielleicht gegenüber Haindl eine Begründung für ihr Bleiben in Berlin vor-
schieben?

Wann genau und wie die eigentliche Ursache der Trennung
von Haindl und aller weiteren folgenreichen Entscheidungen,
das »unerwartete Ereignis«, eingetreten sind, wann und wo Hellmut Draws-Tychsen Marieluise Fleißers Weg gekreuzt hat, wird
wohl im dunkeln und – trotz Fleißers späten Erklärungsver-
suchen – für jeden Außenstehenden schwer nachvollziehbar
bleiben. Später wird der 7. Mai zum Jubiläumstag der beiden.
Gegen Ende der Zeit der *Pioniere*-Aufführungen also wird es
gewesen sein. Niemand würde wohl heute diesen glücklosen

Literaten noch kennen, hätte er nicht eine derart verhängnisvolle Rolle in Fleißers persönlichem und beruflichem Leben gespielt.

Von diesem Mann ein objektives Bild zu zeichnen ist schwierig. Fotografien zeigen ein hageres, fein geschnittenes markantes Gesicht, immer in Pose, immer stilisiert als ein Besonderer (nie, was man landläufig als ›natürlich‹ bezeichnet), gern mit extravagantem Irokesen-Haarschnitt. Fast symbolisch für seine Ticks ist das Ticken seiner vielen Uhren, die er mit Leidenschaft sammelt. Und wehe, Marieluise Fleißer vergißt in seiner Abwesenheit das Aufziehen und exakte Einstellen. Er ist drei Jahre jünger als Marieluise Fleißer, stammt aus der entgegengesetzten Ecke Deutschlands, aus Elbing in Westpreußen, und vertritt seinen Lokalpatriotismus fast fanatisch. Das kollidiert keineswegs mit einem profunden Interesse an fremden Kulturen. Ohne regelmäßiges Studium hat er sich professionelle gründliche Kenntnisse und Sprachen exotischer Völker angeeignet und nennt sich selbst Ethnologe. Er arbeitet als Schriftsteller, Lyriker, Editor, Journalist bei der nationalkonservativen *Berliner Börsen-Zeitung*. Im Gegensatz zu den Literaten, mit denen Fleißer seit den Münchner Lehrjahren bei Feuchtwanger Umgang hat (von Bodo Uhse einmal abgesehen), steht er politisch weit rechts. Bert Brecht (»dieser elende Literast« nennt er ihn in seiner Rezension von Fleißers Novellen) ist sein dezidierter Feind und Antipode im Politischen wie im Künstlerischen, freilich bei weitem nicht in gleicher Augenhöhe, was die Ablehnung noch verschärft haben wird. Selber hält er sich für zweifelsfrei genial, verachtet um so mehr weibliche Intellektualität; schöpferische Begabungen spricht er den Frauen rundheraus ab. Wie verunsichert muß Marieluise Fleißer gewesen sein, wie zornig auf Brecht und wie kopflos, daß sie sich ausgerechnet von diesem Mann so widerstandslos hat anziehen, vereinnahmen lassen bis zur Hörigkeit, ein Ausdruck, den sie später selbst gebraucht hat. Wir lesen es in den folgenden Jahren in zahllosen Briefen: Sie beteuert mit großen Worten und noch nach den scheußlichsten Demütigun-

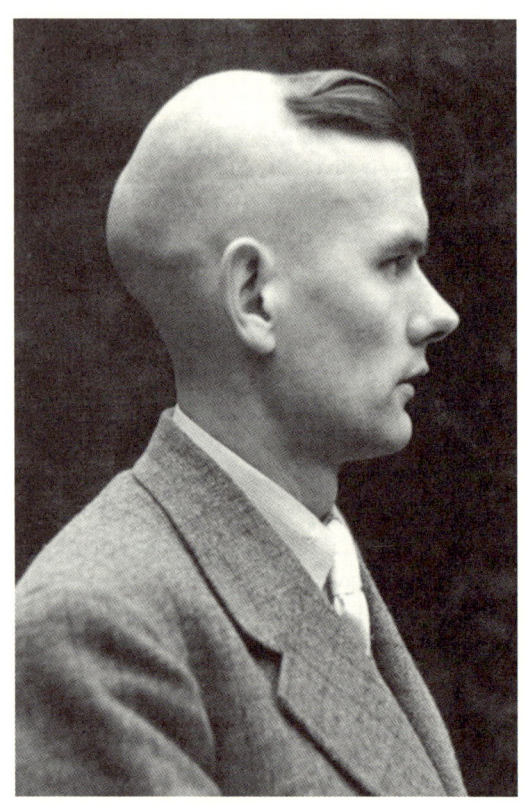

Hellmut Draws-Tychsen

gen immer wieder ihre lange Zeit bedingungslose Liebe zu diesem Mann.

Zunächst antwortet Fleißer auf seine grotesken Marotten literarisch nicht ohne Komik und Satire; die vergehen ihr allerdings im Lauf der Zeit gründlich. Der Scherbenhaufen am Ende dieser Beziehung ist groß, sie wird ihn ihr Leben lang nicht abtragen können.

Den Riß in ihrem Leben markiert nicht, wie in so vielen Biographien des 20. Jahrhunderts, das Jahr 1933, sondern das Jahr 1929. Mit der Hinwendung zu Draws-Tychsen und seinem Bekanntenkreis bezieht sie just das Lager ihrer Feinde, der frauenverachtenden Polemiker gegen die *Pioniere*-Aufführung, bald schon sympathisiert sie mit deren Presseorganen.

Anfang Juli 1929 läßt sich die so gefürchtete Aussprache mit Bepp Haindl nicht länger aufschieben. Sie traut sich nach des Vaters Brief und Haindls Beruhigung nach Hause und schreibt am 7. Juli aus Ingolstadt an Draws einen Bericht, der von ihrer Verstörung Zeugnis ablegt: »Was Familie und Stadt angeht, so ist dies nicht angenehm aber zu ertragen.« Das andere, der andere, der Verlobte kaum: »Draws, ich treibe hier einen Menschen in den Tod oder in den Wahnsinn mit allem was ich sage oder tue, weil ich dies eine nicht tun will. Es ist furchtbar anzusehen. Ich glaube auch, ich würde den Mut nicht aufbringen zu dieser fortwährenden inneren Grausamkeit [...] wenn Du nicht neben mir stündest. Oh Draws am ersten Tag, bei dem ersten klarstellenden Kampf, warst Du so deutlich und lebendig in mir, daß ich nur auf das hören mußte, was Du mir sagtest, aber wo bist Du jetzt, Du bist mir jetzt viel ferner, ich höre Dich manchmal aber ich sehe Dein Gesicht nicht mehr ganz.«[264]

Sofort am folgenden Tag, dem 8. Juli, versichert Draws ihr mit einem Gedicht seine Nähe:

»Schlaflied für Marieluise

Jetzt muß ich für Dich beten ...
Kind, Deine Qual zu lindern,
Mein Arm reicht lang genug.
Ich bin bei Dir! Hörst Du mich treten
Der leisen Sohle leisen Bug?
Schlaf ein, mein Lieb, schlaf ein ...
Auch wenn wir körperlich einander fern,
Bleibt jede Nacht und jeder Stern
Doch mein und Dein!

Der Abend hängt in Zweigen
Und auf mein Antlitz tröpfelt
Ein Glanz, der Dir gehört.
Schaust Du ihn nicht? Ich will ihn zeigen
So leuchtend, bis er Deine Qual zerstört.
Schlaf ein, mein Lieb, schlaf ein ...
Ich sing Dir durch die Weite.
Ich stehe Dir zur Seite.
Du bist ja nicht allein!

Weil wir einander lieben,
Weil wir einander leben,
Sind wir gefügt: ein Stein, ein Holz.
Kein Keil kann zwischen uns sich schieben,
Darob wir treu, darum wir stolz.
Der Morgen singt im Sonnenschein.
Ich wache über Deine Hasser.
Ihr Geifer fleddert blaß und blasser
Und stirbt ... Mein Lieb, schlaf ein!!«[265]

Aus diesem Briefaustausch wie aus dem Vater-Brief geht hervor,
daß es Draws-Tychsens Einfluß war, der Marieluise Fleißer zur
Lösung der Verlobung mit Haindl bewog. Daß sie in den spä-

ten autobiographischen Notizen diesen Part allein auf Feuchtwanger überträgt (»auf dringendes Zureden von Feuchtwanger«),[266] gehört mit zur Um-Schreibung ihrer Biographie, mit
der sie Draws' Rolle in ihrem Leben, von der hier noch viel die
Rede sein wird, soweit wie möglich marginalisiert.

Am 12. Juni 1929 erscheint im *Börsenblatt* die Ankündigung
von »*Ein Pfund Orangen und 9 andere Erzählungen der Marieluise Fleisser aus Ingolstadt* Verfasserin der *Pioniere in Ingolstadt,*
die mit größtem Erfolg über die deutsche Bühne gehen. [...]
Der vorliegende Band enthält eine Sammlung der schönsten
und rührendsten Liebesgeschichten der modernen Literatur.«
Endlich das erste Buch! Es springt sofort ins Auge mit seinem
apart gestalteten blau-roten Schutzumschlag und der auffälli-
gen Typographie. Zehn Geschichten also, die bislang verstreut
in Zeitungen und Zeitschriften erschienen waren. Neue Geschichten fügt die Autorin nicht bei, aber sie verändert hier und
da, von kleinen Stilkorrekturen bis zu einschneidenden Eingriffen. Der ersten Erzählung *Meine Zwillingsschwester Olga* gibt
sie nun den Titel *Die Dreizehnjährigen.* Die ursprüngliche Formulierung hielt strikt die Innenperspektive der Erzählung ein,
die Jugendlichen sind gleichsam unter sich. Der neue Titel vollzieht den Schritt aus dem Milieu der Agierenden hin zu einer
Außeninstanz. Was Fleißers Beweggründe für diese Veränderung
gewesen sein mögen, läßt sich schwer sagen. Schon eher bei
einer weiteren, der folgenreichsten: Die Titelerzählung *Ein Pfund
Orangen* endet erst in der neuen Fassung tödlich. Es ist die Geschichte von dem schüchternen Mädchen, das den Erregungen
der erwachenden Sexualität so wenig gewachsen ist wie den kalten Spielregeln unter den Geschlechtern. Dem Sog zum Fenster
»in dies Fallen hinein«,[267] dem verzweifelten Aufgeben des Mädchens im Selbstmord, folgt im *Tage-Buch*-Erstdruck von 1926
eine Umkehrung, die Besinnung und Rettung des Mädchens in
letzter Sekunde durch eine Kinderstimme, die an ihr Ohr dringt:
»[...] und so unmittelbar sollte sie das Leben anrühren in dieser

Kinderstimme und wie ein Befehl, daß sie ins Zimmer zurückging, nie war ihr Gehorsam so schön gewesen [...] das Wunderbare hatte sie heimgesucht.«[268] Fleißers Erfahrungsschatz ist größer, das Klima überhaupt ist härter geworden, es ist nicht die Zeit fürs Rührstück. Die versöhnlichere Schlußwendung in der Erzählung *Die Ziege*, die das unzeitgemäße Mädchen nicht in seiner Einsamkeit und Depression verzweifeln läßt, tilgt die Autorin erst bei der letzten Textrevision, 1972.

Bernhard Diebold, der den »Liebeskommunismus« der *Pioniere in Ingolstadt* so ungnädig moralisierend abgeurteilt hatte, zeigt sich nun von der Begabung der Autorin dieser »unbarmherzigen Idyllen« in der *Frankfurter Zeitung* beeindruckt. Joachim Maass, wie Fleißer Jahrgang 1901 und schriftstellernder Kollege, würdigt im *Hamburger Fremdenblatt* diese »ausgezeichneten Erzählungen«, »ihre naive, doch kluge Nacktheit«, »ihre wundervolle dichterische Gegenwärtigkeit« und Fleißers ursprüngliche Begabung »jenseits alles literarisch Erlernbaren gewissermaßen«.[269] Im folgenden Jahr schickt er ihr seine erste belletristische Arbeit, den Roman *Bohème ohne Mimi*, und wünscht sich mit der Kollegin bei allen Unterschieden in den Schreibweisen »eine schöne künstlerische Kameraderie«.[270] Die *Kölnische Zeitung* erinnert noch einmal an den Skandal, um die Autorin zu verteidigen: »Es ist angesichts der Angriffe, denen Marieluise Fleißer ausgesetzt war, nicht unwichtig, zu betonen, dass darin keinerlei Gehässigkeit oder Ressentiment zum Ausdruck kommt. Ein Mensch, der so im besten Sinn bodenständig ist, beherrscht nicht die Kunst des literarischen Pamphlets.«[271] »Unvergleichlich«, schreibt Heinz Lamprecht (d. i. Erik Reger) im *Scheinwerfer*, »wie dies alles im Atmosphärischen verweilt, wie von dieser Dichterin der schläfrige und doch gefahrvoll hinterlistige Lebensrhythmus einer Provinz-Insel nachgeschaffen wird.«[272] Es ist freilich kein Geringerer als Walter Benjamin, der nun und für alle Zeiten das Maß für Marieluise Fleißers Sprachkunst vorgibt, das ihr gebührt. In diesem Jahr 1929 beginnt seine Freundschaft mit Bert Brecht, eine ungeheuer produktive Freundschaft. Benjamins Interesse, seine Sympathie weiten sich auf Brechts Freunde aus, auf Brechts Mitarbeiterin Elisabeth Hauptmann, später auch auf Grete Steffin, und auch auf Marieluise Fleißer, zumindest auf das Werk. Begegnet sind sich die beiden wohl kaum. Seiner Kritik der *Pioniere*-Inszenierung war Hans Kafka in der *Literarischen Welt* zuvorgekommen, und so blieb es bei den erst aus Benjamins Nachlaß gedruckten Notizen eines Theaterbesuchers, der die Qualitäten dieser Dramatikerin wie kaum einer erkannt hat: »Die Worte der Fleißer tragen erstaunlich viel. Sie haben das Gestische in der Sprache des Volkes, schöpferische Gewalt, die sich zu gleichen Teilen aus einem entschiedenen Ausdruckswillen und aus Verfehlen und Ausgleiten zusammensetzt, vergleichbar der Geste eines Exzentrikers. Es sind nur wenige Dramatiker auf diesen vergrabenen Schatz gestoßen. Büchner, der frühe Hauptmann – aber sie haben nicht so verschwenderisch mit dem Schatze gehaust.«[273] Benjamin ist es, der an exponiertem Ort, in der *Literarischen Welt*, nun über ihren ersten Prosaband die Rezension schreibt, die ihre Sprachkunst, die Sprachgebärde ihrer Figuren am scharfsinnigsten und zugleich sensibelsten umreißt: »*Echt Ingolstädter Originalnovellen*: Die Fleißer hat am Sprachkleid überall die Spuren der Ingolstädter Mauern, die sie streifte. [...] So aggressiv und störrisch sie an die Sachen herangeht – ungeschickt ist sie dabei nur scheinbar. Ja der aufsässige Dialekt, der die Heimatkunst von innen heraus sprengt, ist nur die eine Seite des sprachlichen Könnens, das in diesen Novellen steckt. Es gibt da nämlich noch eine Verstiegenheit, die flüchtigen Lesern als Restbestand eines provinziellen Expressionismus erscheinen könnte, in Wahrheit aber, und mindestens außerdem, etwas Anderes und Besseres darstellt: die namenlose Verwirrung nämlich, mit der das volkstümliche Sprechen sich auf den Weg macht, die Stufen der sozialen Redeleiter hinanzuklimmen, das ›feine‹, ›gehobene‹ Deutsch der herrschenden Klassen zu sprechen. Diese Verwirrung, diese hochstaplerische Schlichtheit ist hier ein Kunstmittel ersten Ranges geworden. Die Verfasserin hat diese

Sprachgebärde als das erkannt, was sie ist, als soziale Zauberei, linguistischen Fetischismus, bestimmt durch eine Reihe von Beschwörungsformeln die Wände weichen zu machen, die sich zwischen den Klassen erheben.«[274] Es gibt Sätze in dieser Würdigung, in denen sich die Autorin mit ihrem Schreiben bis ins Innerste hat erkannt fühlen müssen. (Was in Benjamins, auch in Diebolds und in Maass' Besprechung der Novellen merkwürdigerweise vollkommen fehlt, ist Fleißers Thematik des Geschlechterkampfes. Wie weit sie in der Darstellung erotischer Spannungen, sexueller Wünsche und Nöte unter die Oberfläche durchstieß, hat man nicht wahrgenommen oder nicht nennen wollen. Und gerade in den Verrissen der *Pioniere* war es neben der Militärsatire doch das anstößigste Thema.)

Doch Benjamin zählt zum Brecht-Lager, und Marieluise Fleißer hört inzwischen auf andere Einreden, auf die von Hellmut Draws-Tychsen. Und was dieser sich in seinem Rundfunkvortrag über die Dichterin und ihren Novellenband leistet, raubt einem den Atem, erst recht, wenn man sich in Erinnerung ruft, daß die Besprechung vier Tage vor der großartig öffentlich bekanntgegebenen Verlobung der beiden, am 7. August 1929 also, in der *Berliner Börsen-Zeitung* zu lesen ist: jede Zeile herablassende Überheblichkeit des Könners gegenüber der – drei Jahre älteren – Anfängerin. Da wird erst einmal grundsätzlich klargestellt, wer in Sachen Kreativität das Sagen hat: »Es ist mein ureigenstes Vergnügen oder meine persönliche Beschränktheit, wenn man es besser so nennen will, die Frauen, mit Ausnahme in der schauspielerischen und tänzerischen Gestaltung, als unschöpferisch scharf und restlos abzulehnen.« Damit ist der Boden bereitet für die große Ausnahme, Marieluise Fleißer. Aber wer nun erwartet, daß der Rezensent sich, wenn auch parteiisch urteilend, mit dem Originären dieses Werkes respektvoll oder gar begeistert und doch auf gleicher Augenhöhe auseinandersetzt, der muß, was die monströse Selbstüberschätzung dieses Mannes angeht, noch auf einiges gefaßt sein. »Marieluise Fleißer ist ein Geschenk, ein einmaliges künstlerisches Gesetz an sich.«

Aber: »Sie beherbergt noch viele Schlacken und schroffe Unebenheiten. Sie besitzt einen unerlösten verkrampften Wahneros und eine krankhafte untätige Gefühlsübersteigerung, die damit wohl zusammenhängt.« Der neue Novellenband mit dem »unbegreiflich abgeschmackten Titel« ist ihm »ein gelungener Teilbeweis ihrer dichterischen Berufung« und »ein gutes und zu gedeihlichem Kultivieren geeignetes Stück Neuland«, seine »beinahe mythisch anmutende Diktion« wird »leider durch jeweils psychologisch bedingte Brüche herabgemindert. Sorgfältige Pflege dürfte da wohl späterhin zu besserem Ausgleiche führen.« Keine Frage natürlich, wer da »Kultivierung« und »sorgfältige Pflege« in die Hand zu nehmen gedenkt und was da als Unkraut auszurotten ist: »Jedoch mit rücksichtsloser Strenge abgelehnt werden müssen die drei unerträglichen Geschichten *Briefe aus dem gewöhnlichen Leben, Die Dreizehnjährigen* und *Die Ziege*. Hier steht Marieluise Fleißer noch in übel brodelndem unausgegorenem Anfange. Beinahe zerstören jene von überhitzter Phantasie unförmig aufgeblähten Erotismen das ganze große Plus des Buches. Auch ein Werk restlos vernichten können, spricht für den Dichter. Es sind nicht alle Karten, die fallen, Trümpfe. Eine *begabte* Frau sollte nicht nur über die Disziplin des Wortes verfügen. [...] Ehrlichkeit und Selbstkritik, das ists, was ich *vor allem* in der jungen Dichtung vermisse!«[275]

Am selben Tag übrigens, am 7. August 1929, kann man im *Berliner Tageblatt* ein sonderbares Gedicht lesen: *An den Geisterseher* von Marieluise Fleißer, märchenhaft, mythisch, nordisch und in etwas hinkenden Reimen. Von einem bedrohten Kindchen ist die Rede, das von den Geistern der Toten verfolgt wird, von einem Liebenden, der von einem Bann belegt ist und nicht sterben kann, der sich als Medium dieser Geister der Verstorbenen begreift. Die dritte und letzte Strophe lautet:

»Vom Heben tun dir deine Hände weh,
dein Leib taumelt vom Fallen nach der See,

von einem fernen Bann versehrt,
der das Sterben ihm wehrt.
Denn die dich rufen,
in dir schufen
eine Leiter,
auf der sie steigen
ein Leben weiter.
Die ohne Stimme schweigen,
ohne Augen sehn,
durch dich wie durch ein Haus gehn,
Tote steigen aus dir schon im siebenten Jahr.
Fahr, Kindchen, fahr,
dein Leben hängt an einem Haar.«

Daß dieses auf der gemeinsamen Schwedenreise entstandene
Gedicht etwas mit Draws zu tun hat, ist ganz offensichtlich.
Nur inhaltlich oder auch sprachlich? Es gibt keine spätere Er-
wähnung dieses Gedichts im Nachlaß, auch kein Manuskript.
Stammt es wirklich von ihr allein, stammt es überhaupt von ihr?

Dieser – im wahren Sinne des Wortes – aparte Mann also fasziniert Marieluise Fleißer, gerade wegen seiner Exzentrik. Bodo
Uhse hatte sie sehr richtig eingeschätzt, wenn er ihr zuschrieb,
»daß Sie für Menschen mit nicht alltäglichem Format Interesse
haben«.[276] (Und will sie deshalb mit seinem damaligen Freund
Otto Strasser bekannt machen.) Nun also Hellmut Draws-Tychsen. Da ist zum einen seine anhaltende Erfolglosigkeit. Er schreibt
Komödie um Komödie, und keine wird aufgeführt; 1929 erscheint eine kleines Bändchen Heimatlieder, *Mein Westpreußenland*, 1930 *Requiem und Hymnen für Cecilie Tychsen*, 1932
Nordische Gedichte, alle in der Danziger Verlagsgesellschaft. Da
ist zum anderen ein schweres Alkoholproblem. Schließlich muß
man seine Sexualität als gestört bezeichnen, jedenfalls erlebt
sie Fleißer so. Auf der anderen Seite öffnet ihr dieser Mann die
Fremde, nimmt sie mit ins Ausland, zunächst nach Schweden,
später nach Paris, nach Südfrankreich, nach Andorra. Er ist der

Sprachkundige, er wird ihr Cicerone, aber auch der mimosenhaft Empfindliche, nach dem sich alles, vor allem die Begleiterin, zu richten hat. Er genießt es, wenn er sie ganz abhängig von sich weiß: »Immer sagt Draws: ›Wenn ich dich doch einmal verschleppen könnte, fort von allen Leuten, die dir ihre Meinung zutragen, in ein Land, wo du ganz auf mich angewiesen bist und auf das allein hören mußt, was ich dir sage.‹« So beginnt Marieluise Fleißer die Erzählung von ihrer Reise nach Schweden, und sie zeigt schon im Titel an, wer da die Hauptperson ist: *Ich reise mit Draws nach Schweden*. Sie erscheint noch 1929 in der von Hermann Kesten herausgegebenen *Anthologie jüngster Prosa*, zu deren Mitarbeit der Kiepenheuer Verlag die nun prominente Autorin mehrfach aufgefordert hatte.

Nicht schon im Mai/Juni, wie sie in ihren späten Notizen schreibt (da war sie ja nachweislich in Berlin und noch Anfang Juli in Ingolstadt), sondern in den Monaten Juli/August hat diese gemeinsame Reise nach Südschweden stattgefunden. Von dort verschickt das Brautpaar mit dem Datum 11. August 1929 Verlobungsanzeigen, zweisprachig, ein bißchen extravagant soll es schon sein. Auch Draws hat die Schwedenreise feuilletonistisch und überall fröhlich übertreibend und immerhin nicht ohne Selbstironie ausgewertet: *Ich schreibe in Lund eine Komödie*, erschienen ausnahmsweise im anspruchsvolleren *Berliner Börsen-Courier*, ein Publikationsort, der nicht auf Draws-Tychsens politischer Linie liegt, den er sicherlich der Verbindung seiner Verlobten zu verdanken hat. Wenn es noch nötig wäre, die Beziehung der beiden zu charakterisieren, die jeweilige Rollenverteilung in den Parallelerzählungen dieser Reise könnte nicht dekuvrierender sein. In seinem Text gibt es nur eine einzige Person, die wichtig ist – und natürlich deren literarisches Œuvre. Gelegentlich taucht eine Begleitung auf, der Nützlichkeit nicht abgesprochen wird:

»Nach Abfassung des zweiten Aufzuges meiner wehleidigen Komödie überkam mich eine innere Erleuchtung, und ich verlobte mich mit meiner Cœurdame, die, nebenbei gesagt, gute

Novellen und – wie schrecklich! – auch Komödien schreibt. Wir versandten zweihundert Anzeigen und bekamen vierhundert Gratulationen. Alles war vertreten von den Nationalsozialisten bis zu den Kommunisten, von Mühr bis Kerr, von Halbe bis Friedenthal, von Europa bis Siam.«[277] Wie viele Glückwünsche realiter eingegangen sind, wissen wir nicht, die von Kurt Pinthus und von Herbert Ihering zumindest gibt es noch.

Draws-Tychsen ist in wirtschaftlich prekärer Lage. Er erhofft sich von seiner ›Eroberung‹ eine Wende auch seiner Karriere als Schriftsteller. In einer der zahlreichen zu Lebzeiten unveröffentlichten und Fragment gebliebenen literarischen Auseinandersetzungen mit dem Phänomen Draws und ihrer Bindung an ihn durchschaut Fleißer luzide sein Motiv: »Der Neid auf den Erfolg. Er denkt, er bemächtigt sich des Erfolges, wenn er sich ihrer bemächtigt. Er beherrscht sie ja, er kann darum nicht begreifen, warum nicht auch der Erfolg sich ergibt. [. . .]

Seine Anstrengungen, um sie kennen zu lernen, er geht auf Jagd. Warum tut er das, wenn er sie letzten Endes dafür beschimpft, daß sie das geschrieben hat. Daß sie in aller Leute Munde war, war der Anlaß, daß er sie kennen lernen wollte.«[278] Aber das ist offensichtlich schon aus einer kritischen Distanz geschrieben.

In der Zeitschrift des Schriftstellerverbandes *Der Autor* bezichtigt Draws Anfang 1930 in einem *SOS!!! Notschrei eines jungen deutsch-Danziger Dichters* überschriebenen Artikel die Öffentlichkeit, die Theater und die Verleger der Mißachtung junger Dichter, zumal aus dem Osten, und zeigt unverhohlen seine Enttäuschung über die Nutzlosigkeit seiner PR-Maßnahme: »[. . .] Letzthin, genau vor einem Jahr, fanden meine drei Dramen Aufnahme in einem großen Berliner Bühnenvertrieb. Eines davon ließ der begeisterte Verlagsdirektor sogar auf seine Kosten drucken. Zwei Verleger machten mir Angebote für meine nächsten Bühnenstücke. Fünfzig Theater erhielten die Stücke, und dreißig Theater folgten, die sie aus eigener Initiative anforderten. Dazu habe ich mich im August vorigen Jahres mit der bekanntesten Bühnendichterin Jungdeutschlands bei öffentlicher Aufmerksamkeit der weltstädtischen Presse – also sogar wohlwollende Reklame – verlobt und einen tapferen Kameraden erhalten. Mein Mut begann allmählich wieder zu wachsen. An Silvester vergangenen Jahres machte ich die Bilanz. Keinen Pfennig habe ich zu meinem Lebensunterhalt verdient außer den kargen Münzen mehrerer Zeitungshonorare, die ich mir durch gewissenhafte Publikationen von Artikeln mühsam erarbeitet habe.«[279]

Ein offensichtlich nicht erhaltener Brief des noch unbekannten Bräutigams an Heinrich Fleißer, den zukünftigen Schwiegervater, unmittelbar nach der Verlobung muß als erstes erhebliche Geldforderungen enthalten haben, die der irritierte Vater gegenüber seiner Tochter maßvoll, aber energisch zurückweist.

Im Winter 1929/30 zieht Marieluise Fleißer um in die Barfußstraße 7 in ein möbliertes Zimmer bei der Vermieterin von Draws-Tychsen. Damit gibt sie, die nun gefragter ist denn je, den letzten Rest ihrer Freiheit vollständig an Draws ab. Fleißers Berliner Jahre, in denen sie in der kalten Großstadt friert, »Abgrund neben Abgrund«, das sind die drei Jahre bis 1932, die sie neben Draws ausgehalten hat. Als sie im März 1930 die Erzählung *Ich reise mit Draws nach Schweden* und aus dem in Arbeit befindlichen Stück *Der Tiefseefisch* vor dem Verein der Künstlerinnen zu Berlin liest, sind sich die Rezensenten einig. Man wird – intimer als einem lieb ist – mit einer Frau persönlich bekannt gemacht, die, »vom Manne abhängig, nur glücklich [ist] durch ihn, vielleicht am meisten, wenn sie durch ihn leidet«. In Klammern kommentiert der oder die Rezensierende: »Wir lieben andere Frauen.«[280]

Marieluise Fleißer, die Schriftstellerin, hat den Mann mit der ihr zur Verfügung stehenden Sprachkunst in einem zu Lebzeiten unveröffentlichten Text aus der ersten Phase der Liebesbeziehung in immer neuen Versuchen umkreist: seinen seltsam schön-häßlichen Körper, seinen auffällig widersprüchlichen Charakter und das Faszinosum, das er für sie bedeutete. Der Text ist eine Art Materialsammlung für das geplante Stück, trägt auch schon dessen Titel *Der Tiefseefisch*. Zunächst Psychogramm eines Liebespaares, geht er dann über in die dramaturgische Skizze, in Dialogentwürfe. Nicht immer ist genau zu entscheiden, ob von Draws-Tychsen und Fleißer die Rede ist oder schon von den Protagonisten ihres Stückes, ob es sich um eine schonungslos scharf beobachtete Analyse ihrer zerstörerischen Verstrickung handelt oder vielleicht doch um die Lust am Text, an der sprach-künstlerischen ›Herstellung‹ eines solchen Paares. Ungeschütz-ter als irgendwo sonst schreibt sich die Frau – »ratlos durch die abgrundtiefe Bosheit seines Körperwillens« – hier ihre Qual von der Seele, offenbart etwas von der zerstörerischen Gewalt in den sexuellen Spannungen dieses Paares, von gegensätzlich-sten Bedürfnissen, unbefriedigten Wünschen, von masochisti-scher Lust an Bestrafung und Unterwerfung bis zu völliger Selbst-aufgabe, die ganz die Charakteristika einer schweren Neurose zeigen:

»er will sie nach seinen Wollungen erziehn ein ganzes Leben lang« – »will mit ihr eine weiße Ehe führen« – »er ist asexual, hat das Bedürfnis nicht, aber es steht doch so, daß er sich nichts versagen muß, daß es für ihn natürlich ist, während er gleich-zeitig auf sie einen furchtbaren Zwang ausübt wider ihre Na-tur, daß sie sich nämlich ihre schneidendsten Bedürfnisse ver-sagen muß. und dies indem er von Anfang an wußte, wie sehr sexuell sie eingestellt ist. aber er glaubt eben, daß sie eine Frau ist, die sich für ihre Erkenntnisse einsetzt. ihre Erkenntnis soll sein, daß er unter den Lebewesen ein einmaliges entscheiden-des Phänomen ist, daß sie ganz durch ihn bestimmt wird, ganz in seinen Schatten treten muß, nichts Andersartiges neben ihm für sich behält. sie wird entsagen müssen, wenn er lebt und sie wird erst recht entsagen müssen, wenn er tot ist, denn dann wird sie ein versperrtes Geschlecht haben« – »er behauptet, daß sie es bei anderen Männern zu leicht gehabt hat. er will ihr Bitternis in die Liebe träufeln.« – »sie läßt sich immer mehr Terrain wegnehmen« – »es ist als ob sie das Erlebnis mit h [vermutlich Haindl] gehabt haben müßte, um zu erkennen, daß in der wenn auch völligen Befriedigung des Fleisches kein sich fortentwickelndes inneres Leben ist, nur Stagnation« – »um sich vor Sünde zu bewahren, so meint sie wird ihr *erlaubt* sein, sich von ihm töten zu lassen, um nicht durch ihre eigene Sünde mit einem Fremden von ihm getrennt zu werden.« – »ihre Liebe abgöttisch fast Gotteslästerung, wenn kein Gott sein soll neben ihm. aber er ist für sie eben Inkarnation des höchsten Willens.« – »warum hält sie es aus in den irrsten Augenblicken?«[281]

Draws spielt sich nun auf als Zensor ihrer literarischen Arbeiten, als ihr selbstherrlicher Sekretär, »als ihr Manager, aber als ein Verrückter«.[282] Und willfährig handelt sie nach seinen Anweisungen. Am 10. Oktober 1929 bereits muß Max Krell, Lektor des Ullstein Verlages, die Einmischung in die beiderseitigen Vertragsmodalitäten »durch die Mittelsperson des Herrn Tychsen« zurückweisen. Offensichtlich hatte Draws für Fleißer günstigere Bedingungen gefordert. So wie wir ihn aus seinem Artikel aus Lund kennen und wie er sich offensichtlich gegenüber dem Vater in Ingolstadt verhalten hat, muß man davon ausgehen, daß diese Forderungen unmäßig, vielleicht gar unverschämt gewesen sind. Auf die Rückseite des Briefes von Ullstein notiert er, was Marieluise Fleißer zu antworten hat, eine Praxis, die in den Korrespondenzen der folgenden Jahre immer wieder auftaucht. Damit kommt ein ganz neuer, fremder, fordernder, scharfer – eben sein – Ton auch in ihre Briefe. Im Falle Ullstein besteht sie auf Draws' Vermittlerrolle, unterstellt dem Verlag erneut eine »schädigende Art des Vertriebes« ihrer Bühnenstücke. Sie geht unter dem Diktat von Draws auf keinerlei Kompromisse ein und zerstört so das Vertrauensverhältnis zum Ullstein Verlag, bis es schließlich am 2. Dezember 1930 »Ihrem Wunsche gemäß«[283] zur Kündigung des Rentenvertrags kommt.

»Sie liebt und spürt doch, daß was nicht stimmt.« Das ist der Stoff für ihr nächstes Stück. »Es sind im Grunde zwei Stücke, die nicht so richtig miteinander verhakt, verwoben sind«, konstatiert die Autorin kritisch beim späten Umarbeitungsversuch 1973/74[284], die verquere Liebe zu Draws und die zornige Rache an Brecht: *Der Tiefseefisch*. Hauptpersonen: »Elnis Jurkat, Publizist, Ebba Damme, Schaffende Frau, Gronoff, Häuptling von Gruppe 28«. Wie kam Marieluise Fleißer auf diese ausgefallenen Personennamen (die sie bei der späten Neufassung 1972 änderte, »weil ich sie nicht mochte«[285])? Es scheinen Funde zu sein auf ihrem neuen literarischen Gelände. 1929 erhielt Alfred Brust, ein Freund von Draws-Tychsen, für seinen 1926 erschienenen Roman *Die verlorene Erde* den Kleist-Preis. Zur Personnage dieses Romans gehört Elnis, der »deutsche Helfer«, ein Suchender, um Erlösung Ringender. Zieht man die Parallelen zum Elnis des *Tiefseefischs* und gar zu seinem realen Vorbild, bleibt Peinlichkeit nicht aus. Im übrigen ist die Intonation von ›Blut und Scholle‹ in Brusts Roman schwerlich überhörbar. Eine Ebba (ein gebräuchlicher Mädchenname in Schweden und Dänemark) gehört zu Hellmut Draws-Tychsens zahllos besungenen Traumfrauen: *Ebba Erikson*, die blonde Schwedenfrau, gibt einem Gedicht (datiert Berlin, 14. 9. 1930) seiner Sammlung *Mein Westpreußenland* den Titel:

»[...] Von weizenblondem Haar verhüllt das ganze Sein,
Das fiel vom Scheitel bis zur sanften Ferse
[...] Ich sah die Scham, auch dort wuchs üppig Blondheit,
Und bauschte sich zu vollem Vogelneste fest.«[286]

Und was ist ein Tiefseefisch? In der Zoologie ist der Tiefseefisch ein unmäßiger Schlinger, ein Fisch, der sich in der Tiefsee von ungeheuer großer Beute ernährt, auch »Wolf der Tiefsee« genannt. Elnis, der Tiefseefisch, und Ebba, seine ungeheuer große Beute. »Meine Augen«, sagt Elnis, »sehen in eine Tiefe, für die ihr blind seid. [...] Ich wachse nach Gesetzen, in die keiner Eurer Blicke dringt. Ich bin ein Tiefseefisch.«[287] Und natürlich ist er selbst tief an Gedanken, die der anderen sind flach, seicht.

Die beiden Stücke, die beiden Themen, die Fleißer hier in eine dramatische Form bringen wollte, verdichten sich in der

Tat nicht zu einer Einheit. Zu unterschiedlich sind die drei Akte angelegt, zu disparat ist ihre jeweilige Stillage, zu sehr ist die Autorin in den Stoff selbst involviert.

Ursprünglich hatte Fleißer geplant, daß die Protagonistin eine Wissenschaftlerin sein solle, die Rasseforschung betreibt, Elnis arbeitet als Sprachforscher. Sie sollten politisch auf entgegengesetzten Seiten stehen und sich und ihre Karrieren gegenseitig gefährden, schließlich zerstören. Bei der Ausarbeitung verringert sich die Distanz zur Lebenswelt der Autorin mehr und mehr. Was zunächst als erfrischend überzogene Satire auf die eigene Situation gelesen werden kann und in grotesken Dialogen auch eine selbstkritische Distanz herstellt, endet im Leidenspathos und schließlich im gänzlichen Verstummen der weiblichen Hauptperson, dem Alter ego Fleißers.

Der 1. Aufzug führt den alltäglichen Ehekrieg eines Schriftstellerpaares vor; es geht um Geld und Gasrechnung und Miete, um Macht und Größenwahn und Unterwerfung. Und um den Ruin beider. Der Dialog: er immer offensiv, diktatorisch, Hörigkeit fordernd, bitter kränkend, sie ausschließlich in der Defensive; aber sie liefert sich ihm und seinem Terror freiwillig aus:

»ELNIS Ebba, wirst du mich alles mit dir machen lassen? Wirst du mich immer lieben? Wirst du nie an mir zweifeln?

EBBA Dies ist ein Schwur.«[288]

Der Text ist eine Folge aggressiver Liebesverletzungen und masochistischer Unterwerfungsschwüre: »Eine Frau, die einen Mann lieb hat, bringt alles fertig. Du mußt es dir einteilen« und »Du sollst keinen Willen haben« und »Ich will dir Bitternis in die Liebe träufeln« und »Du wirst vergessen, daß du geopfert bist« und »Eine Frau, die liebt, bringt alles fertig«. Reichlich hat die Biographik über Marieluise Fleißer von diesen Sätzen Gebrauch gemacht. Daß Fleißer dafür keiner sonderlichen dichterischen Phantasie bedurfte, daß solche Gedanken und Sätze vielmehr ins Repertoire des authentischen Draws-Tychsen gehören, bestätigen seine Briefe in aller Deutlichkeit.

Der 2. Aufzug ist auffallend uneinheitlich, er hat kein zentrales dramatisches Thema, besteht aus lauter Einzelszenen. Was in diesem Akt verhandelt wird, sind erneut Fleißers Berliner Erfahrungen mit Männern, mit Draws, zuvor mit Küpper und Brecht. Sie rücken der Dramatikerin bedrohlich nah, so nah, daß die literarische Distanzierung nur schwer gelingt. Hinter dem Rennfahrer Wollank, der sich nun zum Literaturmanager und »Organisator der Gruppe 28« gemausert hat, ist unschwer Hannes Küpper zu erkennen, und der Dialog zwischen ihm und Ebba evoziert bittere Kränkungen in der Vergangenheit:

»EBBA Auf diese Schuhe [die Radrennfahrerschuhe] blickte ich, als die Straße schwarz wie Radiergummi glänzte, als du ganz wach warst und ich wußte, daß du mich belogst. Danach legte sich die Traurigkeit wie Wasser über mich, in dem du mich ertränken wolltest. [...]«[289]

Die »Gruppe 28«, die Clique um Gronoff alias Brecht (eine Anspielung an die Arbeitsgemeinschaft von Schriftstellern, die von 1925 bis 1927 in Berlin bestanden hatte, die »Gruppe 1925«), erhebt Besitzansprüche auf die Schriftstellerin Ebba, denn schließlich hat erst ihre Clique sie groß gemacht. Ebba zwischen zwei kalten, egozentrischen Diktatoren also, »alle Napoleons«. Es geht nicht um sie, schon gar nicht um ihr Werk (Elnis geht nicht einmal zu ihrem Vortrag, und die feindliche Clique wird ihn absichtlich stören), es geht ausschließlich um Machtpositionen, um nützliche Gefolgschaft. Ein Trinkgelage mit Elnis' Freunden nach Ebbas Vortrag mit dummem Kommershabe und Drawsschen Sauliedern bringt weder die erwünschte Dynamik noch gute Unterhaltung ins Stück. Es folgt eine Szene, in der die andere Seite von Elnis/Draws sichtbar wird: zuerst ein Anfall, der ihn zum Kind macht und Ebba zu seiner aufopfernden Beschützerin, und dann in einer Art Trance ein gewalttätiger Angriff auf Ebba.

Im 3. Aufzug inszeniert Fleißer eine messerscharfe Satire auf Brechts Arbeitsweise, auf *Johnnys Dichtfabrik*. (So ist ein Abdruck dieses Aktes im *Berliner Tageblatt* vom 21. Dezember

1930 betitelt.) Gronoff/Brecht holt sich Menschen und läßt sie fallen, wie es ihm paßt. Jetzt will er sich Elnis holen, damit der ihm als Gegner nicht gefährlich werden kann und weil er plötzlich in der *Times* steht: »Als ich diesen Kopf sah, wußte ich sofort, wen ich vor mir habe.«[290] Er verrät seine Freunde skrupellos und lustvoll. Und Gronoff, der Macho: »Männer werden nie die richtige Einstellung zueinander bekommen, solange es über den Kopf einer Frau geht.«[291] Selbst die Geschichte um Draws' Verriß von Fleißers Novellenband verarbeitet Fleißer, den Rezensenten vehement verteidigend, zur Überhöhung von Draws' Alter ego Elnis. In Elnis verkörpert Fleißer den Antipoden des Zeitgeistautors, der sich gespeist weiß »aus vergangenen Jahrhunderten« und sein Werk natürlich nicht für heute, sondern für die Ewigkeit schafft. »Wenn Sie tot sind«, schleudert er Gronoff entgegen, »wird man sehn, wieviel von Ihnen übriggeblieben ist.« Elnis lehnt denn auch überlegen die Angebote Gronoffs ab: »Ich habe das vor Ihnen voraus, daß ich am stärksten allein bin.«[292]

Schlußszene: Elnis erfährt von seinem Erfolg in England. Plötzlich will die Zeitung Texte von ihm haben, sie müssen gar nicht gut sein. Elnis wird Mode, hat sich durchgesetzt. Elnis zu Ebba: »Du mußt lernen ganz in meinen Schatten zu treten. Glaube mir, das ist besser für die Liebe eines Mannes.«[293] Was die Autorin unter dem Einfluß Draws-Tychsens hier gestaltet, ist die Wunschphantasie: Elnis/Draws' Triumph und Gronoff/Brechts Niederlage im Kampf um die Starrolle auf der literarischen Bühne.

Ebba verschwindet aus dem Stück: ihr einziger Satz in einem ganz kurzen Auftritt in diesem Akt: »Um dich ist jetzt Bewegung, aber um mich ist Schweigen.«[294]

Zwar haben wir es hier mit Fiktion, mit einem Theaterstück zu tun, aber dieser Schluß verrät doch viel über Fleißers Rolle in dieser Liebesbeziehung. Daß das Stück aber die Realität nicht mimetisch abzeichnet, darf nicht übersehen werden, und die Autorin weiß es natürlich. »Sie liebt und spürt doch, daß was nicht stimmt«, analysiert sie die Schreibsituation später, »Sie schreibt eine blödsinnige Arbeit, hauptsächlich Dialog, in der sie beide Männer einander gegenüberstellt, den einen *hebt* sie hinauf, den anderen sucht sie zu mindern, ihm was anzuhängen, damit er kein Abgott mehr in ihr ist. Sie fälscht, sie muß fälschen, damit sie's ertragen kann. Der Mann [Draws] ist dem Lehrer [Brecht] spinnefeind, kann sie aber nichts lehren, er eifert, hält sie völlig von ihm fern, eine Lebensgemeinschaft, in der sie aufgezehrt wird. [...] Es wird eine Hölle, aber sie kann sich ihm nicht entwinden. Ausgeburt der großen Stadt, er umstellt sie nach allen Seiten.«[295]

Das Stück ist zu Fleißers Lebzeiten nie als Ganzes gedruckt, nie vertrieben und nie aufgeführt worden. Mit den biographischen *Notizen* war der Schuldige daran ausgemacht: Brecht.

»Herbst 29 und Anfang 30 schreibt sie den *Tiefseefisch*. Sie liest ihn im engsten Kreis im Theater am Schiffbauerdamm vor. Aufricht möchte das Stück spielen, der Chefdramaturg Fischer ist strikt dagegen und berichtet Brecht von dem Stück. Brecht läßt sie durch den Kiepenheuer Verlag wissen, daß sie das Stück zurückziehen soll, und sie tut es sofort. Sie sieht das Stück nie wieder an.«[296]

Mit dem Authentizitätsprivileg des ›Autobiographischen‹ war die Deutungsgeschichte über die Genese dieses Stückes sowohl in der Fleißer-Biographik wie in der Brechtforschung festgeschrieben. Was gibt es an zeitgenössischen Dokumenten, die diese immerhin erstaunliche Version einer Erklärung für das Nichtzustandekommen bestätigen, sie modifizieren oder ihr möglicherweise widersprechen?

»Liebe Frau Fleißer«, schreibt ihr am 14. Februar 1930 der Arcadia Verlag, »wir erhalten von zahlreichen Theatern Anforderungen Ihres neuen Stückes *Der Tiefseefisch*, ohne daß uns selbst etwas über dieses Werk bekannt wäre. Wir bitten Sie, uns doch mitzuteilen, für wann wir das Manuskript erwarten können« usw.[297] Die Berliner Volksbühne, Rudolf Fernau vom Stutt-

»Rundfunktagung Schaffender Frauen« zum 1000. Geburtstag der
Nonne Roswitha von Gandersheim. Dritte von rechts: Marieluise Fleißer

garter Landestheater, Heinz Lipmann (Leopold Jessners Dramaturg am Staatlichen Schauspiel Berlin), die Städtischen Bühnen
Frankfurt, vor allem natürlich Ernst Joseph Aufricht vom Theater am Schiffbauerdamm fragen ungeduldig nach dem neuen
Stück, im Wettlauf um den Zuschlag für die Uraufführung. Nach
der Sensation der *Pioniere* verspricht man sich von der renommierten Autorin ein künstlerisches Ereignis und einen finanziellen Erfolg. Woher weiß man von den neuen Plänen? Am
Sonntag, den 9. Februar 1930 widmete die Stadt Gandersheim
*Dem tausendjährigen Gedenken der Nonne Roswitha von Gan-
dersheim* eine ganztägige »Tagung schaffender Frauen«, mit Vor-
trägen und Lesungen. Die Tagung beschäftigte sich neben der
Ehrung der ersten Dramatikerin Deutschlands vornehmlich mit
den Möglichkeiten des neuen Mediums Rundfunk für das literarische Schaffen. Die gesamte Veranstaltung wurde über die
Norag, die Nordische Rundfunk Aktiengesellschaft, von allen
größeren regionalen Rundfunkanstalten republikweit übertragen. Nachmittags um 17 Uhr lasen – als repräsentative Vertre-
terinnen der gegenwärtigen deutschen Dichterinnen – Vicki
Baum, Alice Berendt und Marieluise Fleißer. Die Gruppen-
fotos dieser Veranstaltung übrigens verweisen alle Vorstellungen
vom Erscheinungsbild der Neuen Frau ins Reich der Legende:
Schwere Mäntel mit üppigen Pelzkrägen und unförmige Hut-
kreationen vermummen diese Frauen zu Matronen einer vermeintlich längst vergangenen Zeit. Und wie passen die 29jährige
Marieluise Fleißer und ihre Lesung aus dem in Arbeit befindlichen Stück *Der Tiefseefisch* in dieses Ensemble? »Von Roswitha bis Marieluise« betitelt das *Berliner Tageblatt* am 12. Februar 1930 Lina Goldschmidts Veranstaltungsbericht. Danach
war Fleißer wohl die Provokation dieser Veranstaltung, »die streit-
bar Junge« und »ihre kühl und scharf umrissene[n] Porträts, wie
mit der kalten Nadel gestochen«. Der deutschnationalen *Germania* vom selben Tag zufolge war die Auswahl der Dichterinnen freilich »ein Fehlgriff«.
Die Lesungen Fleißers im März 1930 beim Verband der Künst-

lerinnen zu Berlin und mit demselben Repertoire (dem Text *Ich reise mit Draws nach Schweden* und Passagen aus dem ersten Akt des *Tiefseefisch*) vor der Literarischen Gesellschaft in Frankfurt am Main (zusammen mit Hermann Kesten) und die entsprechenden Berichte in der Presse schärfen die Neugier auf das neue Stück. Am 8. Mai 1930 erscheint im *Berliner Börsen-Courier* ein Vorabdruck: »Aus dem neuen Stück von Marieluise Fleißer bringen wir diese losgelöste, aber in sich verständliche Szene aus dem ersten Akt. Es handelt sich um ein Ehestück.« Wenn solche Ankündigung bei dieser Autorin nicht Neugier weckt!

Die Theater arbeiten an ihren Plänen für die kommende Spielzeit. Schon ungeduldig erkundigt sich der Arcadia Verlag am 29. Mai und nochmals am 5. Juli 1930, wann mit dem Stück zu rechnen sei. Die Post für Marieluise Fleißer geht ins ferne La Vella, Fonda Calones/Republik Andorra.

Marieluise Fleißer ist zu Ostern, in der zweiten Aprilhälfte 1930, mit Draws zu ihrer weitesten Auslandsreise aufgebrochen, über Paris ins abgelegene Andorra. Finanziert werden soll die Unternehmung mit Reisefeuilletons. Zwar hat die *Frankfurter Zeitung* Fleißers Vorschlag abgelehnt, »3 bis 4 Artikel über ihre Reise fest zu bestellen«,[298] behält sich aber einen eventuellen Abdruck nach Einsichtnahme vor. In der Tat ist der literarische Reisebericht in einer wirtschaftlich angespannten Zeit wie dieser äußerst beliebt, bringt er doch den zum Reiseverzicht gezwungenen Daheimgebliebenen Abenteuer und Exotik ins Haus. Das Genre ist aber gerade deshalb auch schon fast inflationär bedient, und selbst eine so abgelegene Gegend wie die Pyrenäen hat vor kurzem Peter Panter alias Kurt Tucholsky in seinem *Pyrenäenbuch* (1927) beschrieben. Wie aufreibend die Reise mit diesem kapriziösen Gefährten ist, erfahren die Leser in mehreren Andorra-Geschichten von Fleißer ab November 1930 in der *Vossischen Zeitung*. Wie weit *Der Tiefseefisch* mittlerweile gediehen ist, ob Fleißer neben den Reisetexten daran weiterschreibt, ob der zweite Strang des Stückes, das Draws-Brecht-Gefecht, überhaupt schon konzipiert ist, wissen wir nicht. Nochmals erhält Marieluise Fleißer am 13. August 1930 von dem ihr besonders zugetanen Intendanten des Theaters am Schiffbauerdamm, Heinrich Fischer, eine dringende Nachfrage: »Liebe Marieluise Fleisser! On revient toujours! Genau wie seinerzeit in München, bevor die *Pioniere in Ingolstadt* fertig waren, suche ich nun in Berlin nach Ihrer Adresse, um in den mich sehr interessierenden *Tiefseefisch*-Forschungen weiter zu kommen. Könnten Sie mich nicht einmal im Theater anrufen oder mir ein schriftliches Lebenszeichen geben? Ihr Heinrich Fischer«.[299]

Am 26. September 1930 bittet der Arcadia Verlag die Autorin in einer kurzen Mitteilung »um Ihren freundlichen Anruf«. Eine handschriftliche Notiz Fleißers auf diesem Blatt dokumentiert die Ereignisse: »Am *Montag* den 27. (od.28.) September den Tiefseefisch zurückerhalten, Arcadia will nicht vertreiben.«[300] Allerdings geht nicht daraus hervor, ob es sich um ein spontanes Notat handelt oder um ein späteres schriftliches Festhalten der Vorgänge. Am 8. November 1930 schickt auch der Dramaturg der Städtischen Bühnen Frankfurt, Dr. Arthur Sackheim, nach ausführlicher Begründung seines Urteils über die Schwächen, über das Unfertige des Stückes, den *Tiefseefisch* mit Bedauern zurück.

»Sie sieht das Stück nie wieder an«?

Zwei Monate nach diesen definitiven Absagen erscheint im *Berliner Tageblatt* ein Abdruck vom Anfang des dritten Aufzugs: *Johnnys Dichtfabrik. Ein Gespräch über amerikanische Methoden*, die scharfe Auseinandersetzung zwischen Johnny, dem erfolgsgeilen Zeitgeistschreiber, der die Kunst verrät und seine Zuarbeiter verheizt, und Herrn X, dem einsamen Künder von Ewigkeit zu Ewigkeit. Daß Brecht den Weg dieses Stückes in die Öffentlichkeit verhindert hätte, dafür ist bislang kein Beleg bekannt. Brecht liebte die Kritik, die Provokation. Als ob er sich nicht zu wehren gewußt hätte, wenn es denn nötig gewesen wäre.

Marieluise Fleißer ist nun eine gefragte, eine prominente Autorin. An Aufmerksamkeit vom konservativen Flügel der Kulturszene bis zur literarischen Avantgarde herrscht kein Mangel. Den jungen Soziologen Theodor W. Adorno regte der Theaterbesuch der *Pioniere* zu Überlegungen *Über Namen* und den Einfluß von Dialekt und Folklore an, die er am 7. August 1930 in der *Frankfurter Zeitung* veröffentlicht: »In den *Pionieren* der Fleißer sagt die eine Dienstmagd auf die Frage, wie sie heiße: ›Eine Berta bin ich worden‹; als wären die Dienstmädchen im dichten Teich der Vorzeit, daraus der Storch sie ausgewachsen und angezogen nach Ingolstadt bringt, eingeteilt durch die Namen, die ihnen als Zettel angeklebt sind und über ihren Weg entscheiden.« Der Schallplattenverlag Artiphon Elektro »Die Neue Truppe« lädt die Autorin ein, für die Abteilung »Dichter sprechen« eine Schallplatte aufzunehmen »und so unser akustisches Museum vervollständigen zu helfen«, sicherlich eine Reaktion auf die Rundfunklesung aus Gandersheim. »Bis jetzt haben Thomas Mann, Gottfried Benn, Stefan Zweig gesprochen. Es sprechen: Karl Kraus, Max Herrmann-Neisse, Toller u. a. m.«[301] Damit gehört Marieluise Fleißer zum Kanon der zeitgenössischen Literatur. Es sieht allerdings nicht danach aus, als hätte sie das Angebot wahrgenommen und eine Schallplatte besprochen, bislang ist keine weitere Erwähnung darüber bekannt, und auch keine Schallplatte. Die »Gesellschaft für Senderechte« vermarktet Fleißers Lesungen und verhilft zu einer bescheidenen, aber stetigen Einnahmequelle. Thomas Mann, Nobelpreisträger für Literatur 1929, leitet in diesem Jahr den Katalog *Utländska Böcker* (Stockholm) mit einem Vorwort zur Rolle der deutschen Literatur im europäischen Ensemble ein. »Es ist kein Zufall«, schreibt Deutschlands erste Literaturgröße, Gründungsmitglied der Sektion für Dichtkunst der Preußischen Akademie der Künste, die 1926 in Berlin ins Leben gerufen worden war, »daß von den zwölf Autoren, deren lebendige Wirkung auf das Publikum ich hier bezeugen möchte, nicht weniger als sieben der Akademie angehören, – und die anderen tun es nur darum nicht, weil sie sehr jung sind und heute noch mehr Hoffnung als Erfüllung bedeuten.« Jeweils mit ihren neuesten Arbeiten stellt er vor: Alfred

Döblin und Jakob Wassermann, Gerhart Hauptmann und Franz Werfel, Hermann Hesse und René Schickele, Leonhard Frank und Ernst Weiß. Zu den jungen Hoffnungsträgern rechnet er Wilhelm Emanuel Süskind (damals der Freund seines Sohnes Klaus), einen schon für verschollen geltenden Georg Fink und Heinrich Hauser. »Das süddeutsch-volkstümliche Element möge hier Marieluise Fleißer vertreten, eine bayerische Schriftstellerin, die gewissermaßen das Erbe Thoma's angetreten hat, aber eine schärfere Note in seine Sphäre trägt. Ihre Novellen *Ein Pfund Orangen* sind Bekundungen eines überaus gesunden und starken Talentes, humorvoll ohne platte Gutmütigkeit und zu großen Hoffnungen berechtigend.«[302]

Am 22. April 1930 geht Tucholsky einmal wieder an die Lektüre der Bücher auf seinem Nachttisch: »Entweder du liest eine Frau, oder du umarmst ein Buch, beides zugleich geht nicht. Jetzt ist aber Junggesellenzeit – umarmen wir ein Buch.« Da liegt auch der neue Kiepenheuer-Band: *Vierundzwanzig neue deutsche Erzähler*, herausgegeben von Hermann Kesten, mit Fleißers jüngster Erzählung *Ich reise mit Draws nach Schweden*. Tucholsky ist eher mißmutig bei der Lektüre dieser jungen Literaten: »Aus Furcht vor Pathos und Ergriffenheit schreiben sie einen kühlen Stil, einer wie der andre, ganz kalt, scheinbar unbeteiligt [...] Nun wollen wir uns gewiß nicht mehr über jene uralte ›Sachlichkeit‹ unterhalten – aber ich glaube: das ist gar keine. So kann jeder, der nicht kann. Ausnahmen zugegeben: der Humor Marie Luise Fleissers sticht hervor.«[303]

Sie kommt mit tonangebenden Schriftstellern der Zeit in Kontakt, mal auf ihre, mal auf deren Initiative hin: mit Ernst Gläser und Joachim Maass, mit Robert Musil, Gottfried Benn und Wilhelm Schäfer. Wilhelm Lehmann, ein Dichter, dessen antizivilisatorisches Literaturverständnis mit dem Brechts gewiß wenig gemein hat, war ein aufmerksamer und neugieriger Beobachter junger Literaturbegabungen. Bis zu seinem Tod hat er die Zeitungsausschnitte mit Marieluise Fleißers Texten seit dem ersten Auftauchen ihres Namens (1925) aus dem *Berliner Börsen-*

Courier und der *Vossischen Zeitung* sorgfältig verwahrt und mit seinem Nachlaß überliefert. In sein Tagebuch wird er am 1. Dezember 1938 ganz unvermittelt notieren: »Der Wind weht. Im Dämmerdunkel bis Eichen am Weg nach Mohrberg. Dann las ich im Leihbibliotheksband der Marieluise Fleißer (an das ich gestern abend etwa einmal gedacht + das ich noch garnicht ordentlich kennengelernt hatte: *Die Dreizehnjährigen* hatte ich auch nicht verstanden s. Zt.) und finde es bedeutend. Herrlich sind schlimme Zustände merkwürdig einfach-komplizierter Mädchen dargestellt.«[304]

Seit dem Erscheinen des Erzählungsbandes, vor allem aber seit den Lesungen und dem Abdruck aus dem »Ehestück« gilt Fleißer als Expertin für Geschlechterliebe und Geschlechterkrieg. Die Anfragen an sie von Verlagen und Buchhandlungen, von Zeitungen und Rundfunk richten sich nun immer häufiger an sie als weibliche Autorin und als Produzentin von sogenannter Frauenliteratur. Ein mit Arnolt Bronnen für die Berliner Funkstunde besprochenes Projekt eines Hörspiels mit dem Titel *Die ewige Eva* zerschlägt sich allerdings aus unbekannten Gründen. Die Buchhandlung Karl Peters Nachf. in Magdeburg lädt sie am 4. November 1930 zu einer Lesereihe junger Dichterinnen ein: »Gebeten wurden außer Ihnen: Gerda von Below, Joe Lederer, Erika Mitterer, Anna Seghers, Paula Ludwig.«[305] Ein sichtlich bewegter Hörer dieser Lesung sieht sich »angeregt zum Nachdenken, aufgerufen zur Antwort, hingeführt zum Mit-Leiden und bestimmt zu erhöhter Verantwortlichkeit sich selbst und der Umwelt gegenüber.« In Marieluise Fleißer vereinen sich, so sein Eindruck, »Trotz und Hingabe zu einem seltsam zitternden Verlangen nach Prüfung und Bewährung [...]«.[306]

Am 28. November 1930 schreibt ihr Hans Natonek, der Redakteur der *Neuen Leipziger Zeitung*: »Sehr verehrte gnädige Frau! Bei einem Überblick der neuen Buchproduktion kann man die Wahrnehmung machen, dass wir eine ausgesprochene ›Männerliteratur‹ haben. Held ist der Mann; die Frau scheint in den Hintergrund zu treten […] das Intellektuelle ist stärker vertreten als das Gemüthafte.« Sie möge doch so bald als möglich, noch vor Weihnachten, »die schönsten Frauenbücher der letzten Zeit« nennen, »frauliche Bücher, in denen die *Frau als ›Held‹ im Mittelpunkt steht*«.[307] Und was wählt sie aus, schlägt sie vor für den Gabentisch? »Die beiden schönsten Frauenbücher des Jahres sind von *liebenden Männern* geschrieben worden, und so muß es wohl auch sein.« Zwei Bücher stellt sie vor, Max Dauthendeys *Briefe an seine Frau* und – es verwundert nicht mehr – *Requiem und Hymnen für Cecilie Tychsen* von Hellmut Draws-Tychsen. In preziösen, in Schönheit, Rosen, Blondhaar schwelgenden Bildern, in romantischen Harfentönen feiert Draws-Tychsen die verklärende Erinnerung an seine entfernte Verwandte, die 18jährig in Göttingen jungfräulich geliebt worden und gestorben war. Er fetischisiert darin die unnahbare und also ewig reine Frau und sich selbst als Nachfahr durch Blut und Geist gleich mit. Fleißer: »Es drängt sich einem der Gedanke auf, als ob dieses mit 18 Jahren beendete Leben, das sich nicht erfüllen konnte, in der Sehnsucht seines Nachfahren wiedergeboren werden mußte, um sich doch noch zu erfüllen.«[308]

Eine ähnliche Anfrage folgt wenige Tage später vom *Berliner Tageblatt*. Man plant, »in der niedergeschlagenen Stimmung und der innerlich und äußerlich bedrückten Situation« zu etwas »Freude« und »Ablenkung« beizutragen: »Wir haben vor, eine auserlesene Reihe deutscher Dichterinnen zu bitten, uns einen Liebesbrief an einen Mann zu schreiben […] und wir nehmen an, daß dieser Gedanke auch Ihnen Freude machen wird.«[309] Die Weihnachtsbeilage des *Berliner Tageblatt* vom 25. Dezember 1930 bietet in der Tat ein abwechslungsreiches und anspruchsvolles Panorama literarischer Liebesbriefe, von Joe Lederer, Marieluise Fleißer und Ilse Faber, von Walter von Molo, Joachim Ringelnatz und Robert Musil, Robert Walser, Manfred Hausmann und Erich Kästner. Die meisten Autoren nützen das reizvolle literarische Schreibspiel zu einem Liebesspiel mit einer Unbekannten, sie imaginieren eine Begegnung, von der die/der

Angeredete nichts weiß. Viel ist von Abschied die Rede, von Trennung, von verfehlter Liebe. Und Marieluise Fleißer? Sie beginnt ihren Brief mit der Anrede »Lieber D...«, und wir wissen nach wenigen Sätzen, daß es hier ernst wird, daß es sich nicht um ein literarisches Spiel handelt, sondern um ein Bekenntnis zu Draws-Tychsen von nachgerade biblischen Ausmaßen, um die Beichte einer zerknirschten Seele, vorübergehend irregeworden an den seelischen Grausamkeiten des Geliebten, aber: »Wenn ich einen Menschen lieb habe, muß ich ihm jenes vornehme Vorrecht einräumen, mich von ihm verwunden zu lassen und die Härte des Augenblicks durch meine freudige Hingabe in etwas verwandeln, was meine Seele liebenswerter, der Liebe würdiger macht. [...] Ich fühle, daß Du berufen wurdest, um mich im Innersten aufzurütteln aus einem falschen Glauben an mich selbst, und mir meine Fehler endlich sichtbar zu machen. [...] Jetzt bist Du an meine Seite gestellt, wie ein sichtbarer Zeiger, der zum Zorn ausschlägt, wenn ich es nicht richtig mache, und zur Freude, wenn es mir gelungen ist, mich selber zu überwinden.«[310] Auch wenn die Vergleichsebene auf groteske Weise schief ist, sie hat ihre Klostererziehung tief verinnerlicht: Wie der gestrafte Hiob mit Gott und seiner Liebe ringt, so ringt sie mit dem Geliebten und seinem Zorn. In der persönlichen Selbstanalyse, dem Prosatext *Der Tiefseefisch*, erkennt sie: »ihre Liebe abgöttisch fast Gotteslästerung, wenn kein Gott sein soll neben ihm. aber er ist für sie eben Inkarnation des höchsten Willens.«[311]

Wie mögen ihre Leser diesen unerwarteten Zutritt in persönlichste Räume aufgenommen haben? Bewegt? Kopfschüttelnd? Peinlich berührt? Wer »D« ist, wissen sie ja, seit sie ihn wo immer möglich an erster Stelle nennt, *Ich reise mit Draws nach Schweden* zum Beispiel.

Und dann dieser Roman!

Am 9. Dezember 1930 hat Kiepenheuer mit Marieluise Fleißer den Verlagsvertrag über einen Roman mit dem Titel *Mehlrei-*

sende Frieda Geier abgeschlossen. Abgabetermin für das Manuskript ist der 31. Mai 1931. Im selben Vertrag wird der Autorin unabhängig vom Honorar für den Roman eine monatliche Rente über 300 Mark sichergestellt, »zunächst auf ein Jahr«.[312] Dieser Vertrag schließt also lückenlos an den gelösten Ullstein-Vertrag an und zeigt eine generöse Haltung des keineswegs florierenden Kiepenheuer Verlages. *Ein Pfund Orangen* war zwar ein im Feuilleton viel beachtetes Buch, aber bei 2230 verkauften Exemplaren bis Ende 1930[313] doch nicht eben ein Bestseller.

Draws-Tychsen ist viel auf Reisen, sie schreibt – um Gesundheit und Wohlergehen besorgt – an »mein liebes Bübchen« und »mein Kind« und kann, ungestört von ihrer selbstverleugnenden Liebe und seinen bizarren Launen und nicht geduckt von seinem autoritären Gehabe, zügig an ihrem neuen Projekt arbeiten. Im Roman gewinnt sie noch einmal eine Souveränität in Liebesdingen zurück, die man ihr nach diesem Liebesbrief kaum noch zugetraut hätte. Sie ist mit ihrer literarischen Phantasie wieder in Ingolstadt, und diese Phantasie ist von den Vorkommnissen von 1929 nicht im mindesten eingeschüchtert, vielleicht gar von ihrem Finale am 14. Februar 1931 vor dem Amtsgericht Berlin-Mitte, dem Erfolg in ihrem Beleidigungsprozeß, geradezu beflügelt. Es wird ein Liebesroman der neusachlichen Art, also kein Happy-End und keine vor Kummer verzehrte Geliebte, die vom Angebeteten am Ende erwählt und beglückt wird. Wer in diesem Paar das Sagen hat, darüber gibt es von Anfang an überhaupt keinen Zweifel: Gustl, der Tabakwarenhändler und Sportschwimmer, ist der tumbe, bodenständige Ingolstädter (»Er ist so gesund, ein Barbar«), Frieda, die berufstätige Frau »mit dem unmenschlich langen Herrenmantel«,[314] Handelsreisende in Mehl, ist ihm himmelhoch überlegen. Sie war in der Großstadt, sie ist die fremde Außenseiterin, »er wird ihr nicht Herr«. Gustl: der »bekannte Krauler, den sein Verein in entfernte Städte entsendet, [...] erwartet von sich, daß er ein Draufgänger ist« – Frieda: »Ihre Blicke sind wohl etwas kalt [...] Sie trägt eine neue Lederjacke und abgeschnittenes Haar.« So treten sie auf, so nehmen sie sich selbst und gegenseitig wahr, »als der süße Irrsinn seinen Anfang« nimmt. Der süße Irrsinn, das ist das sexuelle Begehren eines hoffnungslos ungleichen Paares: der eine ist, was die andere nicht ist, und sucht darin seine Erfüllung. Der Roman handelt von nichts weiter als der Unmöglichkeit der Liebe dieses Paares. Es herrscht Wirtschaftskrise. Und in diesen prekären Zeiten eröffnet Gustl endlich sein eigenes Tabakgeschäft, der Standort ist ungünstig, die Miete zu hoch. Sein Selbstbewußtsein speist sich aus seinen sportlichen Erfolgen und seiner Stellung im Sportverein. Frieda ist das, was man heute tough nennt. Sie muß sich, wo immer sie hinkommt mit ihrem kleinen grünen Auto auf den Touren übers Land, gegen männliche Konkurrenz behaupten. Sie schafft das, nicht etwa mit den sogenannten weiblichen Waffen, sondern mit einer grandiosen Redebegabung, ihrer Überredungskunst. Wenn Frieda etwa Züge von Marieluise Fleißer hat, dann ist Friedas Redekunst die Schreibkunst der Fleißer.

Zwischen diese beiden, zwischen Gustl und Frieda, fährt der Blitz, es erwischt sie heftig: »Seine Blicke straucheln, wenn sie in Friedas Augen stoßen. Begehrlich fischen sie in Friedas Ausschnitt.« Und Frieda, die stets die sachliche Kontrolle über allem Geschehen behält, »Frieda schaut ihm eine Weile sprachlos zu. [...] Das hat man sich also angetan aus Fleischeslust. Nun kann sie von seinem Anblick nicht lassen.« Und meint, das müsse für immer sein. Kaum aber ist die erste Liebeshitze auf das Normale heruntergeschaltet und Gustl hat sich wieder unter Kontrolle, da will er das Sagen haben und beginnt zu rechnen. Aber da verrechnet er sich. Da spielt Frieda nicht mit: »Wann ich verführt werde, bestimme ich allein.« Und es ist auch nicht »Friedas fixe Idee, ein Nest zu bauen, um sich darin einzusperren, sondern die seine. Wenn es nach Frieda ginge, würden sie die längste Zeit ihres Lebens bei der Anziehung der Geschlechter bleiben. Gustl will weiter. Er ist auf das aus, was sie den trüben Satz am Boden nennt. Er drängt nach der ökonomischen Verwertung.« Frieda fügt sich nicht in die Rolle der Kleinstadt-Haus-

und Geschäftsfrau, sie steckt ihr Geld nicht in seinen Laden. Sie zieht es vor, unabhängig zu bleiben, und läßt ihn stehen. Gustls Liebe, die »vor nichts zurückschreckt«, schlägt um in wilden Haß, in entfesselte Gewalt. Sie, die »Asketin im kurzgeschnittenen Haar«, ist die Verfemte, die Sympathie der Kleinstadt gehört ganz ihm.

Während Frieda lange vor seinem Ende aus dem Roman verschwindet, läuft Gustl mit gewalttätigen und hinterhältigen Aktionen, mit Tricksereien beim Wettkampf, zur Hochform auf. Das Finale: eine grandiose Biergartenschlägerei. Das ist der Stoff, und er ist Marieluise Fleißer wohlvertraut. Wie daraus aber dieses einmalige Prosa-Kunststück wird, das ist vor allem der Erzähltechnik geschuldet. Marieluise Fleißer findet eine Perspektive, die es ihr möglich macht, sich mit einem ironisch kommentierenden Ton zu distanzieren, etwa so wie der Moritatenerzähler auf dem Jahrmarkt mit seinem Zeigestock Bild für Bild erklärt: ›Hier seht ihr, wie . . .‹ Oder: »Jetzt muß ich ganz dumm fragen. Wo hat denn Amricht seine Schwimmtechnik her?« Das erzählende Subjekt paktiert mit dem Leser, führt seine Figuren vor, auch in ihren Schwächen, in ihren Lächerlichkeiten, sucht die Heiterkeit auf ihre Kosten und ist keineswegs unparteiisch. In rhetorischen Fragen macht es die Leser lustvoll auf Blößen oder Pannen Gustls neugierig, auf dessen Kosten: »Soll das nun das Liebesleben von Gustl sein?« Dieses erzählende Subjekt schlüpft gelegentlich in die Akteure, mal in Gustl, mal in seine giftige Mutter, mal in das Kollektiv der Kleinstadtmasse, aber meistens doch in Frieda, und so tritt Friedas Liebesobjekt Gustl in seiner grotesken Komik, seiner dumpfen Körperlichkeit viel häufiger in Erscheinung als etwa Frieda in der sinnlichen Erregung ihres Körpers. Ihr Begehren wird, sozusagen im Einverständnis mit dem erzählenden Subjekt, nie bloßgestellt, es wird diskret behandelt: »Etwas sammelt sich hinter ihren Lidern, ein inneres Licht, die süße Freude.«

In diesem *Roman vom Rauchen, Sporteln, Lieben und Verkaufen* perfektioniert Marieluise Fleißer das gestische Erzählen zu so etwas wie dem Begleitkommentar zu einem Film. Alle Blicke sind auf das Körperliche gerichtet. Gustl, der schneidige Schwimmer, der gierig-plumpe Liebende und brutale Hasser, ist mit einem eher bescheidenen Verstand ausgestattet, die Sensibilität ist verkümmert, und was die Sprache angeht, da sieht er sich von Frieda – wie überhaupt – überfordert. Auch er braucht – wie seinerzeit Buster Keaton – eine »Gebrauchsanweisung für den Ernst des Lebens«,[315] in seinem Fall für den Ernst der Liebe. Er hat nur seinen Körper, um sich auszudrücken, wie seine Sportskameraden, wie »die entfesselten Barbaren der Kleinstadt«. Was sich abspielt zwischen Frieda und Gustl, die ersten Funken, die Glut, dann die Flammen, dann der Umschlag und das Erlöschen des Begehrens, und wie diese Gefühlslagen sich auf groteske, auf lachhafte oder peinliche Weise seines Körpers bemächtigen, das verfolgt und vermittelt die Erzählerin wie in einem Sportkommentar. Sie bedient sich einer Sprechweise, einer Wortwahl, die scheinbar danebengreift, zu hoch allermeist, und stellt damit ein Gefälle her zwischen den Wörtern und der Sache, die sie benennen, vergleichbar Buster Keatons Retardation der Bewegungen, die damit scheinbar das Angemessene verfehlen. In dieser Diskrepanz steckt das Komische, sie entspricht ganz der Wirkung von Keatons Spiel, »in dem die schwierigen Dinge gelingen und die leichten danebengehen«,[316] wenn es da etwa von dem von der Liebe getroffenen Gustl heißt: »Der Pfeil fliegt. Dann hängt er zitternd in seinem Bewußtsein an einem schmerzenden Häkchen. Die Stelle bleibt fortan wund.«

Und noch die Gesprächslücken bekommen wie filmische Zeitlupen ihr dramatisches Gewicht: »Diese Gespräche sind ein Kunststück für sich in ihrer Schweigsamkeit.«

Marieluise Fleißer muß unbedingt ihren Vertrag erfüllen, er ist ihr einziger finanzieller Halt. Ihre Korrespondenz seit 1930 ist voller Absagen: Ihre Hoffnung, die Reiseerzählungen unterzubringen, erfüllen sich nicht: die *Frankfurter* und die *Magdebur-*

gische Zeitung lehnen mit Bedauern ab, die Rundfunkstudios vertrösten auf später. Auch ein erhoffter Vorabdruck des Romans kommt nicht zustande. Von den Ullstein-Blättern wie von der *Frankfurter Zeitung* und dem *Hamburger Fremdenblatt* erhält sie Absagen, weil die Buchausgabe für das Weihnachtsgeschäft 1931 schon angekündigt ist. Sie hat später erzählt, daß sie »die letzten Kapitel« des Romans unter großem Zeitdruck »im späten Frühjahr« geschrieben hat.[317] Am 31. Mai 1931 sollte das Manuskript bei Kiepenheuer sein, am 30. September 1931 – Fleißer hat vom Verlag bereits erste Satzproben bekommen – wartet der Lektor Fritz H. Landshoff spürbar nervös auf den Schluß des Manuskripts: »Zu meiner äußersten Bestürzung bekomme ich von Ihnen überhaupt keinen Bescheid. Die Zeit rückt immer weiter vor und wenn wir nicht dieser Tage mit dem Satz beginnen, wird ein Erscheinen des Romans in diesem Herbst unmöglich sein.«[318] Nicht nur der Zeitdruck macht dem stets liebenswürdigen Landshoff Ärger, vielmehr führt ein ungeheuerliches Ansinnen von seiten der Autorin zu einer tiefgreifenden Verstimmung. Wieweit Draws' Einfluß dahintersteht, wissen wir nicht, es ist Marieluise Fleißer, die dieses Ansinnen zu »unserem« macht und Landshoff gegenüber vorträgt und vertritt: Bei einer Unterredung im Verlag Ende Oktober 1931, als es um die Gestaltung von Einband und Umschlag geht, muß Fleißer »unsere Forderungen betreffs der Anzeigen« vorgebracht haben, die Forderung nämlich, in der Verlagsanzeige für ihr erstes Buch, den Novellenband, am Schluß des Bandes keine Kritiken von Juden abzudrucken. »Wir haben in unserem Verlag niemals andere Entscheidungen als die des Geistes und die des Talentes gemacht«, weist Landshoff erbost (und gewiß auch tief enttäuscht von dieser geschätzten Autorin) ihre Wünsche zurück: »Wir zweifeln daran, dass es in Deutschland angesehene literarische Verlage gibt, die sich von solchen Erwägungen, wie Sie sie von uns fordern, leiten lassen.«[319] Im Gespräch im Verlag, so schreibt Fleißer an Draws und bittet ihn, vorerst weiter nichts ohne sie in dieser Angelegenheit zu unternehmen, hatte Landshoff ihr vorgeworfen, »daß ich erstens immerhin die Juden insofern schätze, als ich sie als Reklame für mich verwende und z. B. die Kritik Alfred Kerrs aufgenommen habe [...]«.[320] In ihrem Antwortbrief an Landshoff rechtfertigt sie noch einmal ihre Forderung und macht sie eigentlich schlimmer: Sie distanziert sich von jeder religiösen Judenfeindschaft, aber wogegen wehrt sie sich dann?: »Ich bin keine Antisemitin und jederzeit bereit die charaktervolle Leistung auch von Juden restlos anzuerkennen. [...] Wenn ich Ihnen bestimmte Wünsche hinsichtlich der Anzeigen vortrug, so bezog sich das nicht auf die Eigenschaft der jüdischen Glaubenszugehörigkeit, sondern auf die Eigenschaft des Ressentiments. Ich habe Ihnen diesen Vorschlag im übrigen auf Grund meiner Erfahrung als Autor gemacht, die gezeigt hat, dass man mich unter dem falschen Gesichtswinkel einer bestimmten Parteieinstellung beurteilt, während ich den allergrößten Wert darauf lege, dass ich als Dichter und schaffender Mensch über den Parteien stehe.«[321] Gegen wen mag sich dieser schroffe Vorbehalt gerichtet haben? Gegen den linken Brecht-Kreis natürlich, und dazu gehört Walter Benjamin. Und tatsächlich fehlt die klügste, schönste und wichtigste Rezension von *Ein Pfund Orangen*, die Walter Benjamins aus der *Literarischen Welt*, in der kleinen Rezensionsauswahl am Ende des Bandes. Daß Alfred Kerr und Bernhard Diebold Juden sind, scheint tatsächlich unerheblich, vor allem sind sie Feinde Brechts!

Am 14. November 1931 kann der Kiepenheuer Verlag in einer ganzseitigen Anzeige im *Börsenblatt des deutschen Buchhandels* schließlich das Erscheinen des Romans *Die Mehlreisende Frieda Geier* für den 19. November ankündigen: »Der Roman von Marieluise Fleißer führt uns mitten in eine bayerische Kleinstadt, in deren engem Lebenskreis gleichwohl alle Kulturstufen nebeneinander bestehen. Wir machen die Gründung eines Zigarettenladens mit, seinen Aufstieg, seine Rückschläge. Wir erleben romantische Liebe im Stadtgraben, Sport im aufstrebenden Provinzverein, Rivalität zwischen den Titelanwärtern und Ausscheidungskämpfe, die Tragödie des alten Sportlers. Es ist ein Liebesbekenntnis zu den lebfrommen, umwegigen, sinnenfreudigen bayerischen Menschen.«

Den Feuilleton-Redaktionen hatte Fleißer das Manuskript unter dem Titel *Zigaretten-Amricht* angeboten (der Gustl Amricht der ersten Fassung wird erst in der späten Überarbeitung von 1972 zu Gustl Gillich), nun lautet der Titel also nüchtern und sachlich, ohne Artikel: *Mehlreisende Frieda Geier*, dazu der knappe, harte, zeitgeistige Untertitel: *Roman vom Rauchen, Sporteln, Lieben und Verkaufen.*

»Der Roman schmeckt wie frisches Brot. Wir beißen mit Behagen hinein« – das ist so etwa der Tenor der zustimmenden Rezensionen, an denen es durchaus nicht mangelt. Man freut sich am exotischen Ambiente einer fernen bayrischen Gemütswelt, an der deftigen »Provinzerotik«,[322] schätzt Fleißers Humor, erkennt – wie Hermann Hesse in seiner Rezension – neben der »Virtuosenhand« Fleißers »Liebe« zu ihren Figuren und zum Schreiben.[323] Herbert Ihering äußert sich überraschend kritisch, spricht ihr die Befähigung zur großen Romanform ab, sieht

Der Roman *Mehlreisende Frieda Geier*
erscheint im Herbst 1931 bei Kiepenheuer in Berlin,
Umschlag von G. Salter

ihre »Ursprünglichkeit« verloren.[324] Böse Rezensenten behaupten, sie »zuckmayert kräftig weiter. Sie verließ auch ihre Heimat Ingolstadt, zog nach Berlin, und man kann sich des Eindrucks nicht erwehren, daß sie nun vom Romanischen Kaffee aus dem ›Erdgeruch der Scholle‹ nachspürt, der hier allerdings oft mit den Düften des Komposthaufen verwechselt wird. [...] Und überdies leistet sich Marieluise eine Kraftmeierei, die ›stramm wie Euter riecht‹ und einer Frau am wenigsten ansteht.«[325] Warum jedoch steht es dem Rezensenten an, die Autorin kurzerhand beim Vornamen zu nennen und damit kleinzureden? Vielleicht ist er selbst ein kleines Licht im Gegensatz etwa zu Franz Theodor Csokor, dem längst prominenten österreichischen Autor, der in der Wiener *Neuen Freien Presse* die Modernität dieses Romans erkennt, was den Typ der Heldin ebenso angeht wie die »klinisch« kommentierende Erzählhaltung.[326] Die ausführlichste und verständnisvollste Rezension steht in der Frauenbeilage der *Frankfurter Zeitung* unter der Überschrift *Sportroman und Legende in Bayern* und stammt von Therese Fromm. Sie erkennt im Thematischen und vor allem im Stilistischen die originäre Leistung Marieluise Fleißers: »Hier ist nicht der elegante Sportroman der Klubs, die selbstverständliche disziplinierte Tradition des grünen Rasens, der internationalen Meetings. Hier ist das Volksfest, Lärm, Schweiß, Dunst und Schiebung, die Filzigkeit der kleinen Intrige, die gerissene Erbarmungslosigkeit der Kleinstadt.« Die Lektüre ihrer früheren Novellen erschließt der Rezensentin den tieferen Zugang zu dem Roman: »Hier ist der Schlüssel zu Marieluise Fleissers verstiegenem und überdrehtem Stil, der zum Gelächter reizt und im gleichen Augenblick verblüffend schreckt. [...] Marieluise Fleisser kennt die kranke Hälfte ihrer Welt so gut wie sie die gesunde meistert.«[327]

Und ein hübsches Kuriosum aus dem Posteingang einer Schriftstellerin: Es meldet sich auch die Mehl-Branche, die Frankfurter Mühlenwerke. Gebr. Wolf: »Sehr geehrte Verfasserin! Als Müller erstand ich Ihr Buch mit den vier Mehlsäcken [auf dem Umschlag] in der Annahme, noch etwas für den Verkauf hinzulernen zu können. Ich finde aber, dass sich Mehlreisende besser an Fräulein Geier kein Beispiel nehmen sollen. Die junge Dame reist nur ein Kapitel in Mehl und 21 Kapitel in Liebe. Ist dieses Verhältnis das Charakteristikum weiblicher Mehlreisender? Halten Sie den Beruf – trotz Kapitel 4 – bei $^1/_{22}$ Arbeitszeit für einträglich genug? Oder sind für Mehlreisende die bekanntlich losen Sitten der früheren Müllerinnen typisch? Alles in allem: weshalb wählten Sie für das Buch gerade den Titel *Mehlreisende* …? U. A. w. g. Inhaltlich gefiel mir übrigens Ihr Buch ausgezeichnet.

Mit den besten Empfehlungen ergebenst Dr. Arno Aron«[328]
Von einer Antwort wissen wir nichts.

Dieser große Roman Marieluise Fleißers, von dessen Qualität sie selbst nicht wirklich überzeugt war (zu sehr hatte sie Draws' künstlerisches Urteil schon verunsichert), ist in seiner Singularität erst posthum ganz erkannt worden und gilt heute in der Literaturwissenschaft als der Prototyp des neusachlichen Romans.

Schade: *Mehlreisende Frieda Geier* ist Fleißers einziger Roman geblieben. Aber auch von der Dramatikerin hören wir nichts mehr. Um so mehr über sie. Das Thema ›Dramatikerinnen‹ ist endlich entdeckt am Ende der Weimarer Republik und wird von Zeitung zu Zeitung weitergereicht: In *Die Literatur* in ihrem Jahrgang 31, 1928/29 mit Else Hoppes Beitrag *Die Frau als Dramatikerin* und in Küppers *Scheinwerfer* im Januar 1931 mit dem Aufsatz von Caroline Urstadt, *Frauen als Dramatikerinnen*, wird eine Grundsatzdebatte zu diesem Thema eröffnet; am 14. Februar 1930 bringt die *Funkstunde* und in der Weihnachtsausgabe 1931 die *Illustrierte Damenzeitung Der Bazar* Porträts junger deutscher Dramatikerinnen; in den *Mitteilungen der Freien Volksbühne Altona* kann man einen Vortrag nachlesen, in dem sich Grete Berges in einer Veranstaltungsreihe über *Die Frau im Kulturkreis des Theaters* ausführlich mit Fleißers dra-

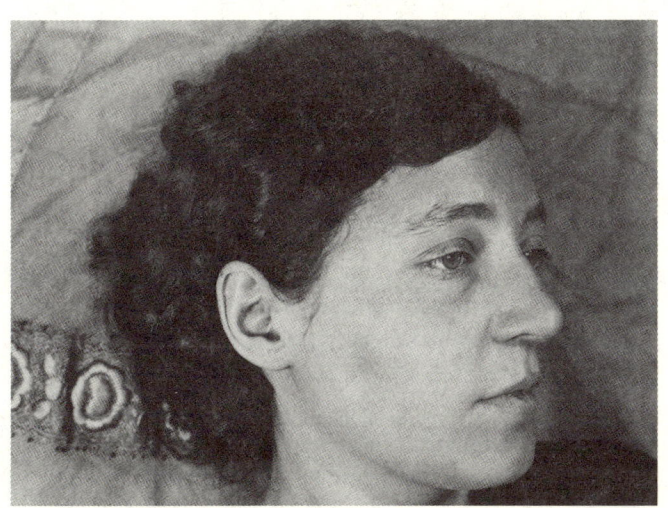

Marieluise Fleißer, Porträtfoto von Ellen Auerbach, 1931

matischem Stil beschäftigt: *Die Dramatikerin der Gegenwart. Marieluise Fleißer.*[329] Im Januarheft 1933 der Zeitschrift *Die Dame* befaßt sich Hans Kafka (der 1929 die Berliner *Pioniere in Ingolstadt* in der *Literarischen Welt* besprochen hatte) mit *Dramatikerinnen: Frauen erobern die Bühne.*

Und Marieluise Fleißer selbst, die dort überall in ihrer eigenständigen Begabung lobend herausgestellt wird, die im März 1931 in den Verband deutscher Bühnenschriftsteller und Bühnenkomponisten aufgenommen wurde? »Sie schreibt kein Theaterstück mehr, sie fühlt sich künstlerisch völlig verunsichert. Sie schreibt schwache Arbeiten für Zeitungen.«[330] So urteilt Marieluise Fleißer in den biographischen »Notizen« von 1973 über sich in dieser krisenreichen Schreibphase. Am 30. November 1931 führt das Intime Theater in Nürnberg die *Pioniere in Ingolstadt* auf, aber was darüber in der *Nürnberger Zeitung* zu lesen ist, das kennt Marieluise Fleißer schon zur Genüge aus den wüsten und dummen Beschimpfungen gekränkter Bayern von 1929. Ermutigen kann sie das nicht. Doch noch ist die Autorin im Gespräch und in den Feuilletonumfragen eine begehrte Stimme. Zum Beispiel zu Weihnachten 1931: Das *Berliner Tageblatt* bittet Künstler und Schriftsteller um eine Stellungnahme zum Zusammenhang ihrer Arbeit mit dem gegenwärtigen ökonomischen Desaster, denn »auch für den Künstler gibt es eine Absatz- und Marktkrise.« Am 25. Dezember 1931 erscheinen unter der Überschrift *Kunst geht nach Brot* über zwei Seiten Statements von Hans Henny Jahnn und dem Bildhauer Georg Kolbe, von George Grosz und Manfred Hausmann, von dem Lyriker Theodor Kramer und Kurt Heuser, von Erika Mann und Marieluise Fleißer und ergeben zusammen »ein Bild vom Künstlerleben 1931«. Marieluise Fleißer ist wahrlich hungergeprüft. Ihre Argumente leuchten ein: Entbehrungen ja, aber nicht im Übermaß, sonst gefährden sie das Werk, schnüren den Künstler ab von der »Mannigfaltigkeit des Lebens«, zeigen ihm nur »die häßliche Seite« und verzerren sein Weltbild. »Über die Intensität des Werkes hinaus wird die Selbstbehauptung auf dem Markt zur Berufspflicht des Dichters. [...] er darf es sich ganz einfach nicht leisten, weltfremd zu sein.« Und noch auf etwas anderes kommt sie zu sprechen, auf »die Tragikomödie der Faktoren Erfolg und Mißerfolg«. Des Dichters Arbeit ist ein Lotteriespiel, unberechenbar, den sonderbarsten Zufällen ausgeliefert. »Ist der ausdauernde Arbeiter« einmal »zum unverdienten Glückspilz geworden [...] stürzt sich eine Reihe von Leuten auf ihn, die ein Anrecht darauf zu haben glauben, daß der erfolgreiche Dichter sie ins Schlepptau nimmt. Niemand fragt, wovon er in den vergangenen drei, vier oder sechs Jahren der Dürre gelebt hat, ob er die Schulden, die er zu machen gezwungen war, heute bezahlen muß [...]. – So sehen Erfolge aus. In der Zwischenzeit aber hängt das Leben des Dichters an einem Haar.«[331] Da weiß jemand aus ureigener Erfahrung, wovon er redet. Im Schlepptau Fleißers zehrt Draws-Tychsen von ihren Erfolgen und ihren Einnahmen gleichermaßen.

Anfang Januar 1932 nimmt *Der Querschnitt* das Thema auf und bittet Fleißer um einen kleinen Aufsatz unter dem Titel *Krise und Privatleben*. Das Februarheft bietet seinen Lesern eine aparte Parallelaktion: Im Zweispaltendruck stehen sich die Meinungen des fast 60jährigen Alfred Polgar und der 30jährigen Marieluise Fleißer gegenüber. Polgar, immerhin prominenter Kritiker und persönlich also von der Wirtschaftskrise wohl nicht ganz so heftig gebeutelt, hat gut Witze machen über die Vorzüge einer Wirtschaftsflaute: »Liebe [...], alte Kleider und die Klassiker kommen zu Ehren. Der Egoismus entledigt sich seiner Verschleierungen. [...] Das Falsche und Brüchige vieler sogenannter Lebensfreuden wird offenbar. [...] Hebung der Moral: Der Mensch, weil er aus Mangel an Mitteln nirgendwo anders hingehen kann, geht in sich.[...] Die Armen und die Schnorrer, die unendlich vielen, die immerzu unten vegetieren und vergeblich nach oben wollten, erleben jetzt das großartige Naturschauspiel, daß dieses Oben zu ihnen hinuntersteigt. Es ist vollbracht!« Fleißer ist der Humor vergangen: In heiligem Zorn und mit ciceronischer Rhetorik setzt sie an zu einer Philippika:

»Quo usque tandem abutere Catilina patientia nostra? [...] Wie lange noch werden Dichter verhungern und darben müssen, ohne daß jemand überhaupt Notiz von ihrem Leiden nimmt?« Sie macht die Rechnung auf für die Hungerleider der Nation, mit deren Leistung sich die Gesellschaft doch so gerne schmückt. »Wir reden von Krise, wenn wir längst eine zwangsläufige Agonie des Individuums feststellen müßten. Wir Bewahrer der Zukunft sind eben gütig.«[332]

Die Wirtschaftskrise ist mit Fleißers Privatkrise fatal verflochten. Die Erfahrungen des Mangels in allen Bereichen verschärfen sich. Vom ökonomischen Mangel war soeben die Rede: Der Rentenvertrag mit Kiepenheuer ist nicht verlängert worden, der Absatz des Romans enttäuscht die Erwartungen von Autorin und Verleger. Vom 1. 4. 31 bis 31. 12. 31 werden 12mal *Ein Pfund Orangen* und 670mal die Novität *Mehlreisende Frieda Geier* verkauft, das Honorar beläuft sich auf 373,57 Mark.

Der Mangel an Erfolg ist zu einem großen Teil der allgemeinen Wirtschaftslage geschuldet. Auch die Mitarbeit im Rundfunk läuft nicht wie erwartet. Marieluise Fleißer wird zwar immer wieder von Redaktionen um Beiträge gebeten, aber dann werden sie mit Bedauern unpubliziert zurückgeschickt. Engagierte Übersetzungsangebote für den Roman zerschlagen sich rasch. Liest man Fleißers Verlagskorrespondenz der dreißiger Jahre, dazu die erschienenen wie die abgelehnten Zeitungsarbeiten und Projekte vor dem Hintergrund der Wirtschaftsmisere und der politischen Polarisierung jener Zeit, so ergibt sich das Bild einer Schriftstellerin, die ihre Orientierung und ihren Ton verloren hat. Sie muß alle Contenance fahrenlassen, es bleibt nur die ungeschminkte verzweifelte Wahrheit. Zum Beispiel gegenüber Hans Henny Jahnn, der in der Umfrage *Kunst geht nach Brot* lapidar konstatiert hatte: »Die Aussichten für die Zukunft: Zum Verzweifeln.« Er war von einer amerikanischen Stiftung gebeten worden, notleidende Schriftsteller zu benennen, die die Stiftung zu unterstützten plante, und hatte sich deshalb nach ihrer wirtschaftlichen Situation erkundigt. Sie schildert ihm ihre desolate Lage, bittet ihn »nachdrücklich«, ihr so rasch wie möglich zu helfen: »Ich benötige als äusserstes Minimum zweihundert Mark. [...] Es steht sehr schlimm.«[333]

Der Mangel an dichterischer Kraft schmerzt sie ebenso wie die körperlichen, die sinnlichen Entbehrungen als Frau bei Draws-Tychsen, der ihr seine eigene Erfolglosigkeit auch noch aufpackt. Doch: »Eine Frau, die einen Mann liebt, bringt alles fertig«: So miserabel es ihr geht – sie schreibt noch Bettelbriefe für ihren »Schützling«, wie ihn Kurt Pinthus in einem Brief, die Sachlage sehr genau durchschauend, nennt.[334] Wolfgang Jess zum Beispiel, dem Verleger der Zeitschrift *Die Kolonne* und also einer jungen, betont unzeitgeistigen, unpolitischen Dichtung, hatte sie am 1. Mai 1931 Draws-Tychsen in preisenden Tönen als den »wertvollsten Menschen dieser Zeit« empfohlen, »von dem fanatischen Glauben an seine Sendung durchdrungen«, »dem jedes Erleben zwangsläufig zur Melodie wird«. »Ich halte es für meine heilige Pflicht, alles daran zu setzen um ihn endlich unter den gleichen Bedingungen auf den Kampfplatz treten zu sehen und ihm zur Verwirklichung seiner Mission zu verhelfen, die ja nur eine sehr einseitige und persönliche Anstrengung bleibt, solange sie nicht dem Büchermarkt zugänglich gemacht wird.«[335] Zwar versichert sie Jess, daß sie diesen Brief »ohne Wissen ihres Mannes« schreibt. Aber schreibt so die Erfinderin eines Gustl und einer Frieda Geier? Und immer, wenn sie von »ihrem Mann« spricht, drängt sich der Verdacht auf, von Draws genötigt zu sein. Von Heiraten will er nichts wissen, aber wo es opportun erscheint, soll man sich als Ehepaar ausgeben. Wie unselbständig Marieluise Fleißer mittlerweile urteilt, zeigt sich Ende des Jahres 1932. Die Redaktion der Zeitschrift *Das Tage-Buch* bittet sie für das Dezemberheft um ihren Beitrag für die Empfehlungen der besten Bücher des Jahres. In wenigen eigenwilligen und noch heute beeindruckenden Worten hatte sie im Jahr zuvor von ihrer Lektüre von Musils *Mann ohne Eigenschaften* gesprochen; dieses Jahr nun hat auf sie den nachhaltigsten Eindruck gemacht: Neben Maria Luise Weißmanns *Gesam-*

melten Dichtungen, über die sie kein weiteres Wort sagt, Hellmut Draws-Tychsen: *Nordische Gedichte*. Ihre Begründung: »Diese strenge und einsam dastehende Lyrik [. . .] verbindet die elegante Haltung des Fechters mit dem raumtiefen Schmerz des Weisen, der Logik des Mathematikers und dem weltbewegenden Takt des Komponisten. Sie ist eigenwillig, drahtig, zuweilen arrogant, oft grotesk, aber immer frisch und lustvoll kämpferisch, ohne den leisesten Hauch der Verwesung. Sie knüpft unmittelbar an die charaktervolle griechische Lyrik an, die tausendjährigen Atem hat und heute noch weltverändernd und eminent politisch ist. Die ursprüngliche Begabung des Lyrikers Draws-Tychsen erweist sich schon daraus, daß jedes Gedicht seinen eigenen, noch nie dagewesenen und überzeugenden Rhythmus hat. Im Prinzip muß ich nach langer Zurückhaltung und ernster Erwägung mich dazu bekennen, daß ich Hellmut Draws-Tychsen unbeschadet dessen, daß er als Neutöner heute eher abstoßend wirkt und in seinem Werte noch nicht allgemein erkannt wird, für den überhaupt größten lebenden Lyriker halte.«[336] Ihr Korrespondenzordner klärt uns auf: Draws-Tychsen hat ihr auf die Rückseite des Briefes der *Tage-Buch*-Redaktion exakt notiert, was sie zu empfehlen hatte.[337] Wen wundert es, daß sie sich damit dem Spott der Literaturszene preisgab. Die Zeitschrift *Der Bücherwurm* kontert in ihrer Kolumne *Panoptikum des Bücherwurm*: »Der überhaupt größte lebende Lyriker? Ich enthalte mich jeden Urteils und überlasse es dem Leser, selbst Stellung zu nehmen, nachdem er die folgende Probe aus den *Nordischen Gedichten* gelesen hat:

Ging eine Maid zum Weiher
In hauchigem Gewand
Und löste den dünnen Schleier
Mit weißer schmaler Hand.

Stand eine Maid am Wasser
Wie Birken rank und rein,

Ihr Leib war blütenblasser
Denn Maienblümelein.

Schwamm eine Maid in Wellen,
Ein seltener Fisch im Teich,
Die Hände zweien Kellen
Aus Alabaster gleich.

Auch Friederike Kempner wurde von ihren Verwandten für die
›größte Lyrikerin‹ gehalten ... Reuchlin«.[338]

Marieluise Fleißer scheint all diese Übergriffe auf ihre Person
mitzutragen, Draws' rüden, anmaßenden Ton in ihrer Korrespondenz sich ebenfalls zu eigen zu machen. Es fällt schwer, in dieser
Frau noch Marieluise Fleißer zu erkennen. Doch wer zwischen
den Zeilen zu lesen vermag, der findet ihr privates Dilemma
öffentlich beschrieben. Wie in der Liebesbriefbeilage ist es ihr
Beitrag für eine literarische Umfrage, in dem sie ihr Persönlichstes verschleiert offenbart. Am 1. Januar 1933 veröffentlicht das
Berliner Tageblatt die Antworten zu dem Thema: *Jahrhundert –
gedrittelt. Die erste Generation erzählt der dritten Generation des
zwanzigsten Jahrhunderts.* Der Vorspann: »Das zwanzigste Jahrhundert vollendet mit dem kommenden Jahr sein erstes Drittel.
Wir haben eine Reihe von Angehörigen der Kunstwelt – Dichter,
Maler, Schauspieler –, die etwa als Generation diesem ersten
Drittel angehören, [...] aufgefordert, uns folgende Frage zu be-
antworten: Was werden Sie wohl, nach Ablauf des zweiten Drit-
tels dieses Jahrhunderts, also etwa 1966/67, Ihren Enkeln über
das erste Drittel erzählen?« Januar 1933, ein denkwürdiges Datum. Erich Kästner wird seinen Enkeln dichten:

»Wir hatten Krieg. Wir sahen, wie er war.
Wir litten Not. Wir sahn, wie sie entstand.
Die großen Lügen wurden offenbar.
Wir sahn das Menetekel an der Wand.«

»Von Religion und Politik werde ich schweigen«, antwortet Marieluise Fleißer (und ist einmal wieder die einzige Frau, die um Stellungnahme gebeten wurde), »die Ausdeutung der Entdeckungen und Erfindungen den Berufenen überlassen.« Und viele andere Themen auch. Aber: »Von der Stellung der Frau werde ich des langen und breiten sprechen. Stellt euch vor, Kinder, werde ich sagen, in was für einer Zwickmühle sich damals die Frauen befanden. Vor dem Gesetz waren die sogenannten Frauenrechte längst errungen. Der wahre Kampf aber um die persönliche Würde der schaffenden Frau begann erst.« Es ist ihr ureigener Kampf. Vom Mißbrauch der Gewalt durch den Mann ist die Rede, von einer neuen Form der Ausbeutung der nun berufstätigen Frau durch den Mann, der es sich in einer solchen modernen Beziehung bequem machte, vom Martyrium, das die Frauen ertragen, und wie wenig davon nach außen dringt.

Man muß neben den veröffentlichten Texten mühsam und vorsichtig die Bruchstücke in ihrem Nachlaß zusammensuchen, die ein ungefähres Bild dieser katastrophalen Beziehung ergeben. Mühsam, weil sie in Manuskripten, in Korrespondenzen über Jahre versteckt sind, mit Vorsicht, weil immer damit zu rechnen ist, daß biographische Erfahrungen, tatsächliche Begebenheiten in der Niederschrift, in der Bearbeitung literarisiert sind.

Sonderbar: Bis 1933 gibt es meines Wissens keine Bemerkung Fleißers, die eine direkte Kritik an Draws' Person oder an seinem Verhalten enthält. (Die unveröffentlichten *Tiefseefisch*-Notizen porträtieren ja eher mit Staunen und Lust und deutlicher Faszination die eigenwilligen Marotten eines ungewöhnlichen und ungewöhnlich bedürftigen Menschen.) Der schon genannte Text *Situationen* scheint mir erst in der dramatischen Auflösungsphase der Beziehung geschrieben zu sein. Weitere undatierte Fragmente, *Der Heuschreck, Bausteine Knabenliebe, Die nächtliche Wanderung,* stammen vermutlich aus der Nachkriegszeit. Die Typoskripte im Nachlaß sind allerdings sehr viel bruchstückhafter, unfertiger als ihre Wiedergabe in der Werkausgabe vermuten läßt. Von Draws' arroganten Auftritten in den Redaktionen ist dort die Rede (»wegen seiner durchgreifenden Methoden sieht man ihn lieber gehn als kommen«[339]), von seinen schwer erträglichen Launen, von den Ohrfeigen, die er in ihrem Namen austeilt, von wüsten Zechtouren, die die zu Hause gebliebene Frau in schlimme Ängste versetzt hatte, von einer Geschlechtskrankheit, die er sich auf einer solchen ausschweifenden Nacht eingefangen hatte und derentwegen man keinen Geringeren als Dr. Gottfried Benn aufsuchte (»nur ein genialer Arzt faßt ihn an«[340]).

Man muß um der Objektivität willen nach Wahrnehmungen von Außenstehenden suchen, die dieses Paar näher gekannt haben. Zu den gemeinsamen Freunden dieser Jahre gehörte der Schriftsteller Richard Friedenthal, auch zu denen, die sich verletzt von den Launen und Unverschämtheiten von Draws und damit zwangsläufig auch von der Kollegin abgewandt haben. Nach dem Krieg, 1947, sucht Marieluise Fleißer den Kontakt mit dem mittlerweile im Londoner Exil lebenden alten Freund wiederaufzunehmen. Neben den vielerlei Einfühlungsschwierigkeiten, die sich zwischen dem Emigranten und der Daheimgebliebenen in den zwölf schlimmen Jahren ergeben haben, gilt es zunächst, die alten Verstimmungen auszuräumen. »Ich hatte immer das Gefühl, Sie müssten aus dem Draws'schen Unsinn heraus, und ich war vor allem überzeugt, dass sehr wertvolles in Ihnen steckte, das da zugedeckt wurde unter skurrilem Getue. Und sollte ich Ihnen tatsächlich ›leise böse‹ Ratschläge gegeben haben? Ist das nicht doch, immer noch, der Einfluss dieses Hysterikers und Halbnarren, der da aus Ihnen spricht?«[341] Oder der Freund Heinz Graumann: Er bedankt sich im November 1932 für das Geschenk der *Andorranischen Abenteuer* und schließt nach einer Würdigung von Fleißers ganz persönlicher und von ihm sehr geschätzten Begabung eine behutsame kritische Analyse von Fleißers Situation an: »Es ist klar, weder durch Selbstaufgabe, noch durch Übernahme fremder Wertungen werden Sie sich und Ihrer Kunst helfen. Es gibt wohl für uns alle

Verlobungsbild von Marieluise Fleißer
und Hellmut Draws-Tychsen

nur den einen Weg, mit größter Entschlossenheit und Liebe sich seiner selbst anzunehmen.« Und dann nimmt er die Gelegenheit wahr, ihr zu erklären, warum er sich wie Friedenthal (mit dem er eng befreundet ist) von Draws zurückziehen mußte: »Ein Mann wie er hat kein Recht zu soviel – gelinde gesagt – Eigenwilligkeiten, und selbst meine Geduld [...] hat einmal ein Ende.«[342]

Draws hat noch viel weniger Einnahmen als sie, er lebt auf ihre Kosten und unterstützt aus ihrem Portemonnaie auch noch seine Familie. Ein amerikanisches Stipendium, für das Hans Henny Jahnn sie (in Absprache mit Bert Brecht) vorgeschlagen hatte, zerschlägt sich wegen antideutscher Ressentiments der Stifter, kleine Zuwendungen der Schiller-Stiftung (die bis ins Jahr 1934 belegt sind) sind ein Tropfen auf den heißen Stein.

Durch den Wegfall der Verlagsrente sieht sie sich in derart hoffnungsloser Lage, daß ihr nichts anderes übrigbleibt, als (schon!) Anfang 1932 dem Vater die Rückkehr nach Ingolstadt anzukündigen. Er ist »wie auf den Kopf gehauen«, wähnte er doch wenigstens dieses Kind in einigermaßen gesicherten Verhältnissen, und er sieht mit Sorge der Rückkehr seiner glücklosen Tochter ohne Einkommen entgegen. Marieluises Bruder Heinrich, diplomierter Ingenieur, ist noch immer arbeitslos, er selbst mit seinen 64 Jahren nicht mehr so tatkräftig wie früher, das schlichte Eisenwarengeschäft in der Kupferstraße hat scharfe moderne Konkurrenz in der Hauptstraße. Aber nicht nur dem zusätzlichen Esser am Familientisch gilt seine Sorge, am Ende des Briefes rückt er damit heraus: es ist noch etwas anderes, es sind die jüngeren Töchter. Er hat den Roman gelesen, er ist angetan von ihrem flüssigen Stil und ihren treffenden Schilderungen, aber »ich wurde rot bei manchen Stellen u. nicht jede Familie nicht jede Mutter wird das Buch auf den Tisch legen«. »Wen du nun einmal das Unglück gehabt hast in so jungen Jahren allein und fern dem Elternhaus in der Blüte Deiner Seele u. dann im Denken und Fühlen von Weickert und Konsorten vergiftet zu werden, so lasse das bitte ich Dich nicht abfärben an Ella u. an Hilde die heuer kommunizieren darf.«[343] Mit Bangen sieht er schließlich der Reaktion der Ingolstädter auf den Roman entgegen, wird er doch, trotz der Beteuerung auf der Rückseite des Titelblattes, mit voyeuristischem Eifer ›entschlüsselt‹ werden.

Der schriftstellerische Ertrag des Jahres 1932 ist mehr als bescheiden, einige Nachdrucke in der *Vossischen Zeitung,* ein paar Rezensionen (z. B. über Eva Leidmanns harmlosen Unterhaltungsroman *Auch meine Mutter freute sich nicht. Fehltritte eines bayrischen Mädchens,* erschienen 1932 beim Zinnen-Verlag) und ein eigener kurzer Romanauszug im *Querschnitt,* die genannten Auftragsarbeiten, drei Feuilletongeschichten, im *Berliner Tageblatt* und in der *Germania,* viel mehr scheint es nicht zu sein.

Aber doch immerhin ein neues Buch, wenn auch mit überwiegend schon gedruckten Geschichten.

Welche forcierten Hoffnungen ihr die Not eingab und wie sie mehr und mehr das Gespür für die Realität verlor, das bekam Fritz Landshoff im Mai 1932 zu lesen, als ihm die Autorin das Manuskript der Reisegeschichten ankündigte: »Das Buch wird den Titel *Der Regenbogen – sieben sommerliche Reiseerlebnisse* tragen und einen Umfang von höchstens zehn Bogen haben. Wir haben uns gedacht, ein billiges und geschmackvolles Buch mit flexiblem Leineneinband [...] kurzum ein schmuckes sauberes Büchlein für die diesjährige Reisezeit, das mühelos eine Auflage von 10000 Stück erreichen muß. Als Erscheinungstermin habe ich mir den 1. Juli gedacht.«[344] Dabei ist das Manuskript noch gar nicht komplett. Und dann soll, nach ihren Vorstellungen, jeder Geschichte ein Gedicht von Hellmut Draws-Tychsen vorangestellt werden. Man muß Landshoffs höfliche Contenance bei diesen Zumutungen bewundern. Er ist überhaupt skeptisch gegenüber dem eiligen Erscheinen dieses »kleinen Nebenwerkes« nach dem mäßigen Verkaufserfolg des Romans. Es ist ein gereizter Briefaustausch zwischen Verleger und Autorin. Landshoff lehnt den begleitenden Abdruck der Gedichte umgehend ab: »Da Herr Draws-Tychsen namentlich in jeder dieser Skizzen vorkommt, scheint uns eine solche Verbindung wenig glücklich«,[345] Marieluise Fleißer wiederum ist verständlicherweise verärgert über die Formulierung »kleines Nebenwerk«, »weil gerade dieses Buch innerhalb meiner Produktion einen neuen lebendigen Weg aufweist«.[346]

Am 17. Oktober 1932 kündigt der Kiepenheuer Verlag im *Börsenblatt* das neue »charmante Buch der Fleisser« an, noch unter einem anderen Titel:

»Andorranische Reiseabenteuer. Leinen RM 3,50.

Reiseabenteuer im Norden und im Süden, die mit großer Grazie und mit vielem Humor vorgetragen sind. Dies Buch bleibt fern der Zeit und ihren großen Sorgen. Es führt auf Zauberpfade hinauf und steigt in verwunschne Landschaften und Menschen herab. Es hat den warmen Atem und die kluge Sprache des Lebens, sorgsam temperierte Kammermusik, die lang noch im Ohr nachtönt.«

Es verblüfft immer wieder, wie Marieluise Fleißer trotz ihrer erdrückenden Lebensmisere, entgegen auch ihrem zunehmend schroffen Briefton, in ihren literarischen Arbeiten noch zu solcher Heiterkeit, zu dieser überlegenen Satire und diesen erfrischend komischen Einlagen findet. Was die Komik angeht, so bedurfte es freilich gar nicht so sehr ihrer Erfindung, Draws' Person und seine grotesken Allüren lieferten sie ganz realiter.

Was charakterisiert Fleißers *Andorranische Abenteuer*, was unterscheidet sie von den reichlich publizierten Reisefeuilletons der Zeit, was im besonderen von den Frauenreisebüchern? Reisende Frauen, die ihre Reise zu Literatur machen, sind allermeist alleinreisend, allenfalls in weiblicher Begleitung. Fleißer ist als die Berichterstatterin und damit als Financier der Reise, als Autorität über das, was erzählenswert ist, die Hauptperson. Insofern ist Draws die Begleitung, der Anhang. Ihre Umkehrung dieser Tatsache ist natürlich Theater, sie ironisiert Draws' despotisches Gehabe: »Ich bin nur der bescheidene Mitläufer von Draws.« Andererseits ist er ihr in der Reiseerfahrung weit überlegen, vor allem ist er der Kundige in den fremden Sprachen.

Was sieht sie, was erzählt sie von Schweden, von Paris, von Barcelona, von Andorra? Was hält sie für berichtenswert? Landschaft? Lebensalltag? »[...] diese Dinge kann man in den französischen und spanischen Büchern nachlesen.« Man nahm gelegentlich an, daß Fleißer als ihre wichtigste Quelle Kurt Tucholskys *Pyrenäenbuch* verschwiegen habe, da es tatsächlich einige Ähnlichkeiten in Formulierungen gibt.[347] Mir scheint sehr viel plausibler, daß die Reisenden Tucholsky und Draws/Fleißer dieselben Reisebücher im Gepäck hatten, zum Beispiel den *Guide bleu. Pyrénées de l'ocean à la Meditéranée*, Paris 1926. »Ich will das vorholen, was man nicht von Andorra weiß.« Sie vermeidet die übliche Aufzählung touristischer Highlights, aber die Neugier darauf bedient sie natürlich doch, nur eben auf ihre Art: den Stierkampf oder die Sardana. Von den fremden Menschen erfährt man allerdings bei weitem nicht so viel wie vom eigentlichen Exotikum dieser Reise, das nicht die Fremde ist, sondern ihr skurriler Gefährte Draws. »Deshalb ist es mehr ein Liebesbuch«, schreibt Elisabeth Castonier in ihrer Rezension im *Berliner Tageblatt*, »in dem Länder, Menschen, Tiere zu einem Rahmen um ihn von einer Frau gefügt werden, die weit über allen anderen ihrer Generation steht.«[348] Die wahren Abenteuer sind nicht mit der wilden Landschaft, nicht mit den Gewohnheiten der Menschen, auch nicht mit der fremden, vielleicht rückständigen Organisation des Alltags, des Verkehrs zu bestehen, sondern mit Draws' bizarren Launen. »Draws ist ein Abenteurer aus Neigung. Er versteht es bewunderungswürdig, aus einer beschwerlichen, nicht gerade gefährlichen Besteigung ein Unternehmen zu machen, bei dem man sich nur durch ein Wunder nicht den Hals bricht [...].« Zum Beispiel, wenn er »in seinen hohen Lackschuhen mit Wildleder« zu einer schwierigen Bergtour aufbricht, der Regen einsetzt und Draws an den Nerven seiner Begleiterin zerrt. »Draws schreibt sofort ein Gedicht, während ich zornig bin, weil der Regen sich widerwärtig in die Wolle meines Kostüms setzt, [...]. Eine Stunde lang dichtet, heult und kackt Draws abwechselnd, letzteres in stolzem Schweigen und stolzer Einsamkeit.«[349] Aber das steht nicht im Buch, gar zu private und Draws-kritische Passagen hat sie den Lesern vorenthalten, ausgesondert, sie finden sich als Typoskript in ihren Papieren und sind erst im Nachlaßband veröffentlicht (und von den Herausgebern mit Überschriften versehen) worden: *Nach Frankreich, Andorranische Bergtour*. Weniger reizvoll sind sie keineswegs.

Das vorherrschende Thema dieser Reise und dieser Berichte sind die Schlachten dieses Paares ums Rechthaben, um Abfahrtszeiten und Unterkünfte, um die richtige Wanderroute und vor allem anderen ums Geld. Was in Fleißers Berliner Alltag zum bittersten Ernst und zum Skandalon ihrer Beziehung zu Draws wurde, das kann sie hier mit mal heiterem, mal bitterem Humor abhandeln, den ›Geldkomplex‹, und sie nimmt sich in der Satire nicht aus. Die Geldnöte überlagern die Neugier auf das Neue und Unbekannte allüberall.

Das Glück in diesem Abenteuer – und das erwartet man doch von einem Reisebericht – besteht zu einem guten Teil gerade in der Lust an dem Kampf, der nicht selten an die Schmerzgrenze geht. Aber am glücklichsten scheint die Erzählerin – und wir können sie hier sicherlich mit Marieluise Fleißer gleichsetzen –, wenn sie, die körperlich so viel Entbehrende, allein ist, etwa in dem ihr ganz neuen Erleben des Meeres, ein Erleben aggressiv-sinnlicher Lust. Das aufgewühlte Meer, der aufgewühlte Körper, eine pralle Kraft der Farben, der Naturschilderung, wie in Bildern Emil Noldes: Selten sind sie in Fleißers Schreiben so anzutreffen.

»Ich laufe allein nach dem Wasser.

Am Meer kann ich mich nicht fassen vor innerem Schwingen. Ich werfe und rolle mich nahe dem Ufer, wie die Wellen wollen, schlage mit den Armen um mich und singe aus vollem Halse, was ich Gott sei Dank nicht höre. Ich möchte ganz anders an das Wasser heran. Ich möchte es kratzen, beißen, festhalten. Hier ist es herrlich. Der Wind will einen fressen. Die Sonne will einen fressen. Das Wasser will einen fressen. Und der Sand wird einem unterm Leib weggefressen. Weiter unten reiten zwei nackte Menschen auf einem Pferd ins Wasser. Das Meer hat erschreckend satte Farben mit leuchtendem Blau und prallem Flaschengrün. Draußen flattern lange gelbe Lachen, als ob sie flammenden Bernstein weinen.

Betäubt und glücklich setze ich mich mit dem Gesicht nach dem Land und sehe den zurückweichenden Wellen zu [...].«

»Ein Baedeker sieht anders aus«, meint »grämlich« gestimmt der Rezensent der *Frankfurter Zeitung* vom 13. November 1932. Die Mehrzahl der Rezensenten weiß dagegen Marieluise Fleißers Art der Reiseerzählung zu schätzen. Es »wurde ein amüsantes Buch daraus, das mit den in keinem Führer stehenden kleinen Ratschlägen jedem Andorrareisenden unbedingt ans Herz gelegt werden muß. Aber auch die Allzuvielen, die nie in die glückliche Lage kommen werden, in diesen gottseligen Winkel der Erde einen Schritt zu tun, werden es nicht bedauern, diesen Bericht einer sentimentalen Reise mit Draws in die Hand genommen zu haben.«[350] Diesem Rat von Alfred Zohner in der *Wiener Zeitung* sind leider nur wenige gefolgt. Am Ende werden statt der 10 000 erhofften gerade einmal 374 Exemplare verkauft.[351]

Der Verlag hat das Buch ins Fach Genreliteratur, Kammermusik gestellt; Alice Rühle-Gerstel, die prominente Rezensentin in der *Literarischen Welt* (es ist ihr vorletzter Text, ehe das nun gleichgeschaltete Blatt für die langjährige und einflußreiche Mitarbeiterin Alice Rühle-Gerstel nicht mehr offensteht), erkennt bei genauerem Hinhören »unsentimentale, von hartem Humor gebeizte kleine Kabinettstücke. [...] Die Freude über die trockene Meisterschaft« trübt sich der Rezensentin und läßt sie über die Not der Schriftsteller räsonnieren, muß sie doch vermuten, daß eines der vorherrschenden Themen, der ›Geldkomplex‹, es gerade ist, der die Autorin gezwungen hat, ihre privaten Reisenotizen zu veröffentlichen, »sich zeilenweise zu verkaufen«.[352] Werner Schickert weiß nicht recht, ob er das Buch »echt weiblich« oder »sehr männlich« finden soll.[353]

Es ist das erste Buch von Marieluise Fleißer, das Herbert Ihering nicht selbst rezensiert. Er gibt es weiter an seinen jungen Mitarbeiter im *Berliner Börsen-Courier*, an Wolfgang Koeppen. Den fünf Jahre jüngeren Koeppen, der immer wieder von Fleißers »herrlichen Erzählungen« des *Orangen*-Bandes schwärmt, stört etwas trotz der »Grazie ihrer Ironie« und der »unsentimentalen und schönen Sprache«, womit er das Buch freilich ein wenig flach charakterisiert: »Die sonderbar pessimistische Welt des Draws ist nicht die Welt der Fleisser, und ihr Thema wird die Dichterin nicht in Andorra, sondern nur in Deutschland finden.«[354] Ob Koeppen intimeren Einblick in die Beziehung Draws/Fleißer hatte, wissen wir nicht, möglich wäre es, hatten doch beide, Fleißer wie Draws, mit dem Feuilleton des *Berliner Börsen-Courier* geschäftlich zu tun. Jedenfalls hat er hier hellsichtig die Entfremdung Fleißers von sich selbst durch den Einfluß Draws' wahrgenommen.

Und noch ein anderer angehender Schriftsteller, der später zum prominenten Kollegen wird, versucht sich an den *Andorranischen Abenteuern* mit seiner ersten veröffentlichten Buchbesprechung: der Student Max Frisch. »Von Schweden bis Barcelona. Immer via Pleite. [...] Buntscheckig schreibt sie es auf.« Aber Frisch hätte ein anderes Buch lesen sollen. Wie sollte sie es ihm recht machen, die »meisterhafte Zeichnerin der Oberfläche, die Dinge von vorne und hinten schauend, nur leider nicht von innen«. Einerseits ist es ihm »nicht dichterisch«, »es fehlt das Rauschen aus der Tiefe«. Und dann wieder zu wenig Reisebegleiter: »Mir scheint diese Neuerscheinung als Humorbuch wertvoller denn als Reisebuch.« Und da ist er hell begeistert: »Aber in jenen Lesesälen, wo man nicht mucksen darf, kann dieses Buch nicht aufgelegt werden, da man hier unweigerlich immer wieder laut herausplatzt, so daß andere Familienmitglieder im selben Zimmer geradezu böse werden auf diese Marieluise Fleißer.«[355]

Und dann geschieht noch ein kleines Wunder. Eine der ersten Besprechungen des Reisebuches erscheint am 13. November 1932 in der *Deutschen Zeitung*, in Richard Biedrzynskis *Kultur und Kunst*-Beilage, eine überaus wohlwollende Kritik von A. Mü, dahinter verbirgt sich Alfred Mühr: *Marieluise auf Fahrt*. (Man erinnere sich an den unsäglichen Verriß der *Pioniere in Ingolstadt* von Biedrzynski!) Einen kleinen Hieb kann Mühr, ein Freund von Draws, sich nicht verkneifen: »Marieluise ist ein Typus: eine vagabundierende Schriftstellerin mit handfesten Themen in heiterer Ausfertigung. [...] Marieluise ist eine unternehmungslustige Frau, nicht nur dramatisch, wo sie sich mal vor Jahren eine Ingolstädter Attacke leistete, die nicht gerade zu Auszeichnungen Veranlassung gab.« Man spürt es an der Sprechweise, man ist mittlerweile wohlvertraut. Es gibt eine freundschaftliche Spitze gegen den »abseitigen Reisegefährten«, sonst nur Lob: »Immer findet Marieluise Fleißer komische Treffer und lustspielhafte Szenerien. Sie weiß mit einem Vexierspiegel durch die Landschaft zu fahren und weiß erst recht darüber zu plaudern. Sie versteht es ausgezeichnet, die Wander- und Reisesehnsucht anzuregen [...].«

Noch bevor das Buch ausgeliefert wird, ist Marieluise Fleißer nach Ingolstadt zurückgekehrt. Draws verhandelt während der Herstellung des Buches mit dem Verlag und leistet sich wieder einmal einen Einfall, den man sadistisch nennen kann (wenn man ihn nicht sehr wohlwollend für absatzfördernd halten will): Er wählt die Fleißer-Rezensionen für die Werbeseiten am Ende des Buches aus. Und so eröffnen denn die *Münchner Neuesten Nachrichten* die Reihe der Kritiken von *Ein Pfund Orangen* mit dem bemerkenswerten Kunsturteil: »Es mag selten ein unbegabteres Buch geschrieben worden sein [...] Ohne dichterisches Erlebnis, ohne Phantasie, Geist, Psychologie, [...] in einer Sprache, deren Impotenz als neue Sachlichkeit verkleidet ist.« Und *Der Donaubote* (ein Abdruck aus den *Dresdner Neuesten Nachrichten*) weiß über die Autorin des Romans *Mehlreisende*

Frieda Geier: »Sie kann sich nicht genug tun in der Darstellung des Triebhaften, des Animalischen, der niedersten Instinkte.« Hat sie sich neben diesem Mann so sehr selbst verloren, und meint sie es wirklich ganz ehrlich, wenn sie ihm aus Ingolstadt schreibt: »Irre ich mich oder mußte bei den Besprechungen über den Roman eine sehr wesentliche aus Raumgründen wegfallen? Die zitierten Besprechungen sind fabelhaft ausgewählt und ich danke Dir aufrichtig dafür. Hast Du bereits irgendwelchen Wiederhall [sic!] gehört wegen der zitierten Verriße [sic!]?«[356] Wie schrieb sie in ihrem Liebesbrief? »Wenn ich einen Menschen lieb habe, muß ich ihm jenes vornehme Vorrecht einräumen, mich von ihm verwunden zu lassen.«

Der Eintrag in den biographischen »Notizen« für das kräftezehrende Jahr 1932 lautet nach dem Vermerk über das Erscheinen von *Andorranische Abenteuer*: »Ihre Nerven sind völlig aufgerieben. Mißglückter Selbstmordversuch aus Panik. Im Spätherbst kehrt sie nach Ingolstadt zurück.«[357] Es sind wohl die letzten Berliner Wochen 1932, in denen sich jene Szene abspielt, die Fleißer in dem Text *Situationen*, in dem sie die bittere Bilanz ihrer Beziehung zu Draws zieht, als Drohung mit Selbstmord und dann als »nächtliche Versuchung des Selbstmords am Fenster«[358] dargestellt hat. Irgendwann war die Schmerzgrenze erreicht. Erst im Alter ist aus der Versuchung zum Selbstmord, aus dem nächtlichen Wunsch also, der verzweifelten Lage ein Ende zu machen, ein »Selbstmordversuch« geworden.

Ende September 1932 kehrt Marieluise Fleißer nach Ingolstadt zurück. Dort erwartet sie die in Berlin so sehr entbehrte heimatliche Umgebung, es erwartet sie ein liebevoller, zugleich besorgter und enttäuschter Vater, es erwarten sie mit Mißgunst die durch den Roman in ihrem Selbstbild erneut gekränkten Ingolstädter, und es wartet trotz allem noch immer – Bepp Haindl.

Und wir müssen erwarten, daß die friedlosen »Szenen einer Ehe« mit Draws sich nun in der Korrespondenz fortsetzen. Aber zum Geburtstag im November erhält sie aus Berlin ein Geschenk, das nicht teurer, nicht liebevoller sein könnte: Hellmut Draws-Tychsens *Liebeslieder für Marieluise Fleißer*, ein Bändchen handgeschriebener Liebesgedichte, gebunden in einen farbigen Stoffeinband, mitten darauf ein Herz, das Verfassername und Titel trägt. Marieluise, sein »Fleißerkätzchen«, schreibt ihrem »Bübchen« von Oktober 1932 bis Mitte Februar 1933 lange liebevolle, ergebene Briefe, erzählt von der Wiederbegegnung mit der Heimat, die sie sehr zu schätzen weiß, von den Wanderungen, von Weihnachten zu Hause, zweigt von ihren Weihnachtsgeschenken reichlich für ihn ab, erledigt unter großem Druck seine ständigen Forderungen nach Abschriften seiner Zeitungsarbeiten und ist ängstlich besorgt, daß sie sauber und postwendend an ihn zurückgehen. Was die Überlieferung dieser Korrespondenz anbelangt, so muß man weit vorgreifen. 1939/40, nach einer Begegnung, lange nach der endgültigen Trennung, verlangt Draws, in rüder Überheblichkeit wie eh und je und wieder zum ›Sie‹ wechselnd, von ihr den Rücktausch ihrer Korrespondenz. Unter großen Schmerzen, »in der sich erinnernden Anschauung jenes göttlichen Bildes, das ich von Ihnen im reinen Herzen trug und das Sie durch Ihr Tun für diese Zeit und diesen Raum in mir zerstört haben«,[359] gehorcht sie schließlich. Darauf Draws: »Frau Marieluise Haindl Ich danke aufrichtig für die Übersendung meiner sämtlichen Briefe, die ich soeben ungelesen verbrannt habe. Damit haben Sie ein großes Leid in meinem Leben endgültig gelöscht.«[360] Marieluise Fleißer hat ihre Briefe ebenfalls zurückerhalten, wenngleich nicht in ihren Nachlaß gegeben. Sie sind erst 1996 nach dem Tod von Marieluise Fleißers Schwester in deren Wohnung aufgetaucht. Und so ist die Sicht auf die Agonie dieser Liebesgeschichte einseitig. Von Draws kennen wir nur die selbstherrlichen Kommentare auf Fleißers Korrespondenz, die er nach Ingolstadt weiterleitet. Auf eine Bitte von Kurt Hirschfeld, dem damaligen Dramaturgen des Hessischen Landestheaters in Darmstadt, um einen Beitrag zur geplanten Aufführung von Brechts *Die heilige Johanna der Schlachthöfe* für das Programmheft notiert Draws, mit Ausrufezeichen und energisch unterstrichen: »*Überhaupt ignorieren*«.[361] Auf eine höfliche Rücksendung von Fleißer-Manuskripten durch die Wiener *Neue Freie Presse* notiert er ebenso zornig: »*Diese Wiener sind doch unverschämte Flegel!*«[362] Die Bitte des Werner Plaut-Verlags um eine Erzählung quittiert er mit der Warnung »*Achtung Gauner!*« Die *Illustrierte Neue Welt*, »die proletarische Zeitschrift für Kulturfragen der Gegenwart«, plant zum 50. Todestag von Karl Marx eine Umfrage zum Marxismus und seiner Wirkung. Das ist natürlich ein ganz rotes Tuch für Draws-Tychsen. Sein Kommentar auf dem Brief: »*Diese Leute sind Kommunisten und Gottesverächter –, die Dich immerhin für ihresgleichen halten. Pfui Teufel! Also einfach Papierkorb.*«[363]

Endlich, Ende Februar 1933, »aufgerührt von Bitternis«, beginnt sie sich zu distanzieren, muß sie sich distanzieren und ihm einmal die Rechnung aufmachen über seinen Anteil an der Zerstörung ihrer Person: »Ich befinde mich an einem Knotenpunkte meiner Entwicklung, nämlich dort, wo sich die Gesetze meiner Begabung und meiner Lebensnotwendigkeit als grundsätzlich unterschieden von Deiner Begabung und Deinen Lebensnotwendigkeiten herausgestellt haben. Ich wehre mich dagegen, daß Du einen gen Himmel schreienden Notstand mit der Bezeichnung ›Komplex‹ abtun und mich unmerklich über seine Wichtigkeit in meiner Lebensgestaltung wegführen willst. [...] Du willst mich in Bahnen reißen, auf denen ich keine Wurzel fassen kann und eingehen muß. Ich täusche mich nicht darüber, daß Du mich im Grunde zum willenlosen Werkzeug Deines Spieltriebs machen [...] willst.«[364] Die Antwort scheint vor allem gereizte Vorwürfe über ausstehende Abschriften zu enthalten, die sie zurückweist und endlich einmal auch die andere Rechnung vorlegt, Draws' Schuldenrechnung: »Auch muß ich [...] Dir immerhin zu verstehen geben, dass ich während der ganzen Dauer meines hiesigen Aufenthaltes für mich außer einmaligem Friseur nicht das Geringste, nicht einmal ein Pfund Obst aufgewendet habe, sondern wann immer ich ein wenig Taschengeld hatte, dies restlos für die Portoverpflichtungen und

Pakete an Deine Adresse aufgewendet habe.«[365] Sie ist vollkommen mittellos, immer wieder auf den Vater angewiesen. Sie kann nicht einmal abends in ihrem Zimmer lesen, weil sie damit teuren Strom verbrauchen würde. Draws schickt ihr nichts von dem an sie in Berlin von der *Deutschen Zeitung* ausgezahlten Zeitungshonorar. »Ich hätte dann wenigstens die Schuhe besohlen lassen können, auf deren Löchern ich seit dem August 1932 herumlaufe. [...] Ebenso habe ich seit vierzehn Tagen aus Mangel an Papier aufhören müssen zu schreiben.«[366] Schlimmer kann es einem Schriftsteller wohl nicht mehr gehen. Bereits Ende Januar hat sie ihm endlich die Augen geöffnet über seine Schuldenbilanz: »Ich halte Deine Schuld bei mir mit fünftausend Mark keineswegs für zu hoch, sondern für um ca. siebenhundert Mark zu niedrig gegriffen, will aber lieber auf fünftausend heruntergehen um Dich keinesfalls zu überfordern.«[367]

Draws dreht den Spieß um, macht ihr Vorwürfe, daß sie ihn mit ihren Forderungen ruinieren will. Endlich, am 24. April 1933, ringt sie sich durch und spricht Klartext: »Hemmungslos Deinen Wünschen und Bedürfnissen folgend, bereits vor der offiziellen Eheschließung ohne Scheu Deine finanziellen Sorgen auf mich abwälzend, ja durch den Verbrauch meiner Gelder die Möglichkeit der Eheschließung immer wieder hinausschiebend und sie verweigernd, hast Du mich stets aufs neue eingekreist bis zur Regungslosigkeit. [...] Im letzten Jahr in Berlin erkannte ich, daß der Weg neben Dir für mich kerzengerade ins Irrenhaus führt.« Sie spricht aus, was ihr so unendlich schwerfällt: »Somit lege ich Dein mir gegebenes Eheversprechen in Deine Hände zurück.« Nur um eines bittet sie ihn noch, »da ich mich nun beruflich ganz und gar in den vergangenen Jahren von Dir führen ließ und, nachdem ich von Deinem Geiste erfüllt bin, andere Verbindungen nicht aufnehmen möchte, Dich bitte ich auch fernerhin um Deinen Schutz nach außen. [...] Deine Dir in Freundschaft treue Marieluise«.[368]

Das ist die kaum zu fassende Tragödie in Fleißers Leben, daß sie sich diesem Mann in abgöttischer Liebe ausgeliefert hat, sich ökonomisch ausbeuten ließ, bis rein nichts mehr da war, und zugleich – und das ist noch ungleich katastrophaler –, daß sie ihre Begabung, ihren Verstand, ihre Kunst, ihre Urteilsfähigkeit für ihn prostituiert hat.

Noch einen Monat zuvor lieferte sie ein Beispiel dafür, wie sie sich von Draws mißbrauchen ließ: Der Alster-Verlag in Hamburg hatte Draws bei der *Berliner Börsen-Zeitung* beschuldigt, daß dieser sich seine Rezension des Buches *Roman zwischen zwei Briefen* von A. E. Hilmar vom Autor habe bezahlen lassen. (Hilmar ist ein Pseudonym für H. A. Erich Waldheim, deshalb ist in der folgenden Korrespondenz des öfteren vom Waldheim-prozeß die Rede.) Marieluise Fleißer verbürgt sich in einem langen Schreiben bei Franz Köppen, dem Redakteur der *Berliner Börsen-Zeitung*, für den makellosen Charakter des Beschuldigten, für seine bedingungslose Unbestechlichkeit, seine Selbstlosigkeit und versäumt nicht, gerade das als Leistung von Draws auszugeben, was sie vollständig zerstört hat: »[...] dass es Draws-Tychsen gelungen ist, in vier Jahren unermüdlicher Erziehungs-arbeit einen von Grund aus anderen Menschen aus mir zu gestalten und dass er mein persönliches Leben sowie mein Schaffen in eine gute und fruchtbringende Bahn gelenkt hat, sodaß selbst ein Mann von dem Range Hanns Johsts sein Urteil über mich gründlich revidierte.«[369] Am Ende verliert Draws wegen dieser Affäre die Verbindung zur *Börsen-Zeitung*. (Später ist er sich nicht zu schade, die Schuld an dem Hinauswurf Marieluise Fleißer und seiner Verbindung zu ihr anzulasten.) Es fällt schwer, zur Kenntnis zu nehmen, mit welch triefendem ideologischen Pathos sie sich schließlich im August 1933 – also nach dem Trennungsversuch! – für Draws-Tychsen bei ebendiesem Hanns Johst, inzwischen Präsident der Akademie für Dichtung, verwendet, ja mißbrauchen läßt, indem sie dreist »um eine möglichst baldige Zuwendung der Akademie von fünfhundert Mark an Draws-Tychsen« bittet: »Er hat in der Ehe mit mir jeden Vorteil, den ich kraft meiner damaligen Beziehungen an ihn heranzutragen gewillt war, ausgeschlagen, weil er nicht von rechts kam, und es erschüttert mich, Ihnen sagen zu müssen, dass er damit schwerste Kämpfe in unser Zusammenleben trug und noch die Kraft aufbrachte, mich erst aussen, dann innerlich und endgültig – zu meinem schweren finanziellen Nachteil, der auch der seine war – aus der unheilvollen Umklammerung der Brechtkreise zu lösen. Er glaubte damit Dienst an der Nation zu tun und in diesem Sinne hat er auch unser Sichfinden immer verstanden. Und wenn es nach der Ansicht mancher die Tat eines reinen Toren war, ist er nicht gerade darum von jener Art Menschen, über die man den Namen Ewiges Deutschland schreiben muß?«[370] Und so fort!

Man ahnt schon, der Versuch, die Verlobung zu lösen, ist keineswegs geglückt, er ist mit »beißender Bitterkeit« zurückgewiesen worden. Draws scheut nicht davor zurück, ihr mit Hilfe seiner nun politisch opportunen Gesinnung die Vernichtung anzudrohen, um sie damit zu erpressen. Er fordert ihre sofortige Rückkehr nach Berlin.

Und Marieluise Fleißer läßt sich erpressen, kehrt am 16. Mai 1933 nach Berlin zu Draws zurück. Wie zwanghaft und selbstzerstörerisch sie damit handelt, weiß sie genau. Sie versteckt die Wahrheit in einer Legende, *Die Frau mit der Lampe*, handelnd von einem Mann, »der eine Frau nahm und eine Lampe in ihrer Hand entzündete, auf daß sie ewig brenne«. Bald wird ihr die Lampe zur Last, sie hadert mit ihrem Geschick, der Mann wird böse: »›Zum Teufel mit der Lampe‹, schrie der Mann voll Zorn, ›wirf sie doch weg, damit du frei bist wie vorher und geh deiner Wege.‹« Und sie schleppt ihre Lampe dorthin, wo sie hergekommen war, um ein Dach über dem Kopf zu haben, aber die Brüder sehen, wie sie eine andere geworden ist: »Deine Narrenlampe hat dich behext«, der Schein ihrer Lampe ist unerwünscht. »So zog sie dem freundfeindlichen Manne nach, dessen Richtung sie wußte, um dem Hieb Ziel zu sein, bis der Tod sie von den Pflichten scheide. Fortan brannte die Lampe.«[371] Zu lesen in der *Vossischen Zeitung* am 24. Juni 1933. Wenige Tage später erweist sich der Versuch des Zusammenlebens erneut als gescheitert.

Briefzeichnung von Georg Hetzelein.
Marieluise Fleißer: »Er zeichnet sie als Hexe, die in einen Ofen
unten Kröten, Molche und Schnecken hineinschiebt, während oben
aus dem verwandelnden Rauch schöne Schmetterlinge,
Blumen und ein kleiner Amor entschweben.«

Das Drama zieht sich, die Lampe brennt zerstörerisch weiter bis in den Januar 1935. Ihr Brieften schwankt zwischen der liebenden Sorge um »Mein Kind«, »Mein liebes Bübchen«, »mein Drawsbübchen«, bitteren Vorwürfen und berechtigten Überweisungsbitten von eigenen Honoraren, die meist unerfüllt bleiben, bis zu Klagen wegen völliger Überarbeitung durch seine entwürdigenden und all ihre Zeit auffressenden Abschreibforderungen. Im Juli 1934 schraubt sich Draws auf die absolute Höhe seiner Allmachtsphantasien, schreibt einen acht Seiten langen Brief, jede Seite voller Schläge, und jeder muß die Frau an empfindlichster Stelle verletzen, jede Seite voller Lügen, auf den Kopf gestellter Tatsachen:

»Merk Dir: eine Frau ist ohne den formenden Willen des Mannes nichts. Ohne mich wird Dein Werk keine Existenzberechtigung mehr haben. [...] Jaja, mit einem ungeheuerlichen Vampirtum hast Du alle Deine Männer verwüstet und obendrein literarisch gefleddert. [...] Du hättest körperlich rechtzeitig und kräftig befriedigt werden müssen und alle musischen Extravaganzen wären spurlos vorübergegangen. [...] Es soll daher fortan nach dem Führerprinzip ausschließlich mein Wille gelten. [...] Ich verachte Deine Mätzchen, Marieluise, und stelle Dir dieses Ultimatum:

1.) Verlange ich für die Zukunft Dein blindes Vertrauen und die notwendige Achtung,

2.) wünsche ich den rechtzeitigen Erhalt meiner neuen Komödie die *Opernprobe* in drei Abschriften und ohne Bedingung,

3.) ersuche ich dich gegen Sicherstellung der Kosten, Anfang September auf vier Wochen nach Berlin zu kommen,

4.) erwarte ich, daß dieser letzte und der vorletzte Brief binnen fünf Tagen genau von Dir beantwortet werden.

Solltest Du mein Ultimatum ablehnen, so betrachte ich unsere Verbindung als endgültig und unwiderruflich [sic!] gelöst. [...] Vergiß nie, daß ich Dein guter Engel bin!«[372] (Daß Draws später mit der Behauptung, er habe alle seine Briefe verbrannt und die ihren alle zurückgeschickt, gelogen hat, beweist die Existenz eben dieses denkwürdigen Briefes, der mit weiteren Briefen (von ihm und von Fleißer an ihn) über eine Auktion bei Stargardt im November 1983 in den Besitz des Deutschen Literaturarchivs Marbach gelangt ist.

Marieluise Fleißer weist die Vorwürfe postwendend und Punkt für Punkt zurück. »Von Dir derart in die Zange genommen zu werden, wie Du es tust, tötet meine Liebe. Du bist frei. Marieluise«.[373]

Um einen Monat später liebevoll und ausführlich auf seine und ihre Arbeit einzugehen, sich angesichts der absurden Anschuldigungen zu rechtfertigen, die geforderten Leibwärmer zu stricken. Keine Rede von Bruch. Der letzte in ihrem Nachlaß erhaltene Brief vom Januar 1935 endet voller Hoffnung: »Ich flehe Gottes Segen auf Dich herab und bitte ihn darum, daß dies Jahr uns in einem besseren Sinne wieder zusammenführen möge und die Möglichkeit eines gemeinsamen gedeihlichen Zusammenlebens bringe, Deine Dich küssende Marieluise«.[374]

Von einem Ende der Beziehung kein Wort.

Schon im Herbst 1932, gleich nach ihrer Rückkehr nach Ingolstadt, hat sie sich mit Bepp Haindl versöhnt. »Ich bin sehr erschüttert, wenn ich sehe, zu welcher selbstlosen Güte gegen mich dieser einfache Mensch sich durchringen konnte. [...] Diese innere Treue bei allem äußeren Verzicht ist wirklich echtes Gold.«[375]

Das Ende der bitteren Draws-Geschichte Anfang 1935 fällt zusammen mit dem tief enttäuschenden Ende einer anderen jäh aufgeflammten Leidenschaft im Mai 1934, die – von den Drawsschen Briefattacken belastet – Marieluise Fleißer in heftige seelische Turbulenzen schleudert und noch einmal den schon versiegenden Quell der Erzähllust zum Sprudeln bringt.

Bei einem Autoausflug mit einer Ingolstädter Bekannten, Maria Hirscheider, lernt sie deren Freund und Kollegen kennen, einen jungen Lehrer in Sinnbronn bei Dinkelsbühl. Für die offensichtlich gelungene Unternehmung am 16. und 17. Juni

1934 bedankt sich die Ingolstädterin mit einer amüsanten Postkarte, die aber auch schon etwas tiefer blicken läßt, muß Marieluise Fleißer ihrem Adressaten doch peinlicherweise eingestehen, daß sie sich nur an seinen Vornamen erinnert. Ihrerseits bedient sie sich einer Namensform, die zuvor Brecht vorbehalten war. Da scheint sich rasch Vertrautheit eingestellt zu haben:

»An den Herrn Lehrer
Georg? (ein Name mit drei e)
Sinnbronn bei Dinkelsbühl
Schulhaus
                                   Ingolstadt/Donau, den 19.6.34
Lieber Herr Lehrer!
     Für die genossene Gastfreundschaft sage ich Ihnen meinen herzlichen Dank. Auf dem Umschlag können Sie meine Schande lesen. Ich kann mir nämlich Ihren Namen nicht merken. Aber sonst geht es mir gut. Wenn Sie wieder mehr Zeit haben, schreiben Sie einmal.   Mit gutem Gruß
                                                                Fleißerin«[376]

Mit seiner Antwortsendung ist der Briefwechsel eröffnet. Und Georg Hetzelein, zwei Jahre jünger als Fleißer, eine vitale Künstlernatur von burschikoser Attraktivität, rundum das Gegenbild zu Draws-Tychsen, geht nicht nur auf die Vertrautheit ein, er entfacht erotische Funken, die in den folgenden Monaten mal glimmen, mal heftiger knistern, dann und wann zum Feuer auflodern und am Ende bei ihr böse Brandwunden hinterlassen.
     Mit einer netten, harmlosen Zeichnung, Marieluise zwischen den beiden Reisegefährten in dem zu engen Wägelchen und dem »Z. E.« (Zur Erinnerung 16. + 17. 6. 34) als Nummernschild, schmückt Hetzelein ein ganz besonderes Geschenk für die neue Bekannte, deren sinnliche Ausstrahlung seine Männlichkeit entschieden beeindruckt hat: das Vorsatzblatt von Johann Wolfgang Goethes *Das Tagebuch*. Das Geschenk könnte anspielungsreicher nicht sein, für die Schriftstellerin ist es un

Georg Hetzelein beim Zeichnen

mißverständlich, spielt Goethe doch in dem 24strophigen Gedicht auf sexuell-frivole Weise mit dem männlichen Begehren zwischen Erregung und Rückzug. Letzteres freilich scheint sie zu überhören. Goethes *Tagebuch* legt Hetzelein außerdem Zeichnungen bei, und so wird auch in der Folge der Briefwechsel aussehen: Sie erzählt ihm in Briefen von ihren Tag- und Nachtträumen, er antwortet auf ihre erotischen Signale fast ohne Worte, mit Zeichnungen von unerhört sinnlicher Aussage, gelegentlich streifen sie die Pornographie. Meistens sind es mehrere Sendungen, ehe sie wieder zum Antworten kommt. (Wir wissen ja, sie ist Tage und viele Nächte und unter ständigem Zeitdruck mit dem Abschreiben von Draws' Arbeiten beschäftigt.) Bis zum Jahresende dauert die Beziehung, die – von zwei oder drei nicht unproblematischen Begegnungen abgesehen – nur in der Korrespondenz gelebt wurde.

Die ca. 100 Zeichnungen hat Marieluise Fleißer sorgsam unter ihrem Kopfkissen gehütet. Sie hat sie später kaum erwähnt, und sie sind erst 1997 in den öffentlich zugänglichen Nachlaß gelangt. Georg Hetzelein hat die Briefe Fleißers an ihn 1988 dem Literaturarchiv Sulzbach-Rosenberg übergeben.

Schon ihr zweiter ausführlicher Brief vom 28. Juni 1934 an Hetzelein, dem sie nun einen von ihr gewählten Namen, Görgen, gibt, signalisiert, daß sie in ihm einen Seelenverwandten zu erkennen glaubt. Und er zeigt auch, welch heftige Sinnlichkeit aus der Verkümmerung in ihr geweckt worden ist:

»Lieber Görgen!

Zu Ihren beiden Bildern habe ich vor einem halben Jahr eine Antwort geschrieben. Ich werde Ihnen die Geschichte schicken, sobald ich die neue Adresse weiß, denn ich möchte sie nicht durch den Umzug gefährden. [Hetzelein wurde von Sinnborn nach Regelsbach versetzt.] Sie heißt *Balder und Sylphide*. Am Nachmittag war ich beim Baden im Winklerweiher. Ich bin sonst eine klägliche Stümperin im Selberschwimmen, aber heut konnte ich fast schwimmen wie ein Fisch. Danach bin ich zum Trok-

kenwerden lange Zeit um den ganzen Weiher gegangen, was je-
desmal ein kleiner Kilometer ist. Mein frischgewaschenes Haar
ging in der Sonne mächtig auf und flackerte um meine Schultern wie die Mähne einer Waldfrau. Ich glaube, ich habe ein
ziemlich verrücktes Gesicht gemacht, denn die Leute starrten
mich nur so an. Also setzte ich mich abseits an den Weiher
und zauberte in das schlenkernde nasse Netz zu meinen Füssen
lauter ungeborene Gedanken, die schon noch einmal aufgehen
werden. Dann ging ich heim wie eine Königin und da bin ich
nun – [...] Wenn ich Sie klar und deutlich was frage, Herr,
dann kritzeln Sie bitte auf die Rückseite oder einen kleinen Zettel eine kurze Antwort. Das ist zwar nicht genial, aber zweckmäßig. Sie Elender, mit jedem Strich, den Sie für mich tun, be-
feuern Sie mein Blut.   Fleißerin«[377]

Wie es mit ihr stand nach diesen wenigen Tagen seit der ersten
Begegnung, hat die Autorin in der literarischen Bearbeitung im
ganz eigenen Fleißerton formuliert: »Sie stand im Reiche der
Einbildung schon ganz oben auf der Leiter.«[378]

Für diese literarische Umsetzung hat sich Marieluise Fleißer zu
einem Teil der Zeichnungen interpretierende Notizen gemacht
und damit einen geheimen Einblick in ihr Schreiben gegeben:
    »Er zeichnet sie als Hexe, die in einen Ofen unten Kröten,
Molche und Schnecken hineinschiebt, während oben aus dem
verwandelnden Rauch schöne Schmetterlinge, Blumen und ein
kleiner Amor entschweben.«[379]
    Die Bilder ohne klärende Worte irritieren Marieluise Fleißer
zunehmend. Daß sie sich da in eine feste Verbindung hinein-
drängt, mag sie gespürt haben, wirklich wahrhaben will sie es
nicht.
    Und Hetzelein scheint nicht hinreichend wahrzunehmen,
daß es für sie mehr als ein sinnlich-intellektuelles Spiel, daß es
die tödliche Not einer Frau ist, die sich an einen Strohhalm klam-
mert.

Lieber Görgen!

Den schnippischen jungen Mann mit den spitzigen Schuhen
habe ich weidlich verprügelt. Ich bin vor ihnen oft von einem
großen und guten Vertrauen erfüllt und manchmal so ratlos.
Heute im Morgengrauen habe ich mir gedacht, daß ich Ihnen
was schreiben will, und ich hoffe, daß Sie es nicht als Lanze
nehmen, die ich gegen Sie führe, sondern mehr wie einen Vogel,
der aus seinem Nest gefallen ist und nun Furcht hat. Ich kenne
Sie wenig, wenn ich Sie auch nach meinem Instinkt zu kennen
glaube. Ich muß fürchten, daß Sie leichtsinnig mit mir und
vielleicht nicht einmal ganz aufrichtig sind. Und ich weiß, daß
ich tief verwundbar bin. Noch kann ichs abwürgen, wenn ich
alle Kraft zusammennehme. Darum bitte ich Sie, denken Sie
nicht an sich allein, denken Sie auch ein wenig an mich. Sagen
Sie mir in Gottes Namen, ob Sie sich wahrhaftig zutrauen, diese
Flammen anzufachen. Denn ich bin nicht für den Genuß da. Ich
muß zahlen mit der Münze, die mir zu eigen ist, und ich bin
für das Unbedingte geboren.

Fleißerin«[380]

Aus Berlin kommt Draws' unverschämt erpresserisches Ultimatum. Am Ende ihrer Zurückweisung schreibt sie, fast entschul-
digend:

»Ich bin nämlich, was Du nicht wissen kannst, in den vergangenen Wochen einem derartigen Sturm von psychischen Eindrücken ausgesetzt gewesen, daß ich vielleicht den Kopf ein
bißchen verloren habe.«[381]

Die Freundin Maria Hirscheider – in Wahrheit längst Het-
zeleins Verlobte – hat in dem Briefaustausch keinen Ort. Offensichtlich hat Marieluise Fleißer die Dreieckskonstellation falsch
eingeschätzt. In einer Begegnung im August scheint sie zu großen Spannungen zwischen allen Beteiligten geführt zu haben,
zu Kränkungen, Verletzungen, Wutausbrüchen, Übergriffen und
peinlicher Scham.

Nach dieser Begegnung gibt es einen Kältesturz in der Beziehung zwischen Fleißer und Hetzelein. Dennoch unternimmt er mit Marieluise Fleißer Mitte September einen mehrtägigen Ausflug nach Berching in die Fränkische Alb zu dem ihm bekannten Kirchenmaler und Holzschnitzer Franz Xaver Lindl. Der ist Junggeselle, die Dreieckskonstellation steht nun unter neuer Anordnung. Möglicherweise will man die beiden Unverheirateten miteinander verbandeln. Weniger harmonisch denn hitzig und nicht ohne sexuelle Übergriffe scheint dieses Treffen verlaufen zu sein, so ereignisreich jedenfalls, daß Hetzelein auf verschiedenen ›mea culpa‹-Zeichnungen Abbitte leistet und daß Fleißer, die Poetin, sich an jenen erregenden und verstörenden Erlebnissen über die Jahrzehnte hinweg, bis kurz vor ihrem Tod, in immer neuen Anläufen abarbeitet, wovon später zu berichten sein wird.

Nach dem Debakel im September nimmt sich Marieluise Fleißer zurück, schreibt distanziertere Briefe in mäßigen Gelegenheitsreimen, wie am 22. 10. 1934 über ihre vergeblichen Liebesträume:

> »Mir ist ein Neuer prophezeiht,
> Der mein ganzes Leben soll wenden.
> Ich bin gegen Träume nicht gefeit.
> Himmel, wie läßt sich dies Träumen beenden?!«[382]

Doch auch mit astrologischen Studien, denen sie sich zuwendet, lassen sich Träume nicht verwirklichen.

Aus ihren Briefen an Draws spricht eine Frau, die sich verzweifelt in immer größerer Beschleunigung auf den Abgrund zubewegt: »Ich habe eine graunhafte Angst davor, als ein dürrer Ast vom Baum des Lebens zu fallen und suche nach einem Anstoß, der meinen Saft treiben macht wie nach einem Wunder.«[383] Hetzelein schien ihr zunächst dieser Anstoß zu sein – und reihte sich am Ende doch ein in die Kette von Enttäuschungen, die Marieluise Fleißer mit Männern erlebt hat. »Ich habe mit G. im Spätherbst ein paar Mal geschlafen«, berichtet sie Draws und stellt die Enttäuschung tapfer beiseite. »Seitdem hat sich mein innerer Abstand von ihm ziemlich gefestigt. Ich denke, daß es so gut sein muß, weil es notwendig war und mich von einer quälenden Begierde befreit hat.«[384]

Den »Saft« freilich hat die Begegnung mit Hetzelein »treiben gemacht«. Mit Lust und Eifer geht Fleißer wieder ans Schreiben, »so fleißig, als hetzte der Tod hinter mir [...]«.[385] Schon für den Herbst plant sie einen Novellenband herauszugeben, mit teils verstreut erschienenen, teils unveröffentlichten, schließlich erst noch zu schreibenden Geschichten – illustriert von Georg Hetzelein. Draws-Tychsen, der wieder einmal für sie die Verhandlungen mit dem Kiepenheuer Verlag führt, beschreibt sie ihr Projekt und offenbart zugleich, wie tief sie ihre Erzählkunst von Hetzelein verstanden sieht:

»[...] Es ist mein persönlicher und dringender Wunsch an den Gustav Kiepenheuer Verlag, – den ich Dich zu übermitteln bitte, [...] daß mein Buch *Ein Schifflein Brüder* von den Illustrationen eines mir bekannten und der Romantik sehr nahestehenden Zeichners namens Georg Hetzelein, der mich durch seine Art zu zeichnen in einer besonderen und sonst bei keinem Illustrator erfahrenen Art und Weise anspricht, begleitet sein möge. Er hat eine eigentümliche zwischen Romantik, naiver Kindlichkeit und spekulativer Ironie schwebende Art, die meine Begabung zu schreiben instinktiv versteht, sich dabei aber nicht beruhigt, sondern stets einen neuen erregenden Akzent darauf setzt, d. h. seine Zeichnungen begleiten nicht bloß schmiegsam das verstandene Wort, sondern überhöhen es und führen es weiter in eine schärfere Geistigkeit hinein. [...] Hetzelein ist übrigens ein Liebhaber von Paul Scheerbart, da beide Philosophie zeichnen. [...] Was mich betrifft, bin ich entschlossen, die Zusammenarbeit mit Hetzelein zu realisieren. Wenn Kiepenheuer sich weigert, muß eben später ein anderer Verlag gefunden werden, der sich nicht weigert. Ich habe nämlich eine Art Aberglauben, daß mein Erfolg an den Erfolg dieses Zeichners geknüpft sein wird [...].«[386]

Seit dem Sommer 1934 hatte sich Marieluise Fleißer mit den

deutschen Romantikern beschäftigt, ahnend, »daß diese Leute von bestimmten mich noch angehenden Dingen mehr gewußt haben als die heutige Zeit«.[387] Und so borgt sie sich von Ludwig Uhlands Romanze *Das Schifflein* die Idee zur wahrhaft romantischen Rahmenhandlung für ihre Novellen:

> »Ein Schifflein ziehet leise
> Den Strom hin seine Gleise.
> Es schweigen, die drin wandern,
> Denn keiner kennt den andern.«

Dann aber nimmt einer nach dem anderen sein Instrument zur Hand, Horn und Flöte, das Mädchen stimmt Gesang an, die Töne verschlingen sich ineinander, der Ruderer gibt mit seinen Schlägen den Takt, das Schifflein wiegt sich in einer einzigen Melodie.

Am Ende, das Schiff ist gelandet, man hat sich getrennt, fragt das Lied:

> »Wann treffen wir uns, Brüder!
> Auf einem Schifflein wieder?«[388]

Und so erklärt Marieluise Fleißer ihrem auserwählten Illustrator das gemeinsame Projekt: »Zwei Frauen und zwei Männer, Jugendfreunde, kommen nach langer Zeit wieder einmal zusammen und machen es sich zur Aufgabe Geschichten zu erzählen, die teils mißlingen, teils gelingen, teils moralisch, teils etwas anderes sind. Ich möchte, daß das Ganze romantisch aufgezogen wird. [...] Die Zeichnungen dürfen aber nicht erotisch sein.«[389] Sie selbst fürchtet, daß Kiepenheuer den erotischen Einschlag ihrer Geschichten mißbilligt. Draws holt das Gutachten eines Bekannten ein. Es fällt so inkompetent wie vernichtend aus.

Der Kiepenheuer-Verlag lehnt das Projekt ab, zu kostspielig sei ein illustriertes Buch, zu kümmerlich der Absatz der vorausgegangenen Publikationen. Schließlich ist ihr trotz mancher Verstimmung stets wohlgesonnener Lektor, Fritz H. Landshoff, längst im holländischen Exil.

Die Arbeit an diesem Novellenband ist ein letztes Aufbäumen Marieluise Fleißers vor ihrer Kapitulation. Feuilletonistisches sollte darin keinen Platz haben. Vielmehr sollte der Band ganz von ihrem neugewonnenen Verständnis von Erzählkunst geprägt sein. Sie schreibt um, setzt immer wieder neu an – und scheitert. Es fehlt an Konzentration, an Zeit neben der würdelosen Abschreiberei, an einer gesicherten finanziellen Basis, um sich ganz auf die Arbeit einlassen zu können, es fehlt an der verläßlichen menschlichen Zuwendung, an dem ihr so nötigen sinnlichen Stimulans. Das Schifflein Brüder – der harmonische Chor gleichgestimmter Künstler, die sich im Zusammenspiel anregen und ein neues Werk entstehen lassen – bleibt für Marieluise Fleißer ein Traum, zu schön, um jemals wahr zu werden. Und die andere, womöglich noch größere Enttäuschung: Was für sie die Verheißung einer lange entbehrten sexuellen und intellektuellen Befriedigung bedeutete, vielleicht ähnlich, wie sie sie für kurze Zeit bei Brecht gefunden hatte, war für Georg Hetzelein nur ein künstlerisches Spiel mit einer sinnlich empfänglichen Frau und Dichterin gewesen, die die Frau an seiner Seite, Maria Hirscheider, nie hatte verdrängen können.

Um die Jahreswende 1934/35 bricht Marieluise Fleißer erschöpft und endgültig mit Draws-Tychsen, gleichzeitig versiegt der Briefwechsel mit dem Zeichner.

Sie wäre nicht Schriftstellerin, würde sie nicht diese aufwühlenden Erlebnisse in Literatur umsetzen. Am engsten folgt sie wohl den Ereignissen in der 1934/35 entstandenen, zu ihren Lebzeiten nicht veröffentlichten Erzählung *Die Versuchung des Neptun*. Im Duktus Kleistscher Prosa, die Fleißer damals stark beeinflußt hatte, dient die prekäre Dreierkonstellation (Hetzelein entspricht Bastian Wagner, Maria Hirscheider seiner nur mäßig geliebten Verlobten Ottilie Sinziger, Marieluise Fleißer der von Bastian nicht gänzlich aufrichtig begehrten Valentine Maaß) zur Figurenanordnung einer spannungsreichen Geschichte.

Noch ganz unter der Erregung des Vorgefallenen stehend, schreibt sie eine andere Variante, die Novelle *Die Lawine*, und schickt sie an die Redaktion der Zeitschrift *Die Dame*. Die Geschichte vibriert vor sinnlichem Begehren noch bis in die schüchternsten Körpersignale. Das männliche Liebesspiel und der weibliche Absolutheitsanspruch an die Liebe kollidieren mit tödlichem Ende. Der Schriftleiter der Zeitschrift bedankt sich – mit Abdruckvorbehalt:

»Voraussetzung dafür wäre, dass die Szene der Liebesnacht umgeschrieben würde. So wie die Erzählung jetzt ist, könnte man das in der *Dame* kaum bringen. Es wäre am besten, wenn die Erzählung unter Weglassung dieser Szene an dieser Stelle einen Sprung machen würde, durch den die unumgängliche Voraussetzung für die psychologische Entwicklung zur Katastrophe hin auch geschaffen werden könnte.«[390]

Die Erzählung erscheint in *Die Dame* in gereinigter Fassung unter Tilgung der ›anstößigen‹ Stelle durch zwei Gedankenstriche – auch das eine Anspielung an den verehrten Kleist – im März 1935 als vorletzte Publikation Fleißers für die nächsten zwölf Jahre, begleitet von den neuesten Fotos vom Presseball 1935 mit Reichsminister Dr. Goebbels, Frau Magda und der Staatsschauspielerin Emmy Sonnemann.

Eine zweite Variante der Geschichte mit dem Titel *Schlagschatten Kleist* hat ihre endgültige Fassung 1972 erhalten. Sie führt ins Zentrum von Marieluise Fleißers Schaffen: Was tut sich zwischen Männern und Frauen. Es geht um das so gut wie immer zerstörerische Kräftefeld von Begehren, Gewalt und Unterwerfung.

Ihre finanzielle Situation ist so wie ihre berufliche und ihre private: ausweglos und von »erstickender Eintönigkeit«.[391] Bemühungen um eine feste Anstellung als letzter Ausweg aus der Versorgungsmisere beim Ullstein Verlag im Februar 1935 wurden mit Bedauern abschlägig beantwortet, aber man zeigte sich durchaus weiterhin an Prosaarbeiten interessiert. Der Redakteur des *Berliner Tageblatts* – inzwischen ist es Wolfgang Weyrauch – erbittet Arbeiten von ihr, aber das Gelieferte entspricht nicht seinen Erwartungen.

»Meine innere Verfassung mögest Du daraus ersehn«, schrieb sie im Oktober 1934 an Draws – und der Inhalt dieser Mittei-

Marieluise mit ihrem Mann Bepp Haindl, 1938

lung könnte gar nicht deprimierender sein –, »daß ich mich bei Herrn Haindl um die Stelle als Ladenverkäuferin beworben habe, als diese vakant war – mit negativem Erfolg. Er meint, ich wäre zu alt geworden für seine Branche. Ja, die Idealismen einer Frau rächen sich ganz anders als die des Mannes.«[392] Aber Bepp Haindl hat in sechs Jahren sein Punny nicht aus dem Herzen vertrieben, hat trotz der ungeheuerlichen Kränkung 1929, trotz des Romans 1931, den man in Ingolstadt auf seine Weise zu lesen verstand, trotz der entschiedenen Abneigung seiner Familie gegen diese beunruhigende Frau seiner Luis im Innersten die Treue bewahrt.

Im September 1935 heiratet Marieluise Fleißer den Tabakwarenhändler Joseph Haindl. Der Hafen der Ehe? Endlich das schützende Dach über dem Kopf? Oder bloß der einzig rettende Unterschlupf? Wir wissen über diese Ehe nur, was Marieluise Fleißer in Berichten und Erzählungen aus dieser Zeit versteckt mitgeteilt hat. Bepp Haindl bleibt im Archiv Marieluise Fleißers stumm. Zeitzeugen dieses Paares, die Familienmitglieder vor allem, sind voreingenommen. Vater Fleißer, der ja Marieluises Verhalten Bepp Haindl gegenüber mißbilligt hatte, war gewiß erleichtert, die Tochter endlich versorgt zu wissen. Die Haindl-Familie hielt die Ehe für eine Fehlentscheidung, weil die beiden so gar nicht zusammenpaßten. Man vermutete, wohl mit Recht, daß sie nur versorgt sein wollte. Bepp galt als äußerst schwach, gutmütig bis zum Törichten, Marieluise war ihm intellektuell himmelhoch überlegen, sie hatten sich nichts zu sagen. Aber er liebt sie abgöttisch, ist ihr wider alle Vernunft in Hörigkeit ergeben. Haindls Mutter war – wen wundert es – auf die ›Nestbeschmutzerin‹ schlecht zu sprechen. Es waren weniger politische Positionen, die Marieluise Fleißer in Ingolstadt isolierten, in dieser Stadt, »wo man mich nur mit einer gewissen zurückhaltenden Vorsicht betrachtet, ich könnte womöglich noch darüber schreiben«,[393] es war deren beunruhigender Röntgenblick, mit dem diese Frau das Innerste durchschaute, und ihre Sprachkunst, die wie Hexerei ins Schwarze traf. Da konnte man sich noch so sehr über ›entstellte Fakten‹ empören, man sah sich bloßgestellt durch eine Kunst, deren Kunstcharakter man nicht verstand.

Ein Schnappschuß zeigt das Paar 1938, er mit glücklich stolzem Blick auf seine selbstbewußt in die Kamera lachende Luis im Dirndl. Die andere Seite dieses Jahres 1938 ist: Marieluise Fleißer hält es nicht mehr aus. Die Veränderungen, die mit ihrem Mann vorgegangen sind, der Zwang, den er auf sie ausübt, die erdrückende Arbeit im Geschäft, das erstickte Talent, der zerstörte Sinn des Lebens, der doch das Schreiben ist, die Arbeit an diesem monströsen Drama, die nicht gelingen will – das alles ist zuviel für sie. Bepp Haindl muß seine Frau in eine psychiatrische Klinik in München einliefern. Die Pein dieser Erfahrungen sind 1965 in eine Erzählung eingegangen, *Die im Dunkeln*. Ein einziger Satz daraus enthält die ganze Katastrophe: »›Wollen Sie sterben?‹ fragte er mich [der Arzt]. ›Ich kann nicht sterben‹, behauptete ich, ›ich muß schreiben.‹«[394]

Ein Aspekt dieser Ehe bleibt ohne Spuren in Fleißers öffentlich zugänglichem Nachlaß, der ja an persönlichen Dokumenten überhaupt erstaunlich mager ist. Es ist der unerfüllte Kinderwunsch, den sie schon in der Beziehung mit Draws mehrfach bitter beklagt hatte, »jenen anderen Lebenstraum aber, der allein meine Frauenschaft noch erfüllen kann, das Kind, werde ich ihn jemals verwirklichen dürfen oder muß ich mit leeren Händen gehen bis ans Ende meiner Tage?«[395] Es ist »die grauenhafte Angst davor, als ein dürrer Ast vom Baum des Lebens zu fallen«.[396] Bei der Heirat war sie noch keine 34 Jahre alt. Glücklos auf dem ihr fremd gewordenen literarischen Markt, hat sie gehofft, daß sie nun endlich Kinder und mit ihnen eine sinnvolle und lebendige Aufgabe haben würde. Als Bepp Haindls Nichte im Herbst 1941 eine Tochter bekommt, schreibt sie ihr bewegt nach der schmerzhaften Geburt:

»Liebe Else!

[...] das Leben aber, das Dir daraus erwachsen ist, wird bleiben und wird einen neuen beglückenden Sinn in Dein eigenes
Leben bringen. Unter den Zeichen einer unseligen und schmerz-
erfüllten Zeit hat sich die kleine Seele ans Licht kämpfen müssen, aber was jetzt draußen auf den Feldern der Völker geschieht,
hat ja den einen Sinn und das eine Ziel, daß danach eine lange,
von Frieden erfüllte und gesegnete Zeit kommen möge, in der
dem deutschen Menschen manches möglich werden wird, was
ihm zuvor versagt geblieben ist, daran wollen wir glauben und
in diesem Sinne wollen wir auf eine fruchtbare und gesunde Entwicklung der Kinder, die jetzt geboren werden, hoffen. Dir aber,
liebe Else, wird es gewiß nicht schwer fallen, Deinem Kinde
auch gute und segenbringende Gedanken und Wünsche und
ein felsenfestes Vertrauen in sein glückliches Gedeihen mitzuge-
ben. [...] Und somit herzlichen Gruß und nochmals alles Gute

Luis«[397]

Ton und Duktus dieses Briefes zeigen, daß ich den Ereignissen
weit vorgegriffen habe. Zunächst gilt es, den Blick auf die alles
Alltagsleben dominierende politische Wende 1933 zu richten und
ihren Einfluß auf Fleißers Leben und Schreiben.

VIII. »In die Enge geht alles«

Die Schatten, die das sogenannte Dritte Reich auf Fleißers schriftstellerisches Werk warf, fallen verdunkelnd schon auf den Ruhm
der *Pioniere*-Aufführung. Mit der Unterwerfung unter ihren Zensor Draws-Tychsen, auch in der politischen Position, distanziert
sie sich freilich in der Folge weniger von ihren Verächtern als
von denen, die ihr angeblich den Schimpf eingebracht haben,
von Brecht und Feuchtwanger, von Geis und Aufricht – und entfernt sich bis zur Unkenntlichkeit von ihrem eigenen Ton. Der
Weg weg von Brecht lief auf die Gegenseite zu.

Man kann die Frage nach Fleißers Einstellung zum ›Neuen
Deutschland‹ nicht umgehen, ihre späten Aussagen zwingen zur
Überprüfung durch die Fakten. Aber wie sind sie zu interpretieren? Da gibt es zum einen diese schier undurchdringliche Schicht
von Drawsschen Beeinflussungen, von seinen ›Überschreibungen‹ ihrer eigenen Meinung, gerade in den Bittbriefen für Draws,
wo es vom »neuen Deutschland, das er so glühend herbeigesehnt«[398] hat, trieft. Aber Fleißer war doch nicht entmündigt,
trägt sie nicht doch die Verantwortung für ihre Aussagen? Wie
hängt ihre zunehmende Erfolglosigkeit mit der deutschen Wende zusammen? Wo beginnt der Opportunismus aus Not, und
wie weit darf er reichen? Und wie können wir Nachgeborenen
darüber gerecht urteilen? Fragen über Fragen. Viele bleiben offen, durch manche Dokumente scheinen wir der Wahrheit zumindest näher zu kommen.

Am 27. November 1931 war Fleißer wegen schwerwiegender Differenzen unter den verschiedenen Interessengruppen aus dem
Schutzverband deutscher Schriftsteller ausgetreten. Der SDS segelte damals auf Rechtskurs, linken Mitgliedern drohte der Ausschluß. In einem Artikel in der *Weltbühne* im Herbst 1931 wandte sich David Luschnat (ein mit Marieluise Fleißer bekannter
Schriftstellerkollege, der nach Krieg und Emigration den Kon

takt zu ihr wiederaufnahm) scharf gegen den angedrohten Ausschluß der Oppositionellen. Am 9. Juni 1933 wird der Reichsverband Deutscher Schriftsteller als Nachfolgeorganisation des SDS gegründet, ab Herbst 1933 wird mit der Gründung der Reichskulturkammer und ihren Untersparten die Mitgliedschaft in einer dieser Kammern zur Voraussetzung für die Betätigungsmöglichkeit von Künstlern, Schriftstellern, Filmschaffenden. Als Marieluise Fleißer im Dezember 1933 um Aufnahme in den Reichsverband deutscher Schriftsteller (nun Reichsschrifttumskammer) ersucht, begründet sie den Austritt von 1931 mit den »damaligen linksradikalen Umtrieben«.[399]

Am Tag vor der Reichstagswahl im November 1932, die der NSDAP ein letztes Mal einen deutlichen Stimmenverlust brachte, sieht sich Fleißer in einem Dilemma: »Die Wahl macht mir dieses Mal schweres Kopfzerbrechen«, schreibt sie an Draws nach Berlin, »Ich würde es so sehr begrüßen, wenn jene Leute die Oberhand erhielten, die ein von der heißen Liebe zum Volk durchpulstes lebendiges neues Deutschland schaffen wollen und doch macht mich so vieles bei der Anhängerschaft des Dritten Reiches stutzig. Gebe Gott, daß unser geliebtes Vaterland aus seiner tiefen Not die Wende findet!«[400]

Am 28. Mai 1933 müssen ihre früheren Leser wohl stutzig geworden sein, wenn sie da in der *Vossischen Zeitung* auf die Fleißer-Erzählung *Heimkehr* gestoßen sind. Es ist die bekannte Geschichte: Zwei lieben sich in einer Kleinstadt und können nicht zusammenkommen, weil seine Mutter etwas gegen das Mädchen hat; sie geht weg in die Fremde und leidet am Heimweh. So weit, so bekannt, doch dann die neugeistige Wende: Sie wird in die Heimat zurückgerufen, die Mutter hat sich eines Besseren besonnen, »das Würzlein Treue« hat dafür gesorgt, daß der Geliebte als Bräutigam sich für sie aufgespart hat. Das ist nicht der Spießrutenlauf einer Frieda Geier, sondern die Heimkehr in den Mutterschoß einer verklärten heilen Welt: »Wie arm war sie gewesen, und wie reich waren die Menschen hier! Die alten Stuben waren etwas Gewachsenes, nicht sonstwie entstandenes,

283

die ihre Bewohner wie das Kinde im Mutterleib bargen. Die Stiegen summten unter den Tritten der Eilenden wie willige Leitern zur von alters her gewollten Ordnung. In der Mitte senkten sie sich leise zu einer rührenden Mulde. Hier hatten sie unter der Sohle der Jahrzehnte nachgegeben, und Therese blieb daran wie vor einer Liebkosung stehen. Schwielen an der Hand der Mutter können nicht heiliger sein. Sie fühlte es wie eine Würde.«[401] Hatte nicht dieselbe Autorin auf so scharfsinnige Weise die »Rudelgesetze der Kleinstadt«, ihrer »entfesselten Barbaren« bloßgelegt? Ist dieser Tonwechsel der Überzeugung der Autorin oder dem Anpassungsdruck geschuldet?

Draws-Tychsen versteht sich selbst als viel zu elitär, um Parteisympathisant zu sein. Aber er hat vorerst die richtigen Kontakte und öffnet ihr zum Beispiel den Zugang zum Feuilleton der aggressiv nationalistischen *Deutschen Zeitung* durch seinen Freund Alfred Mühr, den Feuilletonredakteur.

Nach dessen wohlwollender Rezension der *Andorranischen Abenteuer* kann Marieluise Fleißer wenig später, zu Weihnachten 1932, noch einmal ihre Kindheitserinnerung *Als wir noch auf das Christkind warteten* dort unterbringen. »Der Abdruck in der *Deutschen Zeitung* ist allerhand und literar-politisch zu werten«,[402] meint sie gegenüber Draws, sieht sie darin doch die gewünschte Anerkennung auch in diesem Lager. Und so ist es gar nicht mehr erstaunlich, daß dort am »9. Wonnemond (Mai)« 1934 der gekürzte Anfang des zwölften Kapitels von *Mehlreisende Frieda Geier* erscheint unter dem Titel *Der alternde Sportler*, eine Publikation, die wie der Abdruck der Weihnachtsgeschichte bislang nicht bekannt war. Durch die Kürzungen sind es nun nicht mehr Frieda und Gustls Obsession für sie, sondern es ist das Alter, das Gustl schlapp werden läßt.

Ihre bayerische, treuherzige Erzählung *Vom faulen Baptist und vom wackeren Schreiner*, ebenfalls in der *Deutschen Zeitung* vom 30. »Julmond« 1933 (also im Dezember), muß sie sogar vor Draws' Vorwurf, daß sie »Konjunktur treibe«,[403] verteidigen. Eine andere bislang unbekannte Arbeit nennt er eine »Nazi-Novelle«.[404]

Am 13. Juli 1933 druckt das *Berliner Tageblatt* eine kleine Skizze von Marieluise Fleißer: *Bayrische Mädchen.* Auch sie ist bislang im Œuvre Fleißers nicht bekannt. Das Ethnogramm eines Menschenschlages, genauer, seines weiblichen Parts, den sie markant konturiert: »eine mystische Union mit den Wurzeln allen Ursprungs« – »was etwa nach eigenmächtiger Emanzipation aussieht, ist vom Übel und wird unter die ›spinneten Nokken‹ gerechnet« – »Sie leiden alle zumal an der langen Leitung« – »Urmägdeart wird in ihnen wahr, die zugleich Urmütterart ist, nährende Treue, die sich nützlich macht aus Instinkt und aus Willen zur Macht. Durch Hingabe werden sie teilhaft der Herrschaft und verwachsen Herz an Herz mit ihrem Herrn, der sie so leicht nicht vergisst« – »Da sie aus dem Gefühl leben, sind sie den Lockungen der Wollust anfälliger als nüchterne Stämme. Dies erklärt, warum sie bei aller Einfachheit niemals hausbacken werden. Schweizerinnen sind sie nicht.« – »Denn fernab der Lüsternheit steht unerbittlich des Eros ewige Sendung.« Glitzert in der Beschreibung dieser bedrohlich sinnlichen Bayerinnen durch den Firnis des Zeitgeists nicht eine Menge von Fleißers subtiler Ironie hindurch? Draws schickt den Text an die *Deutsche Zeitung* – und erhält ihn am 29. »Lenzing« (in der neudeutschen Sprache für März) 1934 zurück: »Wir bedauern außerordentlich, Ihnen diesmal nicht zur Verfügung stehen zu können. Aber der Artikel von Marie Luise Fleisser scheint uns nicht geeignet, den Sinn für bayerische Stammeseigenart zu wecken. Heil Hitler! i.V. …«[405]

In dieser Zeitung erscheinen meines Wissens das einzige Mal, am 28. »Scheiding« (September) 1934, Fleißer und Draws nebeneinander, mit Gedenkartikeln anläßlich des Todes ihres ostpreußischen Dichterkollegen Alfred Brust am 18. September 1934.

Es läßt sich nicht beschönigen: Marieluise Fleißer hat sich deutlich von ihrer früheren Schreibweise distanziert. Draws hat ihr Vertrauen in die eigene Begabung zerstört, er hat in einer Art Gehirnwäsche ihr Talent ›zersetzt‹, um im Jargon der Zeit zu bleiben. »Durch einen Zufall habe ich dieser Tage allerhand Raritäten aus der Zeit vor 1928 durchgesehen und entrümpelt«, schreibt sie Ende 1934 an Hetzelein, »Ich habe bloß in einem fort den Kopf geschüttelt. Zeiten waren das und eine glückliche Eingenommenheit besaß man von der Wichtigkeit der eigenen Begabung!«[406] Die zahlreichen Typoskripte begonnener Erzählungen, unveröffentlichter, zurückgeschickter, immer wieder überarbeiteter Texte aus diesen Jahren in Fleißers Nachlaß zeigen überdeutlich, wie sehr die Schriftstellerin Marieluise Fleißer aus dem Tritt gekommen ist.

Wie aufschlußreich für das eigene Selbstverständnis der Schriftstellerin wäre da die Kenntnis jener *Selbstdarstellung*, die die *Literarische Welt* im Januar 1933 für ihren Zyklus von *Selbstdarstellungen deutscher Dichter*, der seit 1930 in loser Folge erscheint und auf breites Interesse gestoßen ist, von Marieluise Fleißer erbeten hat. (Diese Selbstdarstellung hat – entgegen der Anmerkung im Briefwechsel – nichts zu tun mit jener kurzen autobiographischen Notiz, die Fleißer 1931 für die Dramatikerinnen-Porträts in der Zeitschrift *Bazar* geschrieben hat und die in dem Prosaband *Die List* abgedruckt ist.) Man wünscht sich vom Beiträger neben biographischen Angaben und Hinweisen auf Schreibtechniken eine Bestimmung des »geometrischen Ortes seiner Situation innerhalb der heutigen Gesamtsituation«. Draws kommentiert den Brief, der nach Berlin gegangen war: »Zusage machen! Über nähere Ausführung sprechen wir demnächst mündlich.«[407] Am 21. März 1933 schickt Fleißer die *Selbstdarstellung* an die Redaktion – und wartet vergeblich auf den Abdruck. Seit Januar hat der ›Neue Geist‹ die *Literarische Welt* erfaßt, der Chefredakteur Willy Haas ist nach dem Reichstagsbrand nach Prag geflohen, nach erneutem Wechsel leitet Eberhard Meckel die Redaktion. Von dort erhält Fleißer die Mitteilung, daß sowohl der alten Redaktion wie auch dem neuen Herausgeber der Beitrag »leider nicht zusagt«.[408] Sie erhält ein Abfindungshonorar von 20 Mark. Auch Versuche im folgenden Jahr 1934, diese *Selbstdarstellung* in der *Vossischen Zeitung* und in der *BZ am Mittag* unterzubringen, schlagen fehl. Obwohl sie dieses Manuskript mehrmals zurückbekommen hat, befindet es sich nicht im Ingolstädter Nachlaß. Wie hat sie sich damals, an jener Zeitenwende, gesehen und dargestellt? Die Frage muß vorerst leider unbeantwortet bleiben.

Nach wie vor also sind ihre Feuilletons gefragt, aber sie scheint das Falsche zu schreiben. Denn mindestens ebenso häufig erhält sie ihre Arbeiten zurück mit dem Hinweis, sie seien zu sehr Kunst, »offengestanden allzu literarisch geraten«,[409] »leider stilistisch zu kompliziert«,[410] »für den Zeitungsabdruck zu fein«.[411] Aber kaum einmal fehlt der Zusatz im Rücksendebrief, daß eine andere Arbeit von ihr durchaus willkommen sei. Es ist nicht eine etwaige falsche Gesinnung, sondern man vermißt Ton und Qualität der früheren Fleißerschen Texte: »Diese Arbeit«, schreibt ihr Peter Suhrkamp als Schriftleiter der *Neuen Rundschau* über ihre eingesandte Erzählung *Balder und Sylphide,* »ist so ganz anders als die, die ich von Ihnen kenne und ich halte sie auch nicht für gut.«[412] Sie allerdings mutmaßt, daß sie noch immer zum anderen Lager gezählt wird, und sieht politische Gründe am Werk.

Ihre Wut auf Brecht ist ungebrochen und wird von Draws ständig geschürt. Als im Herbst 1931 Carl Zuckmayer den Kleist-Preis Ödön von Horváth zuerkennt, verdächtigt sie Brecht, gegen sie zu intrigieren: »Es ist mir ein neuer Beweis«, schreibt sie am 5. 11. 1931 an Draws, »mit welchen feinen und jesuitischen Mitteln Brecht arbeitet um mich auszuschalten. Er macht es eben so ganz undurchsichtig und auf dem Umweg über andere Personen, aber dahinter höre ich immerzu ein höhnisches Kichern.«[413] In Wahrheit hatte sich Hans Henny Jahnn in Absprache mit Brecht 1931 um ein Stipendium für sie bemüht. (Die Kleist-Preis-Enttäuschung wiederholt sich übrigens im folgenden Jahr, als sie erneut auf der Kandidatenliste steht.) Als die politische Stimmung ihr in Ingolstadt 1934 zunehmend feindseliger entgegenschlägt, sieht sie darin die alten Animositäten: »Ja, brechtsche Früchte schmecken bitter und je älter ich werde, desto klarer kommt es mir zum Bewußtsein, wie verbrecherisch jener Mann an mir gehandelt hat.«[414] Hat sie aber die Feindseligkeiten nicht selbst erneut geschürt mit ihrem Roman, der natürlich gerade wegen des Hinweises, daß Schauplätze und Personen frei erfunden seien, den Ingolstädtern ein weiteres Mal ein wenig schmeichelhaftes Porträt lieferte – ein ironisch spöttisches und unverkennbar wahres, wer verträgt das schon in solchen Zeiten, wo die Pionierherrlichkeit endlich wieder strahlen darf?

Fleißers Position in der literarischen Szene wird allerdings zunehmend prekär. Die Geister scheiden sich. Emigration oder Anpassung? Die meisten haben gar keine Wahl.

Von Erich Kästner war am 24. Mai 1932 in der *Weltbühne* eine Satire erschienen, ein fingierter Brief mit einer derart makabren Vision, daß es einem im nachhinein kalt über den Rücken läuft: *Brief aus Paris, anno 1935.* Bodo, der Briefschreiber, weilt in Rüstungsgeschäften fürs Deutsche Reich in Paris und berichtet seinem lieben Weib Waltraud Gräfin Rassow in schneidigen Tönen von den Geschäftspartnern dort, vom »Negerball. Tolle Kerle. Hochklassiges Soldatenmaterial« und über seine abendliche Kneipentour:

»Abends mit Bannermann gebummelt. Mit Taxi Montparnasse. Komischer Chauffeur. Deutscher. Ehemaliger Schriftsteller. Arzt auch. Döblin oder ähnlich. Seinerzeit, bei Machtübernahme ausgewiesen worden. Entsinne mich dunkel an Prozeß. Evangelische Kirche gegen Pazifisten oder so. Fünf der Kerls verknackt. Rest über die Grenze. Gastgeschenk an Erbfeind.

Besagter Döblin, miserabler Chauffeur übrigens, brachte uns in deutsches Lokal. Emigranten en gros. Bewirtschaftet von Gebrüder Mann. Der eine hinter der Theke. Thomas Vorname, Nobelpreisdiplom überm Ofen. Bruder in Cutaway. Quasi Empfangschef. Ganz gute Manieren. So wie seinerzeit russische Großfürsten in Berlin. Natürlich nur näherungsweise.

Deutsche Kellnerinnen-Bedienung. Auch Literatur. Gewisse Marieluise Fleißer beispielsweise. Ein Herr Mehring sang deut-

sche Chansons [...] Apropos, gewisser Mühsam sang auch.
Schandschnauzen, die Kerle, Hammelbeine mal gehörig langzie-
hen sehr am Platze, leider keine Gelegenheit.

Gehörten kaserniert und gedrillt, bis Intellekt durch die
Rippen geschwitzt! Zweihundert Kniebeugen bei vierzig Grad
Celsius, Geburt des Patriotismus bloße Zeitfrage. Wetten, daß?
[...]«

Ein Jahr später ist die Satire von der Wirklichkeit überholt.
Marieluise Fleißer ist allein auf weitem Feld. Alle früheren
Mentoren, Förderer, Theater-, Feuilleton- und Verlagskollegen
und wohlwollenden Rezensenten müssen fliehen: Lion Feuchtwanger und Bert Brecht, Ernst Joseph Aufricht und Moriz Seeler, Alfred Kerr und Bernard Guillemin, Monty Jacobs und Alfred Polgar, Bodo Uhse und Joachim Maass, Hermann Kesten
und Fritz H. Landshoff, auch die ehemaligen Freunde aus dem
Draws-Kreis, Richard Friedenthal und Heinz Graumann. Oder
sie sind zum Verstummen verurteilt wie Arthur Eloesser. Den
Emigranten wird von der NS-Presse noch der Vorwurf des Va-
terlandsverrats hinterhergeschrien. Das Sagen im Feuilleton
haben jetzt Leute wie die *Pioniere*-Verreißer, wie Paul Fechter
oder Richard Biedrzynski. Der *Völkische Beobachter* zieht am
11./12. Februar 1933 die *Bilanz eines Jahrzehnts* und malt genüß-
lich ein *Kulturpolitisches Schreckens-Kabinett*, Verfasser ein Dr. S.
In einem Rundumschlag wird die Demoralisierung der deutschen Kultur, »Aufpeitschung der Sinnlichkeit und Proklamation
der Perversität« als Hauptgegenstand der antinationalen Literatur der sogenannten System-Zeit gebrandmarkt und ein Reigen
von Übeltätern vorgeführt, der sich wahrlich sehen lassen kann.
Welche Ehre, dazuzugehören: Arthur Schnitzler, Bruno Frank,
Ernst Weiß, Hans Henny Jahnn, Robert Musil, Kurt Götz, Carl
Sternheim, Heinrich Mann, Franz Mólnar, Fritz von Unruh,
Walter Hasenclever, Ödön von Horváth und eben Marieluise
Fleißer, wieder die einzige Frau in der Runde.

Man könnte ihre Situation fast tragisch nennen: Sie wird von
den neuen Meinungsmachern gestraft für eine Gruppenzugehö-

rigkeit, von der sie sich entschieden distanziert hat, für ein Werk, zu dem sie gar nicht mehr steht, und für eine Aufführung, zu der sie nie gestanden hat. Um dennoch als Schriftstellerin zu überleben, ist sie auf die zweifelhafte Hilfe eines Draws-Tychsen angewiesen, der seine Einflußmöglichkeiten bei weitem übertreibt, der sich alle Welt zum Feind gemacht hat und bald selbst mit den NS-Behörden die allergrößten Schwierigkeiten bekommt. Herbert Ihering, der in Deutschland bleibt, hat sich längst distanziert.

In ihrer bayerischen Heimat ist Marieluise Fleißer bei den neuen Machthabern und ihren Vordenkern wenig beliebt – wen wundert es. Als im Juli 1933 in Ingolstadt der Deutsche Pionier- und Verkehrstruppentag mit Stolz und Pomp gefeiert wird, setzt es erneut Pressehiebe gegen die Fleißer. Wie kostet man nun den Triumph aus nach der Schmähung durch die Berliner Aufführung und die Niederlage im Beleidigungsprozeß! Die *Münchner Zeitung* vom 22./23. Juli 1933 sieht die angeblich durch ihr Theaterstück gekränkte soldatische Ehre nun ganz wiederhergestellt: »Das Losungswort heißt wieder: Pioniere in Ingolstadt, anders als Marie Luise Fleißer, deren Werk auf dem Scheiterhaufen der nationalen Erhebung brannte, sie in einem Zerrspiegel schilderte.«[415] Auf den Scheiterhaufen der Münchner Bücherverbrennung wurden die *Pioniere in Ingolstadt* wohl kaum realiter geworfen, hatte sich Marieluise Fleißer doch längst von dem Stück distanziert und eine Veröffentlichung abgelehnt. Aber die Stimmung gegen sie ist vergiftet. Sie muß Geld verdienen, sie will schreiben und publizieren. Und sie sieht sich durchaus nicht in radikaler Opposition wie etwa der bayrische Kollege Oskar Maria Graf, der den NS-Ideologen sein berühmtes »Verbrennt mich!« zugerufen hat, als er sich bei der Bücherverbrennung nicht unter den Geschmähten fand, sondern fürchten mußte, vereinnahmt zu werden.

Im ersten Jahr der NS-Herrschaft ist die nationalsozialistische Zensurpolitik noch völlig verworren und wird von konkurrierenden Instanzen betrieben. Offizielle Literaturverbotslisten gibt es bis Oktober 1935 nicht, und auch die inoffiziellen sind nicht jedermann zugänglich. Damit ist ein einschüchterndes und den Buchhandel verunsicherndes Klima geschaffen.

Besonders eifrig und den Reichsbehörden vorauseilend tut sich die Bayerische Politische Polizei unter Heinrich Himmler hervor, was Ausbürgerungen und Verbote betrifft. Sie stellt bereits 1934 eine hektographierte Liste »Nur zum Dienstgebrauch« zusammen: *Verzeichnis der polizeilich beschlagnahmten und eingezogenen, sowie der für Leihbüchereien verbotenen Druckschriften.* Darin finden sich von Marieluise Fleißer *Mehlreisende Frieda Geier* und *Pioniere in Ingolstadt*, und nicht nur das: Beide Werke sind auch mit einem zusätzlichen »+« versehen, und dazu heißt es erklärend: »Das Zeichen + hinter dem Titel bedeutet, dass die Druckschrift nicht nur für Leihbüchereien ungeeignet ist, sondern bei Auffinden in Buchhandlungen polizeilich zu beschlagnahmen und einzuziehen ist. Ebenso sind die mit + bezeichneten Druckschriften beim Antreffen anläßlich von Haussuchungen zu beschlagnahmen und einzuziehen.«[416] Ein zusätzliches »P« für Pornographie hat die Polizei Fleißers Werken erstaunlicherweise nicht verpaßt wie etwa den durchaus harmlosen Zeitromanen Irmgard Keuns. Nach der Anordnung der Reichsschrifttumskammer vom 25. April 1935 gibt es nun eine offizielle *Liste des schädlichen und unerwünschten Schrifttums*, hier und in den später folgenden modifizierten Jahreslisten von 1938 und 1941 sind wieder Fleißers *Pioniere in Ingolstadt* und der Roman *Mehlreisende Frieda Geier* aufgeführt. Wie streng oder lax mit dieser Liste umgegangen wurde, zeigt die Bemerkung Erich Kubys in einem Brief an Marieluise Fleißer von 1943, als er als Soldat in Ingolstadt stationiert war und mit Marieluise Fleißer Kontakt aufnehmen möchte: »Als ich mir daher vor einigen Tagen hier in einer Bücherei die *Frieda Geier* entlieh und das Buch so frisch und stark war wie vor 10 Jahren, da schien es mir unnatürlich mich mit Ihnen in derselben Stadt aufzuhalten ohne Sie kennenzulernen.«[417]

Die 2001 veröffentlichte Auswahl aus Marieluise Fleißers Briefwechsel übergeht den beruflichen Schriftverkehr aus den Jahren nach 1933 fast vollständig, die gesamten Korrespondenzen mit den Zeitungsredaktionen bis 1935, die Auseinandersetzungen mit dem Reichsverband deutscher Schriftsteller, die Korrespondenz mit der Reichsschrifttumskammer, schließlich den umfangreichen Briefwechsel mit dem Zinnen-Verlag (später Kurt Desch-Verlag), der von 1944 bis 1950 reicht. Noch im Nachlaßband der Gesamtausgabe, Band IV, gibt es nur Rubriken für Prosatexte »bis 1933« und »nach 1945«. Die Auskunft Fleißers vom 10. Mai 1946 an Hans-J. Weitz, Dramaturg am Hessischen Landestheater in Darmstadt, »Seit 1933 habe ich geschwiegen«[418] und viele ähnlich lautende Auskünfte erscheinen so plausibel. Wir wissen, daß solche Aussagen der Verdrängungsnot nach einer unfaßlichen Zeit geschuldet sind. Es bedurfte vieler Jahrzehnte und mehrfacher Generationenwechsel, um die Mechanismen der kollektiven Amnesie der Deutschen und ihre Folgen für die geistige Situation der vierziger bis sechziger Jahre ganz durchschaubar zu machen.

Marieluise Fleißer ist als Schriftstellerin mit Teilen ihres Werkes, zumal in Bayern, unerwünscht. Doch erklärt dieser Umstand hinreichend ihre Abwesenheit auf dem literarischen Markt, ihre versiegende Produktion? Die biographischen Auskünfte aus dem Jahr 1972 lauten: »1935: [...] sie erhält Schreibverbot mit der Einschränkung, daß sie sechs kurze Feuilletons im Jahr schreiben darf. Sie hat nicht die Absicht, davon Gebrauch zu machen.«[419] Beglaubigt durch die Authentizität der Selbstaussage haben sich Zweifel an dieser Version von Anfang an verboten. Wer jedoch die Korrespondenzen im Archiv eingesehen hatte, mußte auf den Brief gestoßen sein, den Fleißer dem Kollegen und Remigranten David Luschnat·auf seine insistierenden Fragen nach ihrem Schriftstellerleben in den Jahren der Diktatur geschrieben hatte: »Bücher und Theaterstücke habe ich in Hitlerdeutschland nicht veröffentlicht, auch für keinen Verlag gearbeitet. Ich hatte zwar kein offizielles Schreibverbot, aber ich konnte weder noch wollte ich in dem gewünschten Sinn schreiben, so hörte es sich von selbst auf.«[420] Wie sehr ist aber auch diese Darstellung der Entlastungsnot der Nachkriegsjahre geschuldet? Marieluise Fleißers Akte der Reichsschrifttumskammer, die ein Schreibverbot möglicherweise bestätigt hätte, galt als verschollen. Eine neuerliche Nachfrage im Bundesarchiv (in den Beständen des ehemaligen Document Center), diesmal nach dem Namen Haindl, Marieluise (auf einigen Dokumenten mit dem Zusatz: Deckname Fleisser), brachte das einschlägige Material zutage.

Demnach stellt sich das Verhältnis von Marieluise Fleißer und der Reichsschrifttumskammer so dar: Am 14. 12. 1933 teilt ihr der Reichsverband deutscher Schriftsteller mit, daß ihrem Aufnahmeantrag vom 11. 12. 1933 stattgegeben wird. Ihre Mitgliedsnummer lautet 4008. Als »Bürgen, die erschöpfende Auskunft geben können«, hatte sie Hellmut Draws-Tychsen und Alfred Mühr von der *Deutschen Zeitung* angegeben. Ende 1936 muß

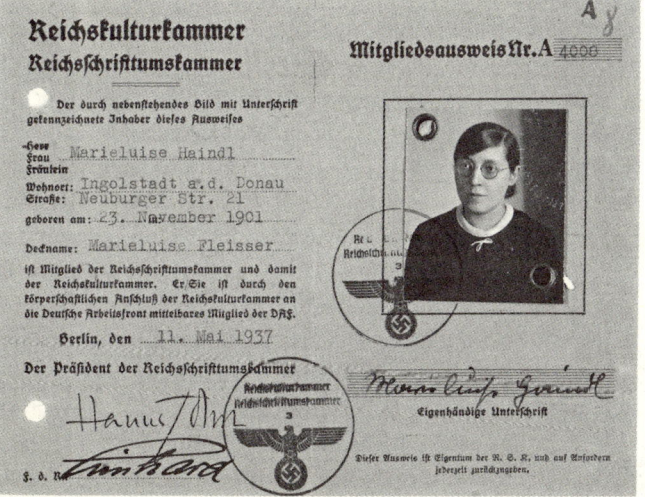

Mitgliedsausweis der Reichsschrifttumskammer für Marieluise Haindl, ausgestellt am 11. Mai 1937

erneut ein Fragebogen ausgefüllt und um einen ausführlichen Lebenslauf, Strafregisterauszüge und den Nachweis ihrer und ihres Mannes arischen Abstammung ergänzt werden. In ihrem Lebenslauf schildert sie ausführlich ihre Distanzierung von der Marieluise Fleißer der zwanziger Jahre und tut des gewiß notwendigen Opportunismus, den ein solcher Fragebogen zwangsläufig mit sich bringt, wohl etwas mehr, als notwendig war. Während Brecht und seine Familie vor den Nazis um ihr Leben fliehen, sucht die Frau, die einmal seine »Fleißerin« war, sich ins rechte, im doppelten Sinn rechte Licht zu setzen, indem sie Brecht nachgerade denunziert: »In München«, heißt es da, »hatte ich flüchtig einen gewissen Bert Brecht kennengelernt«, und: »Brecht legte mir einige Wochen vor der Aufführung [der *Pioniere in Ingolstadt*] meinen Eintritt in die kommunistische Partei nahe, was von mir abgelehnt wurde.«[421]

Auf die Frage nach Haupt- bzw. Nebenberuf antwortet sie nun, durchaus ihrer Situation entsprechend: »Hauptberuf: Geschäftsfrau«, schriftstellerische Tätigkeit »zur Zeit nebenberuflich«, und unter »Bemerkungen« betont sie: »Ich bin zur Zeit infolge Arbeitsüberlastung aus dem Geschäft meines Mannes gezwungen, meine dichterische Tätigkeit zurückzustellen, will sie jedoch keineswegs aufgeben, da ich in ihr den eigentlichen Sinn meines Daseins sehe.« Am 11. Mai 1937 erhält sie den erneuerten Mitgliedsausweis. Im Jahr 1938 wird sie aufgrund einer strengeren Handhabung der Bestimmungen über die tatsächlichen Berufsbilder der Mitglieder aus der Pflichtmitgliedschaft entlassen, weil ihre Hauptbeschäftigung in der Tätigkeit im Tabakgeschäft liege und ihre schriftstellerische Arbeit ruhe. Daß hinter dieser Streichung keinerlei politische Zensur versteckt ist, zeigt die weitere Ausführung: »Die Streichung erfolgte lediglich aus der oben angegebenen Veranlassung. [...] Soweit Sie sich fernerhin neben ihrem Hauptberuf schriftstellerisch betätigen, bin ich bereit, einen von Ihnen zu stellenden Antrag auf Erteilung eines Befreiungsscheines gemäss Ziffer 3 oder 4 meiner Bekanntmachung Nr. 88 zu prüfen.«[422] Noch im selben Jahr

1938 beantragt und erhält sie einen solchen Befreiungsschein, das heißt also eine Publikationsgenehmigung, und zwar für das Stück *Karl Stuart*, ein weiteres Mal 1944, nach dem der erste Schein abgelaufen war. In *Kürschners Deutschem Literatur-Kalender* finden wir die Autorin in der Ausgabe von 1937/38 unter ihrem Namen Fleißer, in der Ausgabe von 1943 unter Haindl.

Das letzte sichtbare Zeichen der ersten, der frühen Marieluise Fleißer in der literarischen Öffentlichkeit ist (soweit bislang bekannt) die kleine Erzählung *Das Erwachen der Penelope* in der Zeitschrift *Die Dame*, Heft 2, 1936. Noch einmal eine Draws-Geschichte, noch einmal die selbstzerstörerische Liebe zu diesem Mann und das tödliche Verlassensein bei ihm. Der Versuch der Objektivierung in Personen namens Theo und Henriette und die Schlüsselszene, »das Erwachen«, die Erkenntnis ihrer Selbstaufgabe, gelingen nur halb. Rasch mündet der Text in eine ausführliche Ich-Erzählung Henriettes. Die Rahmenhandlung erscheint überflüssig, wir ahnen, wer da in Wahrheit verzweifelt »ich« sagt.

Als das Deutsche Theater in Berlin im Namen seines Direktors Heinz Hilpert im April 1935 die berühmte Dramatikerin um ein fertiges Bühnenstück für die kommende Spielzeit bittet, und zwar umgehend, da muß sie gestehen, daß sie diesen nach Ingolstadt nachgesandten Brief »in dem Zustande einer gewissen Verbitterung« gelesen hat, kann sie doch mit keinem fertigen Stück dienen, aber sie zeigt durchaus Interesse, fragt nach, »an welche Art von Stücken Ihr Theater für die Zukunft denkt; vielleicht ist ein Stoff für mich darunter«.[423]

Sie ist Geschäftsfrau, ist (neben einer Angestellten für den Laden) für den Tabakgroßhandel verantwortlich, sie kommt viel weniger zum Schreiben, als sie erhofft und Haindl ihr wohl auch versprochen hatte. Es scheint diese doppelte Überarbeitung zu sein, jene Schrumpfung ihres Eigentlichen, ihrer Begabung, die zur Krise und schließlich zu dem Zusammenbruch im Herbst

1938 führt, mit Angstzuständen, Psychosen, Verfolgungswahn. In einer Erzählung hat sie 1965 diese Erfahrungen, die Abwehr dieser Ängste, dann die Kapitulation davor, gestaltet: *Die im Dunklen*. Nach der Entlassung versucht sie sich soweit als möglich von Geschäftspflichten freizuhalten.

Denn sie hat ihr Talent keineswegs brachliegen lassen, sie hat während all dieser Jahre ein Schauspiel in Arbeit, möglicherweise schon seit 1933. Sie treibt Shakespeare-Studien, beschäftigt sich mit einem historischen Stoff, der in der Nähe von *Leben Edwards II.* angesiedelt ist, ihrem großen Theatererlebnis von 1924: *Karl Stuart*.

Diese merkwürdig zähe Tragödie aus der englischen Geschichte hat Marieluise Fleißer die ganze NS-Zeit über beschäftigt. Der einen halben Meter hohe Stapel von immer neuen, gründlich umgeschriebenen Fassungen von jeweils über 200 Typoskriptseiten bedarf keines Kommentars. Wie soll sie schreiben, was will sie schreiben, wie will sie schreiben?

Die Schriftstellerin Marieluise Fleißer befindet sich noch immer in dem Dilemma, das sich Anfang der dreißiger Jahre aufgetan hatte. Sie bleibt bei ihrer schroffen Distanzierung zu ihrer frühen Literatur der zwanziger Jahre. Erich Kuby gegenüber, der 1943 während seiner Stationierung in Ingolstadt als Soldat ihre Bekanntschaft suchte, äußert sie sich (wie schon gegenüber Georg Hetzelein 1934) nachgerade selbstzerstörerisch über ihre ›erste Karriere‹, indem sie Wort für Wort mit den Formulierungen der NS-Kunstideologie gegen sich selbst argumentiert: »Ich habe einen kleinen Schock gehabt. Ich hatte nämlich in den *Orangen* geblättert, weil ich wissen wollte, was ich Ihnen da eigentlich gegeben habe. Ich war recht niedergeschlagen, und es ist mir von dieser kurzen Begegnung mit einem verschollenen Produkt der im Grunde doch notwendige Gang meines Lebens klargeworden. Es ist doch eine jämmerliche und eindeutig schizophrene Angelegenheit, und ich bedaure nur immer, daß ich die primären Jugendarbeiten unter dem zersetzenden Einfluß Feuchtwangers verbrannt habe. Es ist in meinen Augen ein reiner Krankheitsprozeß, die Widerstandslosigkeit eines Mediums gegenüber einer Zeitentartung, man hat das einmal interessant gefunden und mit der registrierenden Tätigkeit eines Seismographen verglichen, aber ich möchte keinen Augenblick meines Lebens damit identifiziert werden. Ich hatte das so völlig abgestoßen, daß ich vergessen hatte, was darin stand. Zeigen Sie es niemand.«[424] Ihr Schreiben zwischen 1922 und 1929 soll der große Irrtum ihres Lebens gewesen sein! Welch tragische Verkennung des eigenen Talents!

Sie verwirft aus einsichtigen Gründen aber auch die unter Draws-Tychsens Einfluß geschriebenen Geschichten, weiß um deren mindere literarische Qualität. Vernichtet hat sie sie freilich nicht (jedenfalls nicht alle), nach ihrem Tod sind nicht wenige aufgetaucht.

Sie steht mit leeren Händen da, sie will neu anfangen. Sie weiß nicht wie. Sie verwirft Fassung für Fassung des *Karl Stuart*: 1. Fassung 1938; 2. Fassung 1942; 3. Fassung 1943; 4. Fassung, abgeschlossen 14. 1. 1944 (lange Fassung); 5. Fassung gekürzt für das Bühnenmanuskript 28. 7. 1944, Bühnenmanuskript München, Zinnenverlag 1945; 6. Fassung veränderte gekürzte Fassung für den Druck, 1. 8. 1946, Gedruckte Ausgabe, München Kurt Desch 1946.

Wann und wie hat sie neben der Geschäftsarbeit, mitten im Krieg, der bald auch den Ingolstädter Alltag schwer belastet hat, der kräftezehrenden Dienstverpflichtung in der Munitionsfabrik 1943, der Hausarbeit, den langen Krankheitsphasen, diese schriftstellerische Arbeit bewältigt?

1972 schreibt Marieluise Fleißer über sich selbst: »1946. Macht sie viel zu früh Vertrag über den *Karl Stuart* und den *Starken Stamm*. Desch, der in München praktisch das Monopol hat, kann nichts Wirkliches für sie tun. Als Dichterin existiert sie nicht für die Deutschen, die Theater spielen nur Ausländer. Eine Annahme von *Karl Stuart* an einem kleinen Theater wird wieder abgelöst.«[425]

Ende der 40er Jahre

Etwa im Mai 1944 hat sie das Manuskript ihres Stückes *Karl Stuart*, genauer dessen 4. Fassung, an den Münchner Zinnen-Verlag geschickt. Dieser Buch-Verlag mit Bühnenvertrieb wurde 1931 in Zürich gegründet und hat während des Dritten Reiches eine wechselvolle Geschichte erlebt, komplizierte Besitzerwechsel, die auch mit Judenenteignung und Arisierungsvorteilen zu tun hatten, eine Buchproduktion, die von antisemitischen Schriften (schon 1932) über Kriegsverherrlichendes bis zu Verbotenem reichte, Mitarbeiter zwischen Parteinähe und Ausschluß aus der Reichskulturkammer.

Am 5. 6. 1944 erhält Marieluise Fleißer Antwort vom Verlag:

»Sehr geehrte gnädige Frau!

Ihr Werk *Karl Stuart* ist das Ergebnis eines reifen Ringens um die dramatische Vision. Das Stück ist eine Dichtung, hat grossartige Scenen, ist im Aufbau zwingend und in der Sprache von suggestiver Realistik.

Ich habe mich sehr gefreut, dass ich das Werk kennenlernen durfte. Ich glaube nicht, dass im Augenblick Aufführungsmöglichkeiten dafür bestehen. Es ist auch Wunsch unseres Verlagsleiters, des Herrn Kurt Desch, persönlich mit Ihnen zu sprechen und wir bitten Sie um Ihren Besuch.«[426]

Man verständigt sich über den Vertrieb des Stückes. Allerdings ist die Autorin nicht mit allen Teilen des Vertragsentwurfs vom 1. Juli 1944 einverstanden. Sie meldet umgehend Änderungswünsche an, die eine sehr pragmatische Einschätzung der politischen Lage wiedergeben: »In Absatz fünf bitte ich zu formulieren 1. aus Aufführungen in Deutschland bzw. den bei Vertragsabschluss deutsch gewesenen Ländern‹ ›2. aus Aufführungen in deutscher Sprache in ausserdeutschen bzw. bei Vertragsabschluss nicht deutsch gewesenen Ländern‹‹. Ihre Begründung lautet: »Für den immerhin möglichen ⌐wenn auch nicht gehofften⌐ Fall eines verlorenen Krieges könnte es mir sonst passieren, dass die meisten bis dahin deutschen Länder plötzlich ausserdeutsch wären, obwohl es sich dabei um genau die glei-

chen Bühnen wie bei Vertragsabschluss handelte, mein Tantie-
menanteil wäre überwiegend auf fünfundsechzig vom Hundert
herabgedrückt, auf welcher Grundlage ja nicht verhandelt worden ist. (Darunter rechne ich nicht die im Verlauf dieses Krieges von uns besetzten Gebiete.)«[427] Am 16. 8. 1944 bestätigt
der Verlag dankend die Rücksendung des Vertrages. Er scheint
nicht erhalten zu sein. Im Winter 1944 ist der Verlag vermutlich
aufgelöst worden, um sofort nach Kriegsende unter dem Allein-
besitzer Kurt Desch Auferstehung zu feiern.[428]

Geschicktes Taktieren und Verschleiern, gute persönliche
Beziehungen zu den amerikanischen Militärdienststellen, Gel-
tendmachung von Verfolgungen, insbesondere eine Auseinandersetzung mit dem Amt Rosenberg 1944, die wundersame Nicht-
Prüfung seiner politischen Vergangenheit, all dies zusammen be-
scherte Kurt Desch von der Information Control Division (ICD)
der Besatzungsmacht im November 1945 die erste »unbefristete
und allgemeine Verlagslizenz in Bayern«,[429] damit konnte er zu
einem der führenden Verleger Deutschlands aufsteigen. Schon
am 17. Oktober 1945 unterschreibt der Verlag, am 23. Oktober
die Autorin die Verträge für den Bühnenvertrieb von *Karl Stuart*
und *Der starke Stamm*,[430] noch bevor Desch die notwendige Li-
zenz erhalten hat. 1946 folgt die Buchausgabe von *Karl Stuart*,
die einzige selbständige Publikation Fleißers seit *Andorranische
Abenteuer* 1932 und bis *Avantgarde* 1963.

Nur bei Desch hatte sie eine so frühe Chance, daß ihre Arbeiten gedruckt bzw. vertrieben würden. Der Briefwechsel mit
dem Zinnen- bzw. Desch Verlag läßt erkennen, daß sich der Verleger sehr wohl um eine Aufführung bemüht hat, schon im eigenen Interesse. Aber weder Herbert Ihering noch der alte Stu-
dienfreund Richard Friedenthal, noch später Brecht oder Lion
Feuchtwanger konnten mit der Tragödie etwas anfangen. Heinz
Hilperts Plan einer Inszenierung an den Städtischen Bühnen
Frankfurt scheitert aus anderen Gründen. Das Stück mit seiner konventionellen Dramaturgie, seinem heroisierenden Pathos

und der fragwürdigen Sympathie für den Titelhelden konnte seine Entstehung in der NS-Zeit nicht verleugnen. Der an Desch gesandten Fassung für das Bühnenmanuskript 1944 liegt eine Vorbemerkung bei, die für die Schreibabsicht der Autorin von Bedeutung, aber in der Gesamtausgabe nicht abgedruckt ist: »Karl Stuart ist kein historisches Stück. An die geschichtlichen Gestalten eines anderen Volkes und eines anderen Jahrhunderts geknüpft, ist es unmittelbar aus der deutschen Passion der zwölf Jahre herausgewachsen. Verkleidet in das Schicksal des ›Königs Ohnmacht‹ zeigt es den in ein auswegloses Dunkel hineingehetzten schöpferischen Menschen, der da zugrundegerichtet wird von der Gewalt. [...]

Inmitten der Auflösung der Menschenrechte in völliger Einsamkeit und in schmerzhafter Abschnürung von jedem künstlerischen Kontakt niedergeschrieben, schöpft das Stück aus dem, was als Druck und Grauen in der Luft lag, und setzt ihm die Selbstbehauptung des schöpferischen Menschen entgegen. *Karl Stuart* ist ein Stück von der unzerstörbaren inneren Freiheit und von der Würde des Menschen.«[431] Mit demselben Begleittext schickt Fleißer das Stück am 10. Mai 1946, also ein Jahr nach dem Ende der NS-Herrschaft, an den Dramaturgen des Hessischen Landestheaters, Hans-J. Weitz.

Das Stück verkündet schwerfällig eine moralisch-politische Botschaft, die höchst ambivalent, wenn nicht fragwürdig scheint. So problematisch die Rede von der »deutschen Passion«, so zweideutig ist die Treue zum Gewalttäter, ist das Verständnis von ›Volk‹. Der enorme Personalaufwand der Tragödie überstieg zudem die Möglichkeiten der Theater der Trümmerjahre. Weitz erklärt die Unspielbarkeit des Stückes mit seiner Zeitgebundenheit: »[...] historische Stoffe stehen heute im Schatten des langweiligen Historizismus, der den Nazi-Spielplan, teils ideologisch-absichtlich, teils aus der Verlegenheit bestimmte.«[432] Welche Frustration muß das alles auslösen! Fleißer war nie mit diesem Monstrum zufrieden, sah es nie als fertig an. Mit der Verbiegung ihres Stils durch die NS-Jahre, mit der Kontaminierung der Spra-

301

che und des Denkens noch bis in die späten 40er Jahre oder weit darüber hinaus ist Marieluise Fleißer in der deutschen Literaturszene wahrlich nicht allein. Nach zahlreichen gescheiterten Versuchen in den späten vierziger Jahren, das Stück auf einer Bühne unterzubringen, ergibt sich die Möglichkeit einer Lesung. Aber Marieluise Fleißer wehrt ab, »weil ich mich in der langen Zwischenzeit von dem Stück ziemlich fortentwickelt habe, ich glaube vor allem die Art der Szenen zwischen dem katholischen Gesandten und dem König nicht verantworten zu können [...].«[433] Als 1966 Yaak Karsunke das Stück gerne lesen möchte, sucht sie es hervor und sieht, »dass ich 1946 ein Vorwort zum Karl Stuart geschrieben habe, das reiner Quatsch ist. Ich war damals noch sehr verängstigt. [...] Ich habe den Karl Stuart deswegen geschrieben, weil er das traurigste Gesicht hatte, das ein berühmter Maler (nach dessen Ausspruch) je in seinem Leben gesehen hatte. Ich habe ein Stück über Traurigkeit geschrieben, weil ich selber so traurig war. Das ist alles.« Das Stück ist nie aufgeführt worden.

Die Haindls erleben die letzten Kriegsjahre und die erste Besatzungszeit so turbulent wie – in der einen oder anderen Form – alle deutschen Familien. Im Januar 1943, gerade zu der Zeit, als Marieluise Fleißer, obwohl sie körperlich wenig belastbar ist, zum Kriegseinsatz in einer Munitionsfabrik verpflichtet wird, erhält sie den schon erwähnten Besuch von Erich Kuby, dem jungen Schriftstellerkollegen, »der Ihre Bücher seit langem kennt und wälzt«.[434]

Im Austausch zwischen Marieluise Fleißer und dem Soldaten Kuby, der an einem Buch über den Krieg schreibt und ihr Passagen zu lesen gibt, sind wohl sehr grundsätzliche Kontroversen zum Krieg, zur Mentalität der Deutschen, zum Verhältnis zu den Feinden aufgebrochen. Sie scheint Kubys Haltung zum Krieg und sein Schreiben darüber mitten im Krieg scharf verurteilt zu haben: »Wer über den Krieg publiziert, kann nicht anders, als sich dem verpflichtenden Gesetz des Krieges, unter dem er durch höhere Gewalt steht, auch mit dem Willen und der Betrachtungsweise zu unterziehen. Er erlebt sonst ganz zu recht, daß seine Arbeit von der Allgemeinheit abgestoßen wird. Ein Soldat verteidigt sein Land und sein Volk, er verteidigt nicht den Feind, das liegt in der Natur der Dinge begründet. Das Gesetz des Krieges heißt selbst dann Notwehr, wenn wir gerade der Stärkere sind – [. . .]. In Notzeiten kann man nicht aus der Reihe tanzen. Feuer ist Feuer, es geht nicht an, mit Samthandschuhen nach ihm zu fassen. Was Sie dem Feind widerfahren lassen, ist ja nicht Gerechtigkeit, sondern eher eine Vorliebe auf Kosten des eigenen Volkes. Man darf aber den Feind nicht lieben. Krieg will Nüchternheit. Überlegen Sie einmal, was die Franzosen an uns allen, auch an Ihrer Frau und Ihrem Kind, tun wollten, wenn sie es tun könnten.«[435] Dieser Brief ist nach Kubys Überlieferung zitiert (Fleißers Briefe scheinen mit einem großen Teil von Kubys Nachlaß in Hamburg zerstört worden zu sein), seine Antwort ist aber im Nachlaß Fleißers archiviert, sie zitiert wörtlich aus diesem Brief. Kuby muß entschieden widersprechen und wirft ihr in einem klug vorausschauenden Brief u. a. vor, sie habe »wie viele deutsche, ein ehrfürchtiges Verhältnis zu Politik, weil Ihr politischer Sinn nicht entwickelt ist«.[436]

Aus den Dokumenten dieser Auseinandersetzung läßt sich ablesen, wie es Goebbels' Propaganda gelungen war, die Masse der Deutschen – und da machen die Haindls keine Ausnahme – auf bedingungslose Loyalität bis zur Selbstzerstörung einzuschwören.

Es gelingt Haindl, seine Frau aus der anstrengenden Arbeit in der Munitionsfabrik freizubekommen. Er selbst wird noch 1945 zu einem Polizeipionierkorps der SS abkommandiert und nach Pommern verlegt. Bei einem Bombenangriff auf Ingolstadt werden Teile ihrer schriftlichen Unterlagen vernichtet.

Die Befreiung beginnt für Frau Haindl verhängnisvoll. Im Juni 1945, kurz bevor ihr Mann auf der Rückflucht aus dem Krieg die Heimat erreicht, wird sie von der Kriminalpolizei Ingolstadt beschuldigt, zwei Kartons Zigaretten nicht angemeldet zu haben; wenig später wird sie in Untersuchungshaft genommen und wegen angeblichen Schwarzhandels angeklagt. Der Heimkehrer Bepp Haindl kann mit einem Gesuch an die Militärregierung ihre Entlassung erwirken. Seine Begründung: »Wie durch das beigefügte ärztliche Attest bestätigt wird, leidet meine Frau an Schizophrenie (gespaltenes Irrsein).«[437] (Diese Diagnose entspricht natürlich nicht dem wahren Befund. Woran sie krankte, das war ganz einfach eine extreme nervliche Überlastung.) Im übrigen verstehe sie nichts vom Geschäft, eine genaue Untersuchung würde ihre Unschuld beweisen. Nach einem Tag ist sie wieder auf freiem Fuß. Man braucht nicht viel Phantasie, um sich vorzustellen, wie verstört sie durch diese Ereignisse war.

Die Ehe mit Bepp Haindl, »in der er mir abgesehen von der materiellen Sicherung naturgemäss so ziemlich alles schuldig bleiben mußte«,[438] ist längst zu einer schwierigen, beide belastenden Zwangsgemeinschaft geworden. Schon 1942 sucht sie Rat und Rettung aus ihrer unhaltbaren Lebenssituation, erwägt die Trennung.

Zur persönlichen Entfremdung kommt die kollektive Erfahrung: Dem verlorenen Krieg und den Lasten des Nachkriegsalltags, den materiellen Verlusten, der angeschlagenen Gesundheit, den unterschiedlichen Kriegserfahrungen, gerade auch von Männern an der Front und Frauen zu Hause, dem mehr oder weniger tiefen psychischen Schock über die Untaten, die im Namen Deutschlands begangen worden waren, diesem allen sind viele bislang tragfähige Bindungen nicht gewachsen. Geschäftliche Schwierigkeiten, ein neuer Teilhaber im Geschäft, der sich als kriminell erweist, tun ein übriges. Zu Weihnachten 1947 schreibt Marieluise Fleißer ihrer Schwester Ella, daß nun ihr Mann die Scheidung erzwingen will noch vor einer erwarteten Währungsreform, daß sie praktisch schon getrennt wohnen, daß sie nicht mehr im Geschäft arbeitet. Aber wovon soll sie leben?

Alle Beschreibungen dieser Jahre, in Briefen und autobiographischen Äußerungen, umkreisen immer wieder die eine Erfahrung: Isolation. Isolation in der Ehe, Isolation in Ingolstadt (»in dieser Stadt werde ich nie Menschen haben, wie ich sie brauche«[439]), Isolation von den geistigen Innovationen der Zeitenwende, Isolation von ebenbürtigen Menschen. Marieluise Fleißer scheint keine Vertrauten, nicht mehr als die eine oder andere Schulfreundin zu haben. Für kurze Zeit wird es die Schwester Anna, unter dem Namen Sr. Maria Fidelis Missionsschwester in Südafrika, die an Lungenkrebs erkrankt ist und 1949, in ihrem letzten Lebensjahr, ihre Schwester Luis in eindringlichen Briefen zurück in die Arme der katholischen Kirche holt.

Isolation auch von den Emigranten und von allem, was während der NS-Zeit außerhalb Deutschlands gedacht und geschrieben worden war. Da gilt es noch viele Voreingenommenheiten auszuräumen, ehe die Wunden verheilen und man sich wieder annähern kann. Die sogenannte Große Kontroverse, das in Offenen Briefen, Zeitungsbeiträgen und Rundfunkansprachen ausgetragene Streitgespräch der späten vierziger Jahre zwischen Walter von Molo, Frank Thiess und Thomas Mann um Haltungen und Handlungen während der NS-Zeit in und außerhalb Deutschlands, um die Aufrechnung von Schuld und Leiden, um den Primat der Opferrolle, um den besseren Deutschen, sie findet ihren ganz persönlichen Niederschlag auch in Fleißers Korrespondenzen, zuerst in der dringend gewünschten Wiederaufnahme des Kontaktes mit dem Emigranten Richard Friedenthal, dann mit David Luschnat, später mit Hermann Kesten. Friedenthal spricht zu ihr in den ersten Briefen 1947 über seine Vorbehalte den Deutschen und den Briefen aus Deutschland gegenüber, aus denen »fast so etwas wie das neidische Gefühl: ›Ja, Du hast es doch eigentlich herrlich getroffen!‹« spreche. Er berichtet vom schwierigen Umgang mit den Deutschen und vermutet: »Sie werden instinktiv jeden hassen, dem sie Böses angetan haben.« Er erzählt – ohne vorwurfsvollen Ton – von der Zerstörung seines – auch materiellen – Erfolgs, seiner Stellung, vom Selbstmord seines Vaters vor der Deportation, spricht fast schonend vom Ungemach des »Auswanderns und Umgewöhnens«.[440] Der Ton, den Fleißer mit ihrer verständnisvollen Antwort findet, offenbart einen schwierigen Umdenkungsprozeß. Emigrieren war Vaterlandsverrat, das taten nur unzuverlässige Gesellen, so tönte es aus allen Zeitungen seit 1932, so beschimpfte Gottfried Benn seinen einst begeisterten Leser Klaus Mann und die literarischen Emigranten 1933, und ein ganzes Volk war kontaminiert von dieser Einstellung; diese Auffassung zündelte noch in den Polemiken gegen den Kanzlerkandidaten Willy Brandt im Wahlkampf 1965 und der Rede vom ›Makel der Emigration‹. »Lieber Friedenthal, Sie brauchen es mir nicht erst zu sagen, ein wie schwerer Schritt Ihre Auswanderung gewesen ist. Ich war mir dessen stets bewußt, dass unsere Brüder, wenn sie hinausgegangen sind, dies wohl nicht leichtfertig getan haben und auch dass da draußen die nicht minder bitteren Dinge auf sie warteten.«[441] Ausführlicher noch geht sie gegenüber David Luschnat auf die Verstehensschwierigkeiten, auf den Vorwurf an die in Deutschland Gebliebenen ein: »Manchmal spüre ich eine gewisse Fremdheit wie bei einem, der es nicht von hier aus mitangesehen hat.« Und »ein Volk, das so grausam bombardiert worden ist, hat bis zu einem gewissen Grade auch gebüßt. [...] Besonders aufreizend wirkt es auf uns, wenn von denen, die fern von der unmittelbaren Gefahr waren, [gestrichen: und soviel nicht zu fürchten hatten,] der Vorwurf gegen uns erhoben wird, als ob wir keinen Widerstand geleistet hätten.«[442] Auch aus den Briefen der Schwester in Südafrika glaubt sie, »eine gewisse Bitterkeit gegen die Deutschen herauslesen zu müssen«, und wehrt sich fast aggressiv dagegen: »Ihr tappt so sehr im finstern, dass es einen erbarmen könnte. Schon allein die Kriegsschuldlüge, welche, ohne vor Gott zu zittern, die Gejagten, die namenlos Unglücklichen und Wehrlosen als alle miteinander mitverantwortlich gestempelt hat – als wenn sie irgend etwas Wirkliches dagegen hätten unternehmen können! – sie allein wäre Beweis genug für das wirklich grausige Missverständnis, das aus zweckbetonten Gründen auch noch propagiert wurde.«[443] Und noch 1966 bei der

Wiederbegegnung mit Hermann Kesten haben beide erhebliche Probleme, das Ausmaß des Leidens auf beiden Seiten einander deutlich zu machen.

Aber Richard Friedenthal ist es auch, der sich ihrer Begabung sehr wohl erinnert, der Fleißer dringend rät, wieder zu schreiben: »Ich stiess – wie merkwürdig, oder wohl eigentlich sinnvoll solche ›Zufälle‹ immer sind – gerade vor einigen Tagen bei einer Bekannten unter den Büchern auf Ihren *Orangen*-band und las ihn mit grossem Interesse noch einmal durch. Sie haben solch eine sichere Hand, wenn Sie schreiben (fast streift es manchmal ans Geschickte), und solch eine schwere Seele. Bestimmt ist die Verbindung schwer herzustellen, und noch schwerer wohl ein Austausch. Und doch bin ich überzeugt, dass bei kaum jemand anders so wie bei Ihnen das Schreiben ein Ausgleich und eine Befreiung sein könnte, eine wahre Teufelsaustreibung.«[444]

Friedenthal versucht, Marieluise Fleißer bei der mühsamen Rückkehr ins literarische Leben behilflich zu sein, als Herausgeber der *Neuen Rundschau* (mit Joachim Maass), als PEN-Funktionär, als Vermittler zu Alfred Kerr, aber der schwerfällige *Karl Stuart* ist nicht vermittelbar, und neue Prosaarbeiten gelingen ihr vorerst nicht.

Ein Wiedersehen kommt nach vielen organisatorischen Hindernissen beim Ersten Deutschen Schriftstellerkongreß im Oktober 1947 zustande. Fleißer hat an die Begegnung wohl große Erwartungen geknüpft, persönliche, nicht nur berufliche. Die Enttäuschung bleibt nicht aus: Der Wunsch nach einer engeren Beziehung erweist sich als einseitig. Im Entwurf für ein Hörspiel mit dem Titel *Die Schwestern* arbeitet sie sich an der schmerzlichen Enttäuschung ab, sucht sie mit einer ebenso schmerzlichen, der Krebserkrankung ihrer Schwester, und mit ihrer neuen Hinwendung zum Katholizismus zu verschränken. Über ein vierseitiges Exposé hinausgelangt ist sie freilich nicht. Auf die folgenden Briefe, voller Klagen über ihre aussichtslose Situation, über ihre Ehemisere, reagiert Friedenthal begreiflicherweise nicht anders denn teilnehmend, aber doch auch ratlos. Nicht ganz ratlos:

»Trotzdem will ich nicht einfach die Hände in den Schoss legen und sagen: die arme Marieluise, da sitzt sie nun in Ingolstadt. Ich möchte Sie vielmehr etwas an der Schulter rütteln und anstupsen, sehr freundschaftlich. Schreiben Sie, Marieluise, auch wenn es Ihnen mühsam wird, immer weiter, sogar drauflos, wenn es sein muss – tragen Sie die Dinge nicht zu lange aus. Es brauchen nicht immer allerhöchste Meisterwerke zu sein. Gerade einige Ihrer kleinen Sachen hatten einen besonderen Charm [sic!]. Oder schreiben Sie auch einen grossen Roman, oder ein Stück, oder noch besser mehrere Stücke, nur schreiben Sie.« Gegen Ende dieses Briefes beschwört er sie nachgerade: »Dagegen werde ich nicht aufhören, sehr herzlich an Sie zu denken und Sie zu ermahnen, zu schreiben, zu schreiben, zu schreiben. Früher hieß es in den Märchengeschichten, dass sie mit ›blutenden Fingern‹ an irgend einem grossen Gewebe stickten, das dann doch fertig wurde und sehr schön aussah und irgendeine Art von Erlösung brachte. Etwas der Art schwebt mir bei Ihnen vor, liebe Marieluise.«[445]

Wo Fleißer allerdings die Erfahrung der Isolation für ihre Rolle auf dem literarischen Markt geltend macht, müssen wir den Nachlaß genauer sichten: »Als Dichterin existiert sie nicht für die Deutschen«, heißt es in den biographischen Notizen von 1972 für das Jahr 1946. War das wirklich so, war das der Grund für das Scheitern so vieler literarischer Pläne in diesen Jahren?

Die sogenannte Stunde Null hat es – wie bei den meisten – auch bei Fleißer nicht gegeben. 1944 nach der Entlassung aus der Kriegsverpflichtung und seit dem weitgehenden Rückzug aus dem Geschäft war sie außerordentlich produktiv. Sofort nach dem Abschluß des *Karl Stuart*, während die Welt und die Weltanschauung um sie herum in Trümmer fällt, gelingt ihr in einem raschen Wurf ein weiteres Stück, *Der starke Stamm*. Und sofort nach Kriegsende besinnen sich Verlage und Redakteure der Autorin und ihrer nun schon legendären Erfolge, mindestens sechs Verlage allein von 1944 bis 1946. Schon 1944 bittet Wolfgang Krüger für seinen Verlag um Arbeiten von ihr, zwischen den Zeilen des Briefes ist zu lesen, daß Krüger bereits für eine baldige ›Nachkriegszeit‹ plant: »Wir glauben aber mit Sicherheit annehmen zu dürfen, dass in Ihrem Schreibtisch Manuskripte auf die Drucklegung warten.«[446] Im März 1945 sucht der Hesperos Verlag in Nürnberg Kontakt mit ihr in der Hoffnung, sie mit ihrem Gesamtwerk zu gewinnen. Im November 1945 meldet sich Andreas Rohrbacher (Verlag für Bühnenwerke in Donaueschingen) und bittet um ein neues Stück, kommt mit dieser Bitte freilich zu spät. Fleißer ist vertraglich an Desch gebunden. Die literarische Szene (bis zur Währungsreform) gleicht einer Wiese im Regen nach einer langen Dürrezeit. Die Ideen sprießen, Zeitschriften- und Anthologieprojekte, Theaterexperimente trotzen den Hindernissen, der Papierknappheit, den Lizenzschwierigkeiten. Und Marieluise Fleißer ist da nicht vergessen, im Gegenteil: Sie wird mehrfach um Texte für Zeitschriften gebeten, zum Beispiel von Wolfgang Weyrauch am 19. Februar 1946 für Günther Weisenborns Zeitschrift *Ulenspiegel*, zum Beispiel für das *Prisma* Hans Eberhard Friedrichs, dem dann allerdings das eingesandte Teilstück einer größeren Novelle mit dem Titel *Die Verführung* zwar »ihres hohen sprachlichen Wertes wegen« außerordentlich gefallen hat, der den Helden allerdings von »penetranter Deutschheit« und deshalb das Inhaltliche nachgerade abstoßend findet. »Ich leide geradezu darunter, zu sehen, wie diese Potenz [die bildnerische Kraft] daran gegeben wird für einen so kraftlos aufdringlichen Gesellen wie den Helden dieser Geschichte [...].«[447] Trotzdem bittet er dringlich um andere Prosaarbeiten. Leider ist nicht bekannt, um welche Novelle es sich hier handelte, vermutlich aber doch noch einmal um die Dreiecksgeschichte nach dem Erlebnis mit Georg Hetzelein. Im Frühjahr 1947 melden sich Schriftstellerkollegen aus dem Exil und aus Deutschland, die sie auffordern, einem neu zu gründenden PEN-Club beizutreten, Erich Kästner, Johannes Tralow, Wilhelm Sternfeld. Erich Kästner, so notiert sie 1950 für den

Desch Verlag auf einer Liste von möglicherweise an ihren Stük-
ken interessierten Leuten, habe sie »während er an der Neuen
Zeitung tätig war, aufgefordert etwas für die Neue Zeitung zu
schreiben; ich hatte aber Hemmungen«.[448] »Hemmungen« bezeichnet wohl am präzisesten ihr Verhalten im Literaturbetrieb
der unmittelbaren Nachkriegsjahre: Hemmungen gegenüber ihrem lange zurückliegenden Werk, Hemmungen im Vertrauen auf
ihr Können, Hemmungen gegenüber dem Stilwandel und den
Schreibweisen der nun jungen Generation.

Entgegen der Beteuerung von 1943, »ich möchte keinen Augenblick meines Lebens damit identifiziert werden«,[449] geht sie
nun doch noch einmal an den Novellenband *Ein Pfund Orangen*
und schlägt ihn dem Rowohlt Verlag zur Publikation vor: »Ich
will ihn allerdings ziemlich verändern, einen Teil der Geschichten durch neue ersetzen. Ich habe da noch eine bestimmte Idee
mit einer Rahmenhandlung, durch welche ich selber jede Geschichte kritisch erfassen und, wie ich hoffe, auf eine erregende
Art das Grundsätzliche und das, was mir von der Wortbesessen-
heit her daran wichtig ist, aussagen möchte. Ich habe nämlich
das Gefühl, daß man heute bestimmte Dinge, die wir seinerzeit
einmal anstrebten, einmal klipp und klar aussprechen muß, sie
werden nicht mehr gewußt.«[450]

Die Antwort von Kurt W. Marek vom Rowohlt Verlag klingt
ermutigend: »Unser Interesse an Ihrer Arbeit ist mehr als ein
schönes Wort.«[451] Der alte, einst mit großer Enttäuschung zur
Seite gelegte Plan arbeitet noch immer in ihr: *Ein Schifflein Brüder*. So soll die veränderte Novellenauswahl nun heißen (und
nicht die 1934 vorgesehenen Novellen versammeln). Wie grundsätzlich, wie kritisch sie sich hier mit sich selber, mit ihrem Schreiben auseinandersetzt, offenbaren die Fragmente im Nachlaß. Erhalten ist die schon fertige Einleitung: die Geschichte von den
Freunden, zwei Männern (Georg und Aluis) und zwei Frauen
(Bettina und Thekla), die sich einst besser kannten als »nach
dem Gesetz ihres Zwecks« und sich nun nach langer Zeit in
einer Waldhütte treffen und sich – als eine Art Gesellschafts-

spiel – Geschichten erzählen. Zur Spielregel gehört: Man sollte »kein Blatt vor den Mund nehmen«. Anschließend halten sie erregt und zuweilen »gereizt« Literaturkritik oder »Hauptseminar«, diskutieren äußerst kontrovers über die Plausibilität des Erzählten, über die Figuren und ihr dargestelltes Verhalten und ob und wie die Erzählerin oder der Erzähler sie anders hätte handeln lassen können. Sie streiten über Sprechweisen, loben oder tadeln den souveränen, experimentellen Umgang mit den Sprachnormen und ihrer Überschreitung. Bettina – sie scheint das Ebenbild der frühen Fleißer – erzählt *Meine Zwillingsschwester Olga*; Thekla, ihre scharfe Kritikerin, so etwas wie das Alter ego der Fleißer, *Die Stunde der Magd*, Aluis schließlich erzählt die Geschichte *Die Törin*, die Fleißer in *Ein Pfund Orangen* noch *Die arme Lovise* genannt hatte. Damit brechen die Fragmente zu diesem Novellenband ab. Sie gehören zu den aufschlußreichsten Nachlaßdokumenten Fleißers. Wo sonst hat sie sich so tiefgehend mit ihrem frühen Werk auseinandergesetzt, seine Einzigartigkeiten benannt und die eigene spätere Kritik und Ablehnung begründet und zugleich wiederum zur Diskussion gestellt? Die erhaltenen Überarbeitungsentwürfe zeigen starke Eingriffe in die Texte. Warum hat sie das Projekt aufgegeben?

Hanns Otto Münsterer, Brechts Augsburger Jugendfreund, nun Arzt in München, meldet sich brieflich bei ihr, weil er sich dringend ihre Dramen beschaffen will, »die Prosabücher habe ich«.[452] Aber die Bitte – und sie wird von vielen Interessenten geteilt – ist vergeblich. Als der Kurt Desch Verlag vorschlägt, die *Pioniere in Ingolstadt* zu publizieren, wird sie heftig: »Ich kann Ihnen versichern, dass ich bereits vor zwanzig Jahren es abgelehnt habe, aus diesem verschrieenen Stück eine Buchausgabe zu machen, das sollte Ihnen beweisen, dass meine Abneigung gegen dieses verdammte Stück eine wirklich tiefbegründete ist.«[453]

13 Jahre nach dem Antrag auf Mitgliedschaft im Reichsverband Deutscher Schriftsteller beantragt Marieluise Fleißer 1946 die Aufnahme in den Schutzverband Deutscher Schriftsteller

e.v. Wieder heißt es, einen umfangreichen Fragebogen auszufüllen.

Nun beantwortet sie die Frage nach ihrer politischen Einstellung mit »linksorientiert«, die nach ihrer Wahlentscheidung bei der Novemberwahl 1932 mit »Sozialdemokratie«, nun ist es nicht mehr Brecht, der sie nach links, sondern Draws, der sie nach rechts zu ziehen versuchte, unter »Literarische Vorbilder« nennt sie Bert Brecht, Lion Feuchtwanger, Shakespeare, Hölderlin. Als Folge der NS-Herrschaft gibt sie an : »Meine Verlagsverbindungen mit Ullstein und Kiepenheuer wurden illusorisch, meine Rentenverträge nicht erneuert, meine literarische Existenz vernichtet.«[454] Mit diesen die Fakten ein wenig nach dem Zeitgeist frisierenden Angaben unterscheidet sich ihr Fragebogen nicht von denen zahlreicher anderer Autoren, von Ina Seidels etwa oder dem Wolfgang Koeppens. Man sollte Verständnis haben für selbstschonende Angaben in Zeiten, wo das Ausfüllen solcher gesinnungsschnüffelnder Fragebogen verpflichtend war. Verschweigen allerdings kann man sie aus historischen Gründen nicht. Viel zu lange schon hat ebendiese Praxis das Verständnis der NS- und der Nachkriegszeit unmöglich gemacht.

Nicht nur brieflich sucht sie aus der Isolation herauszukommen. Sie muß endlich kennenlernen, was in den zwölf Jahren geschrieben wurde. Sie bittet Peter Suhrkamp um Literatur der Emigranten, Anna Seghers' Arbeiten würde sie »so gerne kennenlernen«.[455] Sie muß wieder Kollegen treffen, muß das so lange abgerissene Gespräch mit Schriftstellern und Theaterleuten wiederaufnehmen. Im August 1947 reist sie nach Augsburg und folgt damit einer Einladung der Stadt zur Deutschen Dramaturgen-Tagung. Brecht ist gleichsam anwesend, wird er doch von seiner Heimatstadt verbal umarmt und in einer gemeinsamen Resolution in Gestalt eines Offenen Briefes herzlich und dringend gebeten, »Ihr Verfügungsrecht und Ihren Einfluß geltend zu machen, damit Ihre Werke auf unseren Spielplätzen erscheinen«.[456] Von einer Aufforderung zur Rückkehr, für die Fleißer »lebhaft«[457] plädiert habe, ist freilich im ausführlichen Protokoll keine Rede.

Vom 4. bis 8. Oktober 1947 findet dann in Berlin der erste (und für Jahrzehnte letzte) gesamtdeutsche Schriftstellerkongreß statt. Ihr Kommen hatte sie Anna Seghers schon angekündigt und also auch hier Kontakte gesucht. In den Akten des Kongresses befindet sich ein kleines Gruppenfoto: Walter Dehmel, Marieluise Fleißer und Walter Kolbenhoff im Gespräch. In den Diskussionsprotokollen taucht ihr Name nirgends auf. Wohl gefühlt hat sie sich freilich dort nicht und offensichtlich kaum wirklich Gesprächspartner gefunden. 1955 schreibt sie an Brecht, der 1947 ja noch in den USA lebte: »Als ich vor sieben Jahren das letzte Mal in Berlin war, bin ich dort todunglücklich gewesen.«[458] Zu den Erträgen dieses Treffens gehört immerhin die Vermittlung des Kontakts zu Emil Burri, einem Kollegen, den sie von früher aus dem Brecht-Kreis kannte und der nun bei der Bavaria Film München tätig ist. Er fragte sie Ende 1947, ob sie »nicht einmal was für den Film machen möchte«.[459] Drei Stoffe, *Heimkehrer Gustl*, bereits dialogisiert, sodann die Prosaskizzen *Der Mann, der sich bei den Frauen durchfrißt* und *Die nächtliche Wanderung* bleiben allererste Entwürfe. Warum? »Es ist mir aber kein rechter Stoff eingefallen. Die Leute wollten ausgerechnet einen Flüchtlingsfilm.«[460] Auch in verschiedenen kleinen Prosaentwürfen der Jahre 1946-1948 arbeitet sie sich an Nachkriegsthemen ab, *Der Sohn des Gefangenen, Anna, Der Nachbar und der Garten, Typen, Flüchtling*. Anfang der fünfziger Jahre scheitert sie dann ebenso mit Hörspielversuchen. Lesungen im Rundfunk kommen nicht zustande, oder sie lehnt sie ebenso ab wie die Bitte Wolfgang Weyrauchs vom 26. Februar 1948 um eine Erzählung zu seiner geplanten Sammlung neuer deutscher Geschichten *Tausend Gramm*, zunächst für den Ulenspiegel-Verlag. Als er gar keine Reaktion aus Ingolstadt bekommt, telegraphiert er: »HABT IHR NICHTS ALTES BETRUEBNIS UEBER NICHTBETEILIGUNG«.[461] Da liefert Fleißer doch noch etwas, etwas Altes, die überarbeitete Fassung der frühen Geschichte *Die Stunde der Magd*; sie ist nun eine Nuance weniger erotisch und erheblich verlängert. 1949 ist der

Band bei Rowohlt erschienen, er bildet eine eigentümliche Melange aus Beiträgen von Alfred Andersch, Annemarie Auer, Walter Kolbenhoff, Ernst Kreuder und Kurt Kusenberg, Wolfgang Weyrauch und Günther Weisenborn und vielen längst vergessenen Autoren. Der Hetzelein-Stoff *Die Lawine* beschäftigt sie weiterhin, wird um- und umgeschrieben, fertig erst 1972. Alles in allem: Marieluise Fleißer hält noch immer kritische Distanz zu ihrem ursprünglichen Talent. Sie braucht noch Jahre, bis sie ihren Anfängen wieder trauen und zu sich stehen kann: »Die Wunden der Vergangenheit sind sehr tief eingedrungen, sind ihr geblieben. Sie kann Verlorenes nicht ersetzen, Neues nicht erleben. Sie fängt an zu denken, daß sie besser umgekommen wäre im Krieg.«[462]

Einzig zwei neue Prosaarbeiten gelingen ihr in den Nachkriegsjahren, kommen zum Abschluß und beweisen sofort ihre Könnerschaft: *Das Pferd und die Jungfer*, ein ganz ungewöhnliches, den Leser bannendes Fleißer-Werk, sehr eigenwillig, ja verstörend in seiner verbohrten Erotik. Der Süddeutsche Rundfunk spricht ihr in seinem Erzählwettbewerb im April 1952 unter 400 Einsendungen den 1. Preis zu. Die Erzählung erscheint 1952 in der *Neuen literarischen Welt*, und wem immer sie sie zu lesen gibt, der zeigt sich tief beeindruckt. »Ich halte die Geschichte für unsterblich«,[463] bekennt sie – endlich einmal selbstbewußt – gegenüber Curt Hohoff.

Die andere, eine Heimkehrergeschichte, in ihrer tödlichen Spannung von Sinnlichkeit, Gewalt und kindlicher Verstörung an die ganz frühen Erzählungen anknüpfend, ist zunächst unter dem Titel *Im Netz* im Bayerischen Rundfunk zu hören (und von Friedhelm Kemp, dem damaligen Programmleiter, entschieden für die beste der gesendeten erachtet) und im August 1953 in der *Süddeutschen Zeitung* zu lesen. Sie steht im Gesamtwerk heute unter dem Titel *Er hätte besser alles verschlafen*.

Und dann ist da noch das Stück *Der starke Stamm*. Es ist ihr zweiter Versuch, zu schreiben, ohne an eine ihrer früheren

Schreibweisen anzuknüpfen, diesmal weit weg vom hohen Ton der Staatstragödie, eine bittere, ja satirische Familienkomödie in stark bayerischem Dialekt. Prächtige Typen gibt es genug in ihrer Familie und in ihrer Familiengeschichte, man muß nur ein Talent haben wie Fleißer, um sie in eine neue Choreographie zu bringen, die Charaktere und die Rollen ein wenig zu mischen und ihre Sprechweise kunstvoll in böse, freche, bittere Dialoge zu transponieren. Herz paart sich mit Bauernschläue, Trieb mit Güte, Sex mit Bosheit, Raffgier mit Bigotterie, und all dies treibt wilde Blüten in den Nachkriegsjahren, da Ordnung und ›Moral‹ im Überlebenskampf über Bord gehen. Auch *Der starke Stamm* wird im Kurt Desch Verlag vertrieben, freilich vorerst ebenfalls ohne Erfolg. Die Sperren gegen eine Aufführung liegen im Dialekt begründet. Fleißer erklärte 1966 im Programmheft für die Aufführung in der Berliner Schaubühne die anfänglichen Ablehnungen mit dem falschen Verständnis der Komödie als Heimatstück, ein Genre, das dem Publikum in den vergangenen Jahren bis zum Überdruß vorgesetzt worden war. 1947 scheiterte eine Uraufführung am Bayerischen Landestheater; der Intendant des Ingolstädter Stadttheaters zeigt Interesse an dem Stück, zu einer Aufführung kommt es nicht. Am 9. März 1948 gibt es neue Hoffnung. Herr Neuhaus vom Kurt Desch Verlag berichtet ihr, »dass Herr Schweikart, der künstlerische Leiter der Städtischen Bühnen München an der Aufführung Ihres *Starken Stammes* interessiert ist«.[464] Die Münchner Kammerspiele, das wäre der ideale Ort, aber es geschieht frustrierend wenig.

Wer könnte an solch einem Stück Vergnügen haben? Bert Brecht vielleicht! Er ist wieder da, wieder aufgetaucht in Europa, den Gesinnungsschnüfflern gegen »unamerikanische Umtriebe« in den USA entwischt, noch unentschieden, wo er sich niederlassen will, wo er die besten Bedingungen für seine Theaterarbeit vorfindet, und zieht vorerst in die Schweiz.

Im September 1948 wirft Marieluise Fleißer allen alten Groll über Bord, läßt Brecht über die Kammerspiele einen kurzen, vorsichtig Interesse auslotenden Brief weiterleiten. Sie vermutet ihn in München und möchte ihn gern sehen, »wenn es Ihnen recht ist«.[465] Knapp und freundlich wie immer die Antwort: »liebe fleißerin, ich bin noch immer in zürich und werde mich melden, wenn ich nach münchen komme. danke für das lebenszeichen. konnten Sie arbeiten? ich würde gern was lesen. Den unerschrockenen realismus der *Pioniere* könnte man jetzt brauchen, wo sich die blutsäufer in die hosen machen. herzlich Ihr brecht«[466]

Seine Adresse rückt er nicht heraus, er ist schon wieder ungeheuer beschäftigt, streicht Erfolge ein mit Uraufführungen und deutschen Erstaufführungen in Zürich, Hamburg, München, Wien und Berlin. Der Abstand ist groß geworden zwischen dem von Theater zu Theater jettenden Stückeschreiber und der in Ingolstadt quasi eingesperrten Fleißerin. Im Februar 1949 läßt er sie durch das Deutsche Theater Berlin wissen, wohin sie die Stücke schicken soll. Auf die dringlich erwartete Antwort auf ihre kostbare Sendung, die doch alles enthält, was sie in Jahren unter den größten Nöten produziert hat, wartet sie vergebens. 12. Mai 1949: »Ich höre leider gar nichts von Ihnen. Ich hatte gehofft, Sie würden mir wenigstens sagen, was Sie an den beiden Stücken [...] auszusetzen haben. Denn wenn ich sie mir auch selber schlecht mache, so ist das nicht das Richtige, es hält mich unnötig down und wahrscheinlich schütte ich vor lauter Grübeln das Kind mit dem Bade aus. Wenn ich nur endlich einen Stoff für mich finden könnte! [...] Mit herzlichen Grüßen Ihre [nein nicht »Fleißerin«, sie ist unsicher geworden darüber, wie sie bei ihm dran ist] Marieluise Fleißer«.[467]

Brecht scheint sie mit seiner wahren Meinung über die Stücke geschont zu haben. An Feuchtwanger nach Kalifornien berichtet er Mitte Mai 1949: »Die Fleißer, die einen Kramladen in Ingolstadt geheiratet haben soll, schickte mir zwei Stücke, die nicht besonders gut sind, wie mir scheint.«[468] Ende September 1950 kommt es endlich zur Begegnung mit Brecht, der zur Einstudierung der *Mutter Courage* nach München gekommen ist. Er macht Marieluise Fleißer mit der Mutter-Courage-Darstellerin Therese Giehse bekannt und stiftet damit eine lange Freundschaft, er geht endlich auf die Komödie ein, die von Fleißer auf Anraten des Dramaturgen Werner Bergold in wichtigen Teilen umgearbeitet wurde. »Wie ich nach der Brechtprobe zu Bergold zurückkam, erfuhr ich, dass das Stück, das ich an diesem Abend Brecht geben wollte, schon bei Schweikart liegt.«[469] Es wird sofort im Anschluß an die *Mutter Courage* auf die Kammerspiel-Bühne kommen. »Hals- und Beinbruch«[470] wünscht ihr – und sich – am 7. 11. 1950 Hans Schweikart zur Uraufführung am selben Abend.

Die Inszenierung ist glänzend besetzt, die Darsteller bekommen großes Lob, allen voran natürlich die hochgeschätzte Therese Giehse als abgefeimte Balbina (die Rolle wird nach einigen Aufführungen von Lisl Karlstadt übernommen), Adolf Gondrell als Bitterwolf. »Und wunschlos glücklich machte jeder einzelne der Mitwirkenden, von denen wir nur Wastl Witt, Rudolf Vogel, Hans Pössenbacher, Sepp Nigg und Charlotte von Brombach anführen [...]«[471] Die Theaterkritiker der *Süddeutschen Zeitung*, des *Münchner Merkur*, der *Neuen Zeitung* und der Hamburger *ZEIT* sind – mit geringen Vorbehalten – begeistert vom Stück wie von der Regiearbeit: »zwei Stunden Heiterkeit über einen echten, kleinen Weltausschnitt – das hat Raritätswert!«[472] Als wohltuend erlebte man die leise Dämpfung der allzu schrillen und lauten Charaktere durch Hans Schweikarts Interpretation. Der bayerische Dialekt, die gefährlichste Klippe des Stückes, wurde zu ihrem größten Trumpf. Gewiß durch die Darsteller, die solche Modulationen des Deutschen beherrschten, viel mehr aber wohl durch Fleißers kongenialen Umgang mit dem Dialekt. Erinnert sei noch einmal an Walter Benjamins begeisterte Charakteristik dieser Sprache. Paul Alverdes urteilt in der *ZEIT* vom 23. November 1950 – und also in keiner des bayerischen Lokalpatriotismus verdächtigen Zeitung: »Es gibt in der bayerischen Mundart eine Fülle von Floskeln, Wendungen und Anreden der herzhaftesten und der galligsten Art. Eine bäuerlich unbestechliche Anschauungsweise des Lebens findet darin einen Ausdruck von wunderbar versöhnlicher Bildhaftigkeit. Auch ein noch ungeprägter und offenbar unerschöpflicher Vorrat davon ruht als stets verfügbarer Schatz noch immerfort in ihr verborgen wie der goldene Blitz in der Wolke. Aber nicht jeder weiß ihn am rechten Ort und zur rechten Zeit niederfahren zu machen. Geschieht es aber, wie in den knappen, prallen Dialogen dieser Komödie, dann erlebt der Zuhörer ein Glück besonderer Art. Er hat es nämlich auch gewußt, daß es jetzt so kommen und heißen mußte, so und nicht anders, wenn es ihm auch jetzt erst einfällt. Darum fühlt er sich, wie es im Theater sein soll, von vornherein als mit dazugehörig, es ist seine eigene Sache, die hier verhandelt wird.«[473]

Ganz und gar nicht »wunschlos glücklich« ist die Autorin, ganz im Gegenteil, sie sieht ihr dichterisches Talent im Kern in Frage gestellt: »Ich bin immer noch ziemlich verstört von meiner Münchener Aufführung«, schreibt sie an eine, die etwas davon versteht, an Helene Weigel, »und bin, obwohl die Presse im ganzen wohlwollend war, rein aus dem heraus, was ich spürte, jetzt davon überzeugt, dass ich nicht fürs Theater schreiben kann, nie bringe ich eine tragfähige Handlung her, und die Handlung ist fast das Einzige, was auf der Bühne wirklich kommt, alles andere ist für die Katz.« Welch deprimierende Erkenntnis für eine Autorin, die all ihren Ruhm ihren Theatererfolgen verdankt! Wie kommt sie zu diesem Urteil, das ihre alte Einschätzung, ihr Vorurteil über *Das dramatische Empfinden bei den Frauen*, erneut bestätigt? »Natürlich werde ich es irgendeinmal wieder probieren und mir wieder den Kopf einrennen. Wie kann der Mensch bloß so unsinnig sein, wenn er doch darauf gestoßen wird, dass es nicht langt und nicht langen kann und schon lange in die Grube geht. Aber meinen Willen habe ich ja jetzt gehabt und habe gesehen, was ich bin und was nicht.«[474] Marieluise Fleißer wird in der Tat kein Stück mehr schreiben. Im Januar 1952 schickt ihr Brecht »eine wahre Geschichte, die mir Jacob Geis einmal erzählt hat. Daraus könnten Sie ein großartiges Stück machen, eine Art Gegenstück *Agnes Bernauer.*«[475]

Aber es geht nicht, der Stoff taugt nicht, es ist wieder das Militärmilieu in Bayern vor dem Ersten Weltkrieg, eine Geschichte um ein Mädchen und Soldaten und einen erschlichenen Beischlaf und das Beharren auf Genugtuung und Ehrenrettung um jeden Preis. Dem Stoff fehlen ein dramatischer Höhepunkt und eine Entwicklung. Fleißer weiß es sofort: »Ich tus nicht gern, dass ich es Ihnen abschlage, ich sehe aber, es wird nichts, und ich will mich nun nicht mehr zwingen.«[476]

Eine Inszenierung von *Der starke Stamm* in Ingolstadt im Oktober 1951 wird rasch wieder abgesetzt. Bis 1966, als die Berliner Schaubühne am Halleschen Ufer das Stück unter der Regie von Hagen Müller-Stahl wiederaufführt – und den Berliner Ohren damit einiges zumutet (»Dös war a Strapazen«,[477] stöhnt Karena Niehoff in ihrer Besprechung), bis dahin also hat keine Bühne das Stück übernommen, bis zu diesem Zeitpunkt ist überhaupt kein Stück der Fleißer auf deutschen Bühnen zu sehen. Immerhin wurde der *starke Stamm* im Oktober 1956 als Fernsehspiel vom Bayerischen Fernsehen ausgestrahlt. Marieluise Fleißer versinkt erneut für Jahre in der Trostlosigkeit des Ingolstädter Geschäftsalltags.

»So lebe ich hoffnungslos, angefeindet, trostlos und immer bedroht«[478]: So lauten die Klagen einer Schriftstellerin, die einst berühmt war für ihren Humor, ihre Heiterkeit, ihre Sprachkunst. So klagt sie gegenüber dem Schriftsteller Max Stefl, sie breitet ihre ganze schreckliche Geschäftsmisere vor Georg Britting aus, den sie seit 1942 kennt, ihre Jeremiade erreicht Richard Friedenthal, der nicht mehr tun kann als trösten, ein bißchen Hoffnung machen und sie seiner Zuneigung versichern: »Glauben Sie also nicht, daß Sie ganz allein sind, oder dass man Sie völlig vergessen hat.«[479] Als hätte Marieluise Fleißer nicht schon genug gehungert in ihrem Leben, Abhängigkeit, Unfreiheit bis zur Fesselung nicht schon überreichlich durchgemacht, geistige Verkümmerung und Isolation ausgiebig erfahren: Ihr fünftes Lebensjahrzehnt beschert ihr dies alles noch einmal in einem unerträglichen Ausmaß. Bepp Haindl ist herzkrank und unleidlich und bedarf der Pflege, Mitarbeiter im Geschäft betrügen die Haindls in dreister Weise, sie muß selbst wieder ihre ganzen Kräfte von früh bis spät im Geschäft vergeuden, die Einnahmen sind kümmerlich, die Arzt- und Medikamentenkosten erdrückend. Ein Zimmer für sich allein: ein schöner ferner Traum. Rückzug, Schreiben, Lesen, Reisen, Verbindungen wiederbeleben und neue herstellen: alles Illusionen.

Selbst die Fluchtwege im Kopf sind versperrt. Die kleinen Erfolge, die Ehrungen zumal, die nun endlich eintreffen in diesem Jahrzehnt, stehen in umgekehrtem Verhältnis zum Gelingenden. Die *Süddeutsche Zeitung* bittet dringend um ihre regelmäßige Mitarbeit, um kürzere Erzählungen. 1953 wird sie mit dem Literaturpreis der Bayerischen Akademie der Schönen Künste geehrt, der Laudator ist Georg Britting. Drei Jahre später gehört sie als Ordentliches Mitglied in die illustre Herrenrunde der Akademie. Auf einem Foto sieht man sie – nicht ganz ohne Komik – mit lauter bedeutenden Herren als einzige Frau bescheiden im Hintergrund. Vergessen ist sie in der literarischen Welt keinesfalls. Walter Höllerer, damals Assistent am Germanistischen Institut der Universität Frankfurt, plant zusammen mit Günter Eich eine anspruchsvolle »wirklich bejahbare Zeitschrift für Dichtung«,[480] die im Hanser Verlag in München erscheinen soll, und fragt bei Frau Haindl an, »ob Sie, vielleicht schon für eine der ersten Nummern, einen Beitrag vorschlagen könnten«.[481] *Akzente* soll zur führenden Stimme der deutschen Literatur werden. Programm ist die Kontinuität der Literatur über den zwölfjährigen Bruch hinweg, »Heidegger, Hesse, Staiger [der Schweizer Germanist Emil Staiger], [Wilhelm] Lehmann, Böll u. a.«[482] sollen als Mitarbeiter gewonnen werden. Statt einer fertigen neuen Geschichte (denn die erbetene *Das Pferd und die Jungfer* ist schon gedruckt) erhält auch Höllerer einen trostlosen Klagebrief: »Ich lebe in einer sehr schlimmen Hetze [...] So kann ich zu keiner inneren Sammlung kommen.«[483] Erst 1966 kommt eine Zusammenarbeit zustande, findet sich ein Fleißer-Text in *Akzente: Frühe Begegnung*. Der Kontakt zum Hanser Verlag ist hergestellt, und er wird noch wichtig werden.

Was die dunklen fünfziger Jahre ein wenig aufhellt, wird die schwierige, lange gescheute Wiederbelebung einer alten engen Freundschaft, die Freundschaft zu Lion, dem Emigranten in Los Angeles. Brecht hatte ihr gleich im ersten Nachkriegsbrief Feuchtwangers Adresse in Kalifornien geschickt, aber sie brauchte noch ein wenig Zeit und Abstand, bis sie den Mut fand zu einem Brief. Den Anstoß gibt ihr endlich sein 70. Geburtstag am 7. Juli 1954 und der Wunsch, »Dir [zu] sagen, daß ich Dich nicht vergessen habe. Ich habe meiner entsetzlichen Schreibescheu, die mich umklammert hält, einen gewaltigen Ruck geben müssen.« Es waren die Entfremdung durch die politischen Erfahrungen, die Angst vor Mißverständnissen, die sie so lange haben zögern lassen. »Das wollt ich mir ersparen / es ist ja schliesslich auch nicht so wichtig, ob ich mir wehtun lassen muss und ich denke und jetzt schreibe ich Dir eben, ob ich nun Antwort haben werde oder nicht und ob sich die verdammte Politik dazwischen stellt oder nicht. Denn ich bin katholisch geworden, wenn auch nicht eben eine Eiferin, aber doch dem Glauben nach und mit gutem Willen, mein Leben war so, dass ich es nicht mehr ausgehalten habe ohne einen Herrgott, und das passt schlecht zu vielem, was früher war und ich könnte bestimmte Auflagen nicht mehr erfüllen.« Sie quält sich mit dem Brief, sie muß so vieles erklären, muß eine Brücke bauen über so viel Entfremdungen, Verletzungen, von beiden Seiten, und möchte doch eigentlich eine Liebeserklärung schreiben an den alten Freund: »Der Brecht, nun, das war immer ein Wunschtraum, die Realität, das warst du, kein Ereignis wie ein Sturmwind, aber etwas, das beharrlich und lange dableibt und das überdauert, das spüre ich oft, wenn ich mittendrin an dich denke oder wenn ich aufwache und habe von dir geträumt, immer wieder habe ich einen Geschmack davon, als wäre es erst heute. Immer wieder staune ich darüber, andere Begegnungen, die mit zerstörerischer Dynamik in mein Leben getreten sind, mich von überhaupt allem

Marieluise Fleißer in der Nachkriegszeit

getrennt haben, was mir nah war und mich unsagbaren Ängsten und Bitternissen ausgeliefert haben, sie habe ich völlig von
mir abgestossen und die periodisch wiederkehrenden Versuche
von jener Seite sich mir zu nähern, lassen mich völlig kalt. Du
aber bist mir geblieben [...]« Das und vieles andere steht im Entwurf dieses Geburtstagsbriefes[484] und wird wieder verworfen.
Sie tut sich so schwer, alles wieder heraufzubeschwören und
die richtigen Worte zu finden. Am folgenden Sonntag beginnt
sie noch einmal, und nun geht ihr das Herz doch über von all
den Lasten zu Hause, von dem Elend ihrer Ehe, von ihrer We-
sensart, die sie das Leben immer von der schwierigsten Seite
nehmen läßt. Diese beiden Briefe, der Entwurf und der am Ende
abgeschickte, gehen weit über die bekannten Schilderungen der
Alltagsmisere hinaus, sie eröffnen den tiefsten Einblick in Marieluise Fleißers seelische Verfassung dieser Jahre, in ihre seelische
Heimatlosigkeit, auch in ihre eigene Bilanz des bislang gelebten
Lebens: »Ich habe Wurzeln geschlagen im Klima, in der Landschaft und in der Sprache, bloss nicht in den Menschen, ich lebe
allein und ich lebe scheu. Es ist schwer, es war von allem Anfang
an schwer und ich habs auf die Dauer nicht mehr ausgehalten
ohne einen Herrgott, ich hätte sonst meinem Leben ein Ende gemacht. Seit zwei Jahren ist es besonders schlimm und ich sehe
keinen Ausweg. [...] ich kann einfach nicht mehr.« Aber einen
Vorwurf kann sie auch dem Lion nicht ersparen, die Kränkung
durch ihr ›Porträt‹ in seinem Roman *Erfolg*, damals 1930. »Du
aber bist mir innerlich geblieben, mit Dir rede ich manchmal,
obwohl ich, nachdem ich den *Erfolg* gelesen hatte, eine Zeitlang
böse auf dich war, ich kann nicht verheimlichen, dass ich einen
Schock hatte.« Und dann endet sie, schon wieder gestört beim
Briefschreiben und ganz unsicher, ob das alles so ankommt,
wie sie es sagen will, und schließt eilig und ein bißchen förmlich und doch noch ganz vertraut: »Ich hoffe, dass Du gesund
bist und gesund bleibst und dass es Dich nicht stört, wenn ich
Dir schreibe, dass ich Dich immer ein wenig festhalten will in
meinem Herzen. Ich grüße Dich herzlich Deine Marieluise«.[485]

Feuchtwanger hat sich über den Brief gefreut, gewiß: »Ich
sehe Dich ganz genau; Dein Brief ist sehr anschaulich geworden.« Aber weiter geht er nicht darauf ein, wie schon 1926, er erzählt ihr – nicht ohne Eitelkeit: »Ich arbeite mit Leidenschaft
und nicht ohne Erfolg.«[486]

Im Herbst 1955 hält sie es nicht mehr aus. Sie muß sich aus dieser Lebenskatastrophe retten, sie muß sich von Haindl trennen,
sonst geht sie unter. Sie schreibt herzzerreißend an Brecht und
am selben Tag an Feuchtwanger mit der Bitte, bei Brecht für
sie zu sprechen, um irgendeine Lösung zu finden. An welch
grauenvollen Abgrund muß ihre Ausweglosigkeit sie gebracht
haben, um einen solchen Notschrei zu tun: »Bitte helfen Sie
mir. Sie haben so viele Beziehungen, es müsste Ihnen vielleicht
möglich sein mir eine Existenz zu verschaffen. [...] Was ich
brauche ist eine Rente auf Dauer, die mir ein wenig Sicherheit
gibt«,[487] und an Feuchtwanger ergänzt sie diese Formulierung
um den Nachsatz: »[...] und weil ich hier im Westen so gar
keine Möglichkeiten habe ohne eine Arbeit, die bereits vorliegt,
bin ich an Brecht herangetreten, mir doch eine solche Rente
zu verschaffen.«[488] Ob sie nicht wußte, welche Illusionen ihr
da ihre Verzweiflung eingegeben hat? Bei einem Besuch bei
Brecht in Berlin im Januar 1956, den sie mit der Teilnahme am
Schriftstellerkongreß verbindet, wird ihr sofort deutlich, daß
eine Umsiedlung nach Berlin, in das Berlin der DDR, neue Unfreiheit und eine radikale Entwurzelung mit sich brächte, mit beruflich völlig ungewissem Ausgang. Auch eine Begegnung mit
dem Kollegen aus alten Ingolstädter Vorkriegszeiten, mit Bodo
Uhse, der nun die Zeitschrift *Sinn und Form* herausgibt, führt
nicht zur erhofften Zusammenarbeit. Daraufhin entschließt sie
sich, sich das Leben so erträglich wie eben möglich ohne die voll-
ständige Trennung von Haindl einzurichten. Sie arbeitet nicht
mehr im Geschäft, sie mietet sich ein Arbeitszimmer, versorgt
vormittags den Haushalt und verdient sich damit sozusagen das
Unterhaltsrecht und die Möglichkeit, nachmittags für sich zu

arbeiten. Die Situation verbessert sich kaum, aber die Entscheidung, nicht nach Berlin zu gehen, war richtig: »Der Brecht ist tot«, schreibt sie an Feuchtwanger, als sie ihm im Juli 1957 zur Verleihung des Kulturellen Ehrenpreises der Stadt München gratuliert, »und wen hätte ich da, an den ich eine wirkliche Bindung habe. Die Weiber brauchen das wie das liebe Brot.«[489] Es ist der letzte Brief an den alten Freund. Feuchtwanger stirbt am 23. Dezember 1958, ohne daß es noch zu einem Wiedersehen gekommen ist.

Seit 1956 arbeitet Fleißer für das Lektorat der Hörspielabteilung des Bayerischen Rundfunks. Sie hat Hörspielmanuskripte zu prüfen. Als der Vertrag mit dem Rundfunk 1957 nicht erneuert wird, trifft sie »die Kündigung [. . .] wie ein Keulenschlag«,[490] gab es so doch wenigstens ein wenig hinzuverdientes Geld.

Am 10. Januar 1958 stirbt Bepp Haindl. Als hätte sie bis zu diesem Augenblick nur die Pflicht aufrechtgehalten, verlassen sie die Kräfte in der Nacht zum 15. Januar. Sie erleidet einen Herzinfarkt, braucht fast drei Monate, bis sie aus dem Krankenhaus entlassen werden kann, braucht ein Jahr, bis sie die Geschäftsauflösung abgewickelt, ihre finanzielle Lage einigermaßen geregelt hat. 1962 bezieht sie eine kleine Eigentumswohnung, erstanden aus dem Erlös vom Verkauf des Haindlschen Gartens. »Sie ist wieder frei. Sie muß viel lesen, um das Versäumte nachzuholen, sie ist künstlerisch ganz arm geworden. Langsam baut sie sich wieder auf und speichert. Das Zurückliegende sinkt in eine dunkle Höhle hinab, die sich verschließt, sinkt immer tiefer hinab, so daß sie es nicht mehr ausgraben kann. Es ist eine reine Frage der Selbstbewahrung. Es war zuviel, zu lang hat es gedauert, es hat sie in der Wurzel versehrt, sie will nichts mehr wissen.«[491] Das verschüttete Leben.

IX. Cilly Ostermeier

Wie kann man leben mit dieser dunklen verschlossenen Höhle, mit einem Vakuum hinter sich, ohne eine eigene Geschichte? Es muß etwas darüber zuwachsen, eine andere, eine neue Geschichte, eine Geschichte, mit der man weiterleben kann. Es wird die Geschichte von Cilly Ostermeier.

Es dauert Jahre, und es bedarf energischen Zuspruchs. Um 1959 herum entsteht ein engerer Kontakt zwischen Marieluise Fleißer und dem Südwestfunk in Baden-Baden, engagierte Literaturredakteure und begeisterte Leser bemühen sich dort um Publikationsmöglichkeiten für die viel zuwenig bekannte Autorin und empfehlen sie weiter an den Hanser Verlag in München. Der zuständige Lektor Dr. Peter Frank besucht die Schriftstellerin in Ingolstadt. Das Ergebnis der Begegnung erhält sie schriftlich am 15. Mai 1959: »Wir würden uns aufrichtig freuen, Sie als Autorin des Verlages gewinnen zu können.«[492] Man muß es sich vorstellen: Im Dezember 1959 hört Frank trotz längeren Kontaktes mit Fleißer mit großem Staunen zum ersten Mal, daß es da in den zwanziger Jahren noch ein Theaterstück, ein völlig unbekanntes gab, *Fegefeuer in Ingolstadt*. So gründlich war die Fleißer der Vorkriegszeit mittlerweile vergessen. Es wird ein langwieriges, intensives, gelegentlich zähes Ringen um alte und neue Texte, um nicht gelingende Überarbeitungen. Im ersten Eifer plant man eine größere Auswahlausgabe der früheren Arbeiten, dann will man sich vorerst auf die Erzählungen konzentrieren, lieber auf neue als auf die alten *Orangen*-Geschichten. Der Briefwechsel zwischen Marieluise Fleißer und dem Cheflektor Herbert G. Göpfert ist Zeugnis der Hebammenkunst eines sensiblen Lektors. »Beim Lesen dieser neuen Geschichte [*Das Pferd und die Jungfer*] dachte ich immer wieder, man müsse Sie animieren, so sehr man könne. Lassen Sie sich nur von dem alltäglichen Kleinkram nicht völlig auffressen. Sie sind eine Schriftstellerin von so eigener kräftiger Begabung und unter den schreibenden

Frauen, wie mir scheint, schon vollends singulär, daß Sie wirklich alle Zeit und Kraft, die Sie nur erübrigen können, aufs Schreiben legen sollten.«[493]

Doch er muß auch verwerfen, zum Beispiel den neuen Anlauf für den Hetzelein-, den *Lawine*-Stoff, diesmal soll die Erzählung *Freiwild* heißen. Göpfert muß ihr ohne Umschweife sagen, daß sie nicht gelungen ist, vor allem die plötzliche Einführung eines politischen Motivs, der »politischen Unerwünschtheit«, habe der Geschichte nicht gutgetan.[494] Fleißer macht es dem Lektor nicht leicht. Im Juni 1962: »Der Band Erzählungen lastet wie ein Alpdruck auf mir, da geht nichts vorwärts. [...] Eines ist mir völlig klar, die Schwierigkeiten kommen aus meinem Gemüt.«[495] Und dann nach langem Briefwechsel, nach Zuspruch über Zuspruch, aus heiterem Himmel am 6. Mai 1963, ein halbes Jahr vor dem geplanten Erscheinungstermin, die Post aus Ingolstadt: »Nach gründlichem Überdenken kann ich mich nun doch nicht so schnell entschließen. [...] Ich halte es für fair, wenn ich mich umhöre, ob ich nicht doch einen günstigeren Vertrag bekommen kann. [...] Ich empfinde die Bedingungen als in keinem Verhältnis zur Güte meiner Prosa stehend, vielleicht werden sie lachen.«[496] Zum Lachen gab es nun wirklich keinen Anlaß. Auf Göpferts Bestürzung und Nachfrage hin kommt Verblüffendes, aber vielleicht ist es auch Branchenübliches, die Behauptung nämlich von viel besseren Möglichkeiten: »Natürlich gibt es einen Verlag, der ein starkes Interesse an einem fertigen Roman von mir bekundet, ich könnte in diesem Fall auch mit ziemlicher Sicherheit mit Uebersetzungen rechnen [...].« Und dann die schöne Formulierung, die wohl der Entlastung dienen soll: »Ich bin eine etwas unterschwellige Person.«[497] Von einem Roman kann in Wahrheit gar keine Rede sein, der geplante Erzählungsband ist ja noch nicht einmal komplett, und von einer anderen aktuellen Verlagsverbindung gibt es im Archiv keine Spur. Die Einwände zerbröckeln rasch, während die schon publizierten Erzählungen (*Des Staates gute Bürgerin, Er hätte besser alles verschlafen, Das Pferd und die Jungfer*) in Druck gehen, schreibt die Autorin in großer Eile die einzige noch nicht veröffentlichte Erzählung zu Ende, *Avantgarde*. Sie gibt dem Band den Titel, und sie wird Marieluise Fleißers Bild im literarischen Leben in ein neues Licht tauchen, sie erhält so etwas wie eine neue Identität.

Avantgarde erzählt die Geschichte von Cilly Ostermeier, der Studentin aus der Provinz, die an das Genie gerät, die der Weltstadt nicht gewachsen ist, da lauert »Abgrund neben Abgrund«.[498] In Cilly Ostermeier erfindet Fleißer eine junge Dichterin, die im Berlin der zwanziger Jahre an den »Frösten der Freiheit« zu erfrieren droht, eine Künstlerin, die sich anmaßt, in die Avantgarde vorzustoßen, und der das verheerend schlecht bekommt, eine Dichterin, die ihr Talent vom Genie in eine Richtung verbiegen läßt, die diesem nützlich, aber nicht die ihre ist, eine Frau, die sein willenloses Spielzeug wird, bis sie – fast – kaputtgeht. Cilly rettet sich gerade noch: »Und vielleicht war dies das Geheimnis, man mußte neben ihm ein Zugvogel werden, daß man nicht an ihm zerbrach.« Rettet sich vom Genie zum Nickl, vom Regen in die Traufe, in die andere Art von Gewalt. »Eine Grausamkeit war in ihr gegen sich selbst, sie war ein wenig verrückt. [...] Sie war schon eigensinnig, die Cilly. Es war ein grotesker Drang, hing zusammen mit Kunst, das wußte sie selbst nicht. Etwas in ihr war zu lang auf der Spitze gestanden, hatte sich dann überschlagen.« Da kommt der Ruf aus der fernen Großstadt, das »begrabene Stück« soll auf den Spielplan. Eine heilsame Distanz vom Nickl, Nachdenken über den Mann, der ihr den einzigen Weg abschnitt, den Weg zur Kunst. »Sie mußte mit dem Juden über ihn sprechen.« Aber »Das Herz gab ihn nicht her«. Und dann die Katastrophe, die verlangten, überstürzten Eingriffe in den Text, der Skandal bei der Premiere, der Skandal in der Presse, der Protest aus Ingolstadt, »das läutete ihr die Schande ein über alle Städte hinweg und nahm ihr den Ruf«. Der Dichter, »ein Dompteur«, läßt sie eiskalt im Stich. »Der Vater schrieb und verbot ihr sein Haus, den Brief las sie als ersten. ›Du darfst nicht herkommen‹, schrieb selbst der Nickl, ›die arbeiten dich auf und mich.‹« Sie kann nicht mehr zurück zum Nickl, sie gibt ihm den Abschied. Und verrechnet sich mit dem Mann, »von der Liebe geschlagen«. Er nimmt den Zug in die Großstadt zu seiner Cilly. »In einer einzigen Nacht würde er ihr den Abschied austreiben oder sich rächen und noch die Rache würde ein Liebesakt sein.« Wieder Fleißers Verklammerung von Sexualität und Gewalt. »Sie ließ ihm die Brust ungeschützt, lag unter ihm als das Lamm«, kommt lebend davon, kämpft mit sich und trennt sich am Ende doch, um alsbald die Freiheit an einen anderen Mann zu verschenken, denn »eine Wirklichkeit mußte sie haben, [...]. Ohne einen festen Mann konnte sie anscheinend gar nicht mehr sein. Und doch war es verheerend für eine Frau, wenn sie schreibt, sie durfte das gar nicht wirklich wollen. [...] Sie mußte eben hoffen, daß sie es überstand. Ja, das mußte sie hoffen.«

Die vielen Zitate stehen hier nicht von ungefähr. Nur in den originalen Worten wird das Funkeln dieses Textes sichtbar, die Brillanz der Formulierungen, mit denen Fleißer zu einer ganz neuen Sprache gefunden hat, zur Sprache für die Enteignung weiblicher Künstlerschaft und Intellektualität. Um es zuzuspitzen: Die Erzählung *Avantgarde* avanciert zum Zitatenschatz feministischer Geisteswissenschaften. Die Autorin wird sich vergeblich dagegen wehren: »Ich schreibe keine ›Frauenbücher‹! Ich bin keineswegs sicher, dass Frauen mehr Organ dafür haben, im Gegenteil.«[499] Nach ihrem Tod ist keine Gegenrede mehr möglich. Einer der Kulttexte der neuen Frauenbewegung heißt *Avantgarde*.

Das Echo in ca. 50 Besprechungen ist dissonant. Doch allermeist zeigen sich die Rezensenten beeindruckt vom neuen kraftvollen Ton, mit dem Marieluise Fleißer als eigenständige Autorin auf die literarische Bühne zurückkehrt. Schon an den ersten Rezensionen zeigt sich, daß die Distanz durch die grammatische dritte Person die eins zu eins autobiographische Lesart nicht verhindert. »Deutlich wird das Bild einer Schriftstellerin«, schreibt

Heinz Piontek, »die ihren eigenen Pfad einschlagen mußte, um ihr innerstes Wesen zu bewahren: die sich vom großen Vorbild losriß im letzten Moment.«[500] Der erste Rezensent, noch vor Piontek, Curt Hohoff mit seinem Preislied in der *Süddeutschen Zeitung*, weist den Weg, wie man *Avantgarde* zu lesen habe: »Hinter der Liebesgeschichte steckt eine Literaturgeschichte, und beide Geschichten bilden eine Schlüsselgeschichte.« »Schlüsselgeschichte«, das wird das Schlüsselwort im Verständnis dieser Erzählung. Kein Dementi half mehr, selbst ein so deutliches wie noch 1966: »Es ist natürlich Blödsinn, wenn man es als Schlüsselgeschichte nimmt.«[501]

Scharf und die Autorin tief verletzend geht Elisabeth Endres in *DIE ZEIT* mit *Avantgarde* ins Gericht (die anderen Geschichten streift sie nur). Sie mißtraut der Erzählung von der passiven Rolle der jungen Dichterin im Umfeld Brechts, die »das alles gar nicht gewollt« habe. »Und für Marieluise Fleißer war die Zeit gekommen, zu sagen, was sie gelitten hatte.« Sie verübelt ihr das namenlose Etikett »der Jude« für Feuchtwanger als schlimme geschmackliche Entgleisung, die ganze Geschichte als »berechnende Anklage gegen den Menschen Brecht«. Und wie man das Kind mit dem Bade ausschüttet, verreißt sie, ohne ihr sonst bewiesenes Gespür für die kunstvolle Eigenwilligkeit, den Satzbau, die Sprache, die angeblich »treuherzige Naivität«[502] gleich mit. (Elisabeth Endres hat später ihr Urteil über *Avantgarde* und über Marieluise Fleißer zurückgenommen, als Laudatorin Irmgard Keuns, der ersten Trägerin des Marieluise Fleißer-Preises der Stadt Ingolstadt, im November 1981: »Es hat lange gedauert, bis wir erkannten, wer Marieluise Fleißer ist. Ich habe selbst eine dumme Kritik über diese Frau geschrieben, weil ich sie in einer Zeit rezipierte, in der ich jede Kritik an Bert Brecht für eine Fortsetzung des Kalten Krieges mit anderen Mitteln hielt. Das war töricht.«[503] Endres' Rücknahme der Kritik zeigt aber auch, wie diese Brecht-Lesart der Erzählung sich schier unumstößlich durchgesetzt hat.)

Wie ein Schlag ins Gesicht trifft Fleißer eine andere Rezension. Sie kommt mit wohlvertrauter Bosheit aus der tiefen dunklen Höhle, die sie fest verschlossen wähnte, von Hellmut Draws-Tychsen.

Es gibt ihn noch. Gut gegangen ist es ihm nicht seit der Trennung von Fleißer 1935, trotz seiner stets beteuerten unangefochtenen völkisch-nationalen Gesinnung. 257 Seiten umfaßt seine Akte der Reichsschrifttumskammer. Sie zeugt vom Aberwitz der politischen Zensurpolitik im Propagandaministerium, von Denunziantentum und einer pervertierten Bürokratie. Sein 1937 erschienenes Buch *Westpreußische Originale* entfesselte Aktivitäten der Gestapo, der zivilen Gerichte, beschäftigte Hanns Johst und als Gutachter Oskar Loerke. Zu einem Ausschluß aus der Reichsschrifttumskammer kam es zunächst nicht. Die internen Aktenvermerke schwanken zwischen »harmlosem Idioten«[504] und »gefährlichem Pathologen«[505]. (Da meint ein über Fremdwörter strauchelnder Kulturfunktionär wohl einen Kranken.) Draws ist ständig auf Reisen, 1939 sucht die Polizei in unzähligen Schreiben nach seiner Adresse, es wird gefährlich für ihn. Er soll in Ungarn (wo er sich einmal wieder verlobt hatte) wegen »Schmähung der ungarischen Nation« bestraft worden sein, erhält in Deutschland Paßsperre. Aus den letzten Dokumenten der Akte vom Herbst 1943 wird deutlich: Da wird einer von der Polizei quer durch Deutschland, zwischen Berlin, Königsberg, München, Waldenburg/Württemberg, gejagt. Das letzte Dokument stammt vom 23. Oktober 1943. Das Archiv Walter Hammer, eine Dokumentation zum KZ Sachsenhausen, archiviert im Münchner Institut für Zeitgeschichte, erzählt die Fortsetzung in einem Brief von Hellmut Draws-Tychsen an Walter Hammer vom 22. Oktober 1951: »Ich war von Dezember 42 bis Januar 45 in Sachsenhausen und kam danach nach Mauthausen, wo ich am 6. Mai 45 von amerikanischen Panzertruppen befreit wurde. In Sachsenhausen hatte ich die Nummer 53821. Nach meiner Befreiung ging ich an meine frühere Arbeitsstätte, staatliches Museum für Völkerkunde und Universität Wien, zurück.« Wie aus einem Schriftwechsel im Archiv der Universität hervorgeht, hat er dort allerdings – entgegen seinen eigenen Erzählungen – lediglich dreimal jeweils ein paar Wochen hospitiert, »für eine Anstellung in Österreich ist er niemals in Aussicht genommen gewesen«.[506] Bald taucht er in dieser Dokumentation als Prof. Dr. Hellmut Draws-Tychsen, Zürich (Schweiz), Universität, Ethnologisches Institut auf (allerdings nirgends im Archiv der Zürcher Universität); auch unter der Anschrift Pappenheim / Mittelfranken, Altes Schloß.

In der Zeitschrift *Die Fähre*, Heft 2, 1947 sind neuerlich *Gedanken* aus seiner Feder zu lesen:

»Vom Wesen des Weibes

Niemals gab es eine andere Abrechnung zwischen Mann und Weib als den Kuß oder das Achselzucken. Warum durch Haß strafen und durch Verachtung töten? Das Weib ist ein gotterschaffenes Kunstwerk, vollkommen oder unvollkommen, das wir bewundern oder auch belächeln können. Blumen, Hermaphroditen zwischen dinglicher und lebender Schöpfung, hassen oder verachten wir ebenfalls nicht. Das Weib ist gleichsam eine Blume, vegetativ und ohne greifbare Erkenntnis seiner inneren Gesetze.«

Er nimmt wieder Kontakt auf – als wäre da nichts gewesen in der Vergangenheit – zu »meinem lieben Richard Friedenthal«, redet meist von sich und seinen wissenschaftlichen Leistungen oder fragt in alter, herabsetzender Weise: »Was ist aus den künstlich hochgelobten Talentchen CARL ZUCKMAYER, HERBERT SCHLÜTER, JOACHIM MAASS, MARIELUISE FLEISSER undsoweiter geworden, was haben sie wirklich geleistet?«[507] Immer wieder einmal taucht er – »was für ein anstrengender Mann!«[508] – in Hans Erich Nossacks Tagebüchern auf. Draws scheint den scheuen Autor mit seinen Besuchen zu überfallen: »Der Mann tut mir leid, ich weiß nicht warum, denn er hat mein Leidtun kaum nötig, aber er macht mich nervös.«[509] Noch einmal protzt er in Versen wie so oft schon mit seiner Potenz – auf Kosten einst geliebter Frauen, auch Marieluises, »Maluflei«:

»An der Donau

Du Donau, bist ein Schicksalsstrom –
Auch für mein Leben.
Drei Frauen gabst du mir aus fremden Völkern;
Sie gingen wieder heimwärts,
Als ich sie erkannte,
Als ihres Blutes Ferne
Und ihrer Seele Falschheit
Für mich kein Rätsel mehr,
Zu dessen Lösung mich der Leib verlockte.

Maluflei nannte sich die erste,
Ein Weib aus Bayern, wild an Wollust
Und wütig auch auf dichterischen Ruhm,
Mit prallen Schenkeln und mit roten Haaren.
Magyarin war die zweite, Livia,
Ganz blond wie reifer Kukuruz,
Gefährlich peinigend wie Paprika
Den Gaumen und der Sinne Vielfalt.
Gese, die dunkele dritte, ist Rumänin
Und Mutter zweier Kinder, halbwüchsig schon;
Sie lieb' ich noch ...«[510]

Und nun also am 16. Oktober 1963 in der *Stuttgarter Zeitung*
eine Rezension von teuflischer Gehässigkeit:
   »*Marieluise Fleißer rediviva? Neue Erzählungen:*
   [...] ihre schöpferische Potenz war bereits damals in drei
Prosabücher und drei Bühnenwerke völlig ausgeleert worden.«
Was sie jetzt noch kann, hat ihr der Verfasser beigebracht. »Ihr
sprachschöpferisches Lebenswerk kennt keinerlei dynamische
Entwicklung. [...] Zeit ihres Lebens muß Marieluise Fleißer
mit irgend jemandem abrechnen, der ihr etwas Vermeintliches
angetan haben soll oder fiktiv noch anzutun beabsichtigt, und
sollte es selbst der eigene, bereits vor langer Silberhochzeit er-

graute, aber kinderlose [wem gilt denn diese Spitze?] Ehemann sein.« Hat er sich womöglich geärgert, daß er nicht genannt ist in dieser Erzählung? Diesem Mann, sie muß es noch 1965 gegenüber Erich Kästner gestehen, war ich »geradezu verfallen, zu meinem Unglück«.[511] Ein Nachtrag noch: Ein Jahr vor Marieluise Fleißer, am 7. Januar 1973, stirbt Hellmut Draws-Tychsen in Gabersee in Oberbayern. Das kleine Dorf Gabersee besteht aus wenig mehr als einem Bezirkskrankenhaus, einer psychiatrischen Anstalt. Auskünfte über die Umstände seiner letzten Lebensjahre und seines Todes dort verhinderte die ärztliche Schweigepflicht.

Endlich, nach so vielen Jahren, hat Marieluise Fleißer wieder etwas vorzuweisen, sie ist wieder da, sie kann an Freunde und Kollegen ein neues Werk verschicken. Sie tut es sofort nach Erscheinen, sozusagen an die Mitakteure, an Helene Weigel, an Elisabeth Hauptmann, an Herbert Ihering, später an Hermann Kesten, an Erich Kästner, an Wolfgang Koeppen. Nichts Ungewöhnliches. Ungewöhnlich aber sind die Begleitbriefe, die jeder dieser Sendungen beigegeben sind. Alle enthalten sie Erklärungen zur Titelgeschichte, Rechtfertigungen, Richtigstellungen, wehren sich gegen falsche Lesarten, vor allem gegen die Lektüre von *Avantgarde* als 1:1-Brecht-Geschichte.

Zum Zeitpunkt der ersten Briefe, Oktober 1963, sind die Rezensionen noch nicht erschienen, die Unsicherheit über das, was sie da möglicherweise geschrieben hat, ist noch unscharf: »Liebe Helli, die erste Geschichte sollte eine wunderschöne Geschichte über Brecht werden, ich hab auch gut angefangen und ich bin betrübt, dass ich sie nicht ganz auf der Höhe halten konnte und immer dann, wenn ich nicht weiter wußte, ins allzuenge Autobiographische fiel. Es scheint, man kann nichts dagegen machen, wenn sich die Dinge allzusehr eingehängt haben. Ich weiß, dass die Arbeit unvollständig sein muß, ich habe diesen verdammten Einschnitt in meinem Leben immer bedauert.«[512] An Herbert Ihering (mit gleichlautenden Passagen auch an Elisabeth Hauptmann): »In der ersten Geschichte versuche ich, mein persönliches Brechterlebnis zu verdichten, wenn auch in Form einer Geschichte und durch Zusammenlegung von zwei Frauengestalten. Ich denke, der frühe Brecht ist mir, wenn auch mit seinen Fehlern wirklich lebendig geworden. Ein Denkmal wollte ich nicht machen, sondern die schonungslose Wirklichkeit eines Genies geben, so weit ich sie aus meiner persönlichen Erinnerung und Beobachtung anschneiden konnte, und ich hoffe, ich werde darin verstanden. Sollte aber aus der Bitterkeit meiner zweiten Lebenshälfte, die ja in genauem Zusammenhang mit jenen entscheidenden Jahren steht, etwas hinübergeflossen sein, so bin ich wohl dagegen machtlos.«[513] Helene Weigel und Elisabeth Hauptmann scheinen auf die Sendung nicht geantwortet zu haben. Ein Jahr später muß sie auf die polemischen Besprechungen reagieren, präziser werden. Zur ersten Brücke zu Hermann Kesten im November 1964, nach der NS-Zeit, nach Emigration und Krieg, dient Marieluise Fleißer eine Sendung ihrer Arbeiten, die Geschichte der Kriegs- und Nachkriegsjahre *Der Rauch* (erschienen in *Jahresring* 1964/65) und der Band *Avantgarde*. Und erklärend schreibt sie: »Die neue Nicklgeschichte [*Der Rauch*] ist autobiographisch. Die Brechtgeschichte ist dies nur in manchen Teilen, in anderen wieder nicht, entweder spukt mir da eine andere Frau hinein oder ein anderer Mann, der mir einmal nahestand, aus dem Rahmen der Brechtschen Möglichkeiten fällt sie nicht. Ich habe meinen Knall für Brecht geschrieben, der offenbar so stark war, dass er irgendeinmal heraus mußte, aber es ist eine Geschichte um Brecht. Wenn man irgendwelche realen Begebenheiten einbezieht, wird das sofort als Schlüsselgeschichte erklärt.«[514] Und ähnlich schließlich an Wolfgang Koeppen und wohl nicht ganz zufällig an Wolfgang Koeppen, dessen Schreiben lebenslang im Netz von Autobiographie, Phantasie und Realität verstrickt war: »Die erste Geschichte wurde als Schlüsselgeschichte abgestempelt, aber so eng ist das nicht zu nehmen.« Und dann das denkwürdige Bekenntnis: »Wie kann ein Mensch sich noch in das Wagnis stürzen, dass er ausschließlich vom Schreiben leben muß, wenn sich die Dinge so langsam in ihm bilden, wenn er seine Jugend hinter sich hat und wenn er durch den grausamen Zwang der Umstände nur auf ein verschüttetes zusammengepreßtes Leben zurückblicken kann, sodass etwas in ihm sich sträubt, sagen zu müssen, wie es wirklich war?«[515]

»Ich habe mir damit ein Trauma von der Seele geschrieben«, das ist die meistzitierte Selbstaussage über Fleißers Arbeit an dieser Geschichte. Unterzieht man die Erzählung noch einmal einer wachsamen Lektüre auf der Folie von Fleißers Erfahrungen von fünf Jahren gemeinsamen Lebens mit Draws-Tychsen, dann springt es einem plötzlich ins Auge, als entwickle man einen Film ein zweites Mal und sieht, daß er mehrfach belichtet ist, daß da mehrere Paargeschichten übereinandergelagert sind:

Da ist die Entdeckungs-, die Erfolgs- und Begehrensgeschichte einer jungen Schriftstellerin und eines genialen jungen Dichters. Die vermeintliche Bindung zerbricht an der Asymmetrie der Machtverteilung, schlägt um in die Geschichte von der entbehrungsreichen Zuarbeit und der materiellen Ausbeutung einer Mitarbeiterin im Dunstkreis des Genies. Cilly Ostermeier ist darin so etwas wie die Schnittmenge aller Brecht-Frauen: »Es war nicht heraus, war sie seine Mitarbeitern, Freundin, Geliebte oder wurde sie seine Frau.« Die zweite Geschichte, der Kontrast zur ersten, erzählt von Cillys verhängnisvoller Flucht in die neue Unfreiheit, zu Nickl, dem Schwimmer, dem spotthäßlichen Naturburschen, der geistige Überlegenheit, die ihm vollständig abgeht, durch körperliche Gewalt ersetzt. Über diesen Paargeschichten liegt wie eine fremde Schicht eine andere Paargeschichte, sie handelt von der Unterwerfung und in der Folge der völligen Zerstörung einer erfolgreichen Autorin, die sich von einem größenwahnsinnigen Exzentriker vollständig in Besitz nehmen und ihren Willen brechen läßt. Die drei Paargeschichten sind auf sublime Weise fast ununterscheidbar zu einer einzigen Leidensgeschichte ineinandergeflossen, der ›Film‹ ist ins Entwicklerbad der dichterischen Phantasie getaucht. Dem ›genialen Dichter‹ stellt die Autorin als scharfen Kontrast nicht den einfühlsam Liebenden gegenüber, sondern »Nickl den Schwimmer [...] roh von Gesicht«. Ausweglos gefangen zwischen zwei monströsen Gewaltmenschen, dem intellektuellen und dem physischen, klingt Cillys Hoffnung am Ende kläglich.

Hellmut Draws-Tychsen, den Fleißer tief in der dunklen Höhle wähnt, dessen Name ihr nicht mehr über die Lippen kommt, treibt sein Unwesen weiter, geistert durch die Erzählung. Mit dem »Mann«, der am Ende der Erzählung auftaucht, ist es nicht getan. Draws' Geist und Unwesen ist längst in allen Facetten jener darübergelegten Schicht anwesend. Das Trauma im Leben Marieluise Fleißers war Draws-Tychsen, an seiner Seite lief sie in den »Abgrund«, litt sie die »Fröste«, nicht die der Freiheit, sondern der Hörigkeit. Dutzende von Formulierungen aus *Avantgarde* finden sich ähnlich in der Korrespondenz der beiden, in Fragmenten literarischer Bewältigungsversuche oder benennen die Fakten aus der Verlobungszeit mit Draws, etwa:

»Er hielt sie streng am Zügel und hatte sich an sie gewöhnt, machte bloß nichts Legales draus.«

»Der Mann kam nie aus den Schulden heraus, gab er ihr was ab von seinem Geld, dann zwei Mark fürs Essen, es war eine symbolische Handlung. Die mußte sie noch verlangen, was sie lieber vermied. [...] Sie war nicht einmal seine Frau vor dem Gesetz.« (Wolfgang Koeppen gegenüber hat Fleißer über Brecht richtiggestellt: »Er war durchaus bereit, mir zu helfen, nur war mir in meiner so festgefahrenen Situation nicht zu helfen.«[516])

»Sie fühlte sich ganz umstellt. Sie war grausam gefangen.«

»Er verlangte ihr ab, was nicht drin war.« (So heißt es wörtlich im *Tiefseefisch*-Essay über Draws-Tychsen.)

Daß man ihn schon in der Schule »einen Spinngockel« nannte, bezieht sich ebenso auf Draws wie hinter dem Bett die »Batterien von Flaschen gebaut mit dem trinkbaren Stoff«. Der notorische Trinker war natürlich Draws, Brecht hatte nie ein

Alkoholproblem. Und gerade dieses »von ihr mitgeteilte Detail« bekommt in der Lesart als Brecht-Schlüsseltext für Curt Hohoff fatalerweise »Quellenwert«.[517] Und intoniert nicht die fatale Bezeichnung »der Jude« für Feuchtwanger in ihrer kollektiven Entindividualisierung den Sprachgebrauch des Dritten Reiches und ist noch dem »Draws'schen Unsinn« geschuldet, den Richard Friedenthal noch 1947 in Fleißer wirksam sah? »Das Ungeschick« in der Bezeichnung »der Jude« läßt sich Marieluise Fleißer auch von Wolfgang Koeppen nicht ausreden.[518]

Die Literaturwissenschaft hat diese Erzählung als Geschichte von Fleißers Vertreibung aus dem Paradies der Avantgarde, durch Brecht, ins literarische Abseits der Provinz interpretiert. Bedenkt man, daß Marieluise Fleißer in wenigen Jahren den kollegialen Respekt und die Unterstützung von Feuchtwanger und Brecht, von Herbert Ihering, Moriz Seeler, Kurt Pinthus und Alfred Kerr, die Hochschätzung von Walter Benjamin, Arthur Eloesser und Hanns Henny Jahnn, die Aufmerksamkeit von Theodor W. Adorno, Thomas Mann und Robert Musil fand, dann wird nicht der Ausschluß aus der Avantgarde, wen immer man dazu rechnen will, deutlich, sondern das Ausmaß des Schadens, den Marieluise Fleißer sich durch das Überlaufen zu Draws-Tychsen und das Festhalten an ihm bis zur Selbstzerstörung angetan hat.

Hat Marieluise Fleißer sich das wahre Trauma wirklich von der Seele geschrieben, oder hat sie es kunstvoll umschifft, verdrängt, übertragen (oder wie immer die Analytiker das nennen mögen)? In einer späteren Auskunft über ihr Werk modifiziert sie die historischen Zusammenhänge noch einmal: »Vorsicht bei der Brecht-Geschichte. Es ist eine Geschichte mit stark autobiographischen Zügen, sofern es sich um den jungen Brecht handelt. Die Mädchengestalt aber ist eine Ineinander-Verschmelzung zweier junger Mädchen aus der unmittelbaren Umgebung Brechts, nämlich seiner Mitarbeiterin Elisabeth Hauptmann und von mir. Von mir persönlich hat Brecht niemals Geld verlangt – das tat mein späterer Verlobter, der Journalist, ich kenne also die entsprechende Situation haargenau.«[519]

Mit dem Schreiben von *Avantgarde* und mit der Lektüre durch ihre Leser geschah etwas Sonderbares: Die Details, die eine Kunstfigur aus der Schablone in die Lebendigkeit überführen, sind Marieluise Fleißers poetische Erfindungen; sie hat sie so eng an ihren biographischen Lebensstationen festgemacht, daß diese Details umgehend zu den Details im Leben der Marieluise Fleißer wurden. Solche ›Anekdoten‹ sind etwa ihre Rolle in Brechts Mitarbeiterteam oder gar ein Eheversprechen, Brechts Einrede, das Studium und das Doktorexamen in den Wind zu schlagen, sind die Gespräche über das Lustspiel in Augsburg, das Hausverbot des Vaters nach dem Skandal, wohl auch Feuchtwangers Einfluß auf die Entlobung. Dazu kommen Lesefrüchte, etwa der politisch inszenierte Skandal bei der *Pioniere*-Aufführung, oder die Wendung vom Auge voll »satanischem Glanz«, die in Bronnens Brecht-Buch von 1960 zu finden ist. Zahlreiche dieser Details aus Cilly Ostermeiers Leben gehen später in die biographischen Angaben zu Fleißers Lebensgeschichte ein, verwandeln sich über die *Notizen*, die mit dem Herausgebertitel »Meine Biographie« versehen werden, zu ›Fakten‹ und erhalten so die Deutungshoheit über Marieluise Fleißers Leben und Brechts Rolle darin. Die Diktion der Erzählung ist von großer Entschiedenheit, sie vermittelt die Sicherheit einer auktorialen Erzählerin, die sich um äußerste Aufrichtigkeit bemüht, die ihre Cilly sehr genau kennt bis weit unter ihre Oberfläche, die sie nicht schont in ihrer Einfältigkeit, in ihrem Anlehnungsbedürfnis, das sie so viele falsche Lebensentscheidungen treffen läßt.

Schließlich schreibt Günther Rühle, der Kommentator der Werkausgabe, die Erzählung trotz aller Warnungen Fleißers als Schlüsselgeschichte für alle Zeiten und Lektüren fest: »Avantgarde ist das erste große autobiographische Prosastück. Schlüssel zu den Figuren: Der Dichter: Bertolt Brecht. Der Jude: Lion Feuchtwanger. Nickl: der spätere Ehemann Joseph Haindl. Polly: Helene Weigel. Der neue Mann am Theater: Ernst Joseph Aufricht. Das Stück: *Pioniere in Ingolstadt*. Der Mann (am Schluß des Textes): Hellmut Draws-Tychsen.«[520] Damit war die Erzählung *Avantgarde* endgültig zum Tatsachenarchiv für Marieluise Fleißers Lebensgeschichte geworden, unwidersprochen, da man ja von der Beziehungsgeschichte zu Draws-Tychsen bis zum Auftauchen der Korrespondenz 1996 kaum etwas wußte. Aber noch im Kommentar der Briefedition von 2001 verweist Günther Rühle durchgehend als ›Beleg‹ für biographische Ereignisse in Fleißers Leben auf den »Bericht« *Avantgarde*.

Die Lesart als Schlüsselgeschichte mit einem recht negativ gezeichneten Brecht fiel – zufällig oder nicht – zusammen mit dem politischen Diskurs der ersten sechziger Jahre, nach dem Mauerbau vor allem, als im ›Kampf um Brecht‹ in der BRD erbittert gefochten wurde. Vom Dezember 1961 bis zum März 1962 stritten sich antikommunistische Gegner und Anhänger Brechts in der Zeitschrift *Der Monat* (und ähnlich in zahlreichen Fernseh- und Hörfunkdiskussionen) heftig um das Thema: »Soll man heute Brecht spielen?« Der *Avantgarde*-Band erschien im Augenblick eines Klimawandels. In den folgenden Jahren stieg der tote Dichter aufs Klassikerpodest. In seinen Dichtungen, seinen Botschaften erkannte sich der progressive Teil einer ganzen Generation. Mit ihm kam auch Fleißer wieder ins Gespräch, und allmählich verschob sich die Bewertung seiner Rolle in ihrem Leben. Nun ist er nicht mehr das zerstörerische Genie, nun würdigt Fleißer ihn als ihren großen Lehrer, ihren Förderer, in dessen Dunstkreis gelebt und erfolgreich geschrieben zu haben ihr durchaus auch Attraktivität verleiht. Bald beginnt die Zeit der Interviews, in denen man Auskunft erhofft über ihre Lehrzeit bei Brecht, über ihre Mitarbeit bei ihm, über seinen Anteil an ihrem Werk. Noch 1960 mußte sie auf Fragen von Herbert Göpfert nach der frühen *Pioniere*-Fassung eine Auskunft schuldig bleiben, denn: »Ich kann mich aus dieser Zeit ja an überhaupt nichts mehr erinnern.«[521] Und oft hören wir so oder ähnlich von der Erfahrung: »Mein Gedächtnis läßt mich im Stich.«

Nun setzen die Erinnerungstexte ein, teils sind es Erzählungen, teils biographische Auskünfte. Daß beide Gattungen ineinanderfließen, scheint Fleißer gar nicht bewußt gewesen zu sein. Sonst hätte sie nicht das Manuskript *Frühe Begegnung* (geschrieben für Radio Zürich 1964) an Walter Höllerer als »meine originären Brechterinnerungen«[522] zum Abdruck für *Akzente* geschickt oder gegenüber Wolfgang Koeppen als »eine streng biographische Aufzeichnung meiner Begegnung mit Brecht«[523] bezeichnet. Warum leugnet Marieluise Fleißer so heftig die Leistung der dichterischen Phantasie, bezeichnet sie als »Schwindel« und bezieht doch die Stärke ihrer Poesie aus ihr, »ich kann keinen Schwindel erfinden«?[524] Warum besteht sie so vehement auf solcher angeblicher Authentizität, als mache sie das Erzählen auf irgendeine Weise wahrer, wo doch die Wahrheit ganz allein im Text selbst liegt? Auch in der von Fleißer als »autobiographisch« deklarierten Geschichte *Der Rauch* deckt sich die Erzählung etwa über die Befreiung aus dem Gefängnis im Juni 1945 keineswegs mit den Dokumenten, aber ist das wichtig? Immerhin aber stammten Menschen und Ereignisse so erkennbar aus der Wirklichkeit, daß sich die Autorin, sechs Jahre nach dem Tod ihres Mannes und ein Jahr nach der *Avantgarde*-Geschichte, in der Schwiegerfamilie nicht eben beliebter gemacht hat.

Ganz langsam weitet sich der Radius ihrer Bekanntheit. Eine Lesung an der Münchner Universität 1964 (drei Jahre früher wäre sie undenkbar gewesen) wird in der *Süddeutschen Zeitung* am 13. 6. 1964 von Barbara Bondy euphorisch rezensiert, »die Prosa, die ganz ohne Vergleich ist im heutigen Deutschland, [...] erreicht schärfste Nuancierung im groben Gewebe, faßt in der Knappheit den dunkelsten Grund, ist naiv und dämonisch, besteht auf dieser Verwandtschaft; die Sprachmelodie, die daraus entsteht, wird zur Obsession [...].«

Mit den Treffen bei den Akademiesitzungen in München, bei den Geselligkeiten danach, werden endlich alte Kontakte aufgefrischt, neue hergestellt, zu Günter Eich und seiner Frau Ilse Aichinger zum Beispiel, zu Curt Hohoff, einem begeisterten Fleißer-Leser, wie an seiner *Avantgarde*-Besprechung zu erkennen war, auch an einem ausführlichen Eintrag zu Marieluise Fleißer in seiner Neubearbeitung des ›Soergel‹ (Albert Soergel/Curt Hohoff: Dichtung und Dichter der Zeit. Vom Naturalismus bis zur Gegenwart, 1963). Damit ist sie auf dem Parnaß der Poesie angelangt.

Vor allem der Kontakt (seit 1966) zu Joseph Breitbach tut ihr wohl, entwickelt sich zur Freundschaft. Marieluise Fleißer ist in ihrem Leben selten verwöhnt worden. Um so mehr genießt sie die Großzügigkeit Joseph Breitbachs, des vermögenden Schriftstellerkollegen und verehrenden Lesers, bei seinen Einladungen an Freunde und Kollegen im Münchner Hotel Königshof. Beide waren sie vor 1933 Kiepenheuer-Autoren gewesen, gemeinsam sind sie in Kestens Anthologie *24 neue deutsche Erzähler* von 1929 vertreten.

In einem launigen Dialog mit Martin Sperr für Walter Rüdels Film *Das bemerkenswerte Leben der Marieluise Fleißer aus Ingolstadt*, zum 70. Geburtstag 1971, läßt sich zwischen den Sätzen heraushören, wie sie ihre Rolle in der Akademie gesehen hat:

»SPERR Machen Sie noch was in der Akademie da in München?

FLEISSER Da bin ich hauptsächlich Zuhörerin.

SPERR Ist doch net wahr, sie gehn doch da, sie fahren doch da ununterbrochen hi, machens des nimmer?

FLEISSER Ja, ich fahr scho hi, wenn da a Sitzung is, aber ich mein, reden lass ich meistens die andern. Ich schlag höchstens amol jemand vor.

SPERR Für die Preiserl?

FLEISSER Ja, für die Preiserl, aber meistens dring ich nicht durch mit denjenigen Leuten, die ich vorschlag.«

Einmal ist sie durchgedrungen, nachdem sie sich energisch für ihr Votum eingesetzt und richtig Wahlpolitik betrieben hat: für den Literaturpreis der Akademie für Wolfgang Koeppen 1965. Das war durchaus nicht einfach, manchem wohlgesetzten Akademiemitglied waren Koeppen und der politische Rummel um

Gartenempfang der Bayerischen Akademie der Schönen Künste,
13. 7. 1965 (Marieluise Fleißer, Horst Bienek, Wolfgang Koeppen und
Joseph Breitbach)

seine Romane der fünfziger Jahre suspekt. Es beweist einmal mehr, welches Gespür Marieluise Fleißer für Unkonventionelles, für Querliegendes hatte. Wie scharf erfaßt sie Koeppens Kunst, wenn sie in ihrer Begründung für den Preisvorschlag formuliert: »Hineingeboren in ein gefährliches Jahrhundert hat Wolfgang Koeppen sich dem Blick der Gorgo gestellt. Sein schwermütiger Geist hat die Fähigkeit der großen Flüge. Er vermag Personen und Umstände in ein überraschendes Verhältnis zu setzen, weil er weitgeschwungenen Überblick hat. Das macht seine Aussagen blitzend vor Erkenntnis und neu.«[525]

»Auf Empfängen bin ich immer etwas verwirrt«, schreibt ihr der Eigenbrötler Koeppen nach dem Festakt, »so fürchte ich, Ihnen nicht recht für die Würdigung gedankt zu haben. Mir hat sie aber sehr gefallen, und es ist mir wichtig zu wissen, daß sie von Ihnen kam.«[526]

Koeppens Stimmungsbild von jener Preisverleihung, festgehalten in einer Skizze, die in seinem Nachlaß gefunden wurde, liest sich wie die Beschreibung einer Karikatur von Honoré Daumier:

»12. Juli 1965.

Öffentliche Sitzung der Bayerischen Akademie der Schönen Künste. Graf Podewils [Generalsekretär der Akademie] steht vor dem Hauptportal der Technischen Hochschule, begrüßt die trotz der großen Hitze in feierlichen schwarzen Anzügen gekommenen Mitglieder und Gäste. [...] Der Eindruck ist der einer Versammlung alter und verbitterter Männer. In den Gesichtern Bosheit, Enttäuschung, Neid, Schuld, Eitelkeit, Todesfurcht, Scheitern, zu dem sie sich nicht bekennen. [...] Alle kennen einander und wissen, was sie voneinander zu halten haben. Einer stützt den andern, eine prächtige Körperschaft. Sie legen Halsbänder und Orden um. Einige ziehen feierliche Talare über ihre Anzüge, lange weiße und burgunderrote Mäntel mit hohen Kragen. Der Präsident, Preetorius, scheint in seinem Talar zu ertrinken. Eine Kappe, die an Erasmus von Rotterdam erinnert,

gibt ihm das Aussehen eines alten Kindes. Er trippelt mit kleinen behutsamen Schritten, wie um sich in dem Mantel nicht
zu verfangen und nicht zu stolpern. Diese Talare werden auch
angezogen zur Beerdigung verstorbener Mitglieder der Akademie. Tröstet diese Aussicht den Todbereiten? [...] Großer Einzug der Akademie. [...] Irgendwie denkt man an Glaubens-
kämpfe. Unter den Magnifizenzen ein kleiner mit dem Gesicht
des Mephisto auf einem Provinztheater. Am Stock gehend, ge-
stützt, mehr getragen als laufend wird Ina Seidel zu einem Ses-
sel geführt. [...] Die Ausgezeichneten der Akademie sitzen zu
viert wie die Angeklagten auf einer Bank. Pressephotographen,
deren Blitzlicht mal aufflammt, mal versagt. Ansprache des Prä-
sidenten, Festvortrag eines Genetikers aus Basel. [...] Ich gebe
ihm recht, es ist eine höllische Welt, die er beschwört, aber gerade er wird die Hölle nicht verhindern. Ein geistlicher Herr,
Vertreter des Kardinals, lauscht, die Hand am Ohr und bleichen
ungesunden Gesichts. Ich male mir dies alles als Schlußszene
des Danteromans aus.

13. Juli.
Gartenempfang im Prinz Carl-Palais. [...] Die Herren von
gestern nun etwas sommerlicher gekleidet mit ihren Damen.
Es wird Fruchtsaft angeboten und wieder die diesmal zu Recht-
ecken geschnittenen belegten Brötchen. Marieluise Fleißer, noch
immer aus Ingolstadt, erinnert sich ihrer Verlobung. Der berühmte Stifter-Forscher versucht in Bosheiten zu glänzen« ...[527]

Aber auch Marieluise Fleißer nimmt die Akademie nicht ganz so
ernst wie diese sich selbst, wenn sie sich im Januar 1964 für
ihr Fernbleiben entschuldigt:

»An die Künstliche Akademie der Schönen Bayern.
Ich bin mir für den jour fixe der Schönen Bayern nicht schön
genug und bitte die Schönen Bayern mich zu entschuldigen
Herzliche Grüße und viel Spaß, Marieluise Fleißer«[528]

So blieb sie wohl auch in der Akademie letztlich eine Außenseiterin. Nach der nur halbherzig ausgefallenen Ehrung 1967 für Ernst Joseph Aufricht, für die sie sich so sehr eingesetzt hatte (Aufricht bekam nur eine Anerkennungssumme, nicht den Ehrenpreis), beschreibt sie ihre Rolle in der Akademie ohne Illusionen:

»Ich habe hier keine wirklichen Freunde, und es wurmt mich noch immer, wie kümmerlich man Sie trotz meiner intensiven Bemühungen in der Akademie herausgestellt hat. [...] Ich habe das auch als einen Schlag gegen mich empfunden, und ich beobachte immer wieder, dass sie [sic!] dort einflußreiche Mitglieder gegen mich stellen, wenn ich was anstrebe. Manchmal frage ich mich, was hat das für einen Sinn für mich drinnen zu sein, ich kann das nur schwer ertragen. Ich bin nicht so vorsichtig, die fürchten immer, ich könnte anstoßen und schirmen sich ab.«[529]

Ihre Korrespondenz beginnt sich auszuweiten. Die nicht unproblematische Auseinandersetzung mit Hermann Kesten um Schuld und Leiden in der NS-Zeit nimmt breiten Raum ein. Sie nimmt Kontakt auf zu Arno Schmidt und beweist einmal mehr ihr Gespür für das nicht Gängige: »Ich lebe hier als ein ziemlicher Einsiedler und bin vor nicht ganz zwei Jahren durch einen Zufall auf Ihre Bücher gestoßen. [...] Auf einmal waren sie das, was ich brauchte und ich glaube, sie haben etwas in mir aktiviert, sie haben mir Leben gegeben.«[530]

Auf dem traditionellen Dichterinnentreffen in Meersburg wird Fleißers Lesung zum »unbestreitbaren Höhepunkt«[531] und »eigentlichen Ereignis«[532]. Schon 1964 hatte sie sich bei der Akademie um einen Aufenthalt in der Villa Massimo beworben. März und April 1966 weilt sie als Ehrengast in Rom. Der Komponist Wilhelm Killmayer und die Autorin Christa Reinig sind zur selben Zeit als Stipendiaten im Haus, die Kollegen August Scholtis (wie Fleißer 65) und Friedrich Schnack (78) gehören wie sie zu den Ehrengästen. Was hat ihr der Aufenthalt gegeben? Die Begegnung mit der Kunststadt vor allem: »An der Villa Massimo habe ich eigentlich nur bedauert, dass ich dort nicht schon in meinen jungen Jahren Stipendiatin war. Als Ehrengast ist man von den jungen Künstlern halt doch ein bischen [sic!] isoliert und man wohnt ja in einem völlig anderen Teil des Geländes. Ich wäre viel lieber mittendrin gewesen, aber das sind wohl unerfüllbare Wünsche.«[533] Nur zwischen den Zeilen – man möchte ja nicht undankbar erscheinen – ist eine leise Enttäuschung durchzuhören darüber, daß die Ingolstädter Isolation auch in dieser Ausnahmesituation nicht wirklich zu durchbrechen war. Ganz anders als die akribische und ätzend kritische Auseinandersetzung mit sich selbst in der Fremde Roms und dem Leben und Arbeiten in der Villa Massimo, wie sie später Rolf Dieter Brinkmann in *Rom, Blicke* höchst artifiziell verarbeitet hat, enthält Fleißers Römisches Tagebuch wenig mehr als die Beschreibung von Spaziergängen durch die Straßen Roms und ihre Eindrücke von Sehenswürdigkeiten. Im Mai schließt sich eine Sizilienreise an, zu der die Villa eingeladen hatte.

Wovon hat Marieluise Fleißer, die Berufsschriftstellerin, eigentlich gelebt in diesen Jahren? In ihrem Nachlaß befinden sich einige Durchschläge ihrer Einkommensteuererklärungen. Da stehen Zahlen, die einen Blick in den Abgrund freigeben: 1962 z. B.:

Honorare (Südwestfunk)	350,– DM
Südwestfunk (Weihnachtsspende	
aus Kulturfonds)	500,– DM
Deutsche Künstlerhilfe	400,– DM
Deutsche Künstlerhilfe	300,– DM
Deutsche Kunstlerhilfe	300, DM
Deutsche Künstlerhilfe	500,– DM
Insgesamt Einnahmen als Schriftstellerin	2350,– DM
Ausgaben	1727.01 DM[534]

Im folgenden Jahr hellen die 3000,– DM Vorschuß des Hanser Verlages, 1000,– DM für den Vorabdruck von *Avantgarde* im *Donaukurier* und der Vorschuß auf zwei Lesungen im Bayerischen Rundfunk über 1200,– DM die Düsternis etwas auf. Der Absatz des *Avantgarde*-Bandes blieb allerdings hinter den Erwartungen zurück. Nur 120,– DM bringt ihr der Verkauf im ersten Jahr 1963 ein. Ohne die Zuwendungen der Künstlerhilfe hätte sie gar nicht überleben können. Therese Giehse, die ihr seit der Aufführung des *Starken Stamms* freundschaftlich zugetan ist (beide Frauen bleiben allerdings beim »Liebe verehrte Frau Therese Giehse« und »liebe, verehrte Marieluise Fleißer«), kam 1964 und 1965 für Fleißers Krankenkassenbeiträge auf.

Einer kleinen Leidenschaft frönt Frau Fleißer aber doch: der Lust an schönen Kleidern, an ausgesuchten Stoffen, an nicht eben preiswerten Knöpfen u. ä. und an handwerklich perfekter Verarbeitung. Auch wenn Therese Giehse einmal gesagt hat, sie schaue aus wie eine Handarbeitslehrerin. Emmi Böck erzählt davon, wie Marieluise Fleißer sie eingeladen hat, mit dem Hinweis, sie solle einen Koffer mitbringen. Und dann hat die Fleißer gestöbert und die prachtvollsten Kleidungsstücke, Kostüme, Hosenanzug, Röcke verschenkt. Ein übervoller Kleiderschrank, Mengen noch unverarbeiteter Stoffe und beachtliche Rechnungen von Schneiderinnen, von Spezialknopfläden in München, die man in ihrer Hinterlassenschaft fand, zeugen davon, so verblüffend es scheint: Nicht nur die Cilly, auch ihre Erzählerin war eben eine »Modegröße«.[535]

Neben ihrem engen Ingolstädter Leben und den Ausflügen ganz nach oben in den bayerischen Parnaß gab es noch einen anderen Kreis, zu dem sich Marieluise Fleißer hingezogen fühlte, so etwas wie eine Gegenwelt. Vielleicht hat Emmi Böck die Verbindung hergestellt, die unkonventionelle, nicht gerade übertrieben bürgerliche Ingolstädter Sagensammlerin. Unweit von Ingolstadt auf dem Dürrnhof wirtschaftet der Landwirt Richard Scheringer mit seiner Frau Marianne und einer großen Kinderschar. Richard Scheringer ist berühmt, berüchtigt und außerordentlich beliebt. Er war Freicorpsoffizier, gehörte zum linken Flügel der Hitleranhänger (ähnlich wie Bodo Uhse), schwenkte aber noch vor 1933 zu den Kommunisten um, da ihm die Anbiederung der NSDAP an die Bürgerlichen und Mächtigen suspekt und ein Verrat am Sozialismus schien. Er war Mitglied der verbotenen KPD und verbrachte so manchen Monat im Gefängnis. Die Silvesterfeiern auf dem Dürrnhof sind heute, zumindest unter Altlinken, Legende. In die bayerische Geselligkeit mischte sich etwas Subversives, das der Sache die Würze gab. Es ist eine bunte politische Mischung, die sich 1965 einfindet, Kommunisten, erzählt Scheringer in seiner Autobiographie *Grüner Baum auf rotem Grund*, waren in der Minderheit, viele Künstler, Intellektuelle aus München, so ca. 150 Leute.

»Auch Intellektuelle wie Erasmus Schöfer, Peter Hamm, Marieluise Fleißer, Emmi Böck, Heinar Kippardt, Yaak Karsunke, August Kühn und Friedrich Hitzer, Mitbegründer des Alexander-Herzen-Clubs, sind gekommen. [...] Nach dem Wildschweinessen beginnt es gleich mit einer Gaudi, als die Fleißerin mich fragt, wie ich nach Bayern käme, da ich doch, ihres Wissens, in Aachen gezeugt sei. Friedrich Hitzer fragt frech: ›Sie sind doch nicht etwa dabeigewesen?‹ Unter dem Gelächter der Gesellschaft errötet die alte Dame leicht, fängt sich aber schnell: ›Ich weiß das vom Ulmer Reichswehrprozeß her, und die Haltung dieser Leutnants hat mir seinerzeit gar nicht imponiert. Wie konnte man auf diesen Schickelgruber alias Hitler hereinfallen? Überhaupt die Reichswehr! Sie wissen ja: damals habe ich ein antimilitaristisches Theaterstück geschrieben: *Die Pioniere von Ingolstadt*.‹« Scheringer klärt sie über seinen baldigen Kurswechsel auf. »Als sie mich daraufhin schon freundlicher anschaut, gehe ich aufs Ganze und frage sie direkt: ›Und wann, Marieluise, wollen Sie in die Kommunistische Partei eintreten?‹ Da errötet die ehemalige Freundin Bert Brechts von neuem und umarmt mich mit einem schier mädchenhaften Lächeln. Damit sind alle Gräben eingeebnet, die es wohl zwischen der Verfasserin der *Pioniere von Ingolstadt* und dem *Leutnant von Ulm* gegeben hat.«[536]

Das klingt ja sehr geheimnisvoll. Deutet Scheringer die Geste als Zustimmung? Marieluise Fleißer lag alles Parteiwesen fern. Und vereinnahmen ließ sie sich schon gar nicht. Aber wir wissen auch, daß es Marieluise Fleißer, entgegen ihrem Auftreten und ihrem äußeren Habitus, immer zum Ungewöhnlichen, zu den Abweichlern hingezogen hat. Immerhin muß sie sich dort so wohl gefühlt haben, daß sie nicht nur einmal den Dürrnhof besuchte. Friedrich Hitzer, der zum engen Kreis um Scheringer gehörte, erinnert sich deutlich:

»Die Fahrten zum Dürrnhof bei Kösching, nördlich von Ingolstadt, waren mit abenteuerlichen Endeckungen des Verbotenen verknüpft. Waren Literaten angesagt, wurde die Fleißer eingeladen. [...] Bei solchen Fahrten erlebte ich die Fleisser Marieluise am großen rechteckigen Bauerntisch der Scheringer. Sie saß, wenn die Münchener Genossen Literaten im Schlepptau mitgebracht hatten, still da, blickte aus den dicken Gläsern einer Hornbrille vor sich hin, die auf einer Nase vor dem ergrauten Bubikopf ruhte. Sie war nicht im Mittelpunkt. Sie hörte sich an, wie die illegalen Genossen sich darüber empörten, dass ihre Partei, deren Mitglieder ›die meisten Opfer im antifaschistischen Kampf brachten‹, wieder von denen verfolgt wurden, die schon früher die Hebel der Macht bedienten. [...] Als einer der Mitbegründer des *kürbiskern* [eine progressiv linke Literaturzeitschrift] zeigte ich Interesse an Fleißers Erinnerungen, vor allem an unveröffentlichten Texten – aus der Schublade oder speziell für uns verfaßte Reminiszenen an Brecht. Anders als die meisten Autoren – auch bekannte Kollegen wie Walser und Kipphardt, internationale Größen wie Neruda, Simonow und Weiss –, um die ich mich bemühte und ohne weiteres Unterstützung fand, hielt sich Marieluise Fleißer zurück und winkte ab – sie habe nichts parat. [...] Ich zerbrach mir damals nicht den Kopf darüber und nahm ihr ab, was sie sagte. [...] Im Rückblick scheint es mir plausibel, dass es sie nicht zu der Plattform drängte, die der *kürbiskern* bot, ist es doch nicht auszuschließen, dass sie, weil sie mich durch den Kommmunisten und Nachbarn Scheringer kennengelernt hatte, diesen Kontakt eher mied als sich danach drängte.« Und zur linken Lagerfeuerromantik auf den Dürrnhof-Festen: »Eine Ahnung davon mußte sie haben. Anders als Scheringer war aber sie ohne ›Hoffnung auf Morgenröte‹. Und kam doch zum großen Silvester am Dürrnhof 1965. Ob aus Neugier oder Einsamkeit kann ich nicht beurteilen.«[537]

Nicht direkt, aber sehr wohl indirekt sind deutliche Spuren dieser Begegnung mit einem anderen politischen Geist in Fleißers Werk wahrzunehmen. Freilich verändert sich das gesamte politische Klima um die Mitte der 60er Jahre. Und so ist nicht mehr auszumachen, ob es der allgemeine Zeitgeist war oder die Besuche auf dem Dürrnhof, und dann die Begegnung mit einer jungen Generation von Dramatikern, die die Konturen ihres Lebens erneut verschoben.

Hatte nicht Bodo Uhse ihr 1929 bescheinigt, daß sie »für Menschen mit nicht alltäglichem Format Interesse« habe? Noch einmal läßt sie sich Ende der 60er Jahre auf einen solchen Menschen ein, nur in der Lektüre zwar, aber doch mit Kopf und Herz. Mit welcher Empathie vertieft sie sich in Jean Genets *Tagebuch eines Diebes*, den autobiographischen Roman eines Außenseiters, eines Asozialen, Anti-Bürgers, eines homosexuellen Kriminellen, und in seinen ersten Roman *Notre-Dame-des-Fleurs*. Als Skandalautor, als Pornograph galt er noch in den sechziger Jahren, als Marieluise Fleißer ihn frei von jedem Vorurteil liest und versteht. Ihr letztes großes Porträt schließt an ihre frühen, an das Buster Keatons und Heinrich von Kleists an: *Findelkind und Rebell. Über Jean Genet*, erschienen in der Zeitschrift *Akzente* im Oktober 1971. Sein »verzweifeltes Ausweichen aus der Verletzlichkeit in die Härte«, seine Begegnung mit einem, »der ihm die Liebe antut«, »welch eine endgültige Verletzung, an der diese Seele leidet«,[538] das sind Erfahrungen und Formulierungen, bei denen Fleißer auf ihre Weise mitreden kann. Und noch etwas ist zu beachten an diesem Text. Genets *Journal du Voleur* ist kein Tagebuch im Sinne chronikalischer Notate von Fakten und Ereignissen, es ist die poetische Konstruktion einer Legende, der Legende des Poeten von der ›Schönheit des Verbrechens‹. Wie verwandt ist Fleißer dieser Umgang mit Fakten und Legenden im fiktionalen Text!

X. »Das Wunder« – Die Wiederentdeckung

In der Geschichte von Fleißers später Wiederentdeckung wiederholt sich noch einmal die schwierige Beziehung einer Autorin zu ihrem Werk und zu ihrem Publikum. Übergriffe von fremder Hand, Widerstand gegen das eigene Werk und radikale Eingriffe begleiten eine sensationelle Erfolgsstory.

1965 plant die Schaubühne am Halleschen Ufer in Berlin – 16 Jahre nach der Uraufführung – eine Neuinszenierung von Fleißers *Der starke Stamm*, ein kühnes Unternehmen, schafft doch der Dialekt für die Berliner nicht geringe Probleme. Man entscheidet sich dennoch für die leicht verhochdeutschte Münchner Dialektfassung. Aber Marieluise Fleißer hat wie bei allen ihren literarischen Arbeiten das Bedürfnis, ihre Distanzierung zum früheren Werk zu demonstrieren. Eine Figur ›Die Autorin‹ soll ihren kritischen Standpunkt zum Geschehen auf der Bühne kommentieren. Der Dramaturg der Schaubühne, Dieter Sturm, kann ihr diesen Einfall ausreden, indem er ihr versichert, daß sie sich auf das kritische Potential des Stückes durchaus verlassen könne, daß da keine bayerische Idylle über die Bühne gehen würde. Die Aufführung am 5. Februar 1966 wird lobend besprochen (vom treuen Herbert Ihering vor allem, von Klaus Völker in *Theater heute*), aber kritische Töne mischen sich dazwischen, auch von Karena Niehoff in der *Süddeutschen Zeitung*. Das Stück bleibe zu sehr beim Schwank, der Boden der Idylle breche zu selten ein in den Abgrund, zumal das »tückisch Verquere« der Sprache in Berlin nicht wahrgenommen werde. Schließlich wird *Der starke Stamm* im November 1966 vom Münchner Volkstheater einstudiert (Ruth Drexel ist dort Intendantin) und vom ZDF übernommen, freilich in einer Inszenierung, deren Verharmlosung die Autorin wiederum stören muß.

Indirekt bringen die Berliner Inszenierung und die Freundschaft mit Ruth Drexel einen gewaltigen Stein ins Rollen. Da gibt es noch einen, einen jungen Dramatiker, der in der bayerischen Volksseele auf Jagd geht: Martin Sperr. Die beiden müssen sich über den Weg laufen. Sperr hatte sich Fleißers Berliner Inszenierung angesehen, nachhaltig beeindruckt. Im Juli 1966 werden in Bremen (ausgerechnet in Bremen!) die *Jagdszenen in Niederbayern* uraufgeführt. Bei Ruth Drexel lernen sich die beiden kennen. Fortan tauschen die 67jährige Marieluise Fleißer und der wilde Revoluzzer neugierig ihre Arbeiten aus. Im Mai 1968 folgt Marieluise Fleißer der Einladung von Monika und Martin Sperr und feiert deren Hochzeit mit. Nach den Fotos zu schließen, scheint sie sich recht wohl gefühlt zu haben unter der Hochzeitsgesellschaft, die da im Namen von Karl Marx und seinem Appell: »Wer die Revolution will, muss die Revolution machen«[539] dem jungen Paar den weltlichen Segen gegeben hat.

Das war das erste Echo von einer neuen Generation von Dramatikern, mit großer Freude wahrgenommen (und mit produktiver Wirkung), hatte Marieluise Fleißer doch den Graben zwischen sich und den Nachgeborenen schon für kaum noch überbrückbar gehalten: »Ich weiß selber nicht, wie das mit mir weitergeht«, klagte sie Herbert Göpfert 1965, »wenn ich auf meine Jahre und mein verschüttetes Leben sehe und die Reaktion der Jungen darauf beobachte. Die wollen ja mein verschüttetes Leben gar nicht [. . .].«[540]

Das zweite Echo klingt zunächst mißtönender und ist von einigem Ärger begleitet. Wir erinnern uns: Über vier Jahrzehnte, seit der Berliner Aufführung, hatte Marieluise Fleißer, wie paralysiert von dem Schock aus Ingolstadt, ein nachgerade haßbesetztes Verhältnis zu ihrem größten Theatererfolg, *Pioniere in Ingolstadt*, »eine förmliche Idiosyncrasie«.[541] Wer immer danach fragte, dem erteilte sie eine heftige Abfuhr. Aber zuletzt haben sich die Zeiten geändert, der Wind hat umgeschlagen, wir nennen ihn heute den Geist von 68. Er weht von links, in seiner Zugluft kommen sozialkritische, antimilitaristische Themen auf die Bühne. Was nun wieder an Brechts Theater fasziniert, was auf dem Dürrnhof diskutiert wird, bleibt bei Marieluise Fleißer nicht ohne Folgen. Als schließlich Helene Weigel die Idee hat,

die *Pioniere* im Berliner Ensemble zu inszenieren, regt sich zag-
haft neues Interesse, aber um Gottes willen nicht in der vorliegenden Bühnenfassung: »Ich habe einen Zorn auf die Fassung,
ich finde sie läppisch und schizophren. Ich war damals ein ziemlich zerstörter und noch sehr unfertiger Mensch, hatte lange
Jahre ganz unvernünftig gehungert und war einer Erschöpfung
nahe.«[542] Zunächst noch mit spitzen Fingern nimmt sie sich
1967 des Stückes an und versucht sich an einer Überarbeitung,
die die Zeitgebundenheit der zwanziger Jahre zugunsten einer
überzeitlichen gesellschaftskritischen Aussage zurückdrängt.

Just in diesem Augenblick, da sie ihre Phobie gegen das Stück
endlich aufgibt und sich an eine Neufassung wagt, kommt ihr
ein 23jähriger Jungfilmer aus München in die Quere: Rainer
Werner Fassbinder, Mitbegründer des Münchner Action-Theaters. Er bemächtigt sich unautorisiert der von Fleißer so gehaß-
ten Textfassung beim Desch-Theaterverlag (ausdrücklich ohne
die Aufführungsrechte) und probt mit seinem Kollegen Peer
Raben eine freie Szenenmontage aus dem Lustspiel. Am 13. Februar 1968 stößt Marieluise Fleißer im Ingolstädter *Donaukurier* auf die Ankündigung der Aufführung des Stückes *Zum
Beispiel Ingolstadt* im Münchner Büchner-Theater am 18. Februar. Sie läßt sofort im *Donaukurier* und in der *Süddeutschen
Zeitung* ihren Einspruch gegen die Aufführung abdrucken, weil
sie selbst eine Neubearbeitung vorbereite und nicht um den
Erfolg ihrer Arbeit geprellt werden wolle: »[...] schließlich gehört meine Arbeit mir selber, und ich muß sehen, dass ich auch
einen materiellen Nutzen daraus ziehe.«[543] Gleichzeitig wendet
sie sich an den Suhrkamp Verlag (mit dem sie durch Vermittlung
von Elisabeth Hauptmann, die dort die Brecht-Ausgabe ediert,
seit kurzem wegen eines Prosabandes verhandelt) und bittet
um eine rasche Zusage für die Übernahme der Neufassung in
den Suhrkamp Theaterverlag. Sie muß der materiellen Schädigung durch eine Raubfassung zuvorkommen. Zudem haben
die beiden großen Münchner Sprechtheater, die Kammerspiele
und das Residenztheater, Interesse an dem Stück angemeldet.

Bei den Dreharbeiten zu *Pioniere in Ingolstadt*
mit Rainer Werner Fassbinder, 1970

Fassbinders junges Ensemble ist durch das Aufführungsverbot in höchsten Nöten. Zwei Tage vor dem Premierentermin tritt man die Flucht nach vorne an, fährt nach Ingolstadt und lädt Fleißer zu einer Probe nach München ein. Sie zieht in letzter Minute die einstweilige Verfügung zurück und läßt über die Presse mitteilen, sie wolle »den begabten jungen Leuten nicht im Wege stehn«.[544] Am 18. Februar 1968 feiert *Zum Beispiel Ingolstadt* Premiere mit Hanna Schygulla als Berta, Irm Hermann als Alma und Franz Xaver Kroetz als Feldwebel. Marieluise Fleißer hat die Uraufführung offensichtlich nicht besucht, aber eine der folgenden Aufführungen. Ihr Name und ihr Stück sind wieder Feuilletonthema, und Fassbinder bezeugt ihr mehr und mehr den Respekt des Jungen gegenüber der Meisterin. Sie erhält zwei Monate später eine Einladungskarte zur Premiere von Fassbinders *Katzelmacher*, auf die sie freilich notiert (wie um keine falschen Legenden aufkommen zu lassen): »nicht Gebrauch gemacht«.[545] Für den *Katzelmacher*-Film wird Rainer Werner Fassbinder mit dem Fernsehpreis der Akademie der Darstellenden Künste und den Filmbändern in Gold des Bundesfilmpreises 1970 geehrt. Gewidmet ist er Marieluise Fleißer.

Da war unter den Schauspielern des Münchner Büchner-Theaters ein Name gefallen, der wichtig wird: Franz Xaver Kroetz, der Dritte im keineswegs harmonischen Bunde der jungen, um 1945 geborenen, aufbegehrenden bayerischen Dramatiker. Seine eigenen allerersten Stücke erleben gleich nach *Zum Beispiel Ingolstadt* im Büchner-Theater ihre Uraufführung; mit den Inszenierungen von *Heimarbeit* am 3. 4. 1971 an den Münchner Kammerspielen und *Wildwechsel* in Dortmund am 3. 6. 1971 (später von Fassbinder ebenfalls verfilmt) ist Kroetz in der Theaterszene etabliert. Zu diesem Zeitpunkt hat er sich bereits intensiv mit Fleißers (und Ödön von Horváths) Stücken beschäftigt, nicht ohne Folgen, wie sich bald zeigen wird.

Es dauert noch einmal zwei Jahre, bis endlich am 1. März 1970 die *Pioniere in Ingolstadt* in Fleißers Neubearbeitung am Residenztheater in München unter der Regie von Niels-Peter

Rudolph Premiere feiern. »Und was geschieht?« fragt Joachim Kaiser in seiner Kritik in der *Süddeutschen Zeitung* vom 3. März 1970: »Der Berliner Skandal wiederholt sich. Mords-Buhs ertönen gleichermaßen gegen den Regisseur und die Autorin. Ob diese Buhs sich gegen die Tendenz des Stückes richten oder gegen die Aufführung oder gegen die Harmlosigkeit, das dürfte so leicht nicht auszumachen sein. Doch ein Abend, der eine Versöhnung zwischen einer bayerischen Autorin und einem bayerischen Theaterpublikum darstellen sollte, endete schroff dissonant.«[546] Nicht viel anders, eher noch grundsätzlicher, das Urteil von Wolfgang Drews in der *Frankfurter Allgemeinen Zeitung* (9. März 1970): »Was bleibt von Marieluise Fleißer und der frühen Explosion ihres großen Talents? Eine im ganzen Hause schlecht verstandene Dichterin von erstaunlich unverdorbener Originalität und eine zähe, lastende, sorgsam an der Vorlage vorbeigeleitete Inszenierung. Vor vierzig Jahren: eine aufregende, anregende Auseinandersetzung, die Geister schied. Heutzutage: ein rüder Klamauk, der unkritisch, ununterscheidend gegen jeden losbrach, der die Szene betrat.«[547] Es gab ebenso begeistert zustimmende Urteile. Jedenfalls rauscht es einmal wieder wie vor vierzig Jahren kräftig im deutschsprachigen Feuilleton. Erstaunlich, daß die Dramatikerin selbst mit dem neuen Stück und seiner Inszenierung diesmal nicht unzufrieden war, sie findet sie bis auf einige Szenen durchaus »reizvoll«, hätte sie sich nur »aggressiver«[548] gewünscht. Wie sähe eine ideale Inszenierung aus? Wie ließe sich eine tragfähige Brücke bauen über die vergangenen 40 Jahre, in denen sich die Welt, die Kunst, das Theater, das Publikum so entscheidend verändert haben? Es sind nicht mehr die Techtelmechtel zwischen Soldaten und Dienstmädchen, die aufrütteln, da hat das Stück Patina angesetzt; unverwüstlich dagegen bleibt seine Sprache.

Fassbinder ist mit den *Pionieren*, mit einem Stück, das er wie Brecht als Material betrachtet, noch nicht fertig, für ihn liegt noch immer Sprengstoff darin, man muß die Lunte nur in der

Gegenwart anlegen. Er inszeniert es noch einmal in Bremen im Januar 1971 und dreht gleichzeitig einen Film fürs ZDF, der nach allerlei Zensurschwierigkeiten und finanziellen Debakeln doch noch fertig und am 19. Mai 1971 ausgestrahlt wird, mit Hanna Schygulla als Berta, Harry Bär als Karl, Irm Hermann als Alma, Rudolf Waldemar Brem als Fabian, Walter Sedlmayr als Fritz (Unertl), Klaus Löwitsch als Feldwebel.

Fassbinder geht schonungslos frei mit dem Text um. Seine Filmästhetik hat sich seit *Katzelmacher* gewaltig verändert, Hollywood ist ihm dazwischengekommen. »Fassbinders ziellose Aktualisierung (fast immer sind seine eigenen Dialoge wortreicher und unpräziser als die der Fleißer) mündet geradewegs ins Melodram.« Der gesellschaftskritische Sprengstoff werde im Schaum dieses Melodramas zum Rührstück, »durch melancholisch untermalende Musik äußerlich und banal poetisiert«. Mit sichtlicher Enttäuschung kritisiert Benjamin Henrichs den Film und resümiert scharf: Fassbinder »vernichtet das Stück, dem er huldigen wollte«.[549]

Während der Dreharbeiten in einem Gasthaussaal war ausgiebig fotografiert worden. Man sieht Marieluise Fleißer als seltsamen Fremdkörper inmitten der Filmszene, zwischen Bundeswehruniformen (die dann verboten wurden), Kameraleuten, Schauspielern und dem Regisseur neugierig, aber seltsam verloren, wie resignierend unzugehörig im Abseits. Sie schaut da einem Unternehmen zu, das ihr selbst, ihrer Neufassung Konkurrenz macht, gegen die sie nicht wird ankommen können. Sie befindet sich in einem Dilemma: Sie mag Fassbinder nicht (obwohl es erstaunliche Parallelen in den Interessen der beiden gibt: beide wollten sie den Rosa-Luxemburg-Stoff bearbeiten, beide beschäftigten sich literarisch mit dem Außenseiter Jean Genet), sie mag den Film nicht (aber sie hat von dem Angebot der Mitsprache am Drehbuch keinen Gebrauch gemacht); es ist nicht mehr ihr Stück, aber es bringt ihren Namen wieder in die Öffentlichkeit (als wäre sie selber ein Teil des alten Stückes) – und der Vertrag über die Fernsehbearbeitung soll ihr ein Honorar einbringen, das alle Honorare ihrer Schriftstellerlaufbahn übersteigt. Sie ist dringend darauf angewiesen.

Die in den Feuilletons ausgetragene Debatte um Stück und Filmversion tut seine Wirkung. Das Publikum ist doppelt neugierig geworden: auf Fleißers alte Stücke und auf die engagierte Theaterarbeit dieser jungen antibürgerlichen, engagierten Dramatiker und Regisseure, die sich mit ihrer Vorstellung von einem Volkstheater auf Marieluise Fleißer berufen, ja sie gegen Brecht ausspielen.

Neugierig geworden auch auf das andere, das allererste Stück, auf *Fegefeuer in Ingolstadt*, das *niemand* seither lesen oder sehen konnte. Bislang hat Marieluise Fleißer das Stück nicht herausgerückt. Erst der dringenden Nachfrage von Horst Laube, dem Dramaturgen der Wuppertaler Bühnen, und dem neuerwachten öffentlichen Interesse gibt die Autorin nach. Horst Laube erkennt in *Fegefeuer* neben den formalen Qualitäten eine »große Aktualität« und hält nur »geringfügige Eingriffe«[550] für nötig. Es beginnt eine schwierige Überzeugungsarbeit von seiten Laubes und seines Regisseurs Günter Ballhausen, die entschieden für den ursprünglichen Text plädieren. »Ich hatte geglaubt, ich müsse etwas völlig Neues daraus machen, und das konnte ich eben nicht. Die beiden fuhren nach Ingolstadt und gingen Satz für Satz mit mir durch [...] so daß ich einen Zugang fand zu dem lang zurückliegenden Stück, dessen Schlampigkeit, dessen Druckfehler und dessen Regie-Bemerkungen mich entsetzten, wobei es mich aber durch seine Sprünge, seine Widersprüchlichkeit und die dadurch entstandene Lebendigkeit faszinierte.«[551] Am 30. April 1971, 45 Jahre und 4 Tage nach der Berliner Matinee, wurde »die Wuppertaler Wiederentdeckung des *Fegefeuer in Ingolstadt* zu einem theatergeschichtlichen Ereignis«.[552] Der Bogenschlag zurück zum Frühwerk läutet das eigentliche Wunder ein. Im Programmheft wird der Text der Neufassung abgedruckt, das Stück damit erstmals nachlesbar. Mit geringfügigen Änderungen kehrt Marieluise Fleißers Erstling dann am 30. Oktober 1971 heim an das Stadttheater Ingolstadt, und wie! »Ihr zu

Ehren, uns zu bewunderndem Staunen; uns zur dumpfen Erschütterung und dem hiesigen Theater zum Ruhm.«[553] Es muß schon ein großartiges Ereignis gewesen sein, daß Michael Skasa zu solchen Tönen griff.

Das war ein Vorab-Geschenk: Am 23. November 1971 feiert Marieluise Fleißer den 70. Geburtstag (ganz privat feiert sie lieber am 22.), eigentlich muß man sagen: feiern die literarische Welt und Ingolstadt den Geburtstag einer Zurückgekehrten, zurückgekehrt auf die literarische Bühne, zurück auch ins Herz ihrer Heimatstadt. Sie ist nicht länger die Außenseiterin.

Der Ingolstädter *Donaukurier* und sein Inhaber Wilhelm Reißmüller (sein Schwiegervater hatte einst den schlimmen *Donauboten* besessen) ist längst auf Wiedergutmachungskurs für die einst Geschmähte, bietet Marieluise Fleißer eine Plattform, wann immer sie möchte. Zahlreiche Arbeiten von ihr sind dort seit den frühen fünfziger Jahren erschienen, im November/Dezember 1968 – man höre und staune – die Neufassung jenes »Schmäh- und Schandstücks«: *Pioniere in Ingolstadt*, in sieben Fortsetzungen. Zum 70. Geburtstag bekommt sie eine ganze Seite ›geschenkt‹: »*Das war aber hart, kein Bürger zu sein«. Marieluise Fleißer 70*, aber nicht mit einer ›falschen‹ Huldigung und späten Vereinnahmung, sondern mit einer klugen, einer aktuellen Umfrage: Die Redaktion hat die Nachwuchsdramatiker Martin Sperr, Rainer Werner Fassbinder und Franz Xaver Kroetz darum gebeten, auf drei Fragen mit einem Beitrag zu antworten:

»1. Inwiefern verstehen Sie sich als Fleißer-Schüler?

2. Welche Werke haben Sie am meisten beeindruckt?

3. Sehen Sie einen Zusammenhang zwischen der in den letzten Jahren spürbaren Fleißer-Renaissance und Ihren eigenen Erfolgen? Hatten Sie ebenfalls Schwierigkeiten in Ihrer engeren Umwelt?«

»Ach ja«, antwortet Fassbinder, etwas gequält in Erinnerung an die Steine, die sich beide gegenseitig in den Weg gelegt haben, »in etwa fühle ich mich schon als Fleißer-Schüler. Ich hätte nicht zu schreiben angefangen, wenn ich nicht die *Pioniere* gesehen hätte.« (Frage: Wo hat Fassbinder die *Pioniere* gesehen? Meint er ›gelesen‹?) »Die *Pioniere* und später *Abenteuer aus dem Englischen Garten* waren die beiden entscheidenden Eindrücke für mich. Ich glaube, daß der Fleißer-Boom ohne Sperr und mich – und unser Erfolg ohne die Wiederentdeckung der Fleißer wahrscheinlich nicht möglich gewesen wären.«[554]

Martin Sperr schildert seine erste Begegnung mit Fleißer, mit dem *Starken Stamm* auf der Berliner Schaubühne, erzählt, was er bei ihr gelernt, was ihn daran beeindruckt hat, die knappen Dialoge etwa, die die »gesellschaftlichen Zusammenhänge transparent machen«. Er, der Autor der *Landshuter Erzählungen*, weiß sich mit der Dichterin aus Ingolstadt in enger Nachbarschaft, ist es doch so, »daß die bayerischen Schriftsteller erst in Norddeutschland große Erfolge vorweisen müssen, bevor sie in ihrer Heimat zu hören bekommen, daß sie das Nest beschmutzen«.[555]

Auch Franz Xaver Kroetz bekennt sich zum Vorbild Fleißer (und zu Horváth) und weiß, daß er ohne die »Fleißer-Renaissance« nicht bekannt geworden wäre. Im *Donaukurier* faßt er die Huldigung kurz, dafür schreibt er am selben Tag in der *Süddeutschen Zeitung* jene große, eigensinnige Analyse der Fleißerschen Kunst anhand sensibler Sprachbeobachtungen an den *Pionieren in Ingolstadt* mit der Überschrift: *Liegt die Dummheit auf der Hand?* Marieluise Fleißer darf endlich auf dem Podest stehen, erkannt in ihrer Eigen-Ständigkeit, ihrer Einmaligkeit, ihrer Tiefe. Nicht, daß Kroetz aus ihr das Klassikerdenkmal hämmert, aber er rückt sie dorthin, wo er sie sieht, aus dem Schatten Brechts, in den sie sich selbst so gerne gestellt hatte: »Mit Brecht hat diese Sprache nichts zu tun. [...] Weil Brechts Figuren so sprachgewandt sind, ist in seinen Stücken der Weg zur positiven Utopie, zur Revolution gangbar. [...] Es ist die Ehrlichkeit der Fleißer, die ihre Figuren sprach- und perspektivlos bleiben läßt. Der Bildungsjargon, den die Figuren der Fleißer in den kritischsten Momenten ihrer Existenz benützen, beweist die fatale Situation von Menschen, die zumindest so reden wollen, wie sie nicht leben können.«[556]

Diese große Genugtuung bleibt nicht ohne Antwort. Fleißer wird sich bei allen dreien bedanken, öffentlich mit dem letzten Text, den sie noch fertigstellen konnte: *Alle meine Söhne*, erschienen im Jahressonderheft von *Theater heute* 1972. Bei Martin Sperr in Sorge um seine beschädigte Gesundheit, bei Fassbinder, immer noch knurrend über den »Verdruß«, den er ihr bereitet hatte, aber doch versöhnt, denn »da hatte ich einem begabten jungen Menschen, der mit dem Schreiben anfing, etwas gegeben, und er hatte mir dafür gedankt«. Und bei Franz Xaver Kroetz, dem Lieblingskind: »Es gibt liebste Söhne. Er hat mich am tiefsten gegraben, und ich glaube, er hat am meisten gefunden und es um und um gedreht. Er hat das Eigentliche ›erkannt‹. Ich habe nachhaltig auf ihn gewirkt und bis ins Unterschwellige hinein. Das ist ein Vorgang, der mich beglückt. Ich sehe, daß hier was weitergeht von innen heraus.«[557] Vielleicht wird dieses durch den Titel *Alle meine Söhne* evozierte Bild der Übermutter, der Schutzmantelmadonna ein wenig relativiert, wenn man sich daran erinnert, daß dieser Titel von Fleißer entliehen ist, ein Zitat, dessen Kontext mitbedacht sein will. *Alle meine Söhne (All my Sons)* ist der Titel eines Theaterstücks von Arthur Miller, mit dem dieser 1947 seine Erfolgsserie auf der Bühne startete. Fleißer hat die Theaterszene nach 1945 genau beobachtet, mehrere Bände mit Arthur Millers Stücken stehen in ihrer Bibliothek. Ohne eine inhaltliche Parallele zu ziehen, bleibt doch zu bedenken, daß Millers Stück von einer schwierigen, einer verhängnisvollen Beziehung zu den Söhnen handelt.

Die Geburtstagsgratulationen – Glückwünsche vom Kultusministerium bis zum Roider Jackl – sind noch nicht vorüber; am 2. Dezember 1971 zeigt das Bayerische Fernsehen Walter Rüdels Film: *Das bemerkenswerte Leben der Marieluise Fleißer aus Ingolstadt*, das Theater am Neumarkt in Zürich probt *Fegefeuer in Ingoldstadt* (Premiere 23. Februar 1972), Hans Neuenfels in Frankfurt und Peter Stein in Berlin folgen mit ihren Inszenierungen noch im selben Jahr.

Kroetz' Appell am Ende seines Artikel ist auf fruchtbaren Boden gefallen: »Die Fleißer wird am Montag siebzig. Von Brecht und Horváth liegen Gesamtausgaben vor. Der Suhrkamp Verlag sollte endlich auch eine Gesamtausgabe der Fleißerschen Werke herausbringen. Sie ist genau so wichtig.«[558]

Anfang 1972 schreibt ihr Siegfried Unseld, dem Entschluß des Verlages noch persönliches Gewicht gebend: »Heute ist der 7. Januar und vor 20 Jahren bin ich in den Suhrkamp Verlag eingetreten, und so ist es mir eine besondere Freude, Ihnen heute mitteilen zu können, daß ich mich definitiv entschlossen habe, eine Gesamtausgabe Ihrer Arbeiten zu publizieren.«[559] In enger Zusammenarbeit mit dem Herausgeber Günther Rühle und dem Verleger macht sich Marieluise Fleißer ans ›Werk‹, in sehr konkreter Wortbedeutung. Der intensive Briefwechsel im Frühjahr 1972 bezeugt den ungeheuren Kraftakt, den die 70jährige bewältigt, die mit ihren Kräften mehr denn je haushalten muß. Mit einer werkgerechten Zusammenstellung und Anordnung des Gedruckten und dessen notwendiger Kommentierung, wie man sich das vielleicht vorgestellt hat, zeigt sich Marieluise Fleißer keineswegs einverstanden. Einerseits ist ihr Selbstvertrauen als anerkannte Autorin durch die nicht erwartete Wiederentdekkung und den Zuspruch so vieler und eben auch junger Kenner entschieden gestärkt, andererseits bleiben nach wie vor schier unüberwindliche Vorbehalte gegenüber ihrem Geschriebenen. Rühle muß ihr die Texte förmlich abbetteln. Noch im Mai 1972 weigert sie sich hartnäckig, die Titelgeschichte ihres ersten Novellenbandes herauszugeben: »Lieber Herr Rühle! Ich habe *Ein Pfund Orangen* jetzt durchgelesen, und es ist mir völlig unmöglich diese Geschichte in Band III aufzunehmen. Sie ist banal, seicht, oberflächlich, und ich finde sie einfach dumm, ich kann sie auch nicht bearbeiten, weil sie mir einfach zu dumm ist. Also, die müssen wir weglassen, ich weigere mich!«[560]

Sie arbeitet wie in Panik, schreibt ab, schreibt um. Die beiden frühen Stücke liegen in Neufassungen vor, für den *Karl Stuart* läßt sie die letzte, die Desch-Fassung gelten, *Der starke Stamm* erfährt noch einmal eine Umarbeitung, das starke Bayerisch der ersten ungedruckten Dialektfassung wird abgeschwächt, der Schluß mit der Aussicht auf Bitterwolfs und Annerls Zukunft wird härter, bitterer, gandenloser. Es bleiben *Der Tiefseefisch*, die frühen Erzählungen, die Essays, die Feuilletons, der Roman, das Reisebuch. Nur wenige der frühen Arbeiten läßt Fleißer unangetastet, wie *Abenteuer aus dem Englischen Garten*, die war von Anfang an aus einem Guß. Die Eingriffe in die frühen Erzählungen gelten einer Verschärfung der Gewalt, der Gnadenlosigkeit im Umgang von Männern und Frauen, der Hoffnungslosigkeit im Verlangen nach Glück. Beim Abschreiben des Romans geht sie dem Text rigoros zu Leibe: Sie nimmt die Kapitelgliederung zurück, aus Gustl Amricht wird jetzt Gustl Gillich, jetzt vergewaltigt Gustl Linchen realiter. Vor allem besteht sie darauf, den Titel zu ändern und damit die Protagonistenrolle von Frieda auf Gustl zu verschieben. In der Korrespondenz, die um die Titelfindung zwischen Unseld und Fleißer hinund hergeht, benennt die Autorin ein grundsätzliches Motiv für ihre Änderungen: »Ich möchte übrigens den Titel ändern und den Roman ›Der Sohn der Sippe‹ nennen, damit schon im Titel sichtbar wird, dass es sich um eine Schilderung vor-faschistischer Verhaltensweisen handelt.«[561] Eine andere Variante heißt »Gustl ein Schwimmer und Retter«. Schließlich überlegt Unseld: »Könnten Sie sich Titel denken wie ›Zierde für den Verein‹ oder ›Die Siegerrunde‹ oder ›Schön war's doch‹. Das schienen mir mögliche Titel; wir sollten ja keinen modischen Titel wählen, da der Roman doch lokalisiert und terminiert bleiben soll.«[562] Damit ist der neue Titel gefunden: *Eine Zierde für den Verein*.

Die Erstellung oder Autorisierung einer letzten Edition des Werkes zu Lebzeiten, der Ausgabe ›letzter Hand‹ also, das ist eine durchaus übliche Praxis bei Schriftstellern, die das Bild von sich und ihrem Werk nicht der Nachwelt zur Begutachtung überlassen, sondern selbst bestimmen wollen. Was man als literarische Jugendsünden ansieht, soll getilgt werden, was unter ästhetischen Prämissen vergangener Stilrichtungen entstanden ist, soll im Werk nichts mehr zu suchen haben; die Altershandschrift überschreibt das Jugendwerk.

Immer wieder war zu beobachten, wie Fleißers masochistischer Zug sich nicht nur gegen sich selbst richtete, sondern auch gegen die eigene Schöpfung, das Werk. Ablehnung, ja Haß auf ihre Arbeiten durchziehen ihr Leben, vom ersten Verbrennen bis zum letzten Aussondern. Mit Eingriffen, Umarbeitungen, Ausmerzungen tut sie ihrem Werk nun ein letztes Mal Gewalt an.

Ich kenne keinen Fall, in dem eine Autorin derart rigoros letzte Hand an ihr Werk gelegt hat. Mit der Ausnahme von zwei Erzählsammlungen (bei Hanser 1963 und bei Suhrkamp 1969 überwiegend mit Texten aus der Nachkriegsarbeitsphase) war das Werk gleichsam verschollen. Als ein verändertes kommt es nun ans Licht. Die sechziger Jahre, die Auschwitzprozesse, die Studentenproteste, der politische Linksruck, die gesellschaftskritischen Diskurse in der öffentlichen Kultur, in der Kunst, in der Literatur und auf der Bühne haben das Bewußtsein verändert. Die frühen Texte geraten in den Sog der veränderten Einstellung, was sie an Zeitgeist der zwanziger Jahre vermitteln, paßt nicht mehr in Fleißers Bild einer zeitkritischen Autorin. Nun fügt sie den frühen Arbeiten eine politische Gesinnung ein, Wachsamkeit gegenüber dem gefährlichen rechten politischen Klima und forciert den Opferstatus ihrer Heldinnen. Diese Absicht hat schon eine Vorgeschichte. Seit der Nachkriegszeit plagte sich Fleißer mit einer Politisierung des *Lawine*-Stoffs aus der Hetzelein-Zeit um den Maler und die junge Frau. Eines der ersten Lektoratsurteile von Herbert G. Göpfert galt der seiner Meinung nach mißlungenen Geschichte *Das Freiwild*, aus ebendiesem Grund: »[...] Dann glaubt man sich in einer sozusagen zeitlos gegenwärtigen Erzählung, befreundet sich mit dem Maler, bis dann plötzlich, wirklich aus heiterem Himmel, auf Seite 16 das Motiv der politischen Unerwünschtheit, übrigens vage genug formuliert, auftritt und die Erzählung in die Dreißiger Jahre versetzt. [...] Daß die Einführung dieses politischen Motivs in die Geschichte ihr gutgetan hat, bezweifle ich.«[563]

Als Fleißer 1970 auf Anregung von Horst Laube *Fegefeuer in Ingolstadt* überarbeitet, meint sie: »Vielleicht sollte man die Zeit ein paar Jahre später legen, damit man schon allgemein spürbare Nazi-Einflüsse in den Umwohnern verwenden kann, der Roelle müßte später ein Nazi werden und zum Schluß des Stücks – Olga muß als Judenfreundin gelten – eine Bedrohung der Familie darstellen. Mir sträuben sich die Haare, wenn ich in dem Text lese [...]«[564] Welch schiefe Aktualisierung der differenziert gezeichneten Außenseiterfigur! Der Änderungsvorschlag wurde zum Glück nicht realisiert. Aber an anderen Stellen des Werkes geschah genau dieses: Erinnern wir uns an die allererste veröffentlichte Erzählung *Meine Zwillingsschwester Olga*. Schon die Titeländerung *Die Dreizehnjährigen* 1929 zerstörte die Exklusivität der Innenperspektive der Kinder. Am Ende eskaliert die Geschichte in tödlichem Ernst. Willi Sander erhängt sich, ein Büschel Haare des begehrten Mädchens in der Hand. Nun, 1972, fügt Fleißer an diesen so zwingenden wie schockierenden Schluß vier kurze Sätze an: Der erste: »Ich habe es bis jetzt nicht gesagt, sie haben ihn zum Leben erweckt.« Will sagen, die Ich-Erzählerin hat damals, als sie die Geschichte erzählt hat, den wahren Ausgang verschwiegen. Und weiter: »Wir wollten uns nicht mehr kennen. Sein Weg lief noch weit von uns fort. Später wurde aus ihm ein SA-Mann.«[565] Und im Kommentar am Ende des Bandes wird der Leser belehrt, daß die Geschichte einen autobiographischen Hintergrund hat, daß es sich bei Sander um einen Jungen handelt, der es während der Pubertät auf Marieluise abgesehen hatte.

Im Kommentar zu dem ein Jahr zuvor erschienenen Essay *Findelkind und Rebell* rückt Fleißer nun Jean Genet in die Nähe ihrer Erfahrungen mit dem ersten Freund Alexander Weicker, der »verscholl in Paris im Untergrund der Gangster«.[566] Was soll die Anbindung dieses großen Textes an eine autobiographische Anekdote, die Weicker unrecht tut und den Text letztlich kleiner macht? Dient sie der Stilisierung der eigenen Lebensgeschichte?

Das nächste: der Roman. Marieluise Fleißer streicht, ergänzt, stilistisch und – politisch. Linchen bekommt eine jüdische Mitschülerin Rachel, die früh gestorben ist. Günther Rühle kann der Autorin nach der Lektüre des neuen Manuskripts zumindest eine Formulierung ausreden, die die Erzählzeit aufs Fragwürdigste durcheinandergebracht hätte: »Den natürlichen Tod hatte sie [Rahel] den Eltern voraus, die einen unnatürlichen Tod sterben würden, aber das wußten sie damals noch nicht.«[567]

Ein neuer Einschub: Als Frieda das Grab Rachels besuchen will, wird sie Zeugin einer Schändung des jüdischen Friedhofs. Der Maurer, der sich zu Friedas Schutz berufen fühlt, »hat nicht lang durch das schwarze Gitter geschaut, als das Geschrei ihn herbeizog. Aber Frieda hat durchgeschaut.« Frieda schaut nicht weg, sie, die schon Feinde genug hat in der Stadt, erstattet unerschrocken Anzeige. Aber, fragt die erzählende Instanz, »wie lange wird sie die freiwilligen Ritter finden, wenn die Zeit kommt, wo es ihnen schadet«.[568]

Plötzlich mitten in einer biblisch überhöhten Sequenz über die kleinen und großen alltäglichen Laster der Menschen steht nun, jäh aus der Zeitlosigkeit, der Allgemeingültigkeit fallend: »›Der Stürmer‹ hat die Juden verleumdet und der Biedermann hat seine Aufbauschungen gierig gefressen.«[569]

Schließlich liegt da noch *Der Tiefseefisch*, unbefriedigend für die Autorin, uneinheitlich und unfertig geblieben, zu tief hatte sie damals, 1930, noch mitten in dem Draws-Drama gesteckt. Nach längerem Zögern nimmt sie sich auch dieses Stückes an, scheint es ihr doch eine Arena für eine gesellschaftskritische Auseinandersetzung am Vorabend der NS-Herrschaft zu bieten. Sie ändert die ursprünglichen, dem Drawsschen Umfeld entstammenden Namen, fügt einen vierten Akt hinzu, der den Bruch zwischen Gesine (früher Ebba) und Laurenz (früher Elnis) in einen politisch motivierten umformt. Günther Rühle meldet behutsam sehr einleuchtende Vorbehalte gegen diese politischen Bezüge an:

»Nicht die Bezüge als solche, sondern eher ihre Art haben mich allerdings etwas irritiert, denn konsequent erschiene mir eher, wenn das Auseinanderbrechen der Beiden auch ohne konkrete Anspielungen auf die Situation des Dritten Reiches geschähe.«[570]

Sie erwägt als neuen Titel »Gruppe und Greifer«, dem vom Verlag freilich nicht zugestimmt wird, da der Text nicht das einlöse, was dieser Titel andeutet. Schließlich geht in die Werkausgabe ein ausdrücklich als »Vorläufige Fassung« bezeichneter Stücktext ein, in dessen viertem Akt Gesine und Laurenz auf einen Parteigenossen stoßen, der die unangepaßte Gesine scharf im Visier hat. Gesine läßt sich nicht verbiegen, Laurenz triumphiert im Sinne von: ›Das hast du jetzt davon, Deine politisch mißliebigen Freunde sind fort, jetzt bist du ganz auf meinen Schutz angewiesen.‹ »Ohne mich wärst du schon lange in einem Lager verschwunden. Du mußt dich schon gut mit mir stellen. GESINE: Ich gehe von selber. – [...] Ich lasse mich nie wieder fressen. *Sie verläßt ihn.*«[571]

Der *Lawine*-Stoff findet nun seine endgültige Form in einer starken, dichten, durchaus auch ironischen Erzählung: *Schlagschatten Kleist.* Zenta Vonficht, so heißt nun die in Liebe entbrannte junge Frau, ist nun doch die ›Unerwünschte‹: »Bei Verwandten lebte sie, unter der Fuchtel und gemieden aus dem politischen Grund. Denn es war die braune, es war die gefährliche Zeit.« Auch in dieser Fassung bleibt das politische Motiv aufgesetzt, eher störend denn den Konflikt verdichtend. Die *Andorranischen Abenteuer* heißen jetzt *Draws-Geschichten* und sind etwas anders angeordnet.

Alle »Zeitungsarbeiten«, die Feuilletons, Umfrageantworten, auch die frühen Beiträge für die *Magdeburgische Zeitung* finden vor dem kritischen Auge der siebzigjährigen Autorin keine Gnade, jene Skizzen, in denen sie mit überlegenem Spott, mit ironischer Aufsässigkeit und mit großer Bewunderung den Freund Weicker umkreist, hat sie der Werkausgabe von 1972 vorenthalten. Sie möchte der Nachwelt das von allen Auftrags- und Brotarbeiten entschlackte Werk einer Dichterin hinterlassen.

Am 30. November 1972 schickt Siegfried Unseld »das erste, noch ofenwarme Exemplar« nach Ingolstadt, drei tiefblau gebundene, stattliche Bände. (Der vierte, der Nachlaßband, erschien 1989.) »Diese Ausgabe wird eine bedeutende Stufe in Ihrer Existenz markieren.«[572]

Hand in Hand mit der Revision des Werkes vollzieht sich in einem subtilen Prozeß eine Überschreibung ihrer Lebensgeschichte. In dem Maße, wie Marieluise Fleißer über zunehmenden Gedächtnisschwund klagt, wie Bemerkungen sich häufen wie »ich kann mich aus dieser Zeit ja an überhaupt nichts mehr erinnern«,[573] setzt die erfindende Erinnerung kompensierend ein. Die Kraft ihres Erzählens verkleidet das eigene Leben mit Anekdoten, mit sehr lebendigen Schilderungen, so lebendig, daß sie wie wirklich so Erlebtes erscheinen. Und in dem Maße, wie Journalisten und Theaterleute, Literaturkritiker, Wissenschaftler und bewegte Leser nach Auskünften über ihr Leben fragen, entfaltet sie ihre Lebenserzählung. Und natürlich ist diese Lebenserzählung wie bei jedem Menschen eine autobiographische Konstruktion, bei einer Schriftstellerin vom Range Fleißers freilich eine besonders kunstvolle. Ein Beispiel: 1969 erschien im Jubiläumsheft der Kammerspiele eine Skizze, *Aus der Augustenstraße*, geschrieben von Marieluise Fleißer zum fünfzigjährigen Bestehen dieses Theaters, mit der Schilderung ihrer ersten Besuche dort in den frühen zwanziger Jahren. Diesen Text gab es schon vor fast 20 Jahren, er war am 8. Juni 1951 in der *Süddeutschen Zeitung* erschienen, freilich wesentlich kürzer. Der ursprünglichen Schilderung, wie die Studentin der Theaterwissenschaft auf Feuchtwangers Namen Freikarten bekommt und von den Schauspielern, der Regie, der Theaterarbeit fasziniert ist, gehen nun die persönliche Entdeckung durch Feuchtwanger voraus, die Faschingsanekdote, Feuchtwangers Kritik an den er-

Marieluise Fleißer in ihrer Wohnung vor dem Foto
von Bertolt Brecht, um 1970

sten Arbeiten, das Verbrennen der literarischen Anfänge, ein Porträt von Marta Feuchtwanger aus sehr persönlicher Sicht, die Freundschaft von Brecht und Bronnen. Der neue Einschub bindet Fleißer viel intimer in den Kreis der prominenten Kammerspielleute ein.

Ein anderes Beispiel: In einer Sendung des ZDF im Februar 1973 mit dem Titel *Erinnerungen an Brecht* erzählt Fleißer von Brechts schwieriger Ehe mit Marianne Zoff, der bereits eingeleiteten Scheidung: »Es scheint, während die Scheidung lief, nahm die Zoff einen gewissen Kontakt auf mit dem Brecht, jedenfalls hatte er von ihr plötzlich verschiedene Fotos aus jüngster Zeit. Einmal kam ich zum Brecht hinauf, er legte gerade die Fotos auf seinem langen Tisch aus, sie stand da vor einer Backsteinmauer in Wien und war sehr schön. Brecht prahlte damit, was das für eine schöne Frau war, die sich gerade von ihm scheiden ließ.«[574] Ein Fleißersches Kabinettstückchen und natürlich genau das, was man von einer Dichterin hören möchte, die einst im Dunstkreis des Genies agiert hatte. Aber wirklich erlebt? Die Geschichte dieses Fotos vor der Backsteinmauer ist ja bekannt seit Juli 1927, seit Brechts Stück *Im Dickicht der Städte* im Propyläen Verlag in Berlin erschien. Im Anschluß an den Text hatte Brecht vier Bildtafeln drucken lassen, »Städte- und Menschentypen aus den ersten Jahrzehnten des Jahrhunderts«, eine davon eben jene Fotografie von Marianne Zoff vor der Mauer. Die Brechtforschung datiert das Bild um 1919, und Brecht schrieb gerne in emphatischem Schriftzug darüber: »Das ist meine Frau Marianne!«[575] Am 22. November des Jahres 1927 wurde die Ehe geschieden. Und noch immer sucht die Brecht-Forschung vergeblich nach der Quelle für Fleißers Erzählung, wonach Brecht in seiner erster Kritik über die Sängerin Marianne Zoff am Stadttheater Augsburg nicht wörtlich, aber doch sinngemäß geschrieben habe, »da sei eine Sängerin und wenn der Gesang so schön wäre, wie ihre Beine schön sind, dann wäre sie eine Sängerin«.[576]

Bei der Arbeit an der Gesamtausgabe bittet der Herausgeber die Autorin um einige Angaben für den Anmerkungsteil, »auch, welche Bedeutung der betreffende Text in ihrer Biographie hat«.[577] Ist das eine übliche Frage für einen Textkommentar? So gefragt, wird jeder Schriftsteller einen Zusammenhang mit dem Schreibakt oder dem Stoff und seiner Person herstellen können. Es mag mit an der Suggestivkraft dieser Frage liegen, daß nun in den Kommentaren fast jede der Erzählungen eine autobiographische Folie bekommt. Trotz der Dementis nach Erscheinen der Kritiken zu *Avantgarde* bekommt nun der Leser den »Schlüssel zu den Figuren«[578] in den Anmerkungen ausgehändigt.

Nun hatte ja die Autorin mehreren ihrer literarischen Figuren aus der Zeit der Weimarer Republik für die Werkausgabe eine neue politische Note hinzugefügt, eine NS-kritische Konnotation oder die Rolle des Verfolgtseins, des Opfers. In dem Augenblick, da nun die Figuren eine autobiographische Deutung erhalten, wirkt diese Konnotation zurück in die Autobiographie, und die Gleichung »Ihr Lesebuch ist ihr Leben, ihr Leben ihr Auskunftsbuch«[579] scheint in dieser autobiographischen Konstruktion aufzugehen. Was Fleißer ihren literarischen Figuren der zwanziger und frühen dreißiger Jahre, der Zwillingsschwester Olga oder der Olga des *Fegefeuer* oder Frieda Geier, im nachhinein an politischen Beweggründen für Handeln oder Behandeltwerden hinzufügt, das findet sich nun in ihrer Lebensgeschichte wieder. Gewiß, sie war unerwünscht im Dritten Reich, und sie hat darunter gelitten, aber wir wissen, daß sie sich von den ›linken Freunden‹ schon 1927 distanziert und 1929 mit ihnen gebrochen hat, daß ihre Schreibweise ab 1933 eine deutlich konservative Stilwende genommen hat, daß die Stimmung gegen sie in Ingolstadt nicht ihrer politischen Haltung, sondern dem Ingolstadt und den Ingolstädtern in ihrem Werk galt, daß das Versiegen ihrer Originalität längst vorher eingesetzt hat und daß die Ursache vor allem in der Draws-Tragödie liegt. An vielen Stellen dieser Biographie sind die Details erläutert worden. Fleißer verinnerlicht die erzählten Ereignisse, sieht sich nun selbst einst im

Stürmer denunziert. (Kein solcher Artikel ist im *Stürmer* zu finden, der hat einen anderen Feind, wie es dick auf jedem Titelblatt zu lesen war: »Die Juden sind unser Unglück«.) In einem nachgelassenen Fragment, in dem Fleißer ihre ausweglose Lage zwischen drei unpassenden Männern reflektiert, rückt sie sich gar auf eine fast obszöne Weise in eine Reihe mit den verfolgten Juden: »Sie trug nicht den bewußten Stern, geächtet war sie doch auch [...].«[580] Alle Barrieren gegen ihr Schreiben, auch die selbst aufgestellten, fallen nun kurzerhand unter das Verdikt ›Schreibverbot‹.

Die Erinnerung an die Details ihres Schriftstellerberufs, an Entstehungszeiten und Erstdrucke etwa, ist unscharf geworden. Für mehrere der frühen Erzählungen konnten mittlerweile, auch für diese Biographie, frühere Erstdrucke ermittelt werden, als Fleißer sie für die Anmerkungen der Gesamtausgabe angegeben hat.

Die Schriftstellerin, die ihr Leben lang auf geradezu quälende Weise ihr eigenes schriftstellerisches Werk abgelehnt hat, erfährt mit der Gesamtausgabe zum ersten Mal die Genugtuung eines gelungenen Lebenswerkes und kann dazu stehen. Endlich ist ihr ein Satz möglich wie: »Die guten unter meinen Geschichten halte ich für Meisterwerke, die nicht sterben werden und deren Rang man noch nicht einmal völlig erkannt hat. Sie sind weit besser als z. B. die Geschichten Brechts, und er gab es gelegentlich zu.«[581] Das Erscheinen der Werkausgabe ist, wie Unseld schrieb: »eine bedeutende Stufe in Ihrer Existenz«. Es ist der Höhepunkt eines Lebenslaufs, in dem Werk und Leben in eins zusammenfließen. Die biographischen *Notizen* für den von Günter Rühle vorbereiteten Materialienband spiegeln genau diesen Punkt: Stilistisch verwandt mit Franz Kafkas Text *Er. Aufzeichnungen aus dem Jahre 1920* und von ähnlich starker Sogkraft, erzählt Fleißer nicht von sich, sondern von jener Person (auch in der grammatisch dritten Person), die sie nun vor ihrem geistigen Auge und in ihrer dichterischen Phantasie sieht. In diesem Sinne sind diese Notizen als ›ihre‹ *Biographie* zu lesen.

Marieluise Fleißer, Porträtfoto von Brigitte Friedrich, 1973

»Das vergangene Jahr ist für mich ein Fleißer-Jahr geworden«, schreibt sie im September 1973 an Joseph Breitbach, »da kam Einiges zusammen, und ich will mich freuen, dass ich das noch erlebte.«[582] Die Erfolge häufen sich wie die Ehrungen. Die Gesamtausgabe wird von der Kritik begeistert aufgenommen. Im Frühjahr 1973 wählt die Berliner Akademie der Künste sie zum ordentlichen Mitglied, in München zeichnet sie Kultusminister Hans Maier mit dem Bayerischen Verdienstorden aus. Sie ist zu Gast bei Bundespräsident Gustav Heinemann in der Villa Hammerschmidt und genießt es, daneben häufen sich die Briefe und Anfragen einer wachsenden Lesergemeinde. Und sie gibt überaus gründlich Auskunft auf seitenlangen Briefen. Freilich: »Der Ruhm hat seine Lasten.«[583] Die Arbeit erdrückt sie, das Herz protestiert. Den Bayerischen Verdienstorden kann sie im Mai 1973 nicht persönlich entgegennehmen, sie liegt im Krankenhaus. Als hätte das letzte große Opus, die Werkausgabe und die eigene Lebenserzählung, ihre Kräfte verbraucht, aber ihr Leben erfüllt, häufen sich die Herzanfälle, mehren sich die Krankenhausaufenthalte. Noch im Januar 1974 fährt sie in die Schweiz, aber am 21. Januar 1974 muß sie auf die Intensivstation eingeliefert werden, am 2. Februar 1974 geht ihr Leben zu Ende.

> »Nicht was wir gelebt haben,
> ist das Leben,
> sondern das, was wir erinnern
> und wie wir es erinnern,
> um davon zu erzählen.«[584]
> GABRIEL GARCÍA MÁRQUEZ

Anhang

Anmerkungen

1 »[...] den inneren Zwang habe ich vermeintlich von mir weggeschoben, mir die Fluchtwege gesucht im Kopf«, GW IV, S. 497

2 GW I, S. 24

3 Materialien, S. 359

4 Christa Wolf: Voraussetzungen einer Erzählung: Kassandra. Darmstadt und Neuwied, 1983, S. 90

5 Wend Kässens im Gespräch mit Elfriede Jelinek, Bayerischer Rundfunk, Kulturjournal, 21.4.1996

6 Max Frisch: Mein Name sei Gantenbein. Frankfurt a.M. 1975, S. 45

7 GW IV, S. 523

8 Ebd., S. 530

9 GW I, S. 452

10 Als wir noch auf das Christkind warteten, GW IV, S. 51

11 Christine Zehelein: Die Schulzeit der Marieluise Fleißer in Ingolstadt. Gnadenthal-Gymnasium Ingolstadt, masch. 1994

12 Ebd., S. 15

13 GW III, S. 251-257

14 Christl Knauer-Nothaft: Bayerns Töchter auf dem Weg zur Alma mater. In: Hiltrud Häntzschel, Hadumod Bußmann (Hg.): Bedrohlich gescheit. Ein Jahrhundert Frauen und Wissenschaft in Bayern. München 1997, S. 67-83, hier S. 81

15 GW IV, S. 497

16 Bernhard Diebold über den Novellenband *Ein Pfund Orangen*, Materialien, S. 144

17 An Draws-Tychsen, 19.5.1934, Briefwechsel, S. 200

18 Lothar Mertens: Vernachlässigte Töchter der Alma Mater. Ein sozialhistorischer und bildungssoziologischer Beitrag zur strukturellen Entwicklung des Frauenstudiums in Deutschland seit der Jahrhundertwende. Berlin 1991, S. 42

19 Das theaterwissenschaftliche Studium an der Universität München unter Professor Dr. Artur Kutscher. In: Theaterwissenschaftliche Blätter 1925, Heft 4, S. 53

20 GW IV, S. 527

21 Artur Kutscher: Der Theaterprofessor. Ein Leben für die Wissenschaft vom Theater. München 1960, S. 144 f.

22 Archiv der Ludwig-Maximilians-Universität, Immatrikulationskarte Fleisser und Belegblätter für das Wintersemester 1920/21 und das Sommersemester 1921

23 Kutscher, Der Theaterprofessor, S. 150

24 GW IV, S. 525

25 Maria Müller-Gögler: Erinnerungen. Sigmaringen 1980, S. 586

26 Alexander Weicker: Fetzen. Aus der abenteuerlichen Chronika eines Überflüssigen. München 1921, S. 22 f.

27 U. d. T. »Schwabing«, GW IV, S. 316

28 Zu Weickers *Die Apokalypse unserer Zeit* s. Mannes, S. 22

29 Am Abgrund entlang: In: Luxemburger Volkszeitung, 29. Juli 1921

30 Luxemburger Volkszeitung, 22. 11. 1921, 25. 11. 1921 und 3. 1. 1922

31 Briefwechsel, S. 35; zur Vermutung der gemeinsamen Autorschaft von *Oberammergau* vgl. Mannes, S. 24

32 Weicker über *Fetzen, zitiert nach Mannes, S. 90*

33 Weicker, Fetzen, nach S. 296

34 Alexander Weicker an Albert Hoefler, in: Fonds Albert Hoefler. Bibliothèque Nationale Luxembourg, Réserve Précieuse MS IV: 537, zit. nach Mannes, S. 19

35 Vgl. dazu Mannes, S. 91-93 und 134-136

36 Magdeburgische Zeitung vom 11. 7. 1926

37 Nach Walter Rüdel: Das bemerkenswerte Leben der Marieluise Fleißer aus Ingolstadt. Film zum 70. Geburtstag

38 Der Steinicke-Saal 1914-1934. Ein kleines Haus aus großer Zeit. Anonym, ohne Ort, ohne Datum, S. 10 f.

39 GBA 26, S. 175

40 Reden und Aufsätze, I, Frankfurt a. M. 1965, S. 263

41 Marta Feuchtwanger: Leben mit Lion. Göttingen 1991, S. 27

42 Ebd.

43 Aus der Augustenstraße, zuerst in: Süddeutsche Zeitung, 8. 6. 1951, GW II, S. 309

44 Alexander Weicker an Albert Höfer, 21. Juli 1921 (Nachlaß Weicker, Centre nationale de littérature, Mersch)

45 Dieses und die folgenden Zitate aus Weickers Briefen, Briefwechsel, S. 10-16

46 Ebd., S. 12

47 Der verschollene Verbrecher X, in: Magdeburgische Zeitung vom 18. 12. 1927, zitiert nach: List, S. 73 f.

48 Briefwechsel, S. 611

49 Briefwechsel, S. 35

50 GW III, S. 311 f.

51 GW III, S. 73

52 GW IV, S. 32

53 GW III, S. 34

54 Ebd., S. 36

55 List, S. 55

56 Lion Feuchtwanger: Erfolg. Drei Jahre Geschichte einer Provinz. Berlin, 1930, Bd. 1, S. 57 f.

57 GW IV, S. 525

58 Marta Feuchtwanger an Michael Töteberg, 28. 6. 1979, zitiert nach: Michael Töteberg: Spiegelung einer Bohemien-Existenz und Sportroman. In: Marieluise Fleißer. Hrsg. Von Heinz Ludwig Arnold. Text+Kritik, Bd. 64, München 1979, S. 55

59 Zitiert nach Lion Feuchtwanger: Ein Buch nur für meine Freunde. Frankfurt 1984, S. 354

60 GBA 26, S. 128

61 In: Die Weltbühne 17 (1921) I, S. 573-576

62 Das Tagebuch 3 (1922), S. 1417-1419

63 Zitiert nach: Lion Feuchtwanger: Ein Buch nur für meine Freunde. Frankfurt 1984, S. 408-410

64 Lion Feuchtwanger: Erfolg. Drei Jahre Geschichte einer Provinz. Berlin, 1930, Bd. 1, S. 57 f.

65 Das Tage-Buch 4 (1923), S. 300

66 GW II, S. 309

67 GBA 26, S. 116

68 Ebd., S. 230

69 GW II, S. 297-308

70 An Wolfgang Koeppen, 14. 7. 1965, Briefwechsel, S. 417

71 An Günther Rühle, 28. 6. 72, Briefwechsel, S. 566

72 Jan Knopf: Brecht Handbuch. Lyrik, Prosa, Schriften. Stuttgart/Weimar 1984, S. 22

73 GBA XI, S. 70

74 Ebd., S. 109

75 Bronnen, S. 128

76 Bronnen, S. 71 f.

77 Dies und die folgenden Zitate aus: Frühe Begegnung, GW II, S. 297-308

78 Briefwechsel, S. 333

79 Hans Daiber (Hg.): Wie ich anfing, Düsseldorf 1979, hier zitiert nach: Ich ahnte den Sprengstoff nicht, GW IV, S. 491-503, hier S. 501

80 GW III, S. 117

81 GW IV, S. 491 f.

82 GW IV, S. 527 f.

83 Ich ahnte den Sprengstoff nicht, GW IV, S. 496, 497

84 Fleißer an Efraim Frisch, 3. Mai 1925, The Neue Merkur Collection, Leo Baeck Institute, New York

85 Frisch an Fleißer, 9. 7. 25, ebd.

86 Georg Kruse: Ludwig Devrient. Sein Leben und seine Schauspielkunst. Phil. Diss. München 1923

87 Briefwechsel, S. 9

88 Abgedruckt in: Häntzschel: Brechts Frauen, S. 106

89 Ebd., S. 16 f.

90 Materialien, S. 25 f.

91 Briefwechsel, S. 19

92 Ebd., S. 19 f.

93 Ebd., S. 14

94 NF

95 Hans Sahl: Memoiren eines Moralisten. Frankfurt, Sammlung Luchterhand 1990, S. 107

96 Carl Zuckmayer: Als wär's ein Stück von mir. Frankfurt am Main, S. Fischer 1969, S. 332 f.

97 Frankfurter Allgemeine Zeitung, Nr. 97, 25. April 1992

98 Briefwechsel, S. 20-23

99 Ebd., S. 27

100 Ebd., S. 23 f.

101 Zwei Premieren, GW IV, S. 473 f.

102 Elisabeth Hauptmann, Tagebuch von 1926, zit. nach Kebir, Ich fragte nicht, S. 59

103 Nicht »von der geschiedenen Frau Seelers«, wie Fleißer sich zu erinnern meint (an Curt Hohoff, 5. 4. 1962, NF). Moriz Seeler war nie verheiratet.

104 Martin Gruntmann, Rezension von *Fegefeuer in Ingolstadt*, Zeitungsausschnitt aus NF

105 Stefan Großmann in: Montag Morgen, 26. April 1926

106 Willi Wolfradt in: Die Literarische Welt 2 (1926), Nr. 19, S. 3

107 Brecht über Kritiker 1926, GBA 21, S. 172

108 Materialien, S. 36-39

109 Briefwechsel, S. 29 f.

110 Poststempel 9. 4. 1926, ebd., S. 26

111 Elisabeth Hauptmann: Tagebuch, zitiert nach: Sabine Kebir: Ich fragte nicht nach meinem Anteil. Elisabeth Hauptmanns Arbeit mit Bertolt Brecht. Berlin 1997, S. 59

112 NF

113 Brecht und seine Beziehung zum Ullstein Verlag sind umfassend dargestellt in: Michael Davidis: »Ein großer Triumph«. Bertolt Brecht als Ullstein-Autor. In: Dreigroschenheft 1, 1998, S. 40-48

114 GBA 28, S. 270

115 Fritz Sternberg: Der Dichter und die Ratio. Göttingen 1963, S. 20

116 Ullstein an Fleißer, 19. Mai 1926, NF

117 NF

118 Briefwechsel, S. 30 f.

119 Briefwechsel, S. 31 f.; »Sir Olivers … tongue« ist ein zeitgenössischer Wer-
beslogan für eine Tabaksorte; Friedrich Kroner, zu dem Fleißer also offensichtlich auch Kontakt aufgenommen hat, leitete seit März 1926 die
Redaktion der Zeitschrift Uhu, einer Ullstein-Produktion.

120 GW I, S. 220

121 GW IV, S. 476

122 GW IV, S. 502

123 Briefwechsel, S. 33

124 Ebd., S. 33 f.

125 NF

126 NF

127 27. August 1926, Briefwechsel, S. 32 f.

128 List, Nachwort von Bernhard Echte, S. 95 f.

129 Mar. Mag., S. 165 f.

130 Herbert Ihering in der Magdeburgischen Zeitung, 30. März 1928 und im
Berliner Börsen-Courier, 27. März 1928, Materialien, S. 52

131 Robert Musil: Briefe 1901-1942. Hg. von Adolf Frisé. Reinbek 1981, S. 407 f.

132 List, S. 77 f.

133 »Europa Neunzehnhunderttraurig« überschreibt Peter Huchel seinen autobiographischen Beitrag in der Reihe Lebensläufe von heute, in: Die Literarische Welt 7 (1931), Nr. 1

134 An Ernst Joseph Aufricht, 3. 2. 1967, Briefwechsel, S. 463

135 Anfang Juni 1926, GBA 28, S. 270

136 An Emil Hesse-Burri, 9. April 1927, GBA 28, S. 283

137 Briefwechsel, S. 36

138 Die Literarische Welt 2 (1926), Nr. 39, S. 1

139 Ebd., 3 (1927), Nr. 5, 4. Februar 1927, S. 1, 7

140 Briefwechsel, S. 37

141 18. Juni 1927, NF

142 19. 10. 1927, Briefwechsel, S. 39

143 GW IV, S. 408 f.

144 NF

145 Mehlreisende, S. 93-95

146 Nach schriftlicher Auskunft der Oberstudiendirektorin i. K. Ursula Garn-
harter vom 29. Oktober 1998 an Sabine Doering, vgl. Sabine Doering: Im
Zeichen der Marquise. Das Kleist-Bild der Marieluise Fleißer. In: Peter
Ensberg, Hans Jochen Marquardt: Kleists Beitrag zur Ästhetik der Moderne. Stuttgart 2002, S. 55-71

147 GW IV, S. 404

148 Vgl. Sabine Becker: »... zu den Problemen der Realität zugelassen«. Autorinnen der Neuen Sachlichkeit. In: Walter Fähnders, Helga Karrenbrock
(Hg.): Autorinnen der Neuen Sachlichkeit. Bielefeld 2003, S. 186-213,
hier S. 212 f.

149 Heinrich von Kleist: Sämtliche Werke und Briefe. Hrsg. von Helmut
Sembdner. Bd. 1. München 1961, S. 425

150 GW I, S. 441

151 Kleist, Bd. 1, S. 427

152 Zitiert nach Sabine Kebir: Ich fragte nicht nach meinem Anteil. Elisabeth
Hauptmanns Arbeit mit Bert Brecht. Berlin 1997, S. 35

153 GW II, S. 321-323

154 Kurt Pinthus: Buster Keaton. In: Das Tage-Buch, 6 (1925) Heft 22, S. 807

155 *Berliner Börsen-Courier*, 11. September 1925, Materialien, S. 25 f.

156 Fritz Göttler: Zyklopisches. Enzyklopädisches. In: Helga Belach, Wolfgang
Jacobsen (Hg.): Buster Keaton. Berlin 1995, S. 14, 20

157 GW III, S. 46

158 Vgl. hierzu Silvia Henke: Augen, Blick und Pose. Fleißers Beitrag zum
Geheimnis der »Augenkraft«. In: Maria E. Müller, Ulrike Vedder (Hg.):
Reflexive Naivität. Zum Werk Marieluise Fleißers. Berlin: Erich Schmidt
2000, S. 106-125

159 GW III, S. 47-49

160 GW III, S. 53

161 Ebd., S. 48

162 GW II, S. 322

163 Ebd.

164 Göttler, S. 21

165 NF

166 Frankfurter Zeitung, Beilage »Für die Frau«, 3. Juli 1932

167 Walter Benjamin: Gesammelte Schriften. Hg. von Hella Tiedemann-Bartels, Band IV. Frankfurt a. M. 1972, S. 1028 f.

168 GWA, 21, S. 123

169 Briefwechsel, S. 38

170 Ulrike Vedder: »Keine Sportsperson«? Marieluise Fleißer und der »Sportgeist«. In: Frauen in der Literaturwissenschaft 47 (1996)

171 GW II, S. 317-320

172 Briefwechsel, S. 45 f.

173 26. April 1928, Mar. Mag., S. 80.

174 Bundesarchiv, Bestand R 32 Reichskunstwart, 209

175 Der Reichskunstwart an Marieluise Fleißer, 25. Juni 1928, NF

176 Archiv der Akademie der Künste, Berlin, Mar. Mag., S. 63 f.

177 7. 5. 1927, NF

178 DLA, Nachlaß Küpper

179 Absagebrief vom 31. Mai 1928, NF

180 Briefwechsel, S. 39

181 Die List, S. 71 f.

182 NF VIII 7, Die Ziege

183 List, S. 77

184 Die Ziege, in: Berliner Tageblatt, 4. März 1928, Morgenausgabe

185 Briefwechsel, S. 41

186 GW III, S. 79 f.

187 Briefwechsel, S. 38

188 DLA, Nachlaß Küpper

189 NF

190 Briefwechsel, S. 64 f.

191 DLA, Nachlaß Küpper

192 GBA 21, S. 352-356

193 ›Zwölf Porträts‹, GW IV, S. 102

194 13. März 1928, Briefwechsel, S. 41

195 22. März 1928, ebd., S. 43

196 Ebd. S. 41 f.

197 Magdeburger Generalanzeiger, 30. März 1928

198 15. April 1928

199 Felix von Lepel in: Vogtländer Anzeiger, 29. März 1928

200 K. S. in: Der Volksstaat, 27. 3. 1928, Materialien, S. 56

201 Johanna Reichelt in: Hamburger Fremdenblatt, 29. März 1928

202 C. M. Köhn in: Berliner Nachtausgabe, 27. März 1928

203 Marieluise Fleißer an Alfred Kerr, 2. April 1928, Nachlaß Kerr, Stiftung Archiv der Akademie der Künste

204 16. März 1928, NF

205 ›Acht Porträts‹, GW IV, S. 101 f.

206 Bodo Uhse an Marieluise Fleißer, o. J., NF

207 Bodo Uhse: Gesammelte Werke in Einzelausgaben. Herausgegeben von Günter Caspar. Berlin und Weimar: Aufbau Verlag 1976, Bd. 4. Erzählungen, S. 486-489

208 14. August 1928, Briefwechsel, S. 51

209 5. Oktober 1928, ebd., S. 57

210 18. Oktober 1928, ebd., S. 58

211 Zitiert nach: Gerhard Hay (Hg.): Literatur und Rundfunk 1923-1933. Hildesheim 1973, S. 270

212 Materialien, S. 365-372

213 Berliner Tageblatt, 22. Dezember 1928

214 Briefwechsel, S. 62
215 Der Kleist-Preis 1912-1932. Eine Dokumentation. Herausgegeben von Helmut Sembdner. Berlin 1968, S. 103
216 GBA 21, S. 270-275
217 Elisabeth Hauptmann, Notizen über Brechts Arbeit 1926, in: Hauptmann, Julia, S. 172
218 Berliner Tageblatt, 7. März 1929, Abendausgabe
219 Materialien, S. 62
220 Ernst Joseph Aufricht: Erzähle damit Du Dein Recht erweist. Berlin 1966, S. 91-95
221 Ebd., S. 95
222 GW IV, S. 421
223 Alfred Kerr: ›Pioniere in Ingolstadt‹. Berliner Tageblatt, 2. April 1929, Materialien, S. 68-73
224 Ebd.
225 Ebd., S. 74-77
226 Ebd., S. 86-89
227 Vossische Zeitung, 2. April 1929
228 Berliner Börsen-Zeitung, 2. April 1929
229 Franz Servaes: Frauenarbeit in der modernen Kunst. In: Die Frau. Monatsschrift für das gesamte Frauenleben unserer Zeit. 1 (1894), S. 224-230, zit. nach Carola Muysers (Hg.): Die bildende Künstlerin, S. 61
230 Materialien, S. 77-80
231 Ebd., S. 83-85
232 Max Hochdorf:»Pioniere in Ingolstadt«, in: Der Abend, 2. April 1929
233 Bernhard Diebold, Frankfurter Zeitung, 3. 4. 1929
234 Materialien, S. 80-83
235 Neue Preußische Kreuzzeitung, Ausgabe B, 3. April 1929
236 Materialien, S. 94 f.
237 Staatsarchiv Leipzig. Bestand Gustav Kiepenheuer Verlag, Nr. 133, Verlagsvertrag vom 4. April 1929
238 Der Donaubote, 5. April 1929
239 Ebd., S. 73 f.; Kurt Tucholsky: Reisende, meidet Bayern!, 1921, in: Tucholsky, Werke, Band 2, S. 10 f.
240 Materialien, S. 113
241 Münchner Post, 8. April 1929
242 Die humorlose Stadt in: Die Literatur 31 (1928/29), S. 440
243 NF
244 Harry Kahn: Begleiterscheinungen, in: Die Weltbühne 25 (1929) I, 9. April 1929, S. 568-571
245 Briefwechsel, S. 66 f.

246 Kleine Skandale um gute Stücke, in: Neue Leipziger Zeitung, Nr. 100 vom 10. 4. 1929, S. 6

247 Marieluise Fleißer: Zwei Premieren, 1947, GW IV, S. 477

248 Materialien, S. 123-126

249 Ingolstädter Zeitung, 20. April 1929, Materialien, S. 113-117

250 In the Berlin Playhouses, in: New York Times, 12. Mai 1929

251 Hamburger Fremdenblatt, 14. September 1929

252 Ich bin ein Dreck. In: Margarete Steffin: Konfutse versteht nichts von Frauen. Hg. Von Inge Gellert. Mit einem Nachwort von Simone Barck. Berlin 1991, S. 178-181

253 GW IV, S. 279

254 Arnolt Bronnen: Tage mit Brecht, Wien München, Basel 1960, S. 43: »Der Regisseur [Brecht] ging auf den Autor zu, seine Augen hatten in dem Dämmerlicht des Theaters einen satanischen Glanz.«

255 John Fuegi: Brecht & Co. Biographie. Hamburg 1997, S. 300

256 Alle Zitate aus dem Verfahren, Materialien, S. 118-132

257 Berliner Tageblatt, 15. 2. 1931, Materialien, S. 128 f.

258 4. Mai 1929, Briefwechsel, S. 72 f.

259 7. Mai 1929, Briefwechsel, S. 74 f.

260 13. Mai 1929, ebd., S. 77

261 10. Juni 1929, ebd., S. 83

262 Ebd., S. 85-88

263 Ebd., S. 88 f.

264 Ebd., S. 89 f.

265 Mar. Mag., S. 139

266 GW IV, S. 530

267 Orangen, S. 94

268 Das Tagebuch 7 (1926), S. 597-604

269 Joachim Maass: Neue deutsche Prosa, in: Hamburger Fremdenblatt, 31. August 1929

270 Joachim Maass an Marieluise Fleißer, 3. April 1930, NF

271 Pressestimmen in den Verlagsanzeigen am Ende von: Marieluise Fleisser: Andorranische Abenteuer. Berlin: Gustav Kiepenheuer Verlag 1932

272 Der Scheinwerfer 3 (1929), H. 1, September, S. 21, 23

273 Walter Benjamin: Gesammelte Schriften. Hg. von Hella Tiedemann-Bartels, Band IV. Frankfurt a. M. 1972, S. 1028 f.

274 In: Die Literarische Welt 39 (1929), S. 5; Materialien, S. 140-142

275 Materialien, S. 157-160

276 10. Juli 1929, NF

277 Hellmut Draws-Tychsen: Ich schreibe in Lund eine Komödie, in: Berliner Börsen-Courier, 3. 5. 1930

278 Marieluise Fleißer: Bausteine Knabenliebe, in: GW IV, S. 285-291

279 Der Autor 5 (1930), H.2, S. 5-7

280 Rezension NF XVII, 8, 2

281 Alle Zitate aus: Der Tiefseefisch, GW IV, S. 103-132

282 Marieluise Fleißer: Situationen, GW IV, S. 281

283 Ullstein an Fleißer, 2. Dezember 1930, NF

284 Handschriftliche Notizen, in: Tiefseefisch, S. 144

285 An Günther Rühle, Briefwechsel, S. 556 f.

286 Bundesarchiv, RSK-Akte Hellmut Draws-Tychsen

287 Tiefseefisch, S. 17

288 Ebd., S. 21

289 Ebd., S. 38

290 Ebd., S. 65

291 Ebd., S. 66

292 Ebd., S. 70 f.

293 Ebd., S. 73

294 Ebd.

295 Situationen, GW IV, S. 279 f.

296 GW IV, S. 531

297 NF

298 Redaktion der Frankfurter Zeitung, 12. März 1930, NF

299 NF

300 Ebd.

301 Brief vom 4. März 1930, NF

302 Thomas Mann, Reden und Aufsätze I, S. 366

303 Auf dem Nachttisch, Weltbühne Nr. 17, 1930, 22. April, S. 621, Tucholsky, Bd. 8, S. 116-120

304 Journal vom 25. November 1938 bis 18. Januar 1940, DLA, Nachlaß Lehmann

305 NF

306 W. Schr., in: Magdeburgische Zeitung, 11. Februar 1931

307 NF

308 Die schönsten Frauenbücher des Jahres, 14. Dezember 1930, GW IV, S. 434 f.

309 NF

310 Gekürzt abgedruckt in: GW IV, S. 52-55

311 GW IV, S. 115

312 Sächsisches Staatsarchiv Leipzig, Bestand Gustav Kiepenheuer Verlag, Nr. 133

313 Generalabrechnung des Verlages von 1933, NF

314 Alle Stellen aus dem Roman sind nach der Originalfassung Berlin, Kiepenheuer Verlag 1931, zitiert

315 Ein Porträt Buster Keatons, GW II, S. 321

316 GW II, S. 322

317 GW IV, S. 531

318 NF

319 Landshoff an Fleißer, 28. 10. 1931, NF

320 Briefwechsel, S. 117

321 Fleißer an Landshoff, 29. 10. 1931, Briefwechsel, S. 117

322 Max Hermann-Neisse im Berliner Tageblatt, 22. Dezember 1931, Materialien, S. 149 f.

323 In: Der Bücherwurm, 17 (1932) H. 4, ebd., S. 149

324 Berliner Börsen-Courier, 4. Juni 1932, Materialien, S. 146 f.

325 K. Sch., in: Dresdner Neueste Nachrichten, 8. 1. 1932

326 Neue Freie Presse, Wien, 21. 8. 1932

327 Frankfurter Zeitung, 3. Juli 1932

328 Briefwechsel, S. 128

329 Mitteilungen der Freien Volksbühne Altona, 9 (1932), Nr. 3, Januar/März,
S. 64-66

330 GW IV, S. 531

331 Lotterie des Erfolgs, in: GW IV, S. 422 f.

332 Der Querschnitt 12 (1932), S. 126-128, GW IV, S. 425 f.

333 Briefwechsel, S. 134 f.

334 29. April 1931, NF

335 Briefwechsel, S. 107-110

336 GW IV, S. 437

337 Brief vom 10. November 1932, NF

338 Der Bücherwurm 18 (1933), H. 2, S. 42, Mar. Mag., S. 136

339 GW IV, S. 130

340 Der Heuschreck, GW IV, S. 299

341 28. Januar 1947, Briefwechsel, S. 261-264

342 Heinz Graumann an Marieluise Fleißer, 21. 11. 1932, NF

343 Briefwechsel, S. 128-130

344 Briefwechsel, S. 132 f.

345 23. 8. 1932, NF

346 Briefwechsel, S. 137

347 Doering, Schauplatz Andorra, S. 127-143

348 Berliner Tageblatt, 4. Dezember 1932, Materialien, S. 144 f.

349 Typoskript unter dem Titel »Andorranische Bergtour«, abgedruckt in GW
IV, S. 151-161, hier S. 153

350 Wiener Zeitung vom 24. Juli 1933

351 Generalabrechnung des Kiepenheuer Verlages 1933, NF

352 Die Literarische Welt 9 (1933), Nr. 6/7, S. 10

353 Die Literatur 35 (1932), S. 299

354 Berliner Börsen-Courier, 20. November 1932. Der Artikel ist anonym erschienen, liegt aber in Koeppens Nachlaß in der Mappe ›Drucke bis 1945‹ und weist übereinstimmende Formulierungen mit der mit ›Kn.‹ signierten Rezension von Marie Luise Kaschnitz' Roman *Liebe beginnt* auf, die ebenfalls in dieser Mappe liegt.

355 Neue Zürcher Zeitung, 21.12.1932

356 Briefwechsel, S. 144 f.

357 GW IV, S. 532

358 Situationen, GW IV, S. 281

359 29.11.1940, Briefwechsel, S. 249 f.

360 3.12.1940, ebd., S. 250

361 28.12.1932, ebd., S. 155

362 2. Jänner 1933, NF

363 3.2.1933, NF

364 27.2.1933, Briefwechsel, S. 163 f.

365 25.3.1933, ebd., S. 166

366 Ebd., S. 177

367 29.1.1933, NF

368 Briefwechsel, S. 170-174

369 Ebd., S. 167-170

370 9.8.1933, ebd., S. 182-185

371 GW IV, S. 70-73

372 Draws an Fleißer, 26.7.1934, ebd. S. 209-213

373 28.7.1934, ebd., S. 214 f.

374 11.1.1935, ebd., S. 241 f.

375 5.11.1932, ebd., S. 146

376 Literaturarchiv Sulzbach-Rosenberg, abgedruckt in Briefwechsel, S. 203

377 Ebd., S. 205 f.

378 Die Versuchung des Neptun, GW IV, S. 186

379 Mar. Mag., S. 148

380 Briefwechsel, S. 108

381 28. Juli 1934, Briefwechsel, S. 214

382 Ebd., S. 227

383 An Draws-Tychsen, 4.12.1934, ebd., S. 236

384 An Draws-Tychsen, 29.12.1934, ebd., S. 240

385 Ebd., S. 236

386 An Draws-Tychsen, 18.11.1934, ebd., S. 229 f.

387 An Draws-Tychsen, 21.8.1934, ebd., S. 218

388 Uhland, Werke 1, S. 146 f.

389 An Georg Hetzelein, 28.11.1934, Briefwechsel, S. 232

390 13.12.1934, NF

391 An Draws-Tychsen, 11.1.1935, Briefwechsel, S. 241 f.

392 Ebd., S. 222

393 An Georg Hetzelein, 4.2.1948, ebd., S. 299

394 GW III, S. 284

395 An Draws-Tychsen, 21.1.1934, Briefwechsel, S. 194

396 An Draws-Tychsen, 4.12.1934, Briefwechsel, S. 236

397 Marieluise Haindl an Else Vormschlag, 5.11.1941, Privatbesitz

398 An Hanns Johst, Briefwechsel, S. 185

399 RSK-Akte Marieluise Haindl, RKK 2101, 04446/04

400 Briefwechsel, S. 143

401 GW IV, S. 68

402 An Draws-Tychsen, 29.1.1933, NF

403 21.1.1934, Briefwechsel, S. 193

404 Ebd., S. 219

405 NF

406 Ebd., S. 239

407 Brief vom 16.1.1933, NF

408 10.5.1933, NF

409 Vossische Zeitung an Fleißer, 6.2.1934

410 BZ am Mittag an Fleißer, 23.11.1934

411 Berliner Tageblatt an Fleißer, 13.2.1934

412 5.2.1934, NF

413 Briefwechsel, S. 121

414 An Draws-Tychsen, 19.5.1934, ebd., S. 200

415 Materialien, S. 134

416 Institut für Zeitgeschichte, München, Dc 16.03 (a)

417 14.1.1943, NF

418 Briefwechsel, S. 256

419 GW IV, S. 532 f.

420 30. Juni 1947, Briefwechsel, S. 281 f.

421 Bundesarchiv Berlin, RKK – 2101/0446/04, Akte Haindl, Marieluise

422 Ebd.

423 Briefwechsel, S. 244 f.

424 Kuby, Mein Krieg, S. 310 f.

425 GW IV, S. 535 f.

426 NF, IV/2,1

427 NF, IV/2,4

428 Bernd R. Gruschka: Der gelenkte Buchmarkt. Frankfurt am Main 1995, S. 110

429 Ebd., S. 114

430 Nach Auskunft des Rechtsnachfolgers, des Theaterverlages Desch, München, am 27. September 2000; Verlagsvertrag für »Der starke Stamm« NF, I/28

431 NF, VI/ 4/1,1

432 Briefwechsel, S. 257

433 An den Kurt Desch Verlag, 9. 5. 1950, NF 2,36

434 Kuby an Fleißer, 14. 1. 1943, NF

435 Fleißer an Kuby, 30. 1. 1943, Kuby, Mein Krieg, S. 314 f.

436 Kuby an Fleißer, 21. Februar 1943, NF

437 Zitiert nach Tax, S. 178 f.

438 An Georg Hetzelein, 4. 2. 1948, Briefwechsel, S. 299

439 Ebd., S. 298

440 Briefwechsel, S. 263

441 Ebd., S. 273

442 Ebd., S. 280-283

443 5. 5. 1948, ebd., S. 303 f.

444 Ebd., 28. 1. 1947, ebd., S. 263 f.

445 22. Juni 1949, ebd., S. 315-317

446 Ebd., S. 251

447 Hans E. Friedrich, 17. 7. 1946, NF

448 1. 8. 1950, Briefwechsel, S. 319

449 Fleißer an Kuby, 30. 1. 1943, Kuby, Mein Krieg, S. 310 f.

450 GW IV, S. 591

451 4. 12. 1947, Briefwechsel, S. 292 f.

452 Tax, S. 192 f.

453 An den Mitarbeiter des Desch Verlages, Herrn Müller, 8. Dezember 1950, NF

454 NF

455 Fleißer an Anna Seghers, 31. Juli 1947, Seghers: Hier im Volk, S. 102

456 Bayerisches Hauptstaatsarchiv München, Office of Military Government, OMGAB 10/110-3/27

457 Antworten auf Fragen an Günther Rühle, NF

458 12. 12. 1955, Briefwechsel, S. 350

459 GW IV, S. 601

460 Ebd.

461 Telegramm 16. 3. 1948, NF

462 Biographische Notizen, GW IV, S. 537

463 5. 4. 1962, NF

464 NF

465 11. 9. 1948, Briefwechsel, S. 308 (in dieser Ausgabe scheinen mir Fleißers Brief und Brechts Antwort in der Reihenfolge vertauscht)

466 Briefwechsel, S. 307 f.

467 Ebd., S. 314

468 GBA 29, S. 523

469 Fleißer an den Intendanten des Bayerischen Staatsschauspiels, Alois Johannes Lippl, 1. 10. 1950, Briefwechsel, S. 320

470 NF

471 Bruno E. Werner in: Die neue Zeitung, 9. 11. 1950, Materialien, S. 221-223

472 Ebd.

473 Ebd., S. 224 f.

474 An Helene Weigel, 16. 1. 1951, Briefwechsel, S. 321 f.

475 Ebd., S. 325

476 Fleißer an Brecht, 23. 2. 1951, ebd., S. 326

477 Materialien, S. 231

478 Fleißer an Max Stefl, 28. 12. 1954, Nachlaß Stefl, Handschriftensammlung der Münchner Stadtbibliothek Monacensia

479 7. 1. 1953, Briefwechsel, S. 328

480 Walter Höllerer an Georg Britting, 13. 6. 1953, in: Hettche, Georg Britting, S. 11

481 8. 9. 1953, Briefwechsel, S. 330

482 Hettche, Georg Britting, S. 12

483 An Walter Höllerer, 10. 1. 54, Briefwechsel, S. 331

484 Briefwechsel, S. 332-334

485 An Feuchtwanger, 11. 7. 1954, ebd. S. 334-337

486 2. August 1954, ebd., S. 337

487 An Brecht, 27. 11. 1955, ebd., S. 347

488 An Feuchtwanger, 27. 11. 1955, ebd., S. 345

489 Ebd., S. 358

490 An Franz Stadelmayer, Bayerischer Rundfunk, 3. 11. 1957, ebd., S. 362

491 Biographische Notizen, GW IV, S. 539

492 Tax, S. 265

493 Göpfert an Fleißer, 8. 8. 1960, Briefwechsel, S. 376

494 Göpfert an Fleißer, 4. 12. 59, Tax S. 270 f.

495 20. 6. 1962, Briefwechsel, S. 388

496 Briefwechsel, S. 389

497 Ebd., S. 389

498 Alle folgenden Zitate aus: Avantgarde, GW III, S. 117-168

499 An Margot Aufricht, 26. 9. 1969, Briefwechsel, S. 524

500 Neue Zürcher Zeitung, 22. Oktober 1963

501 An Helene Weigel, 12. 2. 1966, Briefwechsel, S. 433

502 DIE ZEIT, 25. September 1964, Materialien, S. 323-327

503 Elisabeth Endres: Irmgard Keun, Manuskript NF

504 Bundesarchiv, RSK-Akte Draws Tychsen, Blatt 33

505 Ebd., Blatt 95

506 Archiv der Universität Wien, Akte 447 des Akademischen Senats, Studienjahr 1949/50

507 17. Oktober 1960, DLA, Nachlaß Draws-Tychsen

508 Hans Erich Nossack, Die Tagebücher. Drei Bände. Frankfurt a. M. 1977, Bd. 2, S. 834

509 Ebd., Bd. 1, S. 597

510 Hellmut Draws-Tychsen, Meergedichte. 2. Aufl. München 1955, S. 61

511 Briefwechsel, S. 412

512 Ebd., S. 394

513 Ebd., S. 395

514 Ebd., S. 407

515 Ebd., S. 417 f.

516 Briefwechsel, S. 417

517 Curt Hohoff: Die Geschichten der Marieluise Fleißer, in: Süddeutsche Zeitung 9./10. 11. 1963, Materialien, S. 321

518 Koeppen an Fleißer, 26. Juli 1965, Briefwechsel, S. 419

519 Fleißer an Rainer Roth, 21. 6. 1971, ebd., S. 685

520 GW III, S. 315

521 Ebd., S. 371

522 Ebd., S. 423

523 Ebd., S. 417

524 An Göpfert, 5. 1. 1965, Tax S. 305

525 GW IV, S. 444

526 26. Juli 1965, Briefwechsel, S. 419

527 Wolfgang Koeppen, Auf dem Phantasieroß, S. 455 f.

528 3. 1. 1964, Archiv der Bayerischen Akademie der Schönen Künste, München

529 Fleißer an Aufricht, 15. 9. 1967, NF

530 4. 10. 1965, Briefwechsel, S. 421

531 Stuttgarter Zeitung, 1. 6. 1965

532 Frankfurter Allgemeine Zeitung, 11. 6. 1965

533 An Joseph Breitbach, 2. 6. 1966, Briefwechsel, S. 443

534 NF

535 GW III, S. 126

536 Richard Scheringer, Grüner Baum, S. 242 f.

537 Brief von Friedrich Hitzer an die Verfasserin, 13. September 2004. Ich danke Friedrich Hitzer herzlich für seine ausführlichen Informationen.

538 GW II, S. 324-336

539 So steht es mit Konterfei von Marx auf dem Dankschreiben des Braut-
paars. NF
540 An Herbert G. Göpfert, 5. 1. 1965, Briefwechsel, S. 410
541 An Herbert G. Göpfert, 5. 2. 1960, ebd., S. 370
542 An Karlheinz Braun, Suhrkamp Verlag, 26. 2. 1968, Briefwechsel, S. 480
543 An die Kulturredaktion der Süddeutschen Zeitung, 13. 2. 1968, NF
544 Presseerklärung, angehängt an Fleißers Brief vom 19. 2. 68 an Ursula
Bothe, Suhrkamp Theaterverlag, NF
545 Karte des Action-Theaters, undatiert, NF
546 Materialien, S. 242 f.
547 Ebd., S. 244
548 An Siegfried Unseld, 2. 4. 1970, Briefwechsel, S. 526
549 Materialien, S. 267-269
550 Horst Laube, 7. 9. 1970, Briefwechsel, S. 526 f.
551 GW I, S. 438 f.
552 Frankfurter Rundschau, 13. Mai 1971, Materialien, S. 285
553 Michael Skasa, in: Donaukurier vom 2. 11. 1971, Materialien S. 292
554 Materialien, S. 404
555 Ebd., S. 403 f.
556 Materialien, S. 382 f.
557 Ebd., S. 405-410
558 Ebd., S. 386
559 Briefwechsel, S. 548
560 Briefwechsel, S. 563
561 27. 1. 1972, ebd., S. 551
562 28. 3. 1972, ebd., S. 563
563 24. 11. 1959, Tax, S. 270
564 Fleißer an Laube, Briefwechsel, S. 525
565 GW III, S. 17
566 GW II, S. 341
567 Rühle an Fleißer, 25. März 1972, Briefwechsel, S. 559 f.
568 GW II, S. 181 f.
569 Ebd., S. 187
570 Rühle an Fleißer, 7. Juni 1972, NF
571 GW I, S. 355 f.
572 Briefwechsel, S. 571
573 An Göpfert, 5. 2. 1960, Briefwechsel, S. 371
574 GW IV, S. 487
575 Abbildung in: Werner Hecht (Hg.): Bertolt Brecht. Sein Leben in Bildern
und Texten. Frankfurt a. M. 1978
576 GW IV, S. 487

577 Briefwechsel, S. 561

578 GW III, S. 315

579 Materialien, S. 359

580 »In die Enge geht alles«, GW IV, S. 303

581 An Klaus Peter Wieland, 14. 12. 1973, Briefwechsel, S. 598

582 Ebd., S. 589

583 An Luise Almer, ebd., S. 600

584 Gabriel García Márquez: Leben, um davon zu erzählen. Köln 2003, Motto

Abkürzungen von Quellentexten

Andorra	Marieluise Fleißer: Andorranische Abenteuer. Berlin 1932
Briefwechsel	Marieluise Fleißer: Briefwechsel 1925-1974. Hg. von Günther Rühle. Frankfurt a. M. 2001
DLA	Deutsches Literaturarchiv, Marbach a. N.
GBA	Bertolt Brecht: Große Kommentierte Berliner und Frankfurter Ausgabe. Hg. von Werner Hecht, Jan Knopf, Werner Mittenzwei, Klaus Detlef Müller. 30 Bände und Registerband. Berlin und Weimar, Frankfurt a. M. 1989-2000
GW	Marieluise Fleißer: Gesammelte Werke. Hg. Von Günther Rühle. Vier Bände. Frankfurt a. M. 1972, 1989
List	Marieluise Fleißer: Die List. Frühe Erzählungen. Hg. und mit einem Nachwort versehen von Bernhard Echte. Frankfurt a. M. 1995
Mar.Mag.	Hiltrud Häntzschel (Hg.): Diese Frau ist ein Besitz, Marbacher Magazin 96, 2001
Materialien	Günther Rühle (Hg.): Materialien zum Leben und Schreiben der Marieluise Fleißer. Frankfurt a. M. 1973
Mehlreisende	Marieluise Fleisser: Mehlreisende Frieda Geier. Roman vom Rauchen. Sporteln, Lieben und Verkaufen. Berlin 1931
NF	Nachlaß Marieluise Fleißer. Stadtarchiv Ingolstadt
Orangen	Marieluise Fleißer: Ein Pfund Orangen und 9 andere Geschichten der Marieluise Fleißer aus Ingolstadt. Berlin 1929
Tax	Sissi Tax: Marieluise Fleißer. Schreiben, überleben. Ein biographischer Versuch. Basel, Frankfurt a. M. 1984 (darin Korrespondenzen)
Tiefseefisch	Marieluise Fleißer: Der Tiefseefisch. Text. Fragmente. Materialien. Hg. von Wend Kässens und Michael Töteberg. Frankfurt a. M. 1980

Literatur

- Arnold, Heinz Ludwig (Hg.): Marieluise Fleißer. Text + Kritik, Bd. 64, München 1979
- Aufricht, Ernst Joseph: Erzähle damit Du Dein Recht erweist. Berlin 1966
- Bab, Julius: Deutschlands dramatische Produktion 1919-1926. Berlin 1927
- Becker, Sabine: Marieluise Fleißer. In: Britta Jürgs (Hg.): Leider hab ich's Fliegen ganz verlernt. Porträts von Künstlerinnen und Schriftstellerinnen der Neuen Sachlichkeit. Berlin 2000
- Becker, Sabine: ». . . zu den Problemen der Realität zugelassen«. Autorinnen der Neuen Sachlichkeit. In: Walter Fähnders, Helga Karrenbrock (Hg.): Autorinnen der Neuen Sachlichkeit. Bielefeld 2003
- Benjamin, Walter: Gesammelte Schriften. Hg. von Hella Tiedemann-Bartels, Band IV. Frankfurt a. M. 1972
- Bennholdt-Thomsen, Anke: Zur Geschichtlichkeit des Liebesbriefs. Eine dissonante Dokumentation aus dem Jahre 1930. In: Runge, Anita und Steinbrügge, Lieselotte (Hg.): Die Frau im Dialog. Studien zu Theorie und Geschichte des Briefes. Stuttgart: Metzler 1991, S. 193-224
- Bödeker, Hans Erich: Biographie schreiben. Göttingen 2003
- Bronnen, Arnolt: Tage mit Bertolt Brecht. Die Geschichte einer unvollendeten Freundschaft. Wien/München/Basel 1960
- Brueckel, Ina: »Ich ahnte den Sprengstoff nicht«. Leben und Schreiben der Marieluise Fleißer. Freiburg 1996
- Brüns, Elke: »Keine Bürgerin der Spiegelstadt? Marieluise Fleißer. Autobiographismus als Rezeptionsstrategie.« In: Holdenried, Michaela (Hg.): Geschriebenes Leben. Autobiographik von Frauen. Berlin 1995, S. 324-338
- Brüns, Elke: Außenstehend, ungelenk, kopfüber weiblich. Psychosexuelle Autorpositionen bei Marlen Haushofer, Marieluise Fleißer und Ingeborg Bachmann. Stuttgart: Metzler 1998
- Bürger, Christa (Hrsg.): Literatur und Leben. Stationen weiblichen Schreibens im 20. Jahrhundert. Stuttgart 1996
- Davidis, Michael: »Ein großer Triumph«. Bertolt Brecht als Ullstein-Autor. In: Dreigroschenheft 1, 1998, S. 40-48
- Doering, Sabine: Im Zeichen der Marquise. Das Kleist-Bild der Marieluise Fleißer. In: Peter Ensberg, Hans Jochen Marquardt: Kleists Beitrag zur Ästhetik der Moderne. Stuttgart 2002, S. 55-71
- Doering, Sabine: Schauplatz Andorra. Die Inszenierung der Fremde in Marieluise Fleißers Reiseprosa. In: Michael Klein, Sieglinde Klettenhammer,

Elfriede Pöder (Hg.): Literatur der Weimarer Republik. Kontinuität – Brüche. Innsbruck 2002, S. 127-143

– Elbin, Günther: Am Sonntag in die Matinee. Moriz Seeler und die Junge Bühne. Eine Spurensuche. Mannheim 1999

– Draws-Tychsen, Hellmut: Liebeslieder für Marieluise Fleißer, dargeboten zum 23. 11. 1932 (handschriftl. NF)

– Draws-Tychsen, Hellmut: Meergedichte. 2. Aufl. München 1955

– Draws-Tychsen, Hellmut: Mein Westpreußenland. Ein Cyklus Heimatlieder. Danzig 1929

– Draws-Tychsen, Hellmut: Nordische Gedichte. Auslese eines Jahrzehnts. Danzig 1932

– Draws-Tychsen, Hellmut: Westpreußische Originale. Eine schwippe Mandel heiterer heimatlicher Erlebnisse. Pillkallen 1936

– Draws-Tychsen, Hellmut: Requiem und Hymnen für Cecilie Tychsen. Danzig 1930

– Eiden, Ingrid: ›Kunst geht nach Brot‹ – Das schwierige Künstlerleben der Ingolstädter Dichterin Marieluise Fleißer. In: Barbara Leininger, Monika Müller-Braun, Barbara Plötz, Beatrix Schönewald: Zeit der Frauen. Ingolstädterinnen aus drei Jahrtausenden. Ingolstadt 2004

– Feinstein, Elaine: Loving Brecht. London 1993

– Kresnik, Johann und Uschi Otten: Brecht. Mannheim 1998

– Feuchtwanger, Lion: Der Amerikaner oder Die entzauberte Stadt. Eine melancholische Komödie in vier Akten. München 1921

– Feuchtwanger, Lion: Ein Buch nur für meine Freunde. Frankfurt 1984

– Feuchtwanger, Lion: Erfolg. Drei Jahre Geschichte einer Provinz. Roman. Zwei Bände. Berlin 1930

– Feuchtwanger, Marta: Leben mit Lion. Göttingen 1991

– Frisch, Max: Mein Name sei Gantenbein. Frankfurt a. M. 1975

– Fuegi, John: Brecht & Co. Biographie. Hamburg 1997

– Gamper, Michael: Ist der neue Mensch ein ›Sportsmann‹? Literarische Kritik am Sportdiskurs der Weimarer Republik. In: Jahrbuch zur Kultur und Literatur der Weimarer Republik 6 (2001), S. 34-71

– Genet, Jean: Tagebuch eines Diebes. Autobiographischer Roman. Hamburg 1961

– Göttel, Sabine: »Natürlich sind es Bruchstücke«. Zum Verhältnis von Biographie und literarischer Produktion bei Marieluise Fleißer. St. Ingbert: Röhrig 1997

– Göttel, Sabine: Liebe in Zeiten der Sachlichkeit. Brecht führt Marieluise Fleißer in den Englischen Garten. In: Dreigroschenheft 1 (2002), S. 20-23

– Göttler, Fritz: Zyklopisches. Enzyklopädisches. In: Helga Belach, Wolfgang Jacobsen (Hg.): Buster Keaton. Berlin 1995

- Gruschka, Bernd R.: Der gelenkte Buchmarkt. Die amerikanische Kommunikationspolitik in Bayern und der Aufstieg des Verlages Kurt Desch 1945 bis 1950. Frankfurt 1995
- Günther, Herbert (Hg.): Erfülltes Leben. Festschrift für Artur Kutscher zu seinem 75. Geburtstag. Bremen-Horn 1953
- Häntzschel, Hiltrud: Brechts Frauen. Reinbek 2002
- Häntzschel, Hiltrud: Schlagschatten Vergangenheit. Marieluise Fleißers Bemühungen um Rückkehr in die literarische Öffentlichkeit. In: Cristiane Caemmerer, Walter Delabar, Elke Ramm und Marion Schulz: Erfahrung nach dem Krieg. Autorinnen im Literaturbetrieb 1945-1950. BRD, DDR, Österreich, Schweiz. Frankfurt a. M. 2002, S. 11-24
- Häntzschel, Hiltrud und Bußmann, Hadumod (Hg.): Bedrohlich gescheit. Ein Jahrhundert Frauen und Wissenschaft in Bayern. München 1997
- Harrigan, Renny: Die emanzipierte Frau im deutschen Roman der Weimarer Republik. In: Elliot James, Stereotyp und Vorurteil in der Literatur, Göttingen 1978, S. 66-67
- Hauptmann, Elisabeth, Notizen über Brechts Arbeit 1926, in: Hauptmann, Elisabeth: Julia ohne Romeo. Geschichten, Stücke, Aufsätze, Erinnerungen. Hg. von Rosemarie Eggert und Rosemarie Hill. Berlin und Weimar 1977
- Hausfelder, Edmund: Zur Geschichte der Familie Fleißer. In: Schriftenreihe der Marieluise Fleißer-Gesellschaft e. V. 3, Ingolstadt 2001, S. 27-43
- Hay, Gerhard (Hg.): Literatur und Rundfunk 1923-1933. Hildesheim 1973
- Hecht, Werner (Hg.): Bertolt Brecht. Sein Leben in Bildern und Texten. Frankfurt a. M. 1978
- Heidemann-Nebelin, K.: Rotkäppchen erlegt den Wolf. Marieluise Fleißer, Christa Reinig und Elfriede Jelinek als satirische Schriftstellerinnen. Bonn 1994
- Heimbucher, Oswald: Schlagschatten Kleist: Marieluise Fleißers Beziehung zu Georg Hetzelein, eine Geschichte in Bildern. In: Literatur in Bayern 45 (1996), S. 2-15
- Henke, Silvia: Augen, Blick und Pose. Fleißers Beitrag zur »Augenkraft«. In: Maria M. Müller/Ulrike Vedder (Hg.): Reflexive Naivität. Zum Werk Marieluise Fleißers. Berlin 2000, S. 106-125
- Hensel, Kerstin: Atzenköfls Töchter. Schauspiel. Köln 2000
- Hettche, Walter: Georg Britting im literarischen Leben der fünfziger Jahre. In: Adrian Hummel, Sigrid Nieberle (Hg.): Weiter schreiben. Wieder schreiben. Deutschsprachige Literatur der fünfziger Jahre. Festschrift für Günter Häntzschel. München 2004, S. 3-20
- Ihering, Herbert: Begegnungen mit Zeit und Menschen. Berlin 1963
- Kässens, Wend und Michael Töteberg: »... fast schon ein Auftrag von

Brecht«. Marieluise Fleißers Drama »Pioniere in Ingolstadt«. In: Brecht-Jahrbuch, Frankfurt 1976, S. 101-119
- Kebir, Sabine: Ich fragte nicht nach meinem Anteil. Elisabeth Hauptmanns Arbeit mit Bertolt Brecht. Berlin 1997
- Kleist, Heinrich von: Sämtliche Werke und Briefe. Hrsg. von Helmut Sembdner. Bd. 1. München 1961
- Knauer-Nothaft, Christl: Bayerns Töchter auf dem Weg zur Alma mater. In: Häntzschel, Hiltrud und Bußmann, Hadumod (Hg.): Bedrohlich gescheit. Ein Jahrhundert Frauen und Wissenschaft in Bayern. München 1997
- Knopf, Jan: Brecht-Handbuch. Eine Ästhetik der Widersprüche. 2 Bände. Stuttgart 1984
- Koeppen, Wolfgang: Auf dem Phantasieroß. Prosa aus dem Nachlaß. Hg. von Alfred Estermann. Frankfurt a. M. 2000
- Komfort-Hein, Susanne: Physiognomie der Moderne zwischen Metropole und Provinz. Fleißers Roman *Eine Zierde für den Verein* im Kontext neusachlicher Diskurse. In: JASL 23 (1998), 1, S. 48-65
- Kraft, Friedrich (Hg.): Marieluise Fleißer. Anmerkungen Texte Dokumente. Mit Beiträgen von Eva Pfister und Günter Rühle. Ingolstadt: Verlag Donau Courier 1981
- Krechel, Ursula: Linksseitig kunstseidig. Dame, Girl und Frau. In: Industriegebiet der Intelligenz. Texte aus dem Literaturhaus Berlin. Hrsg. v. Herbert Wiesner. Berlin 1990, S. 96-117
- Lethen, Helmuth: Neue Sachlichkeit 1924-1932. Studien zur Literatur des ›Weißen Sozialismus‹. Stuttgart, Metzler 1970
- Lethen, Helmuth: Verhaltenslehren der Kälte. Lebensversuche zwischen den Kriegen. Frankfurt a. M. 1984
- Lühe, Irmela von der: Frauen erobern die Bühne. Dramatikerinnen der zwanziger Jahre. In: Engelhardt, Barbara; Hörnigk, Therese; Masuch, Bettina: TheaterFrauentheater. Berlin 2001, S. 26-34
- Lühe, Irmela von der: »Denn einer war wie der andere«. Die Ordnung der Geschlechter in der Prosa Marieluise Fleißers. In: Schriftenreihe der Marieluise Fleißer-Gesellschaft e. V. 4, Ingolstadt 2002, S. 25-38
- Kruse, Georg: Ludwig Devrient. Sein Leben und seine Schauspielkunst. Phil. Diss. München 1923
- Kuby, Erich: Mein Krieg. München 1975
- Kutscher, Artur: Der Theaterprofessor. Ein Leben für die Wissenschaft vom Theater. München 1960
- Lutz, Günther: Marieluise Fleißer. Verdichtetes Leben. München 1989
- Mann, Thomas: Reden und Aufsätze. Band I. Frankfurt a. M. 1965
- Mannes, Gast: Marieluise Fleißer & Alexander Weicker. »Ich bin stolz auf ihn, solange ich lebe«. Echternach 1999

- McGowan, Moray: Marieluise Fleißer. Beck'sche Reihe Autorenbücher. München 1987
- Mertens, Lothar: Vernachlässigte Töchter der Alma Mater. Ein sozialhistorischer und bildungssoziologischer Beitrag zur strukturellen Entwicklung des Frauenstudiums in Deutschland seit der Jahrhundertwende. Berlin 1991
- Miller, Arthur: Alle meine Söhne. Berlin/Köln 1948
- Minter, Tinch: Growing herself some Armour (Typoskript o. D.)
- Modick, Klaus: Lion Feuchtwanger im Kontext der zwanziger Jahre: Autonomie und Sachlichkeit. Königstein i. T. 1981
- Müller, Maria M., Vedder, Ulrike (Hg.): Reflexive Naivität. Zum Werk Marieluise Fleißers. Berlin 2000
- Müller-Gögler, Maria: Erinnerungen. Sigmaringen 1980
- Naumann, Barbara: »Hergefegt vor einem unwirtlichen Wind«. Marieluises Fleißers Scheitern an Berlin. In: Sigrun Anselm, Barbara Beck (Hg.): Triumph und Scheitern in der Metropole. Zur Rolle der Weiblichkeit in der Geschichte Berlins. Berlin 1987, S. 157-180.
- Nossack, Hans Erich, Die Tagebücher 1943-1977. 3 Bände. Frankfurt a. M. 1977
- Petersen, Klaus: Zensur in der Weimarer Republik. Stuttgart, Weimar 1995
- Pfister, Eva: »Unter dem fremden Gesetz«. Zu Produktionsbedingungen, Werk und Rezeption der Dramatikerin Marieluise Fleißer. Diss. Wien 1981
- Prokop, Ulrike: Wie viele Geschichten in einer? Zu der Erzählung ›Stunde der Magd‹ von Marieluise Fleißer. In: Credmerius, J. u. a. (Hg.): Widersprüche Geschlechtlicher Identität. Würzburg 1998, S. 121-141
- Ringler, Friedrich: Das Wissenswerteste und Sehenswerteste von Ingolstadt. Ein kleiner Führer. Ingolstadt 1913
- Rüdel, Walter: Das bemerkenswerte Leben der Marieluise Fleißer aus Ingolstadt. Fernsehfilm, 1971
- Sahl, Hans: Memoiren eines Moralisten. Frankfurt, Sammlung Luchterhand 1990
- Richard Scheringer: Grüner Baum auf rotem Grund. München 1983
- Sauer, Jutta: »Etwas zwischen Männern und Frauen«. Die Sehnsucht der Marieluise Fleißer. Köln 1991
- Schütz, Erhard, Vogt, Jochen (Hg.): Der Scheinwerfer. Ein Forum der Neuen Sachlichkeit 1927-1933. Essen 1986
- Seghers, Anna: Hier im Volk der kalten Herzen. Briefwechsel 1947. Hg. von Christel Berger. Berlin 2000
- Sembdner, Helmut (Hg.): Der Kleist-Preis 1912-1932. Eine Dokumentation. Berlin 1968
- Servaes, Franz: Frauenarbeit in der modernen Kunst. In: Die Frau. Monatsschrift für das gesamte Frauenleben unserer Zeit. 1 (1894), S. 224-230, zit.

nach Carola Muysers (Hg.): Die bildende Künstlerin. Wertung und Wandel
in deutschen Quellentexten 1855-1945. Amsterdam/Dresden 1999
- Specht, Kerstin: Marieluise. Frankfurt a. M. 2001
- Sperr, Monika: Therese Giehse: »Ich hab' nichts zum Sagen«. München
1973
- Steffin, Margarete: Konfutse versteht nichts von Frauen. Hg. von Inge Gellert. Mit einem Nachwort von Simone Barck. Berlin 1991
- Der Steinicke-Saal 1914-1934. Ein kleines Haus aus großer Zeit. (Anonym,
ohne Ort, ohne Datum)
- Stephan, Inge: Zwischen Provinz und Metropole – Zur Avantgarde-Kritik
von Marieluise Fleißer. In: Inge Stephan/Sigrid Weigel (Hg.): Weiblichkeit
und Avantgarde. Berlin, Hamburg 1987, S. 112-132
- Sternberg, Fritz: Der Dichter und die Ratio. Göttingen 1963
- Töteberg, Michael: Abhängigkeit und Förderung. Marieluise Fleißers Be-
ziehungen zu Bertolt Brecht. In: Arnold, Heinz Ludwig (Hg.): Marieluise
Fleißer. Text + Kritik, Bd. 64, München 1979, S. 74-87
- Töteberg, Michael: Ein Mißverständnis: Zur Fleißer-Rezeption des Feminis-
mus. In: Merkur 31 (1977) Nr. 350, S. 698-700
- Töteberg, Michael: Spiegelung einer Bohemien-Existenz und Sportroman.
In: Arnold, Heinz Ludwig (Hg): Marieluise Fleißer. Text + Kritik, Bd. 64,
München 1979, S. 54-60
- Tucholsky, Kurt: Gesammelte Werke in 10 Bänden. Reinbek bei Hamburg
1975
- Uhland, Ludwig: Werke. Bd. 1. Gedichte. München 1980
- Uhse, Bodo: Gesammelte Werke in Einzelausgaben. Herausgegeben von
Günter Caspar. Bd. 4. Erzählungen. Berlin und Weimar 1976
- Vedder, Ulrike: »Keine Sportsperson«? Marieluise Fleißer und der »Sport-
geist«. In: Frauen in der Literaturwissenschaft 47 (1996)
- Waterstrat, Anne: »Ein System und keine Gnade«: Zum Zusammenhang von
Gottesbild, Sündenverständnis und Geschlechterverhältnis in ausgewähl-
ten Texten Marieluise Fleißers. In: Renate von Bardeleben (Hg.): Frauen in
Kultur und Gesellschaft. Tübingen 2000
- Weicker, Alexander: Fetzen. Aus der abenteuerlichen Chronika eines Über-
flüssigen. München 1921
- Weicker, Alexander: Fetzen. Roman. Vorgestellt und kommentiert von Gast
Mannes. Mersch 1998
- Welzer, Harald: Das kommunikative Gedächtnis. München 2002
- Werner, Birte: Marieluise Fleißers erstes Studienjahr an der Ludwig-Maximi-
lians-Universität in München. In: Querelles. Jahrbuch für Frauenforschung
2001. Biographisches Erzählen. Hrsg. v. Irmela von der Lühe und Anita
Runge, S. 153-160

- Winkler, Uta: Marieluise Fleißer 1901-1974. Eine Werkbiographie. Diss. FU Berlin 1995
- Wolf, Christa: Voraussetzungen einer Erzählung: Kassandra. Darmstadt und Neuwied 1983
- Wysocki, Gisela von: Die Magie der Großstadt. Marieluise Fleißer. Die Fröste der Freiheit. Aufbruchsphantasien. Frankfurt am Main 1981
- Zehelein, Christine: Die Schulzeit der Marieluise Fleißer in Ingolstadt. Gnadenthal-Gymnasium Ingolstadt, Facharbeit, masch. 1994
- Zuckmayer, Carl: Als wär's ein Stück von mir. Frankfurt am Main 1969

Dank

Ingrid Eiden hat den Nachlaß Marieluise Fleißers im Stadtarchiv Ingolstadt geordnet, erschlossen und in jeder nur denkbaren Weise seinen Benutzern und Benutzerinnen zugänglich gemacht. Ihr Wissen war für meine Recherchen unschätzbar, ihr Engagement für diese Arbeit reicht weit über ihre Dienstaufgaben, ihre Arbeitszeit und gelegentlich ihre Kraft hinaus. Sie wurde mir großzügige Gastgeberin in ihrem Haus, sie war für mich das Herzstück von Ingolstadt. Ich danke ihr.

Ihre Nachfolgerinnen in der Betreuung des Archivs, Ute Kissling und Doris Wittmann, haben das teilnehmende Interesse an meiner Arbeit fortgesetzt. Für ihren Zuspruch und ihre Hilfe möchte ich ebenfalls herzlich danken.

Allen Mitarbeiterinnen und Mitarbeitern in Bibliotheken und Archiven, denen ich meine Fragen nach Marieluise Fleißer vortrug, die ich mit meinen Recherchen beschäftigte, die mir bei meiner Suche nach Dokumenten in ihren Beständen behilflich waren, die mir Material bereitstellten, die mich auf neue Spuren brachten, Zeitgenossen Fleißers, die mir Auskunft gaben, sie alle mögen diesen meinen Dank für sich persönlich nehmen, auch wenn ich sie hier nicht namentlich aufführen kann.

Personenregister

Bildnachweis